面向 21 世纪本科应用型经管规划教材·物流管理系列

仓储管理
（第 2 版）

王 皓 主 编
曾 毅 副主编

电子工业出版社
Publishing House of Electronics Industry
北京·BEIJING

内 容 简 介

本书以现代教学理念为指导，主要介绍了仓储管理概述、仓储规划与布局、仓储设备、仓储组织及仓储作业管理、库存物资的保养与维护、仓库安全管理、仓储成本与库存控制、仓储经营管理、现代信息技术在仓储管理中的应用、仓储绩效分析及仓储管理法规等方面的内容。本书针对物流管理专业的特点安排了大量的同步案例、同步资料和课后习题，以培养学生分析问题和解决问题的能力，提升和拓展学生的理论知识和实践技能。本书可作为高等院校物流管理专业和其他相关专业的教材，也可作为企事业单位仓储从业人员自学和培训的参考用书。

未经许可，不得以任何方式复制或抄袭本书之部分或全部内容。
版权所有，侵权必究。

图书在版编目（CIP）数据

仓储管理 / 王皓主编. —2 版. —北京：电子工业出版社，2017.9
面向 21 世纪本科应用型经管规划教材. 物流管理系列
ISBN 978-7-121-32674-5

Ⅰ. ①仓… Ⅱ. ①王… Ⅲ. ①仓库管理－高等学校－教材 Ⅳ. ①F253

中国版本图书馆 CIP 数据核字（2017）第 223280 号

策划编辑：姜淑晶
责任编辑：张　京
印　　刷：三河市华成印务有限公司
装　　订：三河市华成印务有限公司
出版发行：电子工业出版社
　　　　　北京市海淀区万寿路 173 信箱　邮编：100036
开　　本：787×1092　1/16　印张：21.75　字数：557 千字
版　　次：2013 年 1 月第 1 版
　　　　　2017 年 9 月第 2 版
印　　次：2021 年 6 月第 8 次印刷
定　　价：48.00 元

凡所购买电子工业出版社图书有缺损问题，请向购买书店调换。若书店售缺，请与本社发行部联系，联系及邮购电话：（010）88254888，88258888。
质量投诉请发邮件至 zlts@phei.com.cn，盗版侵权举报请发邮件至 dbqq@phei.com.cn。
本书咨询联系方式：（010）88254199，sjb@phei.com.cn。

前 言

仓储管理是物流系统的重要环节，在物流系统的优化中起着重要作用，无论生产企业还是流通企业，都不能忽视仓储管理。

仓储管理是应用型本科物流专业教育的一门主干专业课。通过学习本课程，学生能够认识仓储与仓储管理，掌握系统的仓储管理知识和技能、库存控制的方法和技术、仓储经营的方法和技巧，学会规划仓储系统，并且能应用所学知识解决仓储管理中的实际问题。基于此，作者根据多年《仓储管理》课程教学与仓储实践经验，并参考了大量的参考文献，编著此书，以求全面阐述仓储管理的基本原理、程序与方法，为物流从业者进行仓储管理提供思路与方法指导。

本书共十章，第一章简要介绍了仓储及仓储管理的基本概念、仓储的发展历史及现状、仓储管理在物流管理中的地位及发展趋势；第二章介绍了仓库规划与布局的方法；第三章介绍了仓储设备的类型、特点及仓储设备的选型原则和方法；第四章介绍了仓储组织、入库管理、保管作业管理、分拣与补货、出库作业管理、储位管理；第五章介绍了库存物资的保养与维护，重点分析了库存物资变化的形式、影响库存变化的因素、库存物资保管与保养措施、特种物资储存等；第六章详细介绍了库区的治安与保卫、库区的消防管理、仓库安全生产、仓库的其他安全管理等；第七章介绍了仓储成本与库存控制，包括仓储成本分析、库存与库存合理化、库存控制的方法、现代库存控制技术；第八章介绍了仓储经营方法、仓储多种经营、仓储合同管理等；第九章介绍了现代信息技术在仓储管理中的应用，包括条形码技术、无线通信技术、仓储管理信息系统；第十章介绍了仓储绩效分析及仓储管理法规，包括仓储绩效分析的指标体系、仓储绩效分析方法及美国、德国等国仓储立法等内容。

本书的编写特点如下。

（1）内容丰富、新颖、实用，体现现代物流需求。在编写过程中，广泛吸收了当前仓储管理的成果、技术，参阅了大量同类教材、专著、网上资料，并结合编者的教学和工作实践，讲述仓储管理的常用方法和原理。

（2）为了更好地体现理论与实践的结合，书中提供了大量的图片、案例供读者分析、研读，以便加深和拓展读者的视野，并巩固、运用所学知识。

（3）紧密结合本课程教学基本要求，内容完整系统、重点突出，力求更准确地解读问题。在注重仓储管理知识的同时，可与其他物流专业课程的内容相结合，强调知识的应用性，具有较强的针对性。

《仓储管理》（第 2 版）力求做到观念新、概念新、内容新、结构新、技术新。与第 1 版相比，在仓储管理上突出系统化、合理化；在仓储设备上突出集装化、自动化；在仓储技术上突出数字化、电子化；在仓储运作上体现合理化、效益化。

本书由王皓任主编，曾毅任副主编，各章具体分工如下：第一、二、三、四、七、九、十章由王皓编写，第五、六、八章由曾毅编写，王皓负责全书结构设计、草拟写作提纲和统稿、定稿工作。

在本书编写过程中，参考了大量有关书籍和资料，在此向其作者表示衷心的感谢！

由于时间仓促和编者水平所限，书中难免存在疏漏之处，真诚希望广大读者不吝赐教，以便我们进一步修改完善。

王 皓

目 录

第一章 仓储管理概述 ·········· 1
- 知识点一 仓储及仓储管理的基本概念 ·········· 1
- 知识点二 仓储的发展历史及现状 ·········· 9
- 知识点三 仓储管理在物流管理中的地位及发展趋势 ·········· 14
- 案例分析 ·········· 17
- 重要概念 ·········· 18
- 本章小结 ·········· 18
- 复习思考题 ·········· 19

第二章 仓储规划与布局 ·········· 23
- 知识点一 仓库的形式和建筑要求 ·········· 24
- 知识点二 仓库的选址 ·········· 30
- 知识点三 仓储设施布局与储存规划 ·········· 41
- 案例分析 ·········· 53
- 重要概念 ·········· 54
- 本章小结 ·········· 54
- 复习思考题 ·········· 55

第三章 仓储设备 ·········· 58
- 知识点一 货架 ·········· 59
- 知识点二 托盘 ·········· 68
- 知识点三 叉车 ·········· 77
- 知识点四 自动分拣设备 ·········· 82
- 知识点五 其他仓储设备 ·········· 86
- 知识点六 仓储设备的选型 ·········· 90
- 案例分析 ·········· 92
- 重要概念 ·········· 95
- 本章小结 ·········· 95
- 复习思考题 ·········· 95

第四章 仓储组织及仓储作业管理 ·········· 99
- 知识点一 仓储组织 ·········· 100
- 知识点二 入库管理 ·········· 105
- 知识点三 保管作业管理 ·········· 114
- 知识点四 分拣与补货 ·········· 132
- 知识点五 出库作业管理 ·········· 137
- 知识点六 储位管理 ·········· 141
- 案例分析 ·········· 149
- 重要概念 ·········· 151
- 本章小结 ·········· 151
- 复习思考题 ·········· 151

第五章 库存物资的保养与维护 ·········· 155
- 知识点一 库存物资变化的形式 ·········· 155
- 知识点二 影响库存变化的因素 ·········· 160
- 知识点三 库存物资保管保养措施 ·········· 164
- 知识点四 特种物资储存 ·········· 171
- 案例分析 ·········· 181
- 重要概念 ·········· 182
- 本章小结 ·········· 182
- 复习思考题 ·········· 182

第六章 仓库安全管理 ……………… 186
知识点一 库区的治安与保卫 ……… 187
知识点二 库区的消防管理 ………… 189
知识点三 仓库安全生产 …………… 197
知识点四 仓库的其他安全管理 …… 200
案例分析 ……………………………… 207
重要概念 ……………………………… 209
本章小结 ……………………………… 209
复习思考题 …………………………… 209

第七章 仓储成本与库存控制 …… 213
知识点一 仓储成本分析 …………… 214
知识点二 库存与库存合理化 ……… 219
知识点三 库存控制的方法 ………… 223
知识点四 现代库存控制技术 ……… 240
案例分析 ……………………………… 252
重要概念 ……………………………… 254
本章小结 ……………………………… 254
复习思考题 …………………………… 254

第八章 仓储经营管理 ……………… 258
知识点一 仓储经营方法 …………… 259
知识点二 仓储多种经营 …………… 265
知识点三 仓储合同管理 …………… 266
案例分析 ……………………………… 280

重要概念 ……………………………… 282
本章小结 ……………………………… 282
复习思考题 …………………………… 283

第九章 现代信息技术在仓储
管理中的应用 ……………… 286
知识点一 条形码技术 ……………… 287
知识点二 无线通信技术 …………… 295
知识点三 仓储管理信息系统 ……… 301
案例分析 ……………………………… 305
重要概念 ……………………………… 309
本章小结 ……………………………… 309
复习思考题 …………………………… 309

第十章 仓储绩效分析及仓储管理法规 …… 313
知识点一 仓储绩效分析概述 ……… 314
知识点二 仓储绩效分析方法 ……… 322
知识点三 仓储管理法规 …………… 327
案例分析 ……………………………… 332
重要概念 ……………………………… 334
本章小结 ……………………………… 334
复习思考题 …………………………… 334

附录 A ……………………………………… 337

参考文献 …………………………………… 340

第一章 仓储管理概述

学习目标

① 理解仓储业发展历史、发达国家仓储业的发展。
② 掌握仓储的概念、功能、分类，仓储管理的概念、内容、任务、基本原则，仓储管理人员应具备的基本素质，仓储业的发展趋势。
③ 运用我国仓储业的应对策略解决实际问题。

引导案例

广西"香蕉事件"引起的思考

从 2009 年 10 月开始，广西香蕉出现了持续滞销局面，尤其严重的是 11 月后全国大范围降温，导致更加严重的香蕉滞销情况，广西香蕉种植基地之一的坛洛镇，在 11 月中旬后每公斤香蕉只卖 0.4 元，而每公斤香蕉的种植成本为 0.6~0.8 元，大量蕉农陷入了"卖了就赔，不卖就烂掉"的尴尬境地。实际上，广西有很好的香蕉存储条件，有大量的防空洞和山洞，防空洞内温度为 16℃~20℃，将青香蕉放到防空洞中，一般可以存储一个月左右，甚至可以存储近两个月。

如果再采用一些其他措施，特别是干燥措施，香蕉在防空洞内的存储时间甚至接近三个月，为什么不能将香蕉进行存储待气温恢复后再出售呢？为什么仅仅几天的低温导致的物流问题就会使香蕉滞销呢？为什么没有香蕉的保存甚至囤积机制呢？

其实要解决滞销问题也很简单，将香蕉制成香蕉片，将增加一倍以上的附加值，而且存储时间长，可以销售到世界各地，为什么不制成香蕉片呢？广西产大量香蕉，当地居民却在吃越南的香蕉片，为什么？

这一系列的问题如何解决？随着对本书的深入学习，所有的答案都会找到。

资料来源：http://bbs.gxsky.com/forum.php?mod=viewthread&tid=7027833&highlight=

思考题

1. 为什么广西的香蕉出现了持续滞销局面？
2. 应采取什么措施改变广西香蕉滞销局面？

知识点一 仓储及仓储管理的基本概念

在物流系统中，仓储是一个不可或缺的构成要素。仓储业是随着物资储备的产生和发展而产生并逐渐发展起来的,仓储是商品流通的重要环节之一,也是物流活动的重要支柱。在社会分工和专业化生产的条件下,为保持社会再生产过程的顺利进行,必须储存一定量的物资,以满足一定时期内社会生产和消费的需要。

一、仓储的基本概念

仓储是指根据市场和客户的要求,为防止物资的损耗、变质和丢失,以及为调节生产、销售和消费活动,确保社会生产、生活的连续性,而在仓库内对原材料等物资进行储存、保管、保养、维护、供给的一系列作业活动。

1. 仓储的功能

仓储的功能主要分为基本功能、增值功能、社会功能等三个方面。

(1) 基本功能

储存、保管、拼装、分类等基本作业都属于仓储的基本功能。

1) 储存功能。现代社会生产的一个重要特征就是专业化和规模化,劳动生产率极高,产量巨大,绝大多数产品都不能被及时消费,需要经过仓储手段进行储存,这样才能避免生产过程堵塞,保证生产过程继续进行。另外,对生产过程来说,适当的原材料、半成品的储存,可以防止因缺货造成的生产停顿。而对销售过程来说,储存(尤其是季节性储存)可以为企业的市场营销创造良机,适当的储存是市场营销的一种战略,它为市场营销中特别的商品需求提供了缓冲和有力的支持。

2) 保管功能。生产出的产品在消费之前必须保持其使用价值。这项任务需要由仓储来承担,在仓储过程中对产品进行保护、管理,防止其因损坏而丧失价值。例如,水泥受潮易结块,使其使用价值降低,因此在保管过程中就要选择合适的储存场所,采取合适的养护措施。

3) 拼装功能。拼装就是把不同的零件、配件进行拼接组装,可以为仓储作业的下一个物流环节(如生产、配送)做好准备。仓库接收来自一系列制造工厂送往某一特定顾客的材料,然后把它们拼装成单一的一票装运,其好处是有可能实现最低的运输费率,并减小在某收货站台处发生拥塞的概率。拼装作业如图1-1所示。

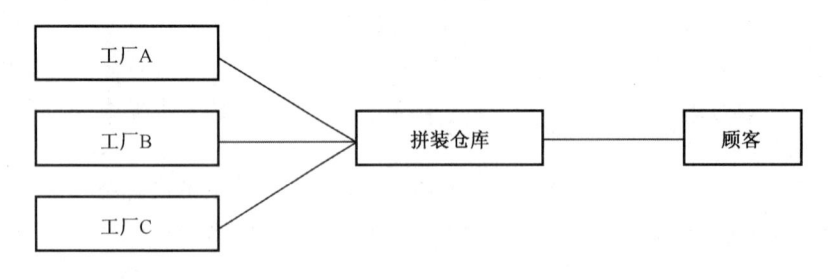

图1-1 拼装作业

仓库可以单独为一家厂商提供拼装服务,也可以同时为几家不同的厂商提供拼装服务。

4) 分类功能。分类就是将来自制造商的组合订货分类或分割成个别订货,然后安排适当的运力运送给制造商指定的个别客户。从多个制造商处运来整车的物资,仓库收到物资后,如果物资有标签,就按客户要求进行分类;如果没有标签,就按地点分类,然后物资不在仓库停留,直接装到运输车辆上,装满后运往指定的位置。分类作业如图1-2所示。

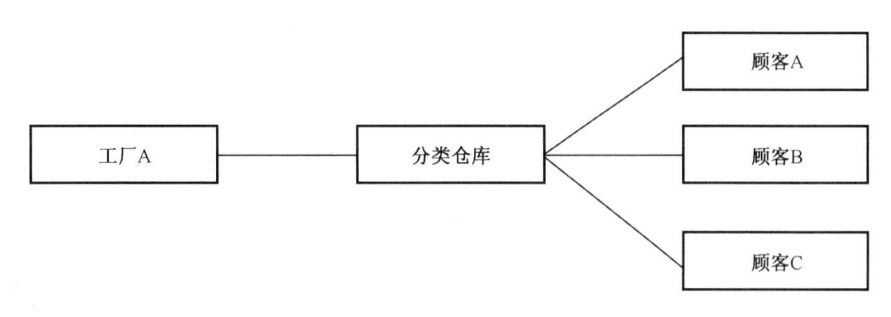

图 1-2　分类作业

（2）增值功能

增值功能给仓储带来比较好的效益，是仓储应该努力扩展的功能，加工服务、信息的传递等都属于仓储的增值功能。

1）加工服务。物资在保管期间，保管人根据存货人或客户的要求对保管物资的外观、形状、成分构成、尺度等进行加工，使之发生所期望的变化。

2）信息的传递。任何产品的生产都必须满足社会的需要，生产者需要把握市场需求的动向。社会仓储产品的变化是了解市场需求极为重要的途径。仓储量减少，周转量加大，表明社会需求旺盛；反之则为需求不足。厂家存货增加，表明其产品需求减少或竞争力降低，或者生产规模不合适。仓储环节所获得的市场信息虽然比销售信息滞后，但更为准确和集中，且信息成本较低。现代企业生产特别重视仓储环节的信息反馈，将仓储量的变化作为决定生产的依据之一。现代物流管理也特别重视仓储信息的收集和反应。

（3）社会功能

仓储的社会功能包括时间调整功能、价格调整功能、衔接商品流通功能等。

1）时间调整功能。一般情况下，生产与消费之间会产生时间差，通过储存可以克服商品产销时间差，如季节性生产但全年消费的大米。

2）价格调整功能。生产和消费之间也会产生价格差，供过于求、供不应求都会对价格产生影响，因此通过仓储可以克服商品在产销量上的不平衡，达到调控价格的效果。

3）衔接商品流通功能。仓储是商品流通的必要条件，为保证商品流通过程连续进行，就必须有仓储活动。通过仓储，可以防范突发事件，保证商品顺利流通。例如，运输被延误，卖主缺货。对供货仓库而言，这项功能是非常重要的，因为原材料供应的延迟将导致产品生产流程的延迟。

2．仓储的分类

仓储按照不同的标准有不同的分类方法。

1）按仓储活动的运作方式可分为自有仓储、公共仓储、第三方仓储。

① 自有仓储，是指企业投资修建，自行进行管理的仓储。

优点：可以根据企业特点加强仓储管理，可以依照企业的需要选择地址和修建特殊的设施，长期仓储时仓储成本低，可以为企业树立良好形象。

缺点：存在位置和结构的局限性，企业的部分资金被长期占用。

② 公共仓储，是指企业租用不属于自己的仓库或一定数量的库位，满足自己的仓储服务需要，并付相应的租金。

优点：需要保管时，保证有场所，不需要保管时，不用承担仓库场地空闲的无形损失；有专门的仓库管理员进行保管和进出物资的工作，管理安全；无需仓库建设资金；可以根据市场需求灵活选择仓库的租用面积与地点。

缺点：当物资流通量大时，仓库保管费与自有仓储相比较高；所保管的物资需遵守营业仓库的各种限制规则。

③ 第三方仓储，也称合同仓储，是指企业将仓储业务转包给外部专业物流公司，由外部专业物流公司为企业提供仓储管理服务。第三方仓储不同于一般的租赁仓库仓储，它能够提供专业化的、高效的、经济的和准确的分销服务。第三方仓储公司与传统仓储公司相比，能为货主提供特殊要求的空间、人力、设备和特殊服务。

优点：有利于企业有效利用资源，有利于企业扩大市场，有利于企业进行新市场的测试，有利于企业降低运输成本。

缺点：企业把所有的仓储业务全部外包给专业的物流公司，可能会对仓储管理活动失去直接控制。

以上三种仓储特点的比较如表 1-1 所示。

表 1-1　自有仓储、公共仓储、第三方仓储之比较

仓储模式	周转总量 大	周转总量 小	需求的稳定性 是	需求的稳定性 否	市场密度 集中	市场密度 分散
自有仓储	√	×	√	×	√	×
公共仓储	√	√	√	√	√	√
第三方仓储	√	√	√	√	√	√

2）按仓储对象可分为普通物资仓储与特殊物资仓储。

① 普通物资仓储，是指不需要特殊保管条件的一般的生产物资、普通生活用品、普通工具等物资储存的仓储形式。

② 特殊物资仓储，一般指危险品、冷藏品、粮食等物资进行储存的专用仓储形式。

3）按仓储功能可分为储存仓储、物流中心仓储、配送仓储、运输转换仓储、保税仓储。

① 储存仓储，是指物资需较长时间存放、品种少、一般修建于偏远地区的仓储形式。

② 物流中心仓储，是指以物流管理为目的，修建于经济发达且交通便利、储存成本低的地区，储存物资的种类和数量较多，并能进行加工等增值性服务的一种综合性仓储。

③ 配送仓储，是指物资一般进行短期储存，物资品种多、批量少的仓储形式。

④ 运输转换仓储，是指用于衔接不同运输方式，物资进出数量大、储存期短的仓储形式。

⑤ 保税仓储，是指经海关批准设立的专门存放保税物资及其他未办结海关手续物资的仓储形式。

4）按仓储物的处理方式可分为保管式仓储、加工式仓储、消费式仓储。

① 保管式仓储，是指由仓储经营人提供完善的仓储条件，接受存货人的仓储物进行保管，保管期届满，将原收保的仓储物原样交还给存货人，存货人支付仓储费的一种仓储经营方法。

② 加工式仓储，是指仓储具有流通加工、维修等功能，它是现代物流模式中快速发展的一个运营模式，尤其是在保税物流园区等海关监管区域，是服务加工制造型企业的出口返修等服务的重要补充，对外向型企业节约运营成本十分重要。

③ 消费式仓储，是指存货人在存放储存物的同时将储存物所有权也转移到保管人处，合同期届满，保管人以相同种类、相同品质、相同数量的替代品返还给存储人，并由存储人支付仓储费的一种仓储方法。

二、仓储管理的内容、任务和原则

仓储管理是指对仓库、储位及储位上的物资进行的管理，是仓储机构为了充分利用所具有的仓储资源以提供高效的仓储服务所进行的计划、组织、控制和协调的过程。

从广义上看，仓储管理是对物流过程中物资的储存及由此带来的包装、分拣、整理等活动进行的管理。

仓储管理是一门经济管理科学，同时涉及应用技术科学，属于边缘性学科。仓储管理将仓储领域内生产力、生产关系及相应的上层建筑中的有关问题进行综合研究，以探索仓储管理的规律，不断促进仓储管理的科学化和现代化。

仓储管理的内涵随着其在社会经济领域中的作用不断扩大而变化。仓储管理已从单纯意义上的对物资存储的管理发展为物流过程的中心环节，它的功能已不是单纯的物资存储，还兼有包装、分拣、整理、简单装配等多种辅助性功能。因此广义的仓储管理应包括对这些工作的管理。

1．仓储管理的内容

仓储管理具体包括如下四个方面的内容。

1）仓库的选址和建筑问题。例如，仓库的选址原则、选址的方法、仓库建筑面积的确定、库内运输道路与作业区域的布置等。

2）仓库机械作业的选择与配置问题。例如，如何根据仓库作业特点和所储存物资的种类及其理化特性选择机械装备及应配备的数量，如何对这些机械进行管理等。

3）仓库的业务管理问题。例如，如何组织物资出、入库，如何对在库物资进行储存、保管与养护。

4）仓库的库存管理问题。例如，如何制定合理的库存水平、如何进行定期订货、如何进行定量订货、如何确定物资的管理方法。

此外，仓库业务的考核问题，新技术、新方法在仓库管理中的应用问题，仓库安全与消防问题等，都是仓储管理涉及的内容。

2．仓储管理的任务

仓储管理的任务分为宏观任务与微观任务两个方面。

（1）仓储管理的宏观任务

仓储管理的宏观任务包括设置高效率的组织管理机构、以市场化手段配置仓储资源、积极开展商务活动、合理组织仓储生产、树立良好的企业形象、努力提高仓储管理水平、着力提高职工素质等几个方面。

1）设置高效率的组织管理机构。组织管理机构是仓储开展有效管理的基本条件，是一切活动的保证和依托。仓储组织机构的确定需围绕仓储经营的目标，以实现仓储经营的最终目标为原则，依据管理幅度、因事设岗、责权对等的原则，建立结构简单、分工明确、互相合作和促进的组织管理机构，一般设有行政管理、库场管理、机械设备管理、安全保卫管理、财务管理等必要的机构。仓储组织结构的种类有很多,可根据仓库的规模、物资的种类、管理水平的高低来进行设置。随着科学技术的发展及计算机网络的应用和普及,组织管理机构趋于向扁平化发展。

2)以市场化手段配置仓储资源。市场配置资源以实现资源最大效益为原则,这也是企业经营的目的。配置仓储资源应依据所配置的资源能获得最大效益为原则。具体任务包括:依据市场供求关系确定仓储的建设,依据竞争优势选择仓储地址,由生产差别产品决定仓储专业化分工和确定仓储功能,由所确定的功能决定仓储布局,根据设备利用率决定设备配置等。

3)积极开展商务活动。仓储商务是经营仓储生存和发展的关键工作,是经营收入和仓储资源充分利用的保证。从功能上看,商务管理是为了实现收益最大化,仓储管理必须遵循不断满足社会生产和人民生活需要的生产原则,最大限度地提供仓储产品,满足市场上对仓储产品数量和质量的需要。仓储管理者还必须根据市场的变化情况,不断开拓创新,提供适合经济社会发展的仓储产品。

4)合理组织仓储生产。仓储生产包括物资入库、验收、交接、储存、出库等作业。仓储生产的组织遵循高效、低耗的原则,充分利用机械设备、先进的保管技术、有效的管理手段,实现仓储物快进、快出,提高仓储利用率,降低成本,不发生差、损、错事故,保持连续、稳定生产。生产管理的核心在于充分使用先进的生产技术和手段,建立科学的生产作业制度和操作规程,实行严格的监督管理,采取有效的员工激励机制。

5)树立良好的企业形象。作为服务产业的仓储业,其企业形象所面向的对象主要是生产、流通经营者,其企业形象的建立主要通过服务质量、产品质量、诚信和友好合作获得,并通过一定的宣传手段在潜在客户中推广。在现代物流管理中,对服务质量的高要求、对合作伙伴的充分信任促使作为物流环节的仓储的企业形象的建立极为必要,具有良好形象的仓储经营者才能在物流体系中占一席之地,适应现代物流业的发展。

6)努力提高仓储管理水平。仓储管理不太可能一开始就设计出一整套完善的管理制度实施于企业,一般是从简单管理到复杂管理、从直观管理到系统管理,在管理实践中不断补充、修正、完善,不断提高,实行动态的仓储管理。仓储管理的动态化和管理变革,既可能促进管理水平的提高,提高仓储效益,也可能因为脱离实际、不同于人们的惯性思维或形而上学,使管理的变革失败,甚至趋于倒退,不利于仓储的发展。因此,仓储管理需要有制度性的变革管理,通过科学的论证,广泛吸取先进管理经验,针对本企业仓储管理的客观实际进行管理。

7)着力提高职工素质。仓储管理的一项重要工作就是不断提高职工的素质,加强对职工的约束和激励。仓储企业要通过不断的、系统的培训,以及严格的考核,保证每个职工熟练掌握其所从事劳动岗位应知、应会的操作,熟练掌握仓储管理技术和理论知识,并力求精益求精,跟上技术和知识发展的步伐,明确岗位工作制度、操作规程,明确岗位所承担的责任。在仓储管理中重视职工的地位,而不能将职工看作生产工具、等价交换的生产要素。在信赖中约束,在激励中规范,使职工有人尽其才、劳有所得、人格被尊重的感受,具有热爱企业、自觉奉献、积极向上的精神面貌。

(2)仓储管理的微观任务

仓储管理的微观任务有利于提高仓储企业的效率,降低储运成本,减少仓储损耗,具体表现在以下几个方面。

1）合理组织收发，保证收发作业准确、迅速、及时，使供货单位及用户满意。

2）采取科学的保管、保养方法，创造适宜的保管环境，提供良好的保管条件，确保在库物资数量准确、质量完好。

3）合理规划并有效利用各种仓储设施，做好革新改造，不断扩大储存能力，提高作业效率。

4）积极采取有效措施，保证仓储设施、库存物资和仓库职工的人身安全。

5）搞好经济管理，开源节流，提高仓储企业的经济效益。

3. 仓储管理的基本原则

保证质量、注重效率、确保安全、讲求经济是仓储管理的基本原则。

（1）保证质量

仓储管理中的一切活动都必须以保证在库物资的质量为中心。没有质量的数量是无效的，甚至是有害的，因为这些物资依然占用资金，产生管理费用，占用仓库空间。因此，为了完成仓储管理的基本任务，仓储活动中的各项作业必须有质量标准，并严格按标准进行作业。

（2）注重效率

仓储成本是物流成本的重要组成部分，因而仓储效率的提高关系到整个物流系统的效率和成本。在仓储管理过程中要充分发挥仓储设施设备的作用，提高仓储设施和设备的利用率；要充分调动仓储生产人员的积极性，提高劳动生产率；要加速在库物资周转，缩短物资在库时间，提高库存周转率。

（3）确保安全

仓储活动中的不安全因素有很多。有的来自库存物，如有些物资具有毒性、腐蚀性、辐射性、易燃易爆性等；有的来自装卸搬运作业过程，如每种机械的使用都有其操作规程，违反规程就可能出事故；还有的来自人为破坏。因此特别要加强安全教育，提高认识，制定安全制度，贯彻执行"安全第一，预防为主"的安全生产方针。

（4）讲求经济

仓储活动中所耗费的物化劳动和活劳动的补偿是由社会必要劳动时间决定的。为实现一定的经济效益目标，必须力争以最少的人、财、物消耗，及时准确地完成最多的储存任务。因此，对仓储生产过程进行计划、控制和评价是仓储管理的主要内容。

小资料

香港和记黄埔港口集团旗下的大型仓储基地——观澜内陆集装箱仓储中心

和记黄埔港口集团旗下的深圳和记内陆集装箱仓储有限公司在深圳观澜设立了大型物流仓储基地"观澜内陆集装箱仓储中心"，以配合华南地区的进出口贸易发展。目前已建成两座面积为2万平方米的大型出口监管仓和4万平方米的货柜堆场，以及与之相配套的报关楼、验货中心及办公场所。

观澜内陆集装箱仓储中心实现了高科技智能化出口监管仓及堆场操作，包括采用仓储管理系统和堆场管理系统来管理仓储运作及堆场操作；全球海关、船公司、租箱公司及客户查询库存资料，了解货物进出仓的情况；IC卡闸口自动识别验放及闭路监控系统全方位监控；电子系统报关，为客户提供方便快捷的报关服务。

同时，与南方明珠盐田国际集装箱码头有限公司联手，采用GPS卫星定位系统，在盐田与观澜之间进行途中监控，并在盐田港入闸处为货柜车开辟专门的"绿色通道"，以达到信息共享、统一协调、分工合作的目的，充分发挥港口与仓储运作的优势，将盐田码头的服务功能延伸至更靠近各生产厂家的内地。

观澜内陆集装箱仓储中心目前为国外销售商、集运公司、货运代理、生产厂家、船公司及租箱公司提供优质的监管仓拼柜集运、国内配送、货柜堆存等服务，对推动华南地区的物流发展做出了贡献。

三、仓储工作人员的基本要求

仓储工作人员主要包括仓储管理人员和仓储保管员两类，对这两类人员有不同的素质要求。

1. 仓储管理人员的素质要求

1）具有丰富的物资知识。对于所经营的物资要充分熟悉，掌握其理化性质和保管要求，能有针对性地采取管理措施。

2）掌握现代仓储管理的技术。对仓储管理技术充分掌握，并能熟练运用，特别是现代信息技术的使用。

3）熟悉仓储设备及其性能。能合理、高效地安排使用仓储设备。

4）具有较强的办事能力。能分清轻重缓急，有条有理地处理事务。

5）具有一定的财务管理能力。能查阅财务报表，进行经济核算、成本分析，正确掌握仓储经济信息，进行成本管理、价格管理和决策。

6）具有一般管理者的素质。要求仓储管理人员具有包括组织协调能力在内的一般管理素质，具有评估能力、策划能力和控制能力。

7）具有现代物流管理知识和较强的物流运作管理能力。要求仓储管理人员掌握各种物流管理知识，如 ABC 分类法、经济订货批量等，同时能够对物资从入库到出库的整个流程进行合理的运作。

2. 仓储保管员的素质要求

1）认真贯彻仓储保管工作的方针、政策、体制和法律法规，树立高度的责任感，忠于职守、廉洁奉公，热爱仓储工作，具有敬业精神；树立为客户服务、为生产服务的观点，具有合作精神；树立讲效率、讲效益的思想，关心企业的经营。

2）严格遵守仓储管理的规章制度和工作规范，严格履行岗位职责，及时做好物资的入库验收、保管保养和出库发运工作；严密遵守各项手续制度，做到收有据、发有凭，及时准确登记销账，手续完备，账物相符，把好收、发、管三关。

3）熟悉仓库的结构、布局、技术定额及仓库规划；熟悉堆码、苫垫技术，掌握堆垛作业要求；在库容使用上做到妥善安排货位，合理、高效地利用仓容，堆垛整齐、稳固，间距合理，方便作业、清数、保管、检查、收发。

4）熟悉仓储物资的特性、保管要求，能有针对性地进行保管，防止物资损坏，提高仓储质量；熟练地填写表账、制作单证，妥善处理各种单证业务；了解仓储合同的义务约定，完整地履行义务；妥善处理自然灾害对仓储物资的影响，防止和减少损失。

5）重视仓储成本管理，不断降低仓储成本。妥善保管好剩料、废旧包装，收集和处理好地脚货，做好回收工作；用具、苫垫、货板等要妥善保管、细心使用，以延长使用寿命；重视研究物资仓储技术，提高仓储利用率，降低仓储物耗损率，提高仓储的经济效益。

6）加强业务学习和训练，熟练地掌握计量、衡量、测试用具和仪器的使用；掌握分管物资的特性、质量标准、保管知识、作业要求和工艺流程；及时掌握仓储管理的新技术、新工艺，适应仓储自动化、现代化、信息化的发展，不断提高仓储的管理水平；了解仓储设备和设施的性能和要求，督促设备维护和维修。

7）严格执行仓储安全管理的规章制度，时刻保持警惕，做好防火、防盗、防破坏、防虫鼠害等安全保卫工作，防止各种灾害和人身伤亡事故，确保人身、物资、设备的安全。

知识点二　仓储的发展历史及现状

一、仓储的发展历史

仓储随着储存的产生而产生，又随着生产力的发展而发展。人类社会自从有剩余产品以来就产生了储存。"积谷防饥"是中国古代的一句警世名言，其含义是将丰年多出的粮食储存起来以防歉年之虞。

仓储在中国可以追溯到5000多年前，在母系氏族的原始社会就出现了"窖穴库"。在西安半坡村的仰韶遗址可以看到仓库的雏形。而西汉时建立的"常平仓"是我国历史上最早的由国家经营的仓储。可见，在我国古代，"仓"是指储藏粮食的场所；而"库"则是指储存物资的场所。以后，人们逐渐将"仓"和"库"两个字连在一起用，表示储存各种商品、物资的场所。随着商品经济的飞速发展，现代意义上的仓库已不完全是古代意义上的"仓库"了，其内涵已发生了深刻的变化。

> **小资料**
>
> **古代的粮仓**
>
> 早在春秋战国时期，《管子·牧民》中就有"错国於不倾之地，积於不涸之仓，藏於不竭之府"，写出了"不涸之仓"是国家得以立、民得以治理的重要基础。不涸之仓，就是"取之不尽的粮仓"，在我国古代物流中发挥非常重要的仓储作用。
>
> 1. 历史悠久的南京港仓库。为官方所建，用于转运漕粮、贡赋等大宗水运官务，一般物资多利用岸边空地堆存。
>
> 2. 丰备义仓。最早源于安徽，为时任安徽巡抚陶澍所创，他在上书给道光皇帝的奏章中认为此仓制可以"以丰岁之有余，备荒年之不足"，提议以"丰备"为仓名，得到了道光帝的批准。
>
> 3. 蜀郡三仓。秦在蜀郡以成都一带为中心，在当地由张仪、张若主持修筑了三个县城，并同时构建了三个大型的郡县仓，是当时巴蜀地区最大和最高级别的仓储，依靠四川盆地内水运网建立积蓄，是区域性大仓。
>
> 4. 转般仓与大军仓。宋代实行转般法时，京口（今镇江）位于长江与大运河的交汇处，成为十字水道上的枢纽港，当时朝廷在镇江建有转般仓，盖有仓敖七十四座，可储粮

百万石,专为供应江淮战场的军队用粮,元代改名为大军仓。

5. 含嘉仓。含嘉仓是唐政府在全国各处所建许多粮仓中的一个,在当时的扬州和成都等大城市,大小粮仓星罗棋布,数不胜数,窖都在地下,最深为12米,一般为7~9米。其中一个窖里,存有北宋时放进的50万斤谷子,至1969年考古发现时大都颗粒完整。

二、发达国家仓储业的发展

美国、日本、法国、荷兰等国物流技术先进,管理水平高,仓储的发展情况比较好,其经验值得发展中国家学习和借鉴。

1. 美国的仓储业

仓储业是一个迅速成长的行业。一是仓库明显增多,纽约、洛杉矶、旧金山的交通便利之处,兴建了一个个仓库群,近几年数量快速增加;二是库房高度较高,钢结构站台库比例很大,高度普遍在 28 英尺(大约 8.53 米)以上;三是功能增加,除传统的保管、装卸功能外,加工、组装、集散、信息功能大大增强;四是科学技术水平提高,自动分拣系统的速度、数量和准确性令人叹为观止,同时计算机系统的升级优化,也极大地提高了仓储物流的效率;五是仓储物流突出体现了实用性原则,并不盲目追求自动化,适宜自动化的物资高度自动化,适宜机械化和人工操作的业务决不盲目追求自动化。

仓储物流的网络化经营趋势明显。美国一些比较大的仓储公司均有遍及全美甚至全世界的仓储网络。例如,GLOBAL 公司,是一家第三方物流公司,在全美有 112 个网点,经营 75 万平方米的仓库;M.W.C 公司,经营 40 万平方米的仓库;美国供应链协会前主席所在的 HWI 公司,经营着 50 家仓库;门罗物流公司,经营着遍布全世界的 80 个网点。究其原因,这些公司都是与服务对象共进退的,客户在哪里,它们就跟到哪儿,长期的合作伙伴关系使其仓储网络国际化。

仓储公司经营专业化、社会化、精细化。经营专业化使仓储公司与客户建立长期合作关系,有利于实施大客户战略。客户规模大,仓储业务随之扩大,能使用更多有效的设施设备。服务专业化,使客户更依赖仓储企业,同时能阻碍竞争者的进入。例如,门罗的客户是汽车行业,该库专门经营各种蓄电池的存储、充电和配送业务,专业性强;FedEx 专营快递业务,无论大、中、小件,突出一个"快"字,甚至邮政包裹也通过该公司来集散;维勃公司分别有化工库、日用品库,其物流中心专为沃尔玛的国际采购提供服务;百事可乐专营自己的产品物流,将生产与物流结合在一起。社会化是指上述所有公司均实施物流外包,将运输业务外包给专业运输公司,设备和库房、托盘都在租赁经营,在供应链的各环节,有众多的公司参与,各做各的业务。精细化是指上述各公司的工作精益求精,大到方案流程设计,小到每件物资操作,每个环节都井井有条,环环相扣,每个细节都有人关注。

普遍推行系统化、程序化、现代化管理,使仓储系统运行达到高效率、高效益。仓储公司把分散在全国各地的仓库视为统一体,进行系统规划、设计和控制,以谋求整体的高效率、高效益。值得提出的是,美国的流通仓库中,90%都采用"托盘—叉车—货架"形式的存储搬运机具(货架层之间的间距可以调整),而且以经济效益和生产率的高低为依据来决定对自动化先进机具的取舍,不盲目采用。在制定作业计划时,非常强调把握生产率和灵活机动性这两个环节,并注意充分利用现有工具,使之达到最优化。仓储公司借助电子计算机与现代通信手段,建立了一个庞大的系统网络,既连接自家公司的所有仓库,又连接主要生产厂家、客户和运输公司，由公司总部的指挥中心统一控制，对系统运行过程加以控制。

仓储业从业人员的素质较高，非常重视人力资源管理。激烈的市场竞争，促使仓储公司非常重视质量管理；而质量管理的关键又在于人员质量，即员工的素质和工作责任心。为此，仓储公司一方面采取措施，提高员工素质，增强工作责任心；另一方面，努力创造稳定人心、高效率工作的环境与条件。提高员工素质，首先是严把招聘关；其次是培训。招聘员工严格测试（包括职业道德、文字及统计知识等方面）和体检，考核过关后，还要培训、跟班实习，直到能独立工作。独立工作后仍然要跟踪观察、评估，以便继续训练与提高。

2．日本的仓储业

日本作为一个资源缺乏的发达国家，对仓库的建设特别重视，而且现代化程度较高。在日本，除企业物流外，许多物流中的仓储主要由独立的企业承担，政府对仓储业的管理主要通过法律约束，如制定的《仓库法》。在仓储经营方面，越来越多的日本仓储公司在从事拆、分、拼装物资等多种经营业务，并出现众多的为生产企业和商业连锁点服务的配送中心，从而大大减少了各部门内自备仓库中的物资储存量，从而减少了资金积压。日本认为，在其国民经济中，配送业担当着无可置疑的重要角色，它连接着生产和消费。而在商品配送中，运输和仓储可以比做马车的两个轮子，由它们实现生产与消费的有效连接。

目前，日本正处于经济社会迅速变化的时期，作为仓储业，对以下问题比较重视。
1）规划更有效的商品配送。
2）应付进口量的增加。
3）促进信息和自动控制系统的发展。
4）对物资寄存服务需求做出响应。

日本非常重视仓储业运作水平的提高，伴随着仓储设施的改进，利用便捷的信息交换系统进行信息传递是不可或缺的。日本已经引入仓储业与其客户间的电子数据交换（Electronic Data Interchange，EDI）系统，这使得信息传递在准确性和便捷性方面取得了更大的发展，在人员开支及其他各种物力节省方面也取得了重大成效。为了满足客户的需要，日本已开发出一种标准的物流 EDI 系统，以实现仓储业的信息传递。

同时，考虑到工作环境因素及提高效率和降低总体费用的目标，日本也积极促进自动控制系统的使用。由于物资种类的增加，庞大的事务处理正变得越来越复杂。许多仓储公司正在使用自动条形码检验系统，以简化全过程。这种系统使任何人都能检查物资的种类及仓库信息，并能准确、及时地控制物资总量及信息。有的公司正在使用电脑化仓储系统，物资的出入库完全由计算机控制系统自动完成，大大节省了公司的人员开支。

早在 1997 年 4 月，日本内阁会议就通过了"物流政策总体纲要"。以此纲要为基础，交通部制订了物流基础设施的发展计划。仓储业正在与物流基础设施的改进相配合，以便提供更有效的服务。

3．法国的仓储业

法国政府在规划和制定物流政策时，十分重视仓储和标准化等物流设施基础的建设。巴黎最大的农产品市场——汉吉斯国际批发市场就很有代表性，Norbert Dentressangle 是法国大型运输与物流企业集团，在法国有 144 万平方米的仓储能力，有 49 个仓储中心。依靠其强大的仓储能力，Norbert Dentressangle 的物流业务遍及整个欧洲，并开发了越来越多来自亚洲的业务。公司仓库的货架、物资上普及使用了条形码，包装箱统一使用一个标准，物资的包装实现标准化、通用化、集装化、大型化。物资的分拣、装卸、搬运过程实现机械化、自动化。高度自动化的高层立体仓库使配送效率大为提高，有效减少了流通环节和流通时间，降低了流通成本。

4. 荷兰的仓储业

荷兰有许多大公司的分拨中心，分拨中心位置的选择采取分散型和集中型两种方式。许多物流商选择了集中型分拨中心，这样可以节约成本，提高仓库的集约度，更好地控制供货时间，提高服务水平，快速反应，并能降低人员成本和办公费用。这些分拨中心大多是轻钢结构，设有穿墙式站台。库房面积越来越大，以前还只需要 1 万平方米的单体库，现在则常见到 2 万平方米以上的库，甚至有 6 万平方米的单体库，每 1.5 万平方米建一堵防火墙。库高也由以前的 8~10 米，发展到现在的 12~30 米，有的还建了楼库。

三、我国仓储业现状及应对策略

我国的仓储业具有悠久的历史，特别是在新中国成立之后得到了极大的发展，目前我国的仓储业已有了较大的规模，而且形成了各种专业化的门类齐全的仓储，在数量上已完全能满足我国经济发展的需要，但是在服务质量和效益上，与发达国家相比，尚有相当大的差距。

1. 我国仓储业现状

我国仓储业的现状主要表现为以下几点。

（1）条块分割，具有明显的行业特征

自从我国确立了以社会主义公有制为主体的社会主义经济制度后，建立了集中统一的经济管理体制，在中央集中、统一领导下，形成了以部门管理为主的管理体制。在高度计划经济体制下，我国的生产资料流通完全纳入了计划分配轨道，企业所需要的物资只能按照企业的隶属关系进行申请，经过综合平衡以后，再按各部门进行计划供应。而各部门为了储存、保管好分配来的各种物资，就需要建立仓库。于是，层层设库、行行设库的现象层出不穷，逐渐形成了部门仓储管理系统，从当时来看，部门仓储业的建立为保证本部门的物资供应、完成本部门的生产建设任务起到了积极作用。但是，由于各部门都从本部门利益出发，很少顾及其他部门或国家的利益，再加上相互间缺乏沟通，又没有一个统一的管理部门进行协调和统筹安排，因此，出现了目前存在的重复设库问题，物资流通中转环节多，流通渠道不畅，库存居高不下，物资损失浪费大，并出现部分地区仓储大量剩余和部分地区仓储能力不足的两极分化局面等。

（2）仓库众多，但经营管理水平较低

由于我国是以行政部门为系统建立仓库的，所以不同部门、不同层次、不同领域为满足自身使用的方便都设立了仓库，这就使我国的仓库拥有量居世界前列。但是，由于我国没有一个统一的仓储管理部门，也没有做过全国性的统计，所以我国仓库拥有量的底数并不十分清楚。

我国的仓库数目虽然很多，但是仓库管理水平不太高。究其主要原因，是有些领导在思想上对仓储管理不够重视。常见这样的领导，"手中有物，心中不慌"，他们把主要精力放在如何争取货源上，一旦物资到手，往仓库里一放，就以为万事大吉了，至于如何管理好库存物资则不太关心。再加上我国社会上普遍对仓库工作存在一种偏见，认为管仓库不需要知识，也不需要技术，致使仓库人员的素质尤其是文化素质不高，直接影响了管理水平的提高。

（3）仓储技术发展不平衡

20世纪80年代以来，我国仓储技术得到了较大发展，但是，各地发展不均衡。自改革开放以来，国外先进的仓储技术传入我国，使我国仓储业发生了显著的变化，特别是自动化仓储技术传入我国以后，我国的仓储技术有了较大的提高。我国自20世纪70年代开始建造自动化仓库，如北京汽车制造厂、南宁拖拉机厂等先后建造了自动化仓库。与此同时，人们对仓储工作的看法也起了变化，逐渐重视仓储管理工作，并注意引进先进的仓储技术和提高仓储工作人员的素质。但各地区发展不平衡，有的现代化仓库拥有非常先进的仓储设备，如各种先进的装卸搬运设备、高层货架、全部实行计算机管理等。但有的仓库还处在以人工作业为主的原始管理状态，仓储作业大部分靠肩扛人抬，只有少量的机械设备。还有一种情况是介于上述两者之间，具有一定的机械设备和铁路专用线，但利用率不高，有些设备已经老化或陈旧，但由于资金不足，无力更新，只得"带病作业"，隐藏着许多不安全因素。这种仓储技术方面先进与落后并存的状态将会持续一段比较长的时间。

（4）虽有相关法规，但体系不够全面

随着生产的发展和科学水平的提高，我国已经建立的仓储方面的规章制度已经不适应实际情况了。目前我国还没有一部完整的《仓库法》，我国仓储管理人员的法制观念不强，仓储内部的依法管理水平也比较低下，一是将仓储用地归并为工业用地，这种定性误差派生出许多问题，因为仓储与工业，无论是产业性质还是赢利水平都不可比；二是原国家划拨土地的土地使用税较高；三是仓储用地的土地出让金太高，且要求一次性支付，加大了仓储企业和新的投资人的初始成本；四是在仓储用地置换过程中，仓储企业同时缴纳土地增值税和土地出让金，制约了仓储企业的技术改造；五是"租地建库"成为普遍现象，造成市场不公平。

（5）仓储方面的人才缺乏。

发展仓储行业，既需要掌握一定专业技术的技术型人才，又需要操作型人才，更需要仓储管理型人才，而我国目前这几方面的人才都很匮乏。据权威机构调查，物流专业人才已被列为我国12类紧缺人才之一，缺口达60余万，其中仓储方面的人才缺乏尤其严重。

2. 我国仓储业的应对策略

面对我国仓储业的上述现状，如何引导现有的各类仓储企业和新的投资人发展现代仓储业，需要对我国仓储业现状进行多层面分析和深入思考。为了推动我国现代仓储业快速、健康地发展，应该重点关注以下几个问题。

（1）明确现代仓储的基本业态

根据发达国家的经验与国内近年来仓储业发展新动态，应明确地提出将现代仓储业划分为仓储地产与仓储服务两个基本业态，仓储地产商专门从事仓库的建设与物业管理，仓储服务商租用仓库为社会提供仓储服务；现有的物流园区应向仓库地产转变，而不是仅提供"三通一平"的土地；现有的中小型国有仓储企业应该根据自身优势选择本企业的经营业态，要么建设与出租仓库，要么提供现代仓储服务，当然，有条件的企业也可以自己建仓库自己经营。

（2）发展现代仓储的主体

根据目前国有、外资、民营仓储企业的发展情况与各自的困难，调查发现外资与民营等新的投资人是发展现代仓储业的有生力量，大的民营企业应该得到银行的资金支持；目前有困难的大中型国有仓储企业及有条件的中小型国有仓储企业应该引进新的投资人，在产权多元化改制的同时，切割人员与债务等历史包袱，再造新的现代仓储经营主体；同时，对大量的农民仓库进行引导与规范。

（3）促进现代仓储发展的土地与税收政策

根据仓储业目前存在的主要困难与问题，并参照发达国家的经验，国家有关部门对现代仓储业的发展应采取三项政策：一是仓储企业新征用土地的出让金，给予一定的优惠，并允许按一定年限分期支付，以减少仓储公司的初期一次性投入；二是将仓储服务收入现行5%的营业税调减到3%，与运输收入营业税相同；三是允许仓储服务企业按扣除支付给仓库地产商的仓租后的净收入额缴纳营业税。

（4）仓储设施与技术现代化的方法与途径

根据城市化的发展要求与发达国家的经验，城内的仓储设施搬迁到城外，原有小的平房库、原有的楼房库向标准化的立体仓库发展是必然趋势，为推动现有设施的改造，推动现代仓储设备与技术的发展，目前有两个方面的工作需要做：一是尽快出台《仓库分类等级》国家标准，引导我国的仓库建设向国际标准靠拢，并逐步开展仓库等级认证工作，二是借鉴发达国家的经验，在现代仓储设备与技术的采购与使用上推广"分期付款"制度与"联合采购"制度，以减少仓库地产商或仓储服务商的一次性投资成本，加速我国仓储设备与技术的现代化。

知识点三　仓储管理在物流管理中的地位及发展趋势

仓储管理在物流管理中的地位非常重要，其发展趋势也引起了从业者极大的关注和重视。

一、仓储管理在物流管理中的地位

为了更好地发展仓储业，必须认清仓储物流的一些错误观点和做法，保证有的放矢，达到良好的效果。

1. 仓储物流业的几个误区

仓储物流业是流通领域的骨干力量，在国民经济发展中起着举足轻重的作用，然而，当前我国仓储物流业的形势令人担忧，发展严重滞后，很不适应我国社会主义市场经济的新形势和国际经济一体化的发展趋势，究其原因是多方面的，但根本的一条是对仓储物流业缺乏正确的认识。回顾近20年的情况，不难发现，在商品流通体制改革中，人们对仓储物流业在认识上陷入了一些误区，从而在实践上迟滞了发展进程，因此，要重振仓储物流业，开展第三方物流，必须彻底转变观念，理论和实践相结合，解决好认识问题，尽快摆脱误区。

"仓储过时论"认为：仓储物流业是计划经济的产物，现在搞市场经济，仓储物流业已是"时过境迁，路不适宜"。

"仓储无用论"认为：当前科技已有了很大发展，通信和交通已经很发达，仓储物流作为流通的中间环节已没有存在的必要，应让位和退出流通领域。

"仓储高耗论"认为：从仓储物流业进货多了流通环节，增加了流通费用，不如直接从厂家进货便宜。

"仓储取消论"是前三种认识误区的继续，破除了前三种不正确的认识，"取消论"也就无可立足了，但"取消论"提出的零售业取代仓储物流业的问题，很有迷惑性和诱惑性，有必要予以驳斥和澄清。

"仓储回归论"认为，当前仓储物流业在某些地区的萎缩是市场经济造成的，仓储物流业在计划经济时期既然历史辉煌，重振仓储物流业应走捷径，直接回归到传统计划经济仓储物流业上去。

"仓储观望论"认为，仓储物流业作为生产流通的必要环节，对于当前仍不能全面解困的情况，国家迟早要出台政策扶持的，现在不妨等一等。

为了消除以上错误观点，必须认识到仓储在物流系统中的作用。

2．仓储的作用

仓储在物流系统中起着很重要的作用，主要体现在物流操作、物流成本管理和物流增值服务几个方面。

（1）仓储在物流操作中的作用

1）运输整合和配载。运输前，在仓库中可以把同一运输方向上的不同货主的物资进行整合，同时在选择的运输工具上根据装载限额进行配载，化零为整，达到降低成本的目的。

2）分拣和产品组合。把客户需要的不同种类的物资从不同的货区拣选到集货区，然后根据不同客户的需求进行分类。

3）流通加工。根据不同客户的需求，对物资进行包装、装潢、贴标签、改型、上色、定量、组装、成型等作业，不仅满足客户个性化的需要，提高客户的满意度，还可以通过这些增值性的活动为仓库创造效益。

4）平衡生产和保证供货。在需求旺季，加大物资的储存量以保证市场上增长的需求；在需求淡季，可以在市场上物资价格下降时进行储备，以保证旺季的需求和较高的利润。总之，进行急缓调节以满足需求。

5）存货控制。包括存量控制、仓储点的安排、补充控制、出货安排等内容。

（2）仓储在物流成本管理中的作用

物流成本可分为仓储成本、运输成本、作业成本、风险成本，仓储成本的控制和降低直接实现了物流成本的降低。

1）仓储成本和运输成本。物资在仓储中组合，妥善配载和流通加工就是充分利用运输工具，从而降低运输成本的支出，如自行车的拆散配载，托盘成组装卸运输。

2）仓储成本和作业成本。合理和准确的仓储会减少物资流动，减少作业次数，采取机械化和自动化的仓储作业，从而降低作业成本。例如，频繁出入库的物资存放在临近仓库门口处，方便出入，可缩短作业距离。

3）仓储成本和风险成本。对物资实施有效的保养和准确的数量控制，会大大降低风险成本（风险成本是指由于企业无法控制的原因，有可能造成物资丢失、贬值或损坏等损失）。

（3）仓储在物流增值服务中的作用

通过加工，提高产品的质量，改变产品功能，实现产品个性化；通过仓储的时间控制，使生产节奏与消费节奏同步，实现物流管理的时间效用功能；通过仓储物资的整合，开展消费个性化的服务等。而且，仓储中的现货会使客户产生信任感，有利于交易的达成。

二、仓储管理的发展趋势

仓储管理的发展趋势主要表现在以下五个方面。

1. 以顾客为中心

成功的仓储公司愿意和客户保持交流并倾听他们的意见，因为这些仓储公司知道仓库的作业必须在适当的时间以适当的方式存储或发送适当的产品，在满足客户需要的基础上实现产品的增值。另外，成功的仓储公司将与供应商和顾客发展真正的合作伙伴关系，从而从共享的信息、互相商定的计划和双赢的协议中受益。运作高效、反应迅速的仓储是实现这一目标的关键。

2. 减少作业，压缩时间

今后，仓库或物流中心在数量上将减少，但每个储存点的物资数量将增加。因此，以后的储存点一方面规模更大，另一方面日常所要处理的订单也更多。这意味着装运频次的加快和收货、放置、拣货及装运作业的增加，这一趋势将对物资处理系统提出更高的要求，对叉车和传送带等设备产生重大影响。

3. 仓储作业的自动化

为适应仓储业作业的急速膨胀，仓储业需要大大提高自动化程度。例如，需要使用更多的传送带来长距离运送小件物资，同时设定适当数量的重新包装站和装卸作业平台。另外，如果使用更多的自动分拣设备，就能在不建造额外场所的情况下提高整体工作能力。因此，在诸如物资搬运这类增值很少甚至无增值的作业方面，自动化设备将继续替代劳动力。

4. 零库存、整合化管理

仓储的最终目标是实现零库存。这种零库存只是存在于某个组织的零库存，是组织把自己的库存向上转移给供应商或向下转移给零售商。今天，零库存是完全可以实现的。例如，丰田公司的准时制生产方式有效地消灭了库存，实现了零库存。零库存实际上含有两层意义：其一，库存对象物的数量向零趋近或等于零；其二，库存设备、设施的数量及库存劳动消费同时向零趋近或等于零。而第二种意义上的零库存，实际上是社会库存结构的合理调整和库存集中化的表现。然而在经济意义上，它并不来自通常意义上的库存物资数量的合理减少，企业物流管理的主要费用是库存费用。因此，仓储管理实施整合化仓储，即把社会的仓储设施及各相关供应商、零售商、制造商、批发商甚至客户的仓储设施进行整合，达到企业库存管理的优化。也就是说，在供应链管理的框架下，实行仓储管理，把相关仓储管理的作业进行重建。

5. 计算机化与网络化管理

新科技革命以来，仓储管理者将把物资从库房进进出出（包括收货、放货、分拣和装运）的作业看成他们工作中最关键的部分，但他们在执行这些工作时遇到了一个很大的困难——难以及时获取精确的信息。实施仓储工作的无纸化可以改变这一现状。从原则上讲，无纸化仓储意味着所有物流运动的电子化操作，从而减少甚至消除了在产品鉴别、地点确认、数据输入和准确分拣方面可能产生的传统错误。同时，电子控制系统还能避免数据输入的延误，并能即时更新库存，随时找到所需的物资。在美国，计算机在仓储管理中的运用日益广泛，它可以把复杂的数据处理简单化，同时还发展了许多成熟的仓储管理软件供企业挑选采用。

网络在近年来迅速普及，使得库存管理网络化成为一种趋势。

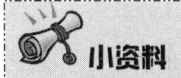

> **小资料**
>
> **未来5年中国智能仓储将保持快速增长**
>
> 2013——2015年我国自动化仓储系统的增速已经超过了工业自动化，预计在未来5年内国内物流仓储自动化市场仍可以维持较快的增长。截至2014年年底，中国累计建成的自动化立体库已经超过2 500座，烟草、医药、零售是主要应用领域，汽车、烟草、医药行业的仓储自动化普及率分别是38%、46%、42%，远高于国际平均水平20%。中国物流与采购联合会统计和预测的几个行业未来的物流自动化改造空间，医药、乳业、纺织服装、轮胎、汽车分别为600亿、100亿、200亿、300亿、120亿元。未来几年中国物流仓储自动化还有很大的发展空间，自动化立体仓库市场规模预计达150亿~200亿元。

案例分析

青岛啤酒的仓储管理

青岛啤酒集团引入现代物流管理方式，加快产品走向市场的速度，同时使库存占用资金、仓储费用及周转运输在一年多的时间里降低了3 900万元。青岛啤酒集团的物流管理体系是被逼出来的。

从开票、批条子的计划调拨，到在全国建立代理经销商制度，是青岛啤酒集团为适应市场竞争的一次重大调整。但集团在运作中发现，由代理商控制市场局面，加上目前市场的信誉度较差，使青岛啤酒集团在组织生产和销售时遇到很大困难。

1998年第一季度，青岛啤酒集团以"新鲜度管理"为中心的物流管理系统开始启动，当时青岛啤酒的年产量不过30多万吨，但库存高达3万吨，限产处理积压、按市场需求组织生产成为当时的主要任务。青岛啤酒集团将"让青岛人民喝上当周酒，让全国人民喝上当月酒"作为目标，先后派出两批业务骨干到国外考察、学习，提出了优化产品物流渠道的具体做法和规划方案。这项以消费者为中心，以市场为导向，以实现"新鲜度管理"为载体，以提高供应链运行效率为目标的物流管理改革，建立了集团与各销售点物流、信息流和资金流全部由计算机网络管理的智能化配送体系。

青岛啤酒集团首先成立了仓储调度中心，对全国市场区域的仓储活动进行重新规划，对产品的仓储、转库实行统一管理和控制。由提供单一的仓储服务，转变为对产品的市场区域、流通时间等全面的调整、平衡和控制，仓储调度成为销售过程中降低成本、增加效益的重要一环。以原运输公司为基础，青岛啤酒集团注册成立了具有独立法人资格的物流有限公司，引进现代物流理念和技术，并完全按照市场机制运作。作为提供运输服务的"卖方"，物流公司能够确保按规定要求，以最短的时间、最少的环节和最经济的运送方式，将产品送至目的地。

同时，青岛啤酒集团应用建立在互联网信息传输基础上的企业资源计划系统，筹建了青岛啤酒集团技术中心，将物流、信息流、资金流全面统一在计算机网络的智能化管理之下，建立起各分公司与总公司之间的快速信息通道，及时掌握各地最新的市场库存、货物和资金流动情况，为制定市场策略提供准确的依据，并且简化了业务运行程序，提高了销售系统动作效率，增强了企业的应变能力。同时，青岛啤酒集团还对运输仓储过程中的各个环节重新整合、优化，以减少运输周转次数、压缩库存、缩短产品周转时间等。具体做法有：根据客户订单，产品从生产厂直接运往港、站；省内订货从生产厂直接运到客户仓库。仅此一项，每箱的成本就降低0.5元。同时对仓储的存量做了科学的界定，并规定了上限和下限，上限为1.2万吨。低于下限发出要货指令，高于上限不再安排生产，这样使仓储成为生产调度的"平衡器"，从根本上改变了淡季库存积压、旺季市场断货的尴尬局面，满足了市场对新鲜度的需求。

目前，青岛啤酒集团仓库面积由70 000多平方米下降到29 260平方米，产品库存量平均降到6 000吨。

这个产品物流体环环相扣，销售部门根据各地销售网络的要货计划和市场预测，制订销售计划；仓储部门根据销售计划和库存及时向生产企业传递要货信息；生产厂有针对性地组织生产，物流公司则及时调度运力，确保交货质量和交货期。同时销售代理商在有了稳定的货源供应后，可以从人、财、物等方面进一步降低销售成本，增加效益。经过一年多的运转，青岛啤酒物流网已取得了阶段性成果。首先是市场销售的产品新鲜度提高了，青岛和山东省其他市场的消费者分别可以喝上当天酒、当周酒；东北、广东及沿海城市的消费者，可以喝上当周酒、当月酒。其次是产品周转速度加快，库存下降使资金占用量降低了3 500多万元。再次，仓储面积减小，仓储费用降低了187万元，市内周转运输费减少了189.6万元。

现代物流管理体系的建立，使青岛啤酒集团的整体营销水平和市场竞争能力大大提高，近年来，青岛啤酒集团年产销量在国内名列前茅。其建立的信息网络系统还具有较强的扩展性，为企业在拥有完善的物流配送体系和成熟的市场供求关系时开展电子商务准备了必要条件。

资料来源：http://wenku.baidu.com/view/c5dc0255ad02de80d4d84099.html

青岛啤酒的启示：

1. 20世纪末，青岛啤酒的库存量几乎是其产量的10%，不仅造成库存成本增加，而且使啤酒的新鲜度下降。

2. 青岛啤酒集团开始启动以"新鲜度管理"为中心的物流管理系统。首先成立了仓储调度中心，对全国市场区域的仓储活动进行重新规划，对产品的仓储、转库进行实行统一管理和控制；同时，青岛啤酒集团应用建立在互联网信息传输基础上的企业资源计划系统，及时掌握各地最新的市场库存、货物和资金流动情况，为制定市场策略提供了准确的依据；还对运输仓储过程中的各个环节重新整合、优化，以减少运输周转次数、压缩库存、缩短产品周转时间等。

3. 现代物流管理体系的建立，使青岛啤酒集团的整体营销水平和市场竞争能力大大提高，产成品周转速度加快，仓储面积降低，仓储费用下降。

重要概念

仓储　　仓储管理

本章小结

☑ 仓储的功能主要分为基本功能、增值功能、社会功能三个方面。仓储可以根据仓储活动的运作方式、仓储对象、仓储功能、仓储物的处理方式等标准进行分类。
☑ 仓储管理的内容包括仓库的选址和建筑问题、仓库机械作业的选择与配置问题、仓库的业务管理问题、仓库的库存管理问题等。仓储管理的任务有微观任务与宏观任务之分。保证质量、注重效率、确保安全、讲求经济是仓储管理的基本原则。仓库管理人员和仓库保管员必须具备相应的素质要求。
☑ 仓储在中国可以追溯到 5000 多年前，在母系氏族的原始社会就出现了"窖穴库"。随着商品经济的飞速发展，现代意义上的仓库已不完全是古代意义上的"仓库"了，其内涵已发生了深刻的变化。美国、日本等国由于物流技术先进，管理水平高，仓储的发展情况比较好，其经验值得发展中国家学习和借鉴。
☑ 在认清仓储物流业的几个误区的前提下，重视仓储管理在物流系统中所起的重要作用，主要体现在物流操作、物流成本管理和物流增值服务几个方面。仓储管理的发展趋势主要表现为：以顾客为中心；减少作业，压缩时间；仓储作业的自动化；零库存、整合化管理；计算机化与网络化管理。

复习思考题

一、填空题

1. 仓储的功能主要分为（　　）、（　　）、（　　）三个方面。
2. 仓储管理的基本原则包括（　　）、（　　）、（　　）、（　　）四个方面。
3. 目前我国还没有一部完整的（　　），我国仓储管理人员的法制观念不强，仓储内部的依法管理水平也比较低下。
4. 据权威机构调查，物流专业人才已被列为我国（　　）类紧缺人才之一，缺口达（　　）余万，仓储方面的人才缺乏也很严重。
5. 仓储物流业的误区表现在（　　）、（　　）、（　　）、（　　）、（　　）、（　　）六个方面。
6. 仓储在物流成本管理中的作用表现在（　　）、（　　）、（　　）三个方面。

二、选择题

1. 仓储最基本的功能是（　　）。
    A. 流通管理　　　　　　　B. 数量管理
    C. 质量管理　　　　　　　D. 物资存储
2. 罐头生产厂可以将罐头生产的最后一道工序——贴标签——延迟或推迟到产品出库之前进行，这属于仓储的（　　）功能。
    A. 拼装　　　　　　　　　B. 保管
    C. 加工/延期　　　　　　 D. 分类
3. （　　）属于仓储的增值功能。
    A. 储存　　　　　　　　　B. 信息的传递
    C. 价格调整　　　　　　　D. 时间调整
4. （　　）不属于仓储的社会功能。
    A. 时间调整功能　　　　　B. 价格调整功能

　　　　C．信息的传递　　　　　　　　D．衔接商品流通功能
5．（　　）不属于仓储管理的宏观任务。
　　　　A．合理组织收发　　　　　　　B．设置高效率的组织管理机构
　　　　C．积极开展商务活动　　　　　D．着力提升职工素质
6．在5000多年前的母系氏族的原始社会就出现了（　　），是我国最早形式的仓库。
　　　　A．窖穴库　　　　　　　　　　B．常平仓
　　　　C．仓廪　　　　　　　　　　　D．仓
7．我国开始建造自动化仓库的时间是（　　）。
　　　　A．20世纪60年代　　　　　　B．20世纪70年代
　　　　C．20世纪80年代　　　　　　D．20世纪90年代
8．当前仓储物流业在某些地区的萎缩是市场经济造成的，仓储物流业在计划经济时期历史辉煌，重振仓储物流业应走捷径，直接回归到传统计划经济仓储物流业上去。这种观点是（　　）。
　　　　A．仓储过时论　　　　　　　　B．仓储无用论
　　　　C．仓储取消论　　　　　　　　D．仓储回归论
9．（　　）不是仓储在物流成本管理中作用的体现。
　　　　A．仓储成本和运输成本　　　　B．仓储成本和人工成本
　　　　C．仓储成本和作业成本　　　　D．仓储成本和风险成本

三、判断题

1．加工服务属于仓储的基本功能。（　　）
2．着力提高职工素质属于仓储管理的宏观任务。（　　）
3．美国仓储业是一个发展缓慢的行业。（　　）
4．日本仓储业比较重视如何规划更有效的商品配送及对物品寄存服务需求做出响应。（　　）
5．仓储中的现货会使客户产生信任感，有利于交易的达成。（　　）
6．零库存、整合化管理是仓储管理的发展趋势之一。（　　）

四、简答题

1．仓储具有哪些功能？
2．仓储管理包括哪些内容？
3．仓储管理有哪些基本要求？
4．简述我国仓储业现状。
5．简述仓储管理的发展趋势。

五、案例分析

▶ 案例1

德国邮政零件中心仓库的建立与管理

1．德国邮政基本情况

德国邮政有83个国内邮件分拣中心和两个国际邮件分拣中心。小型分拣中心日处理能力可达75万份，大型分拣中心日处理能力可达450万份。

2. 零件中心仓库的建立

德国邮政经过详细评估，选法兰克福作为中心仓库的厂址。

建立中心仓库的突出优点是降低成本，主要表现在：靠统一采购压低价格；靠中央仓储减少盘存；靠故障分析优化存货和订货。中心仓库在分拣中心与零件厂商之间起着缓冲作用。从中心仓库到各个分拣中心之间的送货时限通常为24小时，紧急订单送货时限为8小时。如果出现极端紧急的情况，则选中9个分拣中心专门储备特需零件，保证在4小时内到货。设立中心仓库可以统一零件供应渠道，实现集中采购和验收，控制供应商的数量和素质。

3. 零件中心仓库运营的成果与管理经验

（1）利用中央数据库，提高管理效率

所有设备消耗的零件在中央数据库中都有记录，因此零件的故障率可以计算出来，在出现不正常情况时，可以与供应商沟通协调。利用数据库，管理者可以查阅零件消耗的有关数据。通过选择节约效果最好的零件，降低成本，系统地测试了新供应商提供的60种不同的替代零件，通过对零件进行测试和研究，找到磨损严重的部分，进行局部维修，较之以前退给厂商换货，成本大为降低。

（2）减少零件的库存

中心仓库建成以后，有了中央数据库，每年实际的零件消耗量是可以计算的。与分散库存相比，集中库存可以大幅减小库存量，尤其是贵重零件的库存量。

（3）采购一体化和集中送货

由于采购一体化，批量大，成本可以大幅降低。集中送货也降低了运输成本，价格最大降幅可达85%。在这方面，中央数据库也起了很重要的作用。

（4）选择合适的供应商

在设备保修期内，无法选择供应商，只能向厂商订购或由厂商指定供应商。中心仓库建成以后，分拣中心的多数设备保修期已过，可以自己选择供应商，有了直接面对零件厂商的机会。此外，对厂商的素质进行调查，跟踪和分析记录同样离不开中央数据库及其网络的支持。

（5）以人为本，提高员工素质

在零件集中经营的过程中，管理者创造了配套的新办法和新的内部管理程序，不断学习信息技术及软硬件知识。同时让员工学会成本分析，逐渐培养成本意识，达到降低成本的目的。

资料来源：http://61.153.213.46:81/JGXM/UploadFiles_6315/200907/20090705152538171.doc

案例1思考题：

1. 德国邮政为什么要设立零件中心仓库？
2. 零件中心仓库采取了哪些措施降低零件的物流总成本？

案例2

海口铁龙粮食储备库提高仓储管理水平的措施

1. 抓设施配套，不断提高硬件建设水平

着眼于"高起点、高标准"，在仓库硬件建设上舍得投入：①确保仓库建设规模，用地50多亩，建起11幢，共计5万多吨仓容的粮仓；②确保硬件建设配套齐全，共投资300万元，购置了粮情测控、机械通风、环流熏蒸、谷物冷却、粮食输送、粮食装仓等一批具有国内仓储管理领先水平的机械设备，有效地保证了仓储管理工作的高效、安全、有序进行。

2. 抓人员培训，不断提高仓储管理人员的整体素质

不断抓好职工的业务技术学习培训，培训职工进行技术学习，将不断促进管理人才的成长列入储备库整体工作规划，并扎实推进计划的落实。一方面组织职工外出到省内外仓储管理先进企业进行参观，学习新技术、新经验；另一方面，请来专家，到本库区面对面地对职工传授管理知识和操作技能，职工的仓储管理理论知识和操作水平有了显著的提高。

3. 抓制度建设，不断提高仓储管理的约束力

经过反复调查研究，并借鉴同行业先进管理制度的经验和做法，修订了《粮食仓库管理制度》、《仓库正副主任职责》、《安全保卫制度》、《粮食保管员岗位职责》、《粮食防化员岗位职责》、《化学药剂管理制度》等十多个岗位规章制度，有120多条，并经常组织全体员工进行深入学习，逐条对照，不仅将制度挂在墙上，而且让员工牢牢记在心里，让制度成为职工行为的标尺和准则。还设立了专职督察员，对每项制度在每个岗位上的落实执行情况进行督查，并定期进行通报。

4. 抓科学保粮，不断提高仓储管理的科技含量

紧紧围绕三个方面做好科学保粮工作：①把好粮食进库关，不管从什么渠道购进，进库时质量不达标的一定要经过处理达标后再进库；②加强粮情监测，每天通过粮情检测仪及人工抽样探测等，加强对粮情的监测；③采用仓顶喷射水雾降温与局部制冷降温相配合的办法实行物理降温，其结果是成本低，效果明显。

5. 抓轮换经营，不断提高企业经济效益

在抓轮换经营中着重抓住三个环节：①抓好粮食质量，保证粮食品质，这样才能做到质优价稳；②建立健全购销网络，树立良好的经营形象，为购销双方提供双赢的条件和平台，做到风险共担、利益共享；③"锁定价格及时轮换"，在反复进行市场调查的基础上，通过市场信息收集、筛选，不失时机，充分把握行情，利用地区差、季节差等适时做好轮换。

资料来源：http://www.chinagrain.gov.cn/n16/n3615/n3676/n4399622/n4400970/n4510128/4510251.html

案例2思考题：

1. 海口铁龙粮食储备库采取了哪些措施提高仓储管理水平？
2. 海口铁龙粮食储备库采取了哪些措施提高仓储管理人员素质？

第二章 仓储规划与布局

学习目标

① 理解仓库的概念、种类、功能、发展趋势，仓库选址的概念、原则，以及仓库平面规划的概念。

② 掌握仓库设施的内容及主要参数，仓库选址的步骤、方法及策略，以及仓库货区布局、仓库规模的确定。

③ 运用重心法、数值分析法进行仓库选址。

引导案例

海门市粮食局改造仓储设施

海门市粮食局组织专人验收新建的三厂粮库综合楼中的化验室，改造后的化验室分为办公区和操作区，正在等待专业粮食检测设备"入住"。

据介绍，此次新规划了100多平方米的化验室，并购置了5万余元的粮食检测设备，等设备到位后，将能满足粮食主要物理指标检验的需要。粮食局全力围绕"123"工程，即提升1个中心库、打造2个骨干库、完善3个收纳库，不断完善粮食仓储设施建设，积极构建粮食仓储物流体系。粮食仓储建设是实现科学保粮、维护粮食安全的重要基础。仓储设施维修改造工程完成后，将进一步改善库区环境，提升仓储管理水平。

据了解，粮食局共投入120余万元实施仓储设施维修改造工程，其中，投入54万元对货隆储备库所有仓库进行防潮、防火、隔热吊顶，减少外界高温对粮食安全储存的影响，延缓粮食品质变化；投入46万元对三厂粮库进行仓库外墙粉饰，新建综合楼，3栋仓库屋顶维修；投入20余万元对天三油米厂的场地、围墙、车间屋顶进行维修。目前，货隆储备库正在对仓库外墙进行天然真石漆喷砂处理，天三油米厂800平方米的彩钢棚也在快速推进中，工程计划在6月底全部完工。

资料来源：http://roll.sohu.com/20120525/n344045743.shtml

思考题

1. 海门市粮食局采取了哪些措施来改造仓储设施？
2. 海门市粮食局改造仓储设施以期达到什么目标？

知识点一　仓库的形式和建筑要求

仓库（warehouse）是保管、储存物资的建筑物和场所的总称，如库房、货棚、货场等。也可以理解为用来存放物资（包括商品、生产资料、工具或其他财产），并对其数量和状态进行保管的场所或建筑物等设施，还包括用于减少或防止物资损伤而进行作业的土地或水面。

一个国家、一个地区、一个企业的物流系统中需要各种各样的仓库，它们的结构形态各异，服务范围和对象也有着较大的差别，因此正确把握各种仓库的特点对仓库建设规划和仓储管理具有实际意义。

一、仓库的种类

仓库按不同的标准可划分为不同的种类。

1. 按使用范围分类

1）自用仓库。自用仓库指生产或流通企业为本企业经营需要而修建的附属仓库，完全用于储存本企业的原材料、燃料、产成品等物资。

2）营业仓库。营业仓库指一些企业专门为了经营储运业务而修建的仓库。

3）公用仓库。公用仓库指由国家或某个主管部门修建的为社会服务的仓库，如机场、港口、铁路的货场、库房等仓库。

4）出口监管仓库。出口监管仓库指经海关批准，在海关监管下存放已按规定领取了出口物资许可证或批件，已对外买断结汇并向海关办完全部出口海关手续的物资的专用仓库。

5）保税仓库。保税仓库指经海关批准，在海关监管下专供存放未办理关税手续而入境或过境物资的场所，如图2-1所示。

2. 按保管物资种类的多少分类

1）综合仓库。综合仓库指用于存放多种不同属性物资的仓库，如图2-2所示。

2）专业仓库。专业仓库指用于存放一种或某一大类物资的仓库，如图2-3所示。

图2-1　保税仓库 　　　　　　　　图2-2　综合仓库

3. 按仓库保管条件分类

1）普通仓库。普通仓库指用于存放无特殊保管要求的物资的仓库。

2）保温、冷藏、恒湿恒温仓库。保温、冷藏、恒湿恒温仓库指用于存放要求保温、冷藏或恒湿恒温的物资的仓库。冷藏仓库如图2-4所示，恒湿恒温仓库如图2-5所示。

3）特种仓库。特种仓库指用于存放易燃、易爆、有毒、有腐蚀性或有辐射性的物资的仓库，如图2-6所示。

4）气调仓库。气调仓库指用于存放要求控制库内氧气和二氧化碳浓度的物资的仓库，如图2-7所示。

图2-3　棉纱专业仓库

图2-4　冷藏仓库

图2-5　恒温恒湿仓库

图2-6　特种仓库

图2-7　气调仓库

小资料

连云港外贸冷藏仓库

连云港外贸冷藏仓库于1973年由外经贸部投资兴建，是我国外贸系统的大型冷藏仓库之一，由容量分别为12 000吨的低温库（-18℃）和5 000吨的保鲜库（0℃）组成，配备双回路电源。另有3 000平方米的普通仓库、100多吨运力的冷藏车队、年加工能力为1 500吨的冷冻品加工厂。其经营范围为物资储存、商品储存、加工、食用油及制品、副食品、饲料、建筑材料、金属材料的销售、代购、代销、公路运输服务等。

冷藏仓库所处区位优越，在连云港港区内，门前公路东接港口，西接宁连、徐连、汾灌高速公路，距离连云港民航机场只有50公里，库内有铁路专用线与亚欧大陆桥东桥头堡相连，毗邻公路、铁路客运站，交通十分便捷。

设备完善的主库和从日本引进的组装式冷库形成了一流的冷冻、冷藏条件，保鲜库为国内外客户储存苹果、蒜头、洋葱等果品、蔬菜类保鲜食品。冷冻品加工厂设备完善，质保体系严格，采用恒温避光作业，拥有蔬菜、水产品两条加工生产线，可常年同时加工鲜、冻农副产品及水产品，其附属仓库在存放物资方面条件优越。

4．按仓库建筑结构的完整性分类

1）封闭式仓库。这种仓库俗称"库房"，该结构的仓库封闭性强，便于对库存物资进行维护保养，适宜存放保管条件要求比较高的物资，如图2-8所示。

2）半封闭式仓库。这种仓库俗称"货棚"，其保管条件不如库房，但出入库作业比较方便，且建造成本较低，适宜存放那些对温、湿度要求不高且出入库频繁的物资，如图2-9所示。

3）露天式仓库。这种仓库俗称"货场"，其最大优点是装卸作业极其方便，适宜存放较大型的货物，如图2-10所示。

图2-8　封闭式仓库　　　　图2-9　半封闭式仓库

5．按仓库建筑物的构造分类

1）平房仓库。平房仓库的构造比较简单，建筑费用便宜，人工操作比较方便，如图2-11所示。

图2-10　露天式仓库　　　　图2-11　平房仓库

2）楼房仓库。楼房仓库是指二层楼以上的仓库，它可以减少土地占用面积，进出库作业可采用机械化或半机械化，如图2-12所示。

3）罐式仓库。罐式仓库构造特殊，呈球形或柱形，主要用来储存石油、天然气和液体化工品等，如图2-13所示。

图2-12　楼房仓库　　　　图2-13　罐式仓库

4）简易仓库。简易仓库构造简单、造价低廉，一般是在仓库不足而又不能及时建库的情

况下采用的临时代用办法，包括一些固定或活动的简易货棚等，如图 2-14 所示。

6．按库内形态分类

1）地面型仓库。地面型仓库一般指单层地面库，多使用非货架型的保管设备。

2）货架型仓库。货架型仓库指采用多层货架保管的仓库，在货架上放着物资和托盘，物资和托盘可在货架上滑动，货架分为固定货架和移动货架。

3）自动化立体仓库。自动化立体仓库指出入库用运送机械存放取出，用堆垛机等设备进行机械化、自动化作业的高层货架仓库，如图 2-15 所示。

图 2-14　简易仓库

图 2-15　自动化立体仓库

7．按仓库功能分类

现代物流管理力求进货与发货同期化，使仓库管理从静态管理转变为动态管理，仓库功能也随之改变，按功能可以分为以下几类。

1）集货仓库。将零星物资集中成批量物资称为"集货"。集货仓库可设在生产点数量很多、每个生产点产量有限的地区；只要这一地区某些产品的总产量达到一定水平，就可以设置这种有"集货"作用的物流据点。集货仓库如图 2-16 所示。

2）分货仓库。将大批量运到的物资分成批量较小的物资称为"分货"。分货仓库是主要从事分货工作的物流据点。企业可以采用大规模包装、集装货散装的方式将物资运到分货中心，然后按企业生产或销售的需要进行分装，利用分货中心可以降低运输费用。分货仓库如图 2-17 所示。

图 2-16　集货仓库

图 2-17　分货仓库

3）转运仓库。转运仓库的主要工作是承担物资在不同运输方式间的转运，可以进行两种运输方式的转运，也可进行多种运输方式的转运，根据转运的运输工具不同可分为为卡车转运仓库、火车转运仓库、综合转运仓库。

4）加工仓库。加工仓库的主要工作是进行流通加工，设置在供应地的加工仓库主要进行以物流为主要目的的加工，设置在消费地的加工仓库主要进行以实现销售、强化服务为主要目的的加工。加工仓库如图 2-18 所示。

5）储调仓库。储调仓库以储备为主要工作内容，其功能与传统仓库基本一致。

6）配送仓库。配送仓库是从事配送业务的物流场所或组织。它基本符合下列要求：①主要为特定的用户服务；②配送功能健全；③完善的信息网络；④辐射范围小；⑤多品种、小批量；⑥以配送为主，储存为辅。配送仓库如图 2-19 所示。

图 2-18　加工仓库

图 2-19　配送仓库

7）物流仓库。物流仓库是从事物流活动的场所或组织。它基本符合下列要求：①主要面向社会服务；②物流功能健全；③完善的信息网络，辐射范围大；④少品种、大批量；⑤存储、吞吐能力强；⑥统一经营管理物流业务。物流仓库如图 2-20 所示。

图 2-20　物流仓库

二、仓库设施

仓库设施主要包括主体建筑、辅助建筑、辅助设施三部分。

1. 仓库主体建筑

1）库房。库房是仓库中用于存储物资的主要建筑，多采用封闭方式。库房主要由以下部分组成：库房基础、地坪、墙壁、库门、库窗、柱、站台、雨棚等。

2）货棚。货棚是一种简易的仓库，为半封闭式建筑。货棚比库房结构简单，就地取材，建造时间短，但性能差，使用年限短。货棚主要用于存放受自然温、湿度影响较小的笨重物资及经得起风雨或日晒的物资。

3）露天货场。露天货场比库房、货棚用料省，建造快，花钱少，容量大，只要地平整，有围墙，有管理人员住房，就可存放物资，但对自然条件的适应能力差，储存的物资有一定的局限性。

2. 仓库辅助建筑

仓库辅助建筑指办公室、车库、修理间、装卸工人休息间、装卸工具储存间等建筑。这些建筑一般设置生活区，并与存货区保持一定的安全间隔。仓库办公室如图 2-21 所示。

3. 仓库辅助设施

仓库辅助设施主要有通风设施、照明设施、取暖设施、提升设施（电梯等）、地磅及避雷设施等。仓库的照明设施如图 2-22 所示，仓库的避雷设施如图 2-23 所示，地磅如图 2-24 所示。

图 2-21　仓库办公室

图 2-22　仓库的照明设施

图 2-23　仓库的避雷设施　　　　　图 2-24　地磅

三、仓库的发展趋势

随着物流技术的快速发展，仓库的发展也非常迅速，其趋势主要有以下几方面。

1）仓储设备市场发展空间巨大。在新世纪，仓储设备和机械化、自动化仓库的需求量必将迅速增长，在最近 5 年内预计其年增长率为 10%～15%。叉车是仓库的主要设备之一，日本的年均产量为 12 万台左右，而我国仅为 1.5 万台。又如自动化仓库，日本的年建库量为 1 100 座，年产值为 900 亿日元（约合人民币 148.3 亿元）。随着我国经济的持续高速发展，过去较为落后的仓储装备的发展空间更大，近年来，我国每年在仓储行业的投资均为数千亿元，保持两位数的高速增长。

2）自动化仓库的类型将向多品种发展，如常温自动化立体仓库、低温自动化立体仓库、防爆型自动化仓库等。

3）巷道堆垛起重机的性能参数和可靠性有待进一步提高。

4）我国目前大多采用链式和轨道输送机组合出入库系统，将向开发高速轨道式输送台车及其系统、滑块式分拣输送机、自动搬运车系统（AGV）等高效、柔性的出入库输送设备及其系统发展。

5）随着仓库设备及其系统的自动化、高速化，条码技术和自动识别技术将越来越受到重视。

6）从系统的观点看，只有组成系统的设备成套、匹配，系统才是最高效的、最经济的。因此，自动仓库的周边设备，如站台跳板、汽车的专用装卸设备、物资自动码拆设备、防倒塌的热塑包裹设备、工业快速门等，随着仓库现代化的发展，其产品市场也有广阔的前景。

7）仓库软件及其有关的运输软件、销售和分销软件、采购软件等的需求量也会激增，并与企业的制造资源计划、企业资源计划链接，成为一个有机的整体。

8）用户的多样性必然产生仓库形式的多样性，尤其是中小型、量大面广的仓库形式，如托盘货架仓库、重力式仓库、驶入驶出式仓库、阁楼式仓库、移动式货架仓库、高架叉车仓库、水平和垂直旋转式仓库、垂直式自动货柜等，都各有其适应性和实用性及广阔的市场空间。

9）加速提高物流系统设计和设备成套的能力，成立专业的物流咨询、设计机构和物流工程公司。良好的产品（硬件和软件）是基础，但系统的完善、高效、成本等取决于系统规划和设计。现代物流技术已是多专业、多学科的集成，现代物流工程已是跨行业、跨部门众多设备的最优化整合。因此，必须大力强调这方面人才的培养和机构的建立，迅速形成具有世界一流水平的物流设计团队，以实现仓库的现代化。

知识点二　仓库的选址

仓库选址是指在一个具有若干供应点及若干需求点的经济区域内选一个或若干个地址设置仓库的规划过程。选址对固定成本和可变成本的影响巨大，因此仓库的选址一方面要考虑仓库本身建设和运行的综合成本，另一方面要考虑今后的运送速度。

一、仓库选址的原则

仓库选址主要包含以下几个原则。

1）适应性原则。仓库的选址须与国家及省、市的经济发展方针、政策相适应，与国家物流资源分布和需求分布相适应，与国民经济和社会发展相适应。

2）协调性原则。仓库的选址应将国家的物流网络作为一个大系统来考虑，使仓库的设施设备在地域分布、物流作业生产力、技术水平等方面互相协调。

3）经济性原则。在仓库发展过程中，有关选址的费用，主要包括建设费用和物流费用（经营费用）两部分。仓库的选址定在市区、近郊区或远郊区，其未来物流活动辅助设施的建设规模、建设费用及运费等物流费用是不同的，选址时应以总费用最低作为仓库选址的经济性原则。

4）战略性原则。仓库的选址，应具有战略眼光，一是要考虑全局，二是要考虑长远。局部要服从全局，眼前利益要服从长远利益，既要考虑目前的实际需要，又要考虑日后发展的趋势。

二、仓库选址的考虑因素

仓库选址主要应考虑自然环境因素、经营环境因素、基础设施状况、其他因素等几个方面。

1. 自然环境因素

1）气象条件。主要考虑年降水量、空气温湿度、风力、无霜期长短、冻土厚度等。

2）地质条件。主要考虑土壤的承载能力，仓库是大宗物资的集结地，物资会对地面形成较大的压力，如果地下存在淤泥层、流沙层、松土层等不良地质环境，则不适宜建设仓库。

3）水文条件。要认真搜集选址地区近年来的水文资料，需远离容易泛滥洪水的大河流域和上溢的地下水区域，地下水位不能过高，故河道及干河滩也不可选。

4）地形条件。仓库宜建在地势高、地形平坦的地方，尽量避开山区及陡坡地区，最好选长方地形。

2. 经营环境因素

1）政策环境背景。选择建设仓库的地方是否有优惠的物流产业政策，以对物流产业进行扶持，这将对物流业的效益产生直接影响，当地劳动力素质的高低也是需要考虑的因素之一。

2）物资特性。经营不同类型物资的仓库应该分布在不同地域，如生产型仓库的选址应与产业结构、产品结构、工业布局紧密结合进行考虑。

3）物流费用。仓库应该尽量建在接近物流服务需求地，如大型工业、商业区，以便缩短运输距离，降低运费等物流费用。

4）物流服务水平。物流服务水平是影响物流产业效益的重要指标之一，所以在选择仓库地址时，要考虑是否能及时送达，应保证客户无论在任何时候向仓库提出需求，都能获得满意的服务。

3. 基础设施状况

1）交通条件。仓库的位置必须交通便利，最好靠近交通枢纽，如港口、车站、交通主干道（国、省道）、铁路编组站、机场等，应该有两种运输方式衔接。

2）公共设施状况。要求城市道路畅通，通信发达，有充足的水、电、气、热的供应能力，有污水和垃圾处理能力。

4. 其他因素

1）国土资源利用。仓库的建设应充分利用土地，节约用地，充分考虑到地价的影响，还要兼顾区域与城市的发展规划。

2）环境保护要求。要保护自然与人文环境，尽可能减少对城市生活的干扰，不影响城市交通，不破坏城市生态环境。

3）地区周边状况。一是仓库周边不能有火源，不能靠近住宅区；二是仓库所在地的周边地区的经济发展情况，是否对物流产业有促进作用。

小资料

Target 商店发现选址时要考虑的不仅是正确的模型

在为服务于芝加哥的中心仓库选址时，Target 商店考虑了 3 个州的 55 个场所并做了充分的调研：考虑与市场的临近程度、运输成本、可利用的劳动力和每个地方提供的税收激励。Target 将目标锁定在 3 个场所，最后选择了威斯康星 Oconmowoc 镇的工业园。然而，

> Target 没有料到这一选择会将自己卷入一场政治家之间关于环境的争端之中。在破土动工之前，Target 完成了所有必要的法律和环境程序，然而环境组织并不满意——地下水怎样排放？交通堵塞及尾气造成的污染怎么办？这些团体认为 Target 的项目仓促通过了州政府，公众知晓度很低。使事情进一步恶化的是相邻一个镇抗议这次开发，因为这个镇以前和 Oconmowoc 在水和下水道问题上发生过冲突。Target 能从中获得什么教训呢？首先，如果早些意识到这些问题的严重性，Target 管理者可能会用更多的时间事先和地方团体达成协议；其次，要遍历政治活动中所有"正确的"步骤，仅仅与管制者和地方政府交涉是不够的；再次，像 Oconmowoc 这样拥有 70 000 人口的小镇，其居民可能对建在镇上的新设施所产生的影响更敏感：增加更多的房屋、学校、公路和基础设施可能会改变小镇的氛围，当地居民不喜欢这样；当地商人可能担心他们的长期雇员被新雇主挖走。一旦新设施建立起来，其生存和成功就依赖于维持和巩固与市民的关系。Target 商店采用了以下政策：作为承诺的一部分，每年向小镇捐赠 5%的税前收入。现在 Oconmowoc 的中心仓库运转正常。

三、仓库选址的步骤与方法

仓库的选址可分为两个步骤进行：第一步为分析阶段，具体有需求分析、费用分析、约束条件分析；第二步为筛选及评价阶段，根据所分析的情况，选定具体地点，并对所选地点进行评价。具体方法如下。

1. 分析阶段

分析阶段包含需求分析、费用分析、约束条件分析等内容。

1）需求分析。根据物流产业的发展战略和产业布局，针对某一地区的顾客及潜在顾客分析供应商的分布情况，具体有以下内容：工厂到仓库的运输量、向顾客配送的物资数量（客户需求）、仓库预计最大容量、运输路线的最大业务量。

2）费用分析。主要有工厂到仓库之间的运输费、仓库到顾客处的配送费、与设施和土地有关的费用及人工费等，如所需车辆数、作业人员数、装卸方式、装卸机械费等。运输费随着距离的变化而变动，而设施费用、土地费是固定的，人工费是根据业务量的大小确定的。以上费用必须综合考虑，进行成本分析。

3）约束条件分析。主要有三个方面：①地理位置是否合适，应靠近铁路货运站、港口、公路主干道，道路通畅情况，是否符合城市或地区的规划；②是否符合政府的产业布局，有没有法律制度约束；③地价情况。

目前被认为最好的初选仓库选址的方法是由美国选址理论专家 Edgar M. Hoover 概括的三种选址评价方法。

1）市场定位策略。市场定位策略是指将仓库选在离最终用户最近的地方。仓库的地理定位接近主要的客户，会增加供应商的供货距离，但缩短了向客户进行第二程运输的距离，这样可以提高客户服务水平。

市场定位策略最常用于食品分销仓库的建设，这些仓库通常接近所要服务的各超级市场的中心，使多品种、小批量库存补充的经济性得以实现。制造业的生产物流系统中把零部件或常用工具存放在生产线旁也是"市场定位策略"的应用，它可以保证"适时供应"。

影响这种仓库位置的因素主要包括运输成本、订货周期、产品敏感性、订货规模、当地运输的可获得性及预期的客户服务水平。

2）制造定位策略。制造定位策略是指将仓库选在接近产地的地方，通常用来集运制造商的产成品。产成品从工厂移送到这样的仓库，再从仓库里将全部种类的物资运给客户。这些仓库的基本功能是支持制造商采用集运费率运输产成品。

对于产品种类多的企业，产成品运输的经济性来源于大规模整车和集装箱运输；同时，如果一个制造商能够利用这种仓库以单一订货单的运输费率为客户提供服务，还能产生竞争差别优势。

影响这种仓库位置的因素主要包括原材料的保存时间、产成品组合中的品种数、客户订购的产品种类和运输合并率。

3）中间定位策略。中间定位策略是指把仓库选在最终用户和制造商之间的中点位置。中间定位仓库的客户服务水平通常高于制造定位的仓库，但低于市场定位的仓库。企业如果必须提供较高的服务水平和提供由几个供应商制造的产品，就需要采用这种策略，为客户提供库存补充和集运服务。

仓库选址所要考虑的因素在某些情况下是非常简单的，在某些情况下却异常复杂，尤其是在关系国计民生的战略储备仓库的选址中，这种复杂性就更加突出。

> **小资料**
>
> **美国和中国的战略石油储备库选址**
>
> 1973年的石油危机使美国经济遭受了惨重打击，美国政府下决心建立战略石油储备。1975年12月福特总统签署了《1975年能源政策和储备法》。战略石油储备制度建立后，美国石油储备量迅速上升，1994年达到最高的5.92亿桶。"9·11"恐怖袭击之后，布什政府立即认识到一旦作为美国经济命脉的石油供应由于突发事件中断，可能会给美国带来灾难性的影响。因此，在2001年11月中旬，布什下令能源部迅速增加战略石油储备，为防止石油供应中断采取最大限度的长期保护措施，2005年石油储备增加到7亿桶。
>
> 美国的战略石油库分别建在得克萨斯州和路易斯安那州。得克萨斯州面积692 402平方公里，占美国总面积的7.5%，是美国最大的一个州，自1901年休斯敦地区发现石油后，众多石油公司蜂拥而至，"海湾"、"壳牌"、"德士古"等25个主要石油公司都将总部设在这里，成为美国最大的炼油中心。美国的石油化工产品大部分在这里生产。路易斯安那州的石油产量仅次于得克萨斯州，也是美国石化工业的佼佼者，生产全美1/4的石化产品。新奥尔良和巴吞鲁日是全美最大的港口。
>
> 中国发改委设立了国家石油储备办公室，计划投入60亿元在国内4个港口建立石油储备基地。目前已定下两个：一个是山东黄岛，另一个是大连。广东大亚湾和湛江两个基地选址暂时未获通过。这些城市都具备以下条件：港口条件、地质条件等都符合要求；临近大型的石油炼化厂，在能源输送、市场连接、应急情况方面都比较理想。

2. 选址及评价阶段

分析活动结束后，得出综合报告，根据分析结果在本地区内初选几个仓库地址，然后在初选的几个地址中进行评价，确定一个或多个可行的地址，编写选址报告，报送主管领导审批。选址的方法可分为单一仓库的选址方法和多个仓库的选址方法（仓库网点规划）两种。

（1）单一仓库的选址方法

1）重心法。仓库是物流过程的一个站点，从理论上讲，它应该是物资集中和分发过程中费用发生最少的理想地点。可以用数学方法建立一个分析模型，找出仓库的理想位置，这就是单一仓库选址的重心法，该方法又称为静态连续选址模型方法。因为应用时只考虑运输费率和该点的物资运输量，所以这种方法很简单，也很实用。

重心法实际上将物流系统的资源点与需求点看成分布在某一平面范围内的物体系统，各资源点与需求点的物流量可分别看成物体的重量，物体系统的重心将作为物流中心的最佳位置。具体过程如下。

设在某计划区域内有 n 个资源点和需求点，各点的资源量或需求量为 w_j ($j=1, 2, \cdots, n$)，它们各自的坐标是 (x_j, y_j)($j=1, 2, \cdots, n$)，配送中心为 P。该网络如图 2-25 所示。

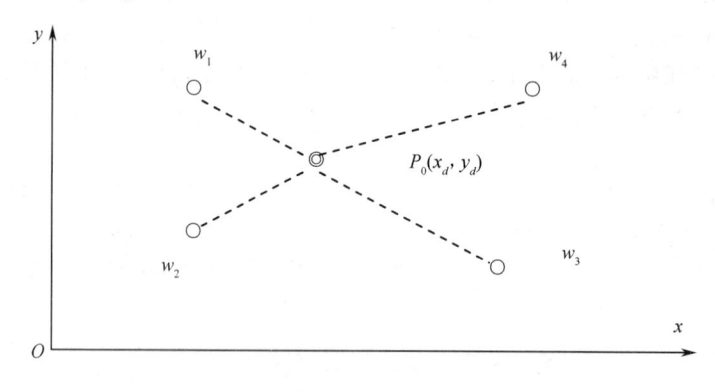

图 2-25 重心法选址坐标

现计划在该区域内设置一个物流中心，设该物流中心的坐标是 (x_d, y_d)，物流中心至资源点或需求点的运费率是 a_j。

根据求平面中物体重心的方法，可以得到：

$$\overline{x} = \frac{\sum_{j=1}^{n} a_j w_j x_j}{\sum_{j=1}^{n} a_j w_j} \quad (2\text{-}1)$$

$$\overline{y} = \frac{\sum_{j=1}^{n} a_j w_j y_j}{\sum_{j=1}^{n} a_j w_j} \quad (2\text{-}2)$$

将式 (2-1)、式 (2-2) 代入数值，实际求得的 ($\overline{x}$, $\overline{y}$) 值即为所求的配送中心位置的坐标 (x_d, y_d)。

重心法有如下假设条件：需求集中于某一点；不同地点物流设施的建设费用、营运费用相同；运输费用与运输距离成正比；运输路线为空间直线距离。

例 2-1 某物流公司拟建一仓库，负责向四个工厂进行物资配送，各工厂的具体位置与年物资配送量如表 2-1 所示，设拟建仓库对各工厂的单位运输成本相等，请利用重心法确定物流公司的仓库位置（注：表 2-1 中地理坐标数据单位为 1 千米）坐标。

表 2-1　各工厂的具体地理位置坐标与年物资配送量

工厂及其地理位置坐标（千米）	P_1		P_2		P_3		P_4	
	X_1	Y_1	X_2	Y_2	X_3	Y_3	X_4	Y_4
	20	70	60	60	20	20	50	20
年配送量（吨）	2 000		1 200		1 000		2 500	

解：已知各工厂的需求量为 w_j（j=1,2,3,4），各自的坐标为（x_j, y_j）（j=1,2,3,4），仓库至各工厂的运费率是 a_j（j=1,2,3,4）（该例中均相等）。

根据求平面中物体重心的方法，可以得到仓库的地理坐标数据：

$$x_d = \sum_{j=1}^{n} a_j w_j x_j / \sum_{j=1}^{n} a_j w_j = \frac{20 \times 2\,000 + 60 \times 1\,200 + 20 \times 1\,000 + 50 \times 2\,500}{2\,000 + 1\,200 + 1\,000 + 2\,500} \approx 35.4 (千米)$$

$$y_d = \sum_{j=1}^{n} a_j w_j y_j / \sum_{j=1}^{n} a_j w_j = \frac{70 \times 2\,000 + 60 \times 1\,200 + 20 \times 1\,000 + 20 \times 2\,500}{2\,000 + 1\,200 + 1\,000 + 2\,500} \approx 42.1 (千米)$$

则该仓库地址选在坐标为（35.4, 42.1）的位置。

小资料

图上描点的仓库选址

有时为了减少计算量，可以直接在地图上描点确定候选仓库的地址。其步骤如下。

① 在平板上放一幅缩尺地图，并画出候选地点，并在各点处穿一个孔。
② 用一定长度的细绳，分别系上一个重锤，每个锤子的重量按顾客需要量的比例置换。
③ 绳分别穿过对应的孔，然后在平板上把各线的线端集中起来打一个小结，并在平板上做记号；
④ 用手掌把绳结托起，然后让重锤落下。
⑤ 反复多次，结点频繁落入的区域就是仓库选址应优先考虑的区域，如图2-26所示。

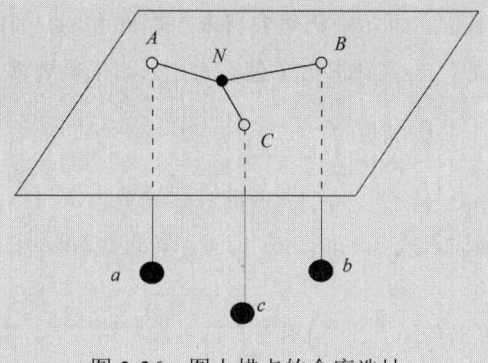

图 2-26　图上描点的仓库选址

2）数值分析法。通过重心法求得的仓库坐标还不是最优的，因为它求的是地理坐标加权平均值，没有考虑设置一个仓库后现有资源点和需求点之间将不再直接联系而要通过该仓库中转，运输距离将发生变化，运输成本也将变化。所以，必须再利用数值分析法将以上方

法加以优化。

数值分析法的基本思路是按运输费用最小原则来选址,并对候选位置不加限制,因此具有比较大的灵活性。

现设 d_j 为仓库和 j 处的直线运输距离,则

$$d_j = \sqrt{(x_d - x_j)^2 + (y_d - y_j)^2} \tag{2-3}$$

由此可得仓库到 j 处的运输费用为

$$c_j = a_j w_j d_j \tag{2-4}$$

故仓库到各处总运输费用为

$$T = \sum_{j=0}^{n} a_j w_j d_j = \sum_{j=1}^{n} \left[a_j w_j \sqrt{(x_d - x_j)^2 + (y_d - y_j)^2} \right] \tag{2-5}$$

现在要求(x_d, y_d)为何值时 T 最小。

显然,求偏导数,能使 $\frac{\partial T}{\partial x_d} = 0$,$\frac{\partial T}{\partial y_d} = 0$ 成立的 (x_d^*, y_d^*) 即为所求的仓库的最佳位置。

$$\frac{\partial T}{\partial x_d} = \sum_{j=0}^{n} a_j w_j (x_d - x_j)/d_j \tag{2-6}$$

$$\frac{\partial T}{\partial y_d} = \sum_{j=0}^{n} a_j w_j (y_d - y_j)/d_j \tag{2-7}$$

由此可求 x_d 和 y_d 为

$$x_d^* = \frac{\sum_{i=0}^{n} a_j w_j x_j / d_j}{\sum_{i=0}^{n} a_j w_j / d_j} \tag{2-8}$$

$$y_d^* = \frac{\sum_{j=0}^{n} a_j w_j y_j / d_j}{\sum_{j=0}^{n} a_j w_j / d_j} \tag{2-9}$$

由于上述 x_d^*,y_d^* 中含有 d_j,而 d_j 中仍然含有未知数 x_d 和 y_d,因此无法一次求出 x_d^* 和 y_d^*。实际上,从确定初始值开始,一直到求出 T 最小为止,其间需要多次迭代。

迭代计算步骤如下。

①确定仓库初始位置 $[x_d^{(0)}, y_d^{(0)}]$;

②利用式(2-5)计算出与 $[x_d^{(0)}, y_d^{(0)}]$ 相应的总运输费用 $T^{(0)}$;

③将 $[x_d^{(0)}, y_d^{(0)}]$ 分别代入式(2-3)、式(2-8)和式(2-9)中,计算出仓库的改进位置 $[x_d^{(1)}, y_d^{(1)}]$;

④利用式(2-5)计算出与 $[x_d^{(1)}, y_d^{(1)}]$ 相应的总运输费用 $T^{(1)}$。将 $T^{(1)}$ 与 $T^{(0)}$ 进行比较,若 $T^{(1)} < T^{(0)}$,则将 $[x_d^{(1)}, y_d^{(1)}]$ 代入式(2-3)、式(2-8)和式(2-9)中,计算出仓库第二次改进位置 $[x_d^{(2)}, y_d^{(2)}]$。若 $T^{(1)} \geq T^{(0)}$,说明初始位置 $[x_d^{(0)}, y_d^{(0)}]$ 便是最优解。

如此反复迭代计算,直至 $T(k+1) \geq T(k)$,求出 $[x_d^{(k)}, y_d^{(k)}]$ 这一最优解为止。

上述研究表明,用迭代方法进行仓库选择的关键是给出仓库的初始位置,本书中将各

个资源供应点或需求点的地理重心作为初始地点。在实际应用中,也可以选用任意初始地点的方法,还可以根据供应点或需求点的位置和物资需求、供应量的分布状况选取初始地点。初始地点的确定方法是可以完全不同的,没有一般的确定初始地点的统一规则,但根据地理位置中心来确定初始地点的方法是可取的,它可以减少计算量,降低盲目性。

例 2-2 某连锁超市在某地区有四个零售点,其坐标和物资需求量如表 2-2 所示,现欲建一仓库,负责物资供应,问仓库应设在何处最经济合理。

表 2-2 四个零售点的物资需求量与地理数据

零售点 D_i	物资需求量(吨)(w_j)	运输费用率(元/吨·千米)(a_j)	坐标 (x_j, y_j)(千米)	
1	2	5	2	2
2	3	5	11	3
3	2.5	5	10	8
4	1	5	4	9

解:首先,按照各零售点销售物资的重量,求四个零售点所构成的四边形的重心,重心的坐标($x_d^{(0)}$, $y_d^{(0)}$)可以用式(2-1)、式(2-2)求得:

$$x_d^{(1)} = \sum_{j=1}^{n} a_j w_j x_j / \sum_{j=1}^{n} a_j w_j = \frac{2 \times 2 + 3 \times 11 + 2.5 \times 10 + 1 \times 4}{2 + 3 + 2.5 + 1} = 7.8 \text{(千米)}$$

$$y_d^{(0)} = \sum_{j=1}^{n} a_j w_j y_j / \sum_{j=1}^{n} a_j w_j = \frac{2 \times 2 + 3 \times 11 + 2.5 \times 10 + 1 \times 4}{2 + 3 + 2.5 + 1} = 4.9 \text{(千米)}$$

仓库 P 的位置坐标初始值 P_0 为(7.8, 4.9),按式(2-3)求得初始位置为 P_0(7.8, 4.9)时的总运费 $T^{(0)}$ 为 196 元。

表 2-3 初始仓库位置 P_0 到各零售点的直线距离

P_0–D_1	P_0–D_2	P_0–D_3	P_0–D_4
6.5	3.7	3.8	5.6

然后按式(2-8)、式(2-9)求出第一次迭代的位置。

$$x_d^{(1)} = \frac{\sum_{j=0}^{n} \alpha_j w_j x_j / d_j}{\sum_{j=0}^{n} \alpha_j w_j / d_j} = \frac{5 \times (2 \times 2/6.5 + 3 \times 11/3.7 + 2.5 \times 10/3.8 + 1 \times 4/5.6)}{5 \times (2/6.5 + 3/3.7 + 2.5/3.8 + 1/5.6)} = 8.6$$

$$y_d^{(1)} = \frac{\sum_{j=0}^{n} \alpha_j w_j y_j / d_j}{\sum_{j=0}^{n} \alpha_j w_j / d_j} = \frac{5 \times (2 \times 2/6.5 + 3 \times 3/3.7 + 2.5 \times 8/3.8 + 1 \times 9/5.6)}{5 \times (2/6.5 + 3/3.7 + 2.5/3.8 + 1/5.6)} = 5.1$$

同理,再按 P_1(8.6, 5.1)计算仓库到各零售店的直线距离 d_j,得运输总费用 $T^{(1)}$=191 元,由于 $T^{(1)}$=191 元<$T(0)$=196 元,说明运输费用有进一步下降的可能,所以应返回式(2-3)、式(2-8)、式(2-9),求出第二次改进的仓库的位置坐标,得 $x_d^{(2)}$=9,$y_d^{(2)}$=5.2,依公式计算 $T^{(2)}$=192 元。

根据计算,可见当仓库的位置为 P_2(9.0,5.2)时,将 $T^{(2)}$ 与 $T^{(1)}$ 比较可知:$T^{(1)} \leqslant T^{(2)}$,因此表明 P_1(8.6,5.1)已是最优解,不需要继续进行迭代。P_1(8.6,5.1)点为所选物流配送中心最合理的位置。

3)分级加权评分法。分级加权评分法适合比较各种非经济性因素,由于各种因素的重要程度不同,需要采取加权方法,并按以下步骤实施:针对场址选择的基本要求和特点列出要考虑的各种因素;按照各因素相对重要程度,分别规定各因素相应的权重,通过征询专家意见或其他方法决定各因素的权重;对各因素分级定分,即将每个因素由优到劣分成等级,如很好、好、一般、差,并规定各等级的分数为4、3、2、1等;将每个因素中各方案的排队等级系数乘以该因素的相应权数,最后比较各方案所得总分,总分数最高者为入选方案。

例2-3 对仓库的选址有K、L、M、N四种方案,影响选址的主要因素有位置、面积、运输条件等8项,并设每个因素在方案中的排队等级为A、E、I、O和U五个。

现设定:A=4分,E=3分,I=2分,O=1分,U=0分。

各原始数据及评分结果如表2-4所示。

表2-4 分级加权评分法选择仓库举例

序号	考虑因素	权重	各方案的等级及分数			
			K	L	M	N
1	位置	8	A/32	A/32	I/16	I/16
2	面积	6	A/24	A/24	U/0	A/24
3	地形	3	E/9	A/12	I/6	B/9
4	地质条件	10	A/40	E/30	I/20	U/0
5	运输条件	5	E/15	I/10	I/10	A/20
6	原材料供应	2	I/4	E/6	A/8	O/2
7	公用设施条件	7	E/21	E/21	E/21	B/21
8	扩建可能性	9	I/18	A/36	I/18	E/27
	合计		163	171	99	119

(2)仓库网点规划

仓库网点就是负责某一地区、组织或企业的物资中转供应的所有仓库。仓库网点规划即这些仓库在一定体制下按照特定的组织形式在特定地域范围内的分布与组合。

仓库网点规划实质上是一个地区、组织或企业的储备分布问题,配置是否合理不仅直接影响该地区、组织或企业资源供应的及时性和经济性,还会在一定程度上影响相关区域、组织或企业的库存水平及库存结构的比例关系。

在企业自有仓库的网点规划设计过程中,由于企业规模不同,这一决策有时相对简单,有时却异常复杂;只供应单一市场的中小企业通常只需一个仓库,而产品市场遍及全国各地的大规模企业要经过仔细分析和慎重考虑才能做出正确选择。在营业型仓库的网点规划设计中,这个问题所涉及的因素则更加复杂,因为这样一个仓库建成之后通常会改变其所在地区以往的直达和中转物资的比例。

仓库网点规划实际上是多仓库选址问题,应考虑下列一些问题:应该建多少个仓库?仓库应该建在什么地方?仓库的规模应多大?每个仓库所服务的客户是哪些?每个仓库的供应渠道是什么?每个仓库中应该存放什么货品?送货的方式应如何选择?

1)仓库数量决策。

仓库数量的多少主要受成本、客户要求的服务水平、运输服务水平、中转供货比例、单个仓库的规模、计算机网络的运用等因素的影响。

① 成本。影响仓库数量的成本主要是物流总成本和失销成本。仓库数量对物流系统的各项成本有着重要影响。一般来说，随着仓库数量的增加，运输成本和失销成本会降低，而存货成本和仓储成本将增加，仓库数量和物流总成本之间的关系如图2-27所示。

首先，由于仓库数量的增加，企业可以进行大批量运输，所以运输成本会下降。此外，在销售物流方面，仓库数量的增加使仓库更靠近客户

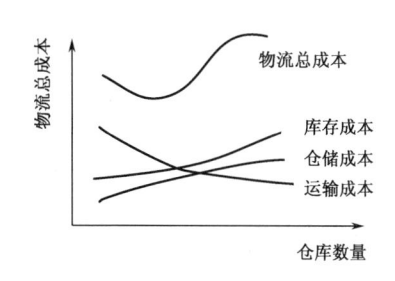

图2-27　仓库数量与物流总成本之间的关系

和市场，减少了物资的运输里程。这不仅会降低运输成本，而且由于能及时满足客户需求，提高了客户服务水平，减少了失销机会，从而降低了失销成本。

其次，由于仓库数量的增加，总的存储空间也会相应地扩大，因此仓储成本会上升。由于在仓库的设计中，需要一定比例的空间用于维护、办公、摆放存储设备等，而且通道也会占用一定空间，因此，小仓库比大仓库的利用率要低得多。

最后，当仓库数量增加时，总存货量就会增加，这意味着需要更多的存储空间，相应的存货成本就会增加。

由此可以看出，随着仓库数量的增加，运输成本和失销成本的迅速下降导致总成本下降。但是，当仓库数量增加到一定规模时，库存成本和仓储成本的增加额会超过运输成本和失销成本的减少额，于是总成本开始上升。当然，不同企业的总成本曲线不尽相同。

② 客户要求的服务水平。较高的物流服务需要较高的物流成本支持，其中的措施之一就是设立较多的仓库网点。对企业来讲，物资的可替代程度与所需的客户服务水平之间存在着密切的联系。当企业的服务反应速度远远低于竞争对手时，销售量就会大受影响。如果客户在需要的时候不能买到产品，那么再好的广告和促销活动都不起作用。当客户对服务标准要求很高时，就需要更多的仓库来及时满足客户需求。

③ 运输服务水平。如果需要快速的客户服务，那么就要选择快速的运输服务。如果不能提供合适的运输服务，就要增加仓库来满足客户对交货期的要求。

④ 中转供货比例。中转供货比例的大小对仓库需求的影响非常大，当一个地区或企业中转供货的比例小而直达供货的比例大时，这个地区或企业需要的仓库数量就比较少，而单个仓库的规模则比较大。反之，当这个地区或企业中转供货的比例大而直达供货的比例小时，这个地区或企业需要的仓库数量就比较多。

⑤ 单个仓库的规模。单个仓库的规模越大，其单位投资就越小，而且可以采用处理大规模货物的设备，单位仓储成本也会降低。因此，从仓库规模来看，当单个仓库的规模大且计算机管理运用程度高的时候，仓库数量可以少一些；反之，则应增加仓库数量以弥补容量和业务能力的不足。

⑥ 计算机网络的应用。计算机的普及和使用成本的降低使应用模型和配套软件在现代化仓库中得以应用，利用计算机可以改善仓库布局和设施、控制库存、处理订单，从而提高仓库资源的利用率和运作效率，使仓库网点规划中空间位置与数量之间的矛盾得以缓解，实现以较少的仓库满足现有用户需求的目标。物流系统的响应越及时，对仓库数量的需求就越少。

2）确定各仓库的规模。

通常情况下，仓库的规模以面积、容积和吞吐能力来表示。仓库的空间规模主要受以下

因素的影响：客户服务水平、市场大小、最大日库存量、库存物资尺寸、所使用的物资搬运系统、仓库日吞吐量、供应提前期、规模经济、仓库布局、过道要求、仓库办公区域、使用的货架类型及需求水平和模式。

① 仓库面积的确定。仓库面积一般指建筑面积、使用面积，主要由物资储备量、平均库存量、仓库吞吐量、物资品种数、仓库作业方式、仓库经营方式等因素决定。

② 仓库长度和宽度的确定。仓库库房的宽度一般用跨度表示，通常可根据储存物资堆码形式、库内道路、装卸和理货方法，以及是否需要中间柱等决定库房跨度。仓库库房的长宽比可参考表2-5，并按照《建筑统一模数制》进行调整。《建筑统一模数制》是协调各种建筑尺寸的基本标准，以 M_0 表示100毫米。

表2-5 仓库建筑长宽比

仓库面积（平方米）	宽度:长度
<500	1:2～1:3
500～1 000	1:3～1:5
1 000～2 000	1:5～1:6

当库房跨度≤18米时，其跨度应采用 $3M_0$（300mm）的整数倍；当跨度>18米时，应采用 $6M_0$（600mm）的整数倍。因此，库房的跨度一般为6米、9米、12米、15米、18米、24米、30米。库房的长度应为柱距的整数倍，库房的柱距应采用 $6M_0$（600mm）或其整数倍。

③ 仓库层数的确定。在土地十分充裕的条件下，从建筑费用、装卸效率、地面利用率等方面衡量，以建平房仓库为最好；若土地不十分充裕，则可建二层或多层仓库。

④ 仓库高度的确定。仓库的高度取决于仓库的类型、储存物资的品种和作业方式等因素。层高或梁下高度应根据托盘堆码高度、托盘货架高度、叉车及运输设备等因素确定。平房仓库高度一般应采用 $3M_0$（300mm）的倍数；当库内安装桥式起重机时，其地面至走行轨道顶面的高度应为 $6M_0$（600mm）的倍数。

有关仓库面积与规模的计算见本章知识点三的有关内容。

3）仓库布局的模式。仓库布局主要有辐射型、吸收型、聚集型、扇形四种模式。

① 辐射型仓库。辐射型仓库是指仓库位于许多用户的一个居中位置，物资由此中心向各个方向的用户运送，形如辐射状，如图2-28所示。它适用于用户相对集中的经济区域，而辐射面所达用户只起吸引作用，或者适用于仓库是主干运输线路中的一个转运站的情况。

② 吸收型仓库。吸收型仓库是指仓库位于许多货主的某一居中位置，物资从各个产地向此中心运送，如图2-29所示。这种仓库大多属于集货中心。

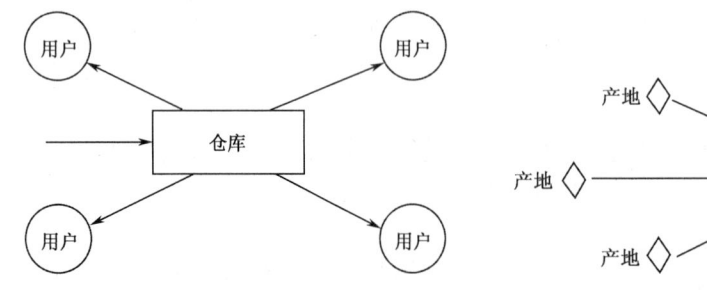

图2-28 辐射型仓库

图2-29 吸收型仓库

③聚集型仓库。聚集型仓库类似于吸收型仓库，但处于中心位置的不是仓库，而是一个生产企业聚集的经济区域，四周分散的是仓库，而不是货主和用户，如图 2-30 所示。此类型仓库布局适用于经济区域中生产企业比较密集，不可能设置若干仓库的情况。

④扇形仓库。扇形仓库是指物资从仓库向一个方向运送，形成一个辐射形状。辐射方向与干线上的运输方向一致，如图 2-31 所示。

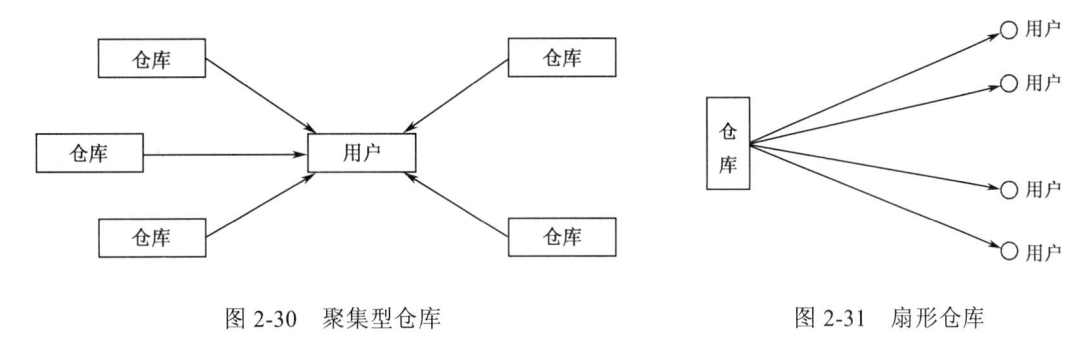

图 2-30　聚集型仓库　　　　　图 2-31　扇形仓库

3．仓库选址的注意事项

（1）不同类型仓库选址时的注意事项

1）转运型仓库。应设置在城市边缘地区交通便利的地段，以方便转运和减少短途运输。

2）储备型仓库。应设置在城镇边缘或城市郊区的独立地段，且具备直接而方便的水陆运输条件。

3）综合型仓库。应根据物资类别和物流量选择不同的地段。

（2）储存不同物资的仓库选址时的注意事项

1）果蔬食品仓库。果蔬食品仓库应选择在入城干道处，以免运输距离拉得过长，果蔬食品损耗过大。

2）冷藏品仓库。冷藏品仓库往往选择在屠宰场、加工厂、毛皮处理厂等附近。

3）建筑材料仓库。应选择在城市边缘，交通运输干线附近。

4）燃料及易燃材料仓库。应满足防火要求，选择在城郊的独立地段。

知识点三　仓储设施布局与储存规划

一、仓库的平面规划

现代仓库的总体平面规划，就是根据现代仓库总体设计要求，科学地解决生产和生活两大区域的布局问题，如主要业务场所、辅助业务场所、办公场所、生活设施等，在规定的范围内进行统筹规划、合理安排，最大限度地提高仓库的储存和作业能力，并降低各项仓储作业费用。

1．仓库的总体平面规划

（1）仓库总体平面规划的原则

仓库总体平面规划要遵循以下原则。

1）符合城市用地整体规划的要求，满足仓库物资运输要求，以及未来业务发展规划的要求，以求得平衡与可持续发展。

2）平面布置应严格遵守本区域的总体规划布局，在项目红线征地边界内，结合规划道路，充分利用土地资源，同时协调好本工程总体布局与市政基础设施、地区规划布局之间的关系。

3）合理组织场内交通，保证区域内车辆运输快捷、安全、高效。

4）平面布置按功能合理分区，符合分区域隔离及便于储存、监管、查验的要求；符合分期建设、留有余地、可扩展性、滚动开发的要求。

5）主要仓库设计结构轻盈、美观，符合工艺流畅、装卸快、运输安全的要求。

6）遵循国家有关对环境保护的规范、规定和要求，最大限度地减少对周围环境的影响和污染，区域内环境设计满足吸尘、防尘、降噪和美化的要求。

7）为使仓库高效地运转，仓储中心的车辆运行方向、装卸作业方向必须单一，运距最短，而且装卸环节最少，人车分离。

8）仓库的空间利用最大化原则。

9）用系统化的思想，把整个仓库的各功能块视为系统的一部分，把各作业环节视为供应链的内容之一。

10）仓库建设高效率和低成本的原则，为储存规模的进一步扩大留下余地，为自动分拣系统的实现留下余地。

（2）仓库总体平面划分

现代仓库总体平面规划一般可以划分为生产作业区、辅助作业区、行政生活区三大部分。现代仓库为适应物资快速周转的需要，在总体规划布置时应注意适当增大生产作业区中收发货作业区面积和检验区面积。

1）生产作业区。生产作业区是现代仓库的主体部分，是物资储存的主要活动场所，包括储货区、道路、铁路专用线、码头和装卸平台等。储货区是储存、收发、整理物资的场所，由保管区和非保管区两大部分组成。保管区是主要用于储存物资的区域，非保管区主要包括各种装卸设备通道、待检区、收发作业区和集结区等。现代仓库各组成部分的构成比例通常为：合格品储存区面积占总面积的40%～50%；通道占总面积的8%～12%；待检区及出入库收发作业区占总面积的20%～30%；集结区占总面积的10%～15%；待处理区及不合格品隔离区占总面积的5%～10%。库区铁路专用线应与国家铁路、码头、原料基地相连接，以便机车直接进入。库内的铁路线最好是贯通的，一般应顺着库长方向敷设，并应使岔线的直线长度达到最大限度，其股数应根据货场和库房宽度及货运量来决定。

2）辅助作业区。辅助作业区包括为仓储业务提供各项服务的设备维修车间、车库、工具设备库、油库和变电室等。值得注意的是，油库应远离维修车间、宿舍等易出现明火的场所，周围需设置相应的消防设施。

3）行政生活区。行政生活区是行政管理机构办公场所和职工生活的区域，具体包括办公楼、警卫室、化验室、宿舍和食堂等。为便于业务接洽和管理，行政管理机构一般设置在仓库的主要出入口，并与生产作业区用隔墙分开。这样既方便工作人员与作业区的联系，又避免非作业人员对仓库生产作业的影响和干扰。职工宿舍楼一般应与生产作业区保持一定距离，以保证仓库的安全和生活区的安宁。

2．仓库作业功能区域规划

根据仓储中心的业务要求，结合将来的业务发展，仓储中心必须满足下面几个方面的作业需求。

1）进货：包括车辆进货、卸货、点收、理货等。
2）储存保管：包括入库、调拨、补充、理货等。
3）分拣：包括订单分拣、拣货分类、集货等。
4）出货：包括流通加工、品检、出货点收、出货装载等。
5）运输：包括车辆调度、路线安排、车辆运输、交递物资等。
6）仓储管理：包括盘点、到期物资处理、移仓与储位调整等。
7）逆向物流：包括退货、卸载、点收、责任确认、废品处理、换货补货等。
8）物流后勤：包括车辆出入管理、装卸车辆停车管理、包装中转容器回收与暂存等。

因此，仓储中心功能分区包括进货区、储存区、中转区、分拣区（可选）、流通加工区（可选）、仓库管理区、出货区等。

根据场地的条件和物流的需求，仓库作业功能分区布置如图2-32所示。

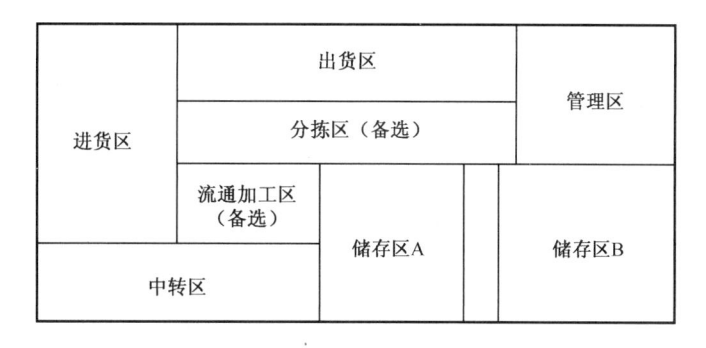

图 2-32　仓库作业功能分区布置

3. 仓库平面布置规划实例分析

某仓库占地约6 000平方米，总体为一块梯形区域，下底边长约110米，上底边长约90米，宽约54米，其建成后将为周边区域物资运输提供综合物流服务。仓库规划场地北侧与西侧区域对外连接，交通便利，东侧与南侧为规划道路，规划道路建成后，可考虑与外界的交通连接。由于北侧与西侧区域功能规划较易起步，可有效利用现有道路，对后续工程能起到滚动发展的作用，故工程位置出入口选择在区域北侧与西侧。此仓库主要开展库内物资的交易、中转、分拨、堆存及信息处理等服务。

分析：仓库设计需结合实际地块形状与面积，并综合考虑周围环境的影响，考虑仓容量、车流量、道路通行、物流作业流程及消防的要求。由于该仓储中心物资运输与配送将以箱式货车为主，车长若为9米，则车的转弯半径需18米左右，故本规划方案中，道路按8米宽计算（可保证两辆车通行），装卸连通行场地按8米宽计算（保证卸货停车时，另一车辆可通过，以及对车辆转弯半径的考虑），月台按4米计算。

结合场地的实际大小，提出以下三种规划方案，以供比较。

方案一：仓库西侧开门处为进货区，仓库北侧开门处为出货区，进货区与出货区前方的装卸连通行场地按20~22米宽计算。结合场地实际大小，则规划仓库长约66米，宽约28米，总建筑面积约1 850平方米。此方案为仓库南面留出8米宽的道路，东面留出8米宽的道路，以供车辆通行，如图2-33所示。

方案二：在仓库北侧开门处设立进货区与出货区，左侧为进货区，右侧为出货区，进货区与出货区前方的装卸连通行场地按20~22米宽计算。结合场地实际大小，规划仓库长约

82米，宽约28米，总建筑面积约2 300平方米。此方案为仓库南面留出8米宽的道路，东面留出8米宽的道路，以供车辆通行，如图2-34所示。

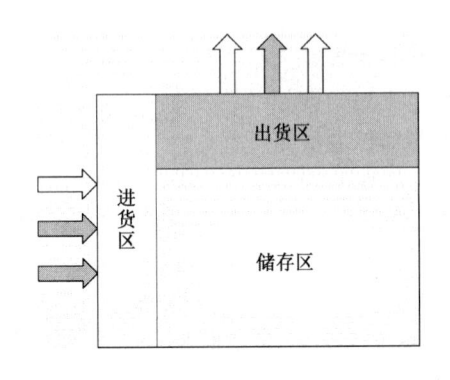

图2-33　方案一功能布置图

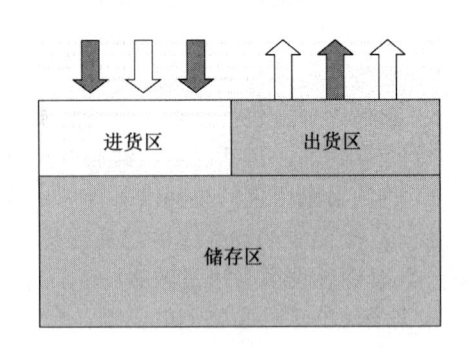

图2-34　方案二功能布置图

方案三：在仓库北侧开门处设立进货区与出货区，左侧为进货区，右侧为出货区，进货区与出货区前方的装卸连通行场地按20～22米宽计算。结合场地实际大小，则规划仓库长约85米，宽约38米，总建筑面积约3 200平方米。此方案为仓库南面留出2米宽的道路，不做通行用，仅为市政道路将来拓宽时留有余地，如图2-35所示。

结论：本规划设计中三个方案在技术上都可行，主要区别在于进出货装卸平台位置设置不同，以及由装卸平台位置不同引起的规划仓库的面积

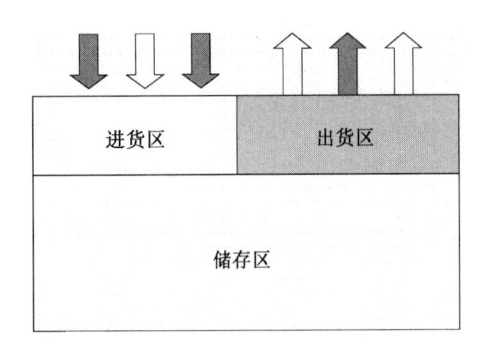

图2-35　方案三功能布置图

也有所不同。若进出货数量较多，需要仓容量较大，且资金投入充足，则可考虑方案三中的仓库设计；若物资存储量不需要很大的仓容，则推荐方案二中的仓库设计。

二、仓库货区布局

仓库货区布局指根据仓库场地条件、仓库业务性质和规模、物资储存要求及技术设备的性能和使用特点等因素，对仓库各组成部分，如存货区、理货区、配送备货区、通道及辅助作业区等，在规定的范围内进行平面和立体的合理安排和布置，最大限度地提高仓库的储存能力和作业能力，并降低各项仓储作业费用。仓库的货区布局和规划，是仓储业务和仓库管理的客观需要，其合理与否直接影响各项工作的效率和储存物资的安全。因此，不但建设新仓库时要重视仓库货区的合理布置，随着技术的进步和作业情况的变化，也应重视对老仓库的改造。

1. 货区布置的基本思路

1）根据物资特性分区分类储存，将特性相近的物资集中存放。
2）将单位体积大、单位质量大的物资存放在货架底层，并且靠近出库区和通道的位置。
3）将周转率高的物资存放在进出库装卸搬运最便捷的位置。
4）将同一供应商或同一客户的物资集中存放，以便进行分拣、配货作业。

2．货区布局的形式

货区的布局分为平面布局和空间布局。

（1）平面布局

平面布局是指对货区内的货垛、通道、垛间距、收发货区等进行合理的规划，并正确处理它们的相对位置。平面布局的形式可以概括为垂直式布局、倾斜式布局和曲线式布局。

1）垂直式布局。垂直式布局指货垛或货架的排列与仓库的侧墙互相垂直或平行，具体包括横列式布局、纵列式布局和纵横式布局。

① 横列式布局，是指货垛或货架的长度方向与仓库的侧墙互相垂直。这种布局的主要优点是：主通道长且宽，副通道短，整齐美观，便于存取查点，如果用于库房布局，还有利于通风和采光，如图2-36所示。

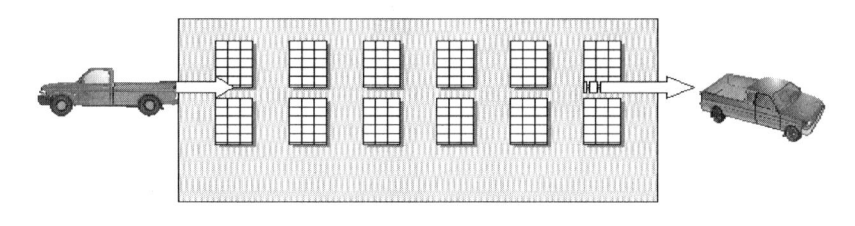

图 2-36　横列式布局

② 纵列式布局。纵列式布局指货垛或货架的长度方向与仓库侧墙平行。这种布局的优点主要是可以根据库存物资在库时间的不同和进出频繁程度安排货位；在库时间短、进出频繁的物资放置在主通道两侧；在库时间长、进库不频繁的物资放置在里侧，如图2-37所示。

③ 纵横式布局。纵横式布局指在同一保管场所内，横列式布局和纵列式布局兼而有之，可以综合利用两种布局的优点，如图2-38所示。

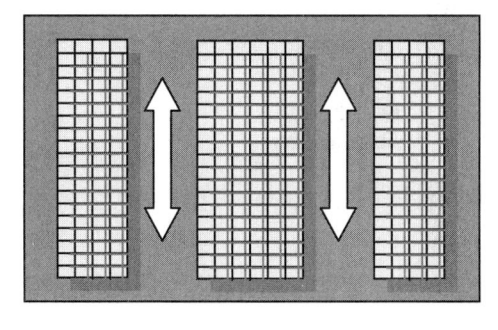

图 2-37　纵列式布局　　　　　　　　图 2-38　纵横式布局

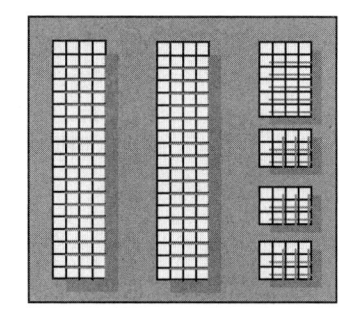

2）倾斜式布局。倾斜式布局指货垛或货架与仓库侧墙或主通道成60°、45°或30°夹角。具体包括货垛倾斜式布局和通道倾斜式布局。

① 货垛倾斜式布局。货垛倾斜式布局是横列式布局的变形，是为了便于叉车作业、缩小叉车的回转角度、提高作业效率而采用的布局方式，如图2-39所示。

② 通道倾斜式布局。通道倾斜式布局指仓库的通道斜穿保管区，把仓库划分为具有不同作业特点，如大量存储和少量存储的保管区等，以便进行综合利用。这种布局形式，仓库内形式复杂，货位和进出库路径较多，如图2-40所示。

3）曲线式布局。曲线式布局指货架或货垛在库房内摆放成弧形，周转率最大的那些物资因为进出库比较频繁,所以摆放在最靠近进出口的位置,以减少进出库的成本;周转率最小的物资因为进出库的时间间隔比较长,所以摆放在离进出口最远的位置;中等周转率的物资摆放在前两者之间,如图2-41所示。

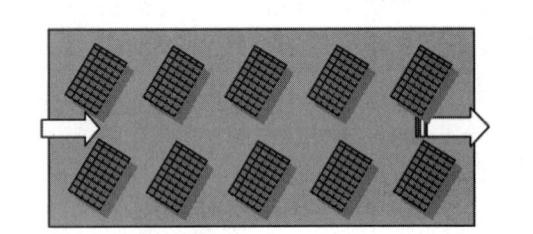

图2-39 货垛倾斜式布局　　　　图2-40 通道倾斜式布局

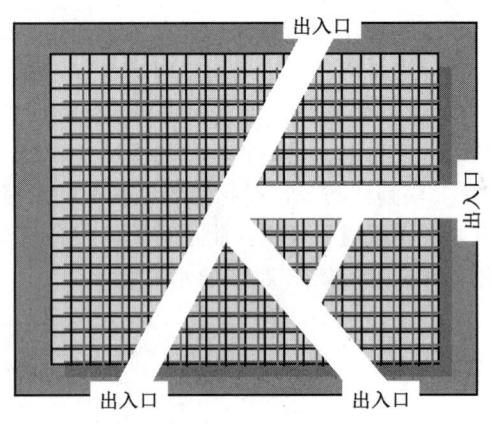

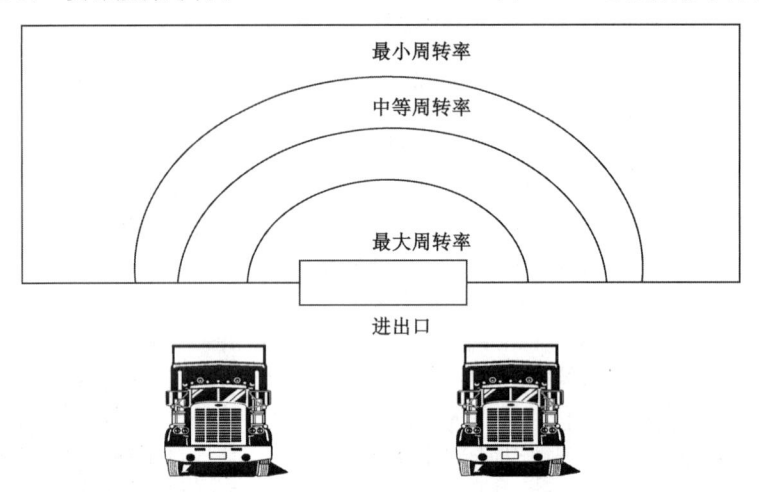

图2-41 按周转率划分储存区

（2）空间布局

空间布局是指库存物资在仓库立体空间上的布局,其目的在于充分、有效地利用仓库空间。空间布局的主要形式有就地堆码、上货架存放、空中悬挂等。

3．仓库内非保管场所布置

仓库内的非保管场所包括通道、墙间距、收发货区、库内办公地点等几部分。

（1）通道

库房内的通道分为运输通道（主通道）、作业通道（副通道）和检查通道。

运输通道供装卸搬运设备在库内行走,其宽度主要取决于装卸搬运设备的外形尺寸和单元装载的大小。运输通道的宽度一般为1.5～3米。如果使用叉车作业,其通道宽度可以通过计算求得。

作业通道是供作业人员存取搬运物资的走行通道。其宽度取决于作业方式和物资的大小。一般情况下,作业通道的宽度为1米左右。

检查通道是供仓库管理人员检查库存物资的数量及质量走行的通道,其宽度只要够检查人员自由通行即可,一般为 0.5 米左右。

（2）墙间距

墙间距一方面使物资和货架与库墙保持一定的距离,避免物资受库外温湿度的影响;另一方面可作为检查通道和作业通道。墙间距一般宽度为 0.5 米左右,作为作业通道时,其宽度需增加一倍。

（3）收发货区

收发货区是供收货、发货时临时存放物资的作业用地。收发货区的位置应靠近库门和运输通道,可设在库房的两端或适中的位置,并要考虑收发货互不干扰。收发货区面积的大小,则应根据一次收发批量的大小、物资规格品种的多少、供货方和用户的数量、收发作业效率的高低、仓库的设备情况、收发货的均衡性、发货方式等情况确定。

（4）库内办公地点

库内办公地点可设在库内,也可设在库外。总的说来,管理人员的办公室设在库内特别是单独隔成房间是不合理的,既不经济又不安全,所以办公地点最好设在库外。

三、仓库规模的确定

确定仓库的规模主要是确定仓库的面积、仓库通道的宽度、仓容等指标。

1. 仓库面积的计算

仓库面积由实用面积、有效面积两大部分组成。

（1）实用面积

实用面积指仓库中货垛或货架占用的面积。实用面积的计算主要有 3 种方法。

1）计重物资就地堆码。实用面积按仓容定额计算,公式为

$$S_{实} = \frac{Q}{N_{定}}$$

式中　$S_{实}$——实用面积（平方米）;

Q——该种物资的最高储备量（吨）;

$N_{定}$——该种物资的仓容定额（吨/平方米）。

仓容定额是某仓库中某种物资单位面积上的最大储存量,单位是吨/平方米。不同物资的仓容定额是不同的,同种物资在不同的储存条件下其仓容定额受物资本身的外形、包装状态、仓库地坪的承载能力和装卸作业手段等因素的影响。

2）计件物资就地堆码。实用面积按可堆层数计算,公式为

$$S_{实} = 单件底面积 \times \frac{总件数}{可堆积层数}$$

3）上架存放物资。上架存放物资要计算货架占用面积,公式为

$$S_{实} = \frac{Q}{(lbh)kr} \cdot (lb) = \frac{Q}{hkr}$$

式中　$S_{实}$——货架占用面积（平方米）;

Q——上架存放物资的最大储备量（吨）;

l, b, h——货架的长、宽、高（米）;

k——货架的容积充满系数;

r——上架存放物资的容重（吨/平方米）。

（2）有效面积

有效面积指仓储作业占用面积，包括实用面积、通道、检验作业场地面积之和。计算方法主要有以下几种。

1）比较类推法。比较类推法以现已建成的同级、同类、同种仓库面积为基准，根据储量增减比例关系，加以适当调整来推算新建库的有效面积，公式为

$$S = S_0 \cdot \frac{Q}{Q_0} \cdot k$$

式中　S——拟新建仓库的有效面积（平方米）；

　　　S_0——参照仓库的有效面积（平方米）；

　　　Q——拟新建仓库的最大储备量（吨）；

　　　Q_0——参照仓库的最大储备量（吨）。

　　　K——调整系数（当参照仓库的有效面积不足时，k>1；当参照仓库的有效面积有余时，k<1）。

2）系数法。系数法是根据实用面积和仓库有效面积利用系数计算拟新建仓库的有效面积，公式为

$$S = \frac{S_{实}}{\alpha}$$

式中　S——拟新建仓库的有效面积（平方米）；

　　　$S_{实}$——实用面积（平方米）；

　　　α——仓库有效面积利用系数，即仓库实用面积占有效面积的比重。

3）直接计算法。先计算出货垛、货架、通道、收发作业区、垛距、墙距所占用的面积，然后将它们相加求和。

2. 仓库通道宽度的设计

（1）通道的类型

仓库的通道可分为库区通道和库内通道。库区通道影响车辆、人员的进出，车辆回转、上卸货等动线。

库内通道一般包含下列几种。

1）工作通道：物流仓储作业和出入库房作业的通道。工作通道包括主通道和辅助通道，主通道通常连接库房的进出门口至各作业区域，道路也最宽；辅助通道为连接主通道至各作业区域内的通道，通常垂直或平行于主通道。

2）人行通道：只用于员工进出特殊区域，应维持最小数目。

3）电梯通道：提供出入电梯的通道，不应受任何通道阻碍。通常通道宽度至少与电梯宽度相同，距离主要工作通道约3～4.5米。

4）其他各种性质的通道：公共设施、防火设备或紧急逃生所需的进出通道。

（2）仓库各区域通道宽度的设计

1）库区通道宽度的设计。现代仓库库区通道的布局中，根据物资流向的要求，结合地形、面积、各个库房建筑物、货场的位置后，决定道路的走向和形式。库区通道分为主干道、次干道、人行道和消防道等。主干道应采用双车道，宽度应为6～7米；次干道为3～3.5米的单车道；消防道的宽度不小于6米，布局在库区的周边。在河网地区建仓库，应尽量利用水路运输的有利条件。应对河道的水文资料进行调查，以便确定码头的位置、建筑式样及吊装设备。码头位置应选在河床平稳、水流平直、水域堤岸较宽、水足够深的地方，以便船舶安全靠离码头、进行装卸作业。

此外，现代仓库的消防水道，应以环形系统布置于仓库全部区域，消防系统管道上需装有室内外消火栓。消火栓应沿道路设置，并靠近十字路口，其间隔不超过100米，距离墙壁不小于5米。根据当地气候，消火栓可建成地下式或地上式。

2）库内通道宽度的设计。库内通道宽度设计主要需要考虑托盘尺寸、物资单元尺寸、搬运车辆型号及其转弯半径等参数，同时，还要考虑物资堆存方式、车辆通行方式等因素。一般仓库通道宽度可以按下两种方法确定。

① 根据物资的周转量、物资尺寸和库内通行的运输设备来确定。物资周转量大、收发较频繁的仓库，其通道应按双向运行的原则来确定，其最小宽度可按下式计算：

$$B=2b+c$$

式中　B——最小通道宽度（米）；

　　　b——运输设备宽度（含搬运物资宽度，米）；

　　　c——安全间隙，一般采用0.9米。

用手推车搬运时通道的宽度一般为2～2.5米；用小型叉车搬运时，一般为2.4～3.0米；进入汽车的单行通道一般为3.6～4.2米。

② 根据物资尺寸和放进取出操作方便等来确定。采用人工存取的货架之间的过道宽度一般为0.9～1.0米；货堆之间的过道宽度一般为1米左右。

3）通道和库房的空间比例。不同的储区布置形式有不同的通道空间比例，如图2-42所示列出了在15米×60米及30米×30米的区域下，通道与库房空间的比例关系。

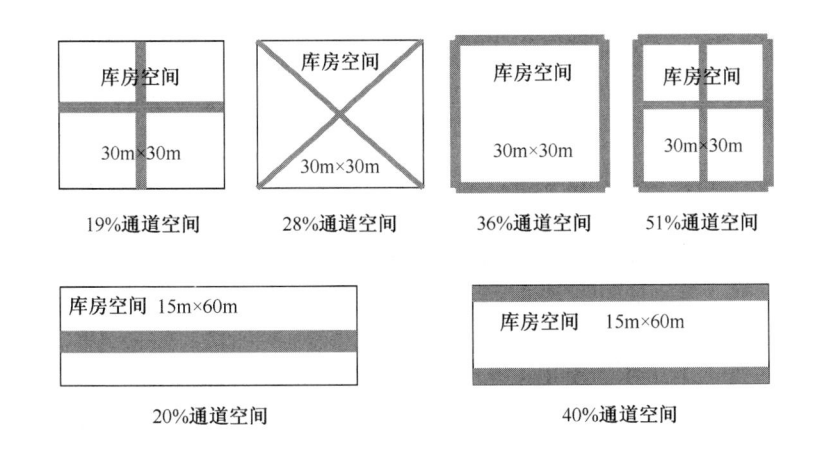

图2-42　通道空间形式相对于库房空间的比例

周转性库房常采用中枢通道，其主要通道经库房中央，且尽可能直穿，使开始及结束在库房出入口，且连接主要交叉通道，以有效运用作业空间，如图2-43所示。

图2-43　中枢通道的布置形式

通道宽度的设计，因不同作业区域、人员或车辆行走速率、单位时间通行人数、搬运物品体积等因素而异。仓库一般通道宽度的参考值如表2-6所示。

表 2-6　仓库一般通道宽度的参考值

通道种类或用途	宽　　度
中枢主通道	3.5～6 米
辅助通道	3 米
人行通道	0.75～1 米
小型台车	0.7 米
手动叉车	1.5～2.5 米（视载重而定）
叉车（直角转弯）	2～2.5 米（使用 1 100mm×1 100mm 的托盘）
窄巷道叉车（回转叉式）	1.6～2 米

3．仓容定额

仓容定额是指在一定条件下，仓库单位面积允许合理存放物资的最高数量。单位面积一般以平方米计算，允许存放的物资数量以吨计算。

（1）仓库定额的内容

1）仓库面积利用率：指仓库有效面积与使用面积的合理比例。

2）单位面积储存量定额：指在单位有效面积储存物资的数量。

3）仓容定额：指仓库有效面积和单位面积储存量的乘积，即仓库的容量。

（2）仓容定额的确定

核定仓容定额的计算公式如下。

1）按尺码吨计算的物资内的储存量（吨）=（使用面积×仓库面积利用率）×（库房可堆货高度×高度利用率）。该方法一般用于泡货仓库，体积达 4 立方米及以上，而毛重不足 1000 千克的物资，其尺码一般为吨。

2）按重量吨计算的物资的储存量（吨）=（使用面积×仓库面积利用率）×（地坪载重量×载重量利用率）。该方法一般用于重量吨物资的储存仓库定额，物资毛重大于 1000 千克，而体积不足 4 立方米，以物资的实际重量吨计算。

例 2-4　某配送中心仓库进西门子冰箱，包装长 0.8 米、宽 0.7 米、高 1.8 米，毛重 70 千克，净重 68 千克，包装承压能力 150 千克，库房单位面积载荷 2 吨（垫面），仓库可用高度 3 米、长 31 米、宽 10 米、墙距 0.5 米，长宽的一半处是 1.5 米宽的通送。试确定冰箱储存方法，最多能堆放多少台冰箱？并画出平面图。

解：① 每块区域的长：(31−1.5−0.5×2)/2=14.25（米）

每块区域的宽：(10−1.5−0.5×2)/2=3.75（米）

② 每块区域每层可堆放冰箱数：按每块区域的长对电冰箱的长，每层可堆放(14.25/0.8)×(3.75/0.7)≈17×5 =85（台）。

按每块区域的宽对电冰箱的宽，每层可堆放(14.25/0.7)×(3.75/0.8)≈20×4=80（台）。

根据仓容利用率最大化的原则，每层可堆放 85 台。

③ 计算仓库可堆冰箱的层数。

根据仓库可用高度计算：3/1.8=1（层）。

根据仓库单位面积载荷计算：2 000/ (70/0.7×0.8)=16（层）。

根据冰箱商品包装的承压能力计算：150/70+1=3（层）。

根据以上计算可知，由于条件的限制，只能堆放 1 层。

④ 计算仓库的最多堆放量：85×1×4=340（台）。

根据计算结果得：该冰箱的储存方法为货垛堆码法，最多能堆放 340 台。

平面图如图 2-44 所示。

4．库房高度设计

在储存空间中，库房的有效高度也称梁下高度，理论上越高越好，但实际上受物资所能堆码的高度、叉车的扬程、货架高度等因素的限制，库房太高有时反而会增加成本及降低建筑物的楼层数，因此要合理设计库房的有效高度。

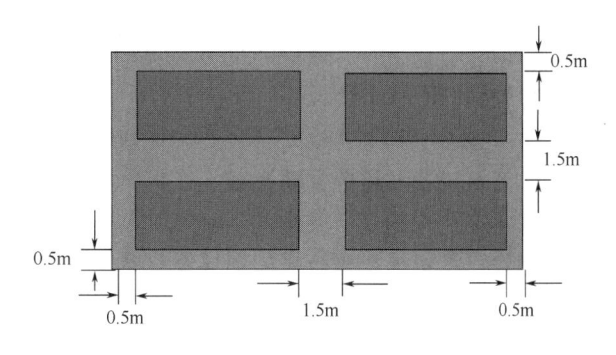

图 2-44　冰箱储存平面图

储存空间梁下有效高度计算公式为：梁下有效高度=最大举升的货高+梁下间隙尺寸。

由于物资储存方式、堆垛搬运设备的种类不同，对库房的有效高度的要求不一样，加之仓库要考虑消防、空调、采光等因素。所以在进行库房的有效高度设计时，应根据物资储存方式、堆垛搬运设备等，采取有区别的计算方式。

例 2-5　货高 H_A=1.3 米，堆码层数 $N=3$，货叉的抬货高度 $F_A=0.3$ 米，梁下间隙尺寸 $a=0.5$ 米，当物资采用地面层叠堆码时，求最大举升货高与梁下有效高度。

解：最大举升货高 $H_L = N \times H_A + F_A = 3 \times 1.3 + 0.3 = 4.2$（米）

　　　梁下有效高度 $H_e = N \times H_A + F_A + a = 4.2 + 0.5 = 4.7$（米）

5．仓库动线设计

仓库中各作业区域间的物流动线模式如图 2-45 所示，可根据具体情况选择使用。

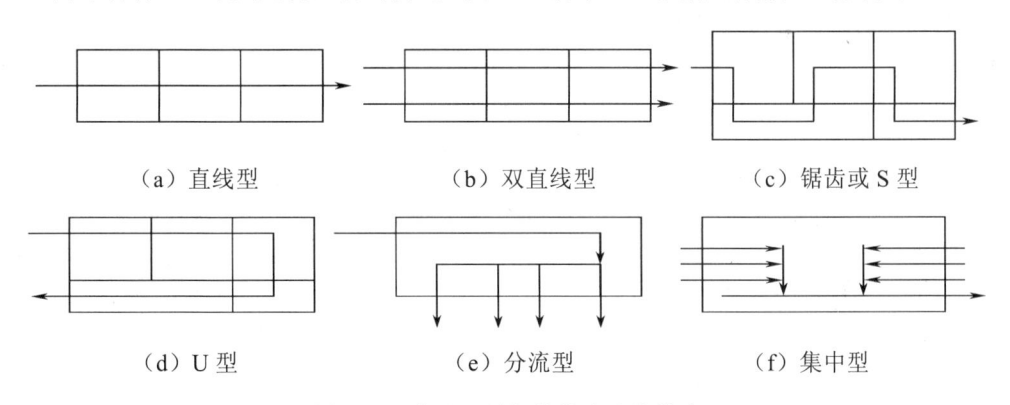

（a）直线型　　　　（b）双直线型　　　　（c）锯齿或 S 型

（d）U 型　　　　（e）分流型　　　　（f）集中型

图 2-45　作业区域间的物流动线模式

1）直线型。适用于出入口在库房两侧、作业流程简单、规模较小的物流作业，无论订单大小与检货品项多少，均需通过库房全程。

2）双直线型。适用于出入口在库房两侧，作业流程相似但有两种不同进出货形态或作业需求的物流作业（如整箱区与零星区、A 客户与 B 客户等）。

3）锯齿型（或 S 型）。通常适用于多排并列的库存料架区内。

4）U 型。适用于出入口在库房同侧，可依进出货频率大小安排接近进出口端的储区，缩短拣货搬运路线。

5）分流型。因批量拣取而做分流作业。

6）集中型。因储区特性将订单分割在不同区域拣取后做集货的作业。

6．进出货区的规划

（1）进出货平台的规划

物资在进货时可能需要拆装、理货、检验或暂存以等待入库储存；同样，在出货前也需要包装、检查或暂存以等待卡车装载配送，因此在进出货平台上需留空间以作为缓冲区。

另外，进出货平台常需衔接设备，以便平台与车辆的高度不同时顺利装货及卸货，因此在进出货规划时，也需考虑这些衔接设备的需求空间，若使用可拆装式的衔接设备，只需保留1～2.5米的空间；若使用固定式衔接设备，则需保留1.5～3.5米的空间，实际尺寸需视衔接设备的大小而定。

（2）进出货站台配置形式的规划

进货站台与出货站台的布置方式有四种，如图2-46所示。

进货站台出货站台	仓库区		进货站台	仓库区
			出货站台	

(a) 进货与出货共享站台　　(b) 进出货区分别使用站台，两者相邻

进货站台	仓库区	出货站台		出货站台	仓库区	出货站台
				进货站台		进货站台

(c) 进出货区分别使用站台，两者不相邻　　(c) 数个进货、出货站台

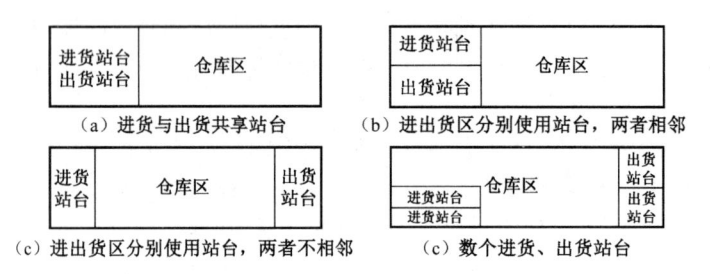

图2-46　进出货站台的布置方式

1）进货与出货共享站台。此种设计可提高空间及设备使用率，但有时较难管理，尤其在进出货高峰时刻，容易造成进出货相互干扰。所以此安排较适合进出货时间可以规划错开的仓库。

2）进出货区分别使用站台，但两者相邻以便管理。设备可共享，但进货及出货作业空间分隔，可解决共享站台方式进出货互相干扰的困扰；但进出货空间不能弹性互用，使空间效益变低。此方式适合库房空间适中且进出货容易互相干扰的仓库。

3）进出货区分别使用站台，两者不相邻。此种站台安排方式进出货作业完全独立，不仅空间分开，设备的使用也要划分，可使进出货更为迅速顺畅，但空间及设备的使用率较前者降低。对于库房空间不足者较不适宜。

4）数个进货、出货站台。若库房空间足够且货品进出频繁、复杂，则可规划多个站台以适应及时进出货。

（3）站台形式的设计

1）锯齿型。其优点为车辆回旋纵深较浅，缺点为占用仓库内部空间较大，如图2-47所示。

2）直线型。其优点在于占用仓库内部空间较小，缺点是车辆回旋纵深较深，外部空间需求较大，如图2-48所示。

由以上优越点比较可知，所需内部空间小则外部空间就大，因而经营者在做决策时可考虑土地及建筑物的价格，如果土地价格与仓库的造价差距不大，以直线式为佳。

进出货空间的设计除考虑效率及空间外，安全也是必要的考虑因素，尤其是车辆与站台之间的连接设计，以防止大风吹入仓库内、雨水进入货柜或仓库及避免库内空调冷暖气外泄等灾害损失和能源浪费。

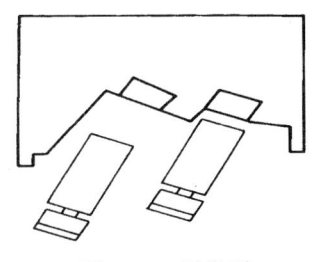

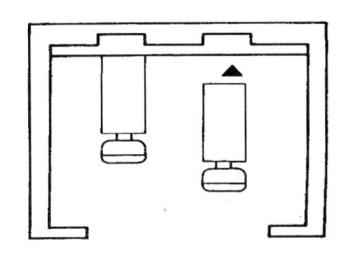

图 2-47　锯齿型　　　　　　　　　　图 2-48　直线型

（4）进出货站台与库区的配合

1）内围式。将站台围在库房内，进出货车可直接开进库房装卸货，此形式的设计最安全，不怕风吹雨打，也不用担心冷暖气外泄。

2）齐平式。站台与仓库外缘刚好齐平，此形式虽没有内围式安全，但至少整个站台仍在仓库内受保护，能源浪费的情况较能避免，此形式因造价较低，是目前广为采用的形式。

3）开放式。站台全部突出于库房外，此形式中站台上的物资完全不受遮掩保护，且库房内冷暖气容易泄漏。

以上三种配合方式如图 2-49 所示。

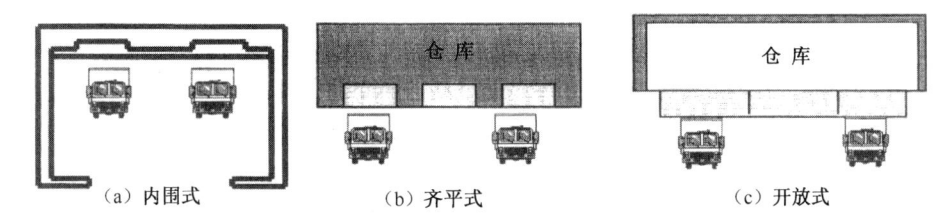

（a）内围式　　　（b）齐平式　　　（c）开放式

图 2-49　进出货站台与库区的配合方式

（5）站台数量计算

要准确地估算月台的数量，需掌握以下资料。

1）有关进出货的历史资料。

2）高峰时段的车辆数。

3）每车装卸货所需时间。

此外还需考虑未来库房扩大或变更的可能性，使其具有较好的弹性。

为容许必要的设备在站台与车辆之间进出，需估计每一停车站台门的尺寸，物流配送中心站台门高度一般为 2.44 米左右，门宽约 2.75 米，此尺寸允许将货柜尾端开入站台。

案例分析

中小制造企业自营仓库布局设计

Y 厂是一家外商投资的中小型企业，主要供应商和客户均在国外。该厂采用订单驱动的生产模式，产品品种多、批量小，所需的原材料品质要求高、种类繁杂，对仓库的利用程度高，仓库的日吞吐量也较大。因此，该厂选择在距车间较近的地方建造了自有仓库，仓库采用拣选货区和存储区混合使用的方式。

Y 厂仓库有三层，一、二层分别存储主料、辅料；三层主要用于存放成品，按照各个车间来划分存储区域。一层用于存放主料,主料质量重、品种多,考虑到楼板的承载能力,将其置于一层是合理的选择。由于每单位主料的重量均不在人工搬运能力的范围之内,一层的搬运设备主要为平衡重式叉车。一层通道宽3~4米,搬运车辆可以在仓库内通行和调转方向。货区布置采用的是垂直式,主通道长且宽,副通道短,便于存取查拣,且有利于通风和采光。

二层仓库存放辅料,部分零散的物资使用货架存放,可以节省空间。大部分物资直接堆放在木质托盘上,托盘尺寸没有统一标准。托盘上的物资采用重叠堆码方式,其高度在工人的能力范围之内。物资搬运借助手动托盘搬运车完成,操作灵活轻便,适合短距离水平搬运。通道比一层仓库窄,主通道大约宽2米。

但是,Y厂原来的仓库采用将存储区与拣货区混合使用的布局方法,给仓管员及该厂的生产带来了诸多问题和不便。首先,Y厂在确定所需要的仓库空间类型的时候,对本厂整体工作流程的需求并未充分考虑。该厂仓库的库存物资始终处于不断变化之中,由于物资消耗速度不同,导致置于托盘的物资高度参差不齐,很多物资的堆垛高度不足1米,严重地浪费了存储空间。其次,仓管员还停留在以找到物资为目的的阶段,尚未关注合理设计行走时间、行走路线及提高工作效率等问题。

资料来源:http://mall.cnki.net/magazine/Article/ZWZJ200609011.htm

Y厂自营仓库布局设计的启示:

1. 仓库布局应注重物资流动更快速、更通畅。

2. 仓库一层可以部分设立半永久性存储区用于存放不经常使用的主料,部分空间用做拣货区,用来存储消耗快、进货频繁的大客户的主料。仓库二层增设不良品隔离区,放置检验不合格的原料和产品,并可在最深处设置半永久存储区,存放流通量很小的物资;余下的空间作为拣货区,以方便仓管员快速拣货。

3. 中小制造企业的自有仓库主要用于存储生产过程中需要的原材料,由于每天的生产消耗速度快,仓库物资吞吐频率高,因此,在对企业业务流程分析的基础上,将仓库划分为多个有效的区域,并采用适合中小制造企业的将拣货区与存储区分开的设计方案,能够降低仓库内部的物流量与物流成本,进而提高企业效益。

重要概念

仓库   库容量   出入库频率   仓库选址   重心法   数值分析法   分级加权评分法
仓库网点规划   仓库总体平面规划   仓库货区布局   仓容定额

本章小结

☑ 仓库的概念、种类、仓库设施、主要性能参数及发展趋势。

☑ 仓库选址的原则、应考虑因素、步骤与方法。

☑ 仓库的平面规划、货区布局、规模的确定。

复习思考题

一、填空题

1. 仓库是保管、储存物资的（　　　）和（　　　）的总称，如库房、货棚、货场等。
2. 按库内形态分类，仓库可分为（　　　）、（　　　）、（　　　）三类。
3. 仓库选址要遵循（　　　）、（　　　）、（　　　）、（　　　）四个原则。
4. 仓库选址的分析阶段包含（　　　）、（　　　）、（　　　）等内容。
5. 仓库布局主要有（　　　）、（　　　）、（　　　）、（　　　）四种模式。
6. 现代仓库总体平面规划一般可以划分为（　　　）、（　　　）、（　　　）三大部分。
7. 倾斜式布局是指货垛或货架与仓库侧墙或主通道成60°、45°或30°夹角，具体包括（　　　）、（　　　）布局。
8. 仓库内的非保管场所包括（　　　）、（　　　）、（　　　）、（　　　）等几部分。

二、选择题

1. （　　　）是经海关批准，在海关监管下专供存放未办理关税手续而入境或过境物资的场所。
   A．特种仓库 B．公用仓库
   C．保税仓库 D．出口监管仓库
2. （　　　）可以用来表示出入库频率。
   A．库存量利用系数 B．单位面积的库容量
   C．全员平均劳动生产率 D．装卸作业机械化程度
3. 初选仓库地址一般用（　　　）
   A．重心法 B．数值分析法
   C．HOOVER法 D．图上描点法
4. （　　　）是基于影响设施选址的诸多因素而设计的一种选址定量分析的方法。
   A．数值分析法 B．多仓库的选址方法
   C．重心法 D．综合因素分析法
5. 果蔬食品仓库的选址一般选择在（　　　）。
   A．城郊的独立地段 B．城市边缘，对外交通运输干线附近
   C．入城干道处 D．加工厂、毛皮处理厂等附近
6. 冷藏品仓库的选址一般选择在（　　　）。
   A．城郊的独立地段 B．城市边缘，对外交通运输干线附近
   C．入城干道处 D．加工厂、毛皮处理厂等附近
7. 货垛整齐美观，存取查点方便，通风采光良好，但仓容利用率降低，这是（　　　）布局方式。
   A．纵列式 B．横列式 C．混合式 D．倾斜式
8. 可以根据库存物资在库时间的不同和进出频繁程度安排货位，这是（　　　）布局方式。
   A．纵列式 B．横列式 C．混合式 D．倾斜式
9. 库房内运输通道的宽度一般为（　　　）米。
   A．0.5～1 B．1～1.5 C．1.5～3 D．3～4.5

10. 库房内用手推车搬运时通道的宽度一般为（　　　）米。
   A．1.5～3　　　　B．2～2.5　　　　C．2.4～3.0　　　　D．3.6～4.2

三、判断题

1. 营业仓库是由国家或某个主管部门修建的为社会服务的仓库。（　　　）
2. 出入库频率可用机械设备的利用系数这个指标来表示。（　　　）
3. 重心法属于单一仓库选址方法。（　　　）
4. 通过数值分析法求得的物流中心坐标不是最优的，还要进一步优化。（　　　）
5. 在某一区域内，仓库的数量越多，物资运输的成本就越低。（　　　）
6. 平房仓库高度一般应采用 6M₀（600mm）的倍数。（　　　）
7. 采用人工存取的货架之间的过道宽度一般为 0.9～1.0 米；货堆之间的过道宽度一般为 1 米左右。（　　　）
8. U 形仓库动线设计通常适用于多排并列的库存料架区。（　　　）

四、简答题

1. 仓库的发展趋势有哪些？
2. 仓库选址应考虑哪些因素？
3. 仓库数量决策应考虑哪些因素？
4. 仓库货区布置的基本思路有哪些？
5. 如何确定仓库的规模？

五、案例分析

案例 1

某机电公司的物流网点布局

某机电公司是一家国有大型机电设备公司，计划占领武汉市场。该公司首先在武汉市七个区每个区各设立了一个营业点，可以分别在各区进行市场营销和销售开票等工作。现在考虑开设物流网点，大致有三种意见。

第一种意见是一个营业点建一个仓库，这样每个营业点都可以独立进行经营销售，管理方便，顾客就近提货也比较方便。但是，这种方案的设立费用高，以平均每个仓库投资 50 万元计算，六个仓库（总公司现在已有一个仓库）要投资 300 万元。这还只是设立费用，另外还有运行费用。每个仓库运行时，需要 10 名工作人员，每个人的工资加上办公费用、劳保福利费等平均每人每年 10 万元，新增六个仓库每年就要 600 万元的运行费用。而且仓库多了，分散库存量大，库存资金占用也就多了，库存风险也就大了，分散订货、分散运输的损失也就大了。

第二种意见是不增建仓库，把原来的仓库加大，全市共享一个仓库，由各个营业点分别销售，总公司统一订货、统一运输、统一储存、统一配送。这个方案只需新增仓库设立费用 50 万元，新增 5 名仓库工作人员，主要承担配送工作，每年增加运行费用 50 万元，这样就可以减少库存资金占用，减少库存量，降低库存风险，提高库存物资利用率，提高资金利用率和资金周转率，还可以降低订货成本和运输成本等。但是，由于市区范围太大，因此这种方案的缺点一是送货路程长，送货成本高，二是送货响应慢，影响了顾客购买的积极性。

第三种意见是采取折中的办法，分别在武昌和汉阳新建一个仓库。再加上汉口原来的仓库，全公司共享三个仓库，对全市供货，按长江、汉水自然分成的三个大区，分别按大区组织供货和配送。总公司统一订货、统一运输、统一储存，但是各个营业点分别销售、分大区配送。这种方案的优势在于，新增设立费用和设立后的运行费用不太高；配送车辆在大内运行，不用过桥（由于过桥车辆多、堵车现象多，很费时间），所以大大缩短了运输距离和送货响应时间。

分三个仓库储存，库存物资利用率比较高，库存资金占用和库存风险也不高，资金周转率、利用率也比较令人满意。该公司经过反复讨论，分析比较，认为第三种方案比较好。

资料来源：http://wiki.mbalib.com/wiki/%E7%89%A9%E6%B5%81%E7%BD%91%E7%82%B9

案例1思考题：

1. 该机电公司的物流网点布局有哪几种意见？
2. 试述为什么选择第三种意见？

案例2

适合分拣的物资仓库布局方式

某企业是一家生产工装裤的工厂，规模不是很大，只生产少数几种产品，而产品的主要差别仅在于裤子的尺寸不同。该企业在进行仓库布局设计的过程中，主要分以下几个步骤。

1. 根据产品的特点进行分类分项

在设计仓库布局时，该企业按照工装裤的尺寸分别存放进行考虑。先按照工装裤的腰围大小，从最小尺寸到最大尺寸，分为若干类。然后每类再按裤长尺寸，由最小尺寸到最大尺寸，分为若干项。

2. 根据分类分项进行存放

分类分项后，按顺序存放。为了减少订单分拣人员的分拣时间，除了按上述方法将工装裤按尺寸分类分项存放外，还可将那些客户最常选购的一般尺寸就近存放在存取较方便的货位，而将特小和特大、客户不常选购的特殊尺码货品存放在较远和高层的货位。通过物资在仓库中的合理布局，提高了物流工作效率，实现了物流合理化。

3. 进行其他空间的安排

除了物资入库和出库所需要的库房储存空间外，进行仓库其他业务活动也需要一定的场地，具体如下。

（1）装货或卸货的停车场和员工休息室。
（2）入库和出库物资的暂时存放场地。
（3）办公室所需场地。
（4）保管损坏物资、等待承运商检查确认的场地。
（5）进行重新包装、贴标签、标价等业务所需用地。
（6）设备的保管和维护用地。
（7）危险品及需要冷冻、冷藏等进行特殊保管的物资所需要的专用储存区。

该企业这样的仓库布局设计，取得了很好的效果。

资料来源：http://edu.21cn.com/qy/Learn/10754.htm

案例2思考题：

1. 规划仓库内部布局时，一般要考虑哪些因素？
2. 该企业产品以裤子为主，为什么还要在仓库建立冷冻、冷藏及危险品专用储存区？

第三章 仓储设备

学习目标

① 熟悉主要仓储设备如货架、托盘、叉车、分拣设备及其他经常使用的设备的概念、特点。

② 掌握主要仓储设备如货架、托盘、叉车、分拣设备及其他经常使用的设备的适用范围。

③ 运用仓储设备的选型原则及数量确定方法选择仓储设备。

引导案例

联合利华的托盘管理

Smart pallet 系统利用自动化技术消除重复分拣并缩短配送时间。联合利华公司（意大利）是全球第一个使用 Smart pallet 系统的企业，现在它的订货处理时间缩短了 20%，员工数量减少了 1/3。在安装该系统之前，联合利华的 Elida-Gibbs 工厂每天需要 3 名工人处理 200 个托盘，现在一个仓库管理员一天就可以发送 350 个托盘，这样就可以减少托盘的堆垛和再装载工序。

此系统于 1995 年安装在位于米兰附近的 GAGGIano 工厂。通过开发低频的射频干扰测试系统控制生产过程，记录产品位置，对产品称重和进行标签操作。配有无线电频率读数器的叉车在仓库装载活动中穿梭不息，这些读数器将每个托盘的状态及时传送给仓库门口的无线电应答器，然后传送到仓库的计算机控制中心，管理人员就可以随时知道任何一笔订单所处的状态。结合半导体技术、微电子包装、计算机系统设计的系统由三部分组成：无线电发射应答器、计算机系统阅读器和天线。无线电发射应答器被固定在托盘出入的仓库门口，信息阅读器和天线被装在联合利华的高科技仓库中，每个托盘都有一个条码，通过扫描仪将信息输入仓库的程序逻辑控制器。除此以外，计算机还存有该托盘的详细数据：装货箱的数量、订单装运地点、运送的物资种类。一个托盘装载了物资后，经过第一道门时，用薄膜包装、称重，经过最后一道门时再次称重，以确保准确度。托盘按先进先出法处理，按排列顺序依次输入计算机中。当托盘被放在装载底板上时，叉车上的信息阅读器就开始检查、传送由门口的无线电发射应答器发出的无线电信号，精确定位托盘。当托盘到达装货地点时，另一个无线电发射应答器就会警示计算机托盘准备装进拖车中，随后货车的衡量工具自动计算总负荷与单个托盘的重量，如果出现任何偏差便在系统内标注记号。

联合利华公司通过对托盘的先进管理，节省了时间，减少了差错，也降低了物流成本。

资料来源：http://www.docin.com/p-65039578.html

思考题

1. 联合利华公司的托盘管理先进之处在哪里？
2. 这种托盘管理给联合利华带来什么益处？

知识点一　货架

根据国家标准《物流术语》(GB/T 18354—2001)，货架是指用支架、隔板或托架组成的立体储存物资的设施。货架在仓库中起着很大的作用，既能够有效保护物资，方便物资的存取与进出业务，又能够提高仓库空间的利用率，使仓储面积扩大和延伸。货架如图3-1所示。

一、货架的优缺点

1. 货架的优点

图 3-1　货架

货架的优点主要表现在以下几个方面。
1) 可充分利用仓库空间，提高仓容利用率，扩大仓库储存能力。
2) 存入货架中的物资互不挤压，物资损耗小，可完整保证物资的功能，减少物资的损失。
3) 货架中的物资可以任意存取，物资种类的可拣选率达100%，便于清点和计量。
4) 便于机械化和自动化操作。
5) 便于实行"定位储存"和计算机管理。
6) 可以采取防潮、防尘、防盗、防破坏等措施，以提高物资存储质量。

2. 货架的缺点

货架在仓储管理中的作用非常大，但也存在着以下不足。
1) 购买货架设备的费用较高。
2) 必须配备相应的装卸搬运设施和托盘等集装单元器具。
3) 货架设备的位置相对固定，灵活性差。
4) 货架之间需预留通道，有时可能会对仓容利用率产生一定的负面影响。

二、货架的种类

随着仓库机械化和自动化程度的不断提高，货架技术也在不断提高，尽管出现了许多新型货架，但传统的层架式货架、悬臂架、托盘货架等依然发挥着重要作用。仓库中经常用到的货架主要有以下几种。

1. 层架式货架

层架式货架由立柱、托板、拉杆、交叉和层板构成，层间用于存放物资，如图3-2所示。层架式货架结构简单，适用范围非常广泛，是最普通的也是最常见到的一种货架。

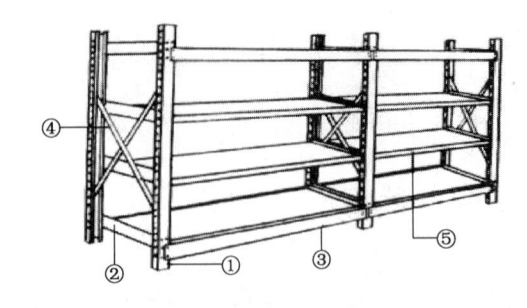

图 3-2　层架式货架

货架部件名称：
①立柱
②托板
③拉杆
④交叉
⑤层板

货架规格：mm	
高	1 800～2 500
宽	1 000～1 500
深	500～800
层数	3～5
负载	100～150千克/层

层架式货架按不同的标准有以下几种划分方法。

（1）按层架式货架存放物资的重量等级划分

按存放物资的重量等级可分为中重型层架式货架和轻型层架式货架两种。

1）中重型层架式货架，如图 3-3 所示。

① 一般采用固定式层架，坚固、结实，承载能力强。

② 储存大件或中重型物资，配合叉车等设备使用。

③ 能充分利用仓容，提高仓储能力。

2）轻型层架式货架，如图 3-4 所示。

① 一般采用装配式，较灵活，结构简单，承载能力较差。

② 适于存放人工作业的轻型或小件物资。

③ 存放物资数量有限，是人工作业仓库的主要储存设备。

图 3-3　中重型层架式货架 　　　　图 3-4　轻型层架式货架

（2）按层架式货架的结构特点分类

按结构特点分类可把层架式货架分为抽屉式货架和层格式货架两种。

1）抽屉式货架，如图 3-5 所示。

① 主要用于存放中小型模具，通常每层承载量小于 500 千克，重型抽屉式货架可用于存放特重型模具和物资。

② 可存放比较贵重或怕尘土、怕湿的小件物资。

2）层格式货架，如图 3-6 所示。

① 每格原则上只能放一种物资，不易混淆。

② 其缺点是层间光线暗，存放数量少。

③ 主要用于规格复杂多样、必须互相间隔开的物资。

2．托盘货架

托盘货架指专门用于存放堆码在托盘上的物资，每个托盘占用货架上的一个货位，其基本形式与层架相似，常和叉车结合在一起完成物资的作业，如图 3-7 所示。

图 3-5 抽屉式货架　　　　　　　　　图 3-6 层格式货架

图 3-7 托盘式货架

（1）托盘货架的种类

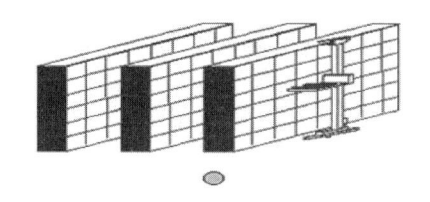

托盘货架主要有单排型托盘式货架和双排型托盘式货架两种。

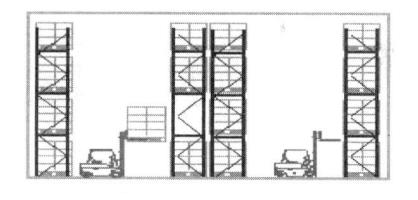

1）单排型托盘式货架：每隔一定距离摆放一排托盘式货架，一般叉车在一个方向上完成作业，如图 3-8 所示。

2）双排型托盘式货架：两排托盘式货架摆放在一起，叉车可以在两个方向上完成作业，如图 3-9 所示。

图 3-8 单排型托盘式货架　　　　　　图 3-9 双排型托盘式货架

（2）托盘货架的特点

1）结构简单，可调整组合，安装简易，费用经济。

2）存取方便，拣取效率高。

3）存取密度较低，需要较多的通道。

4）出入库不必先进先出。

5）用于品种数量适中、批量不大的物资储存，通常应用在 6 米以下的 3～5 层的仓储系统中。

3．驶入驶出式货架

驶入驶出式货架设有专门的叉车运行通道，是连续性的整栋式货架。货架由若干个垂直的货架片组成，货架片上有短的托梁支撑存放物资，货架片之间没有横梁或斜撑。叉车直接在货架片之间运行，把物资存放到托梁上或从托梁上把物资取走，如图 3-10 所示。

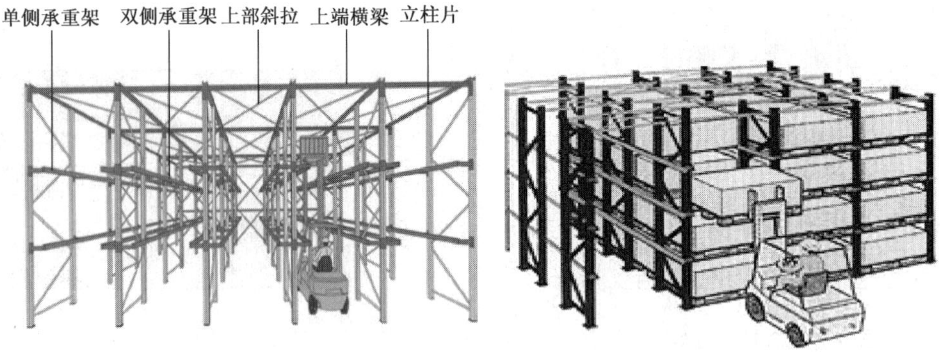

图 3-10　驶入驶出式货架

（1）驶入驶出式货架的种类

驶入驶出式货架主要分为单向和双向两种类型。

1）单向驶入驶出式货架：叉车只能从货架的一端出入，如图 3-11（a）所示，适合少品种、多批量物资的存储，且存取频次要求不高的场合。

2）双向驶入驶出式货架：叉车可以从货架的两端出入，或从一端入库存放，从另一端取货出库，如图 3-11（b）所示，适合少品种、多批量物资的存储，且存取频次达到很高的场合。

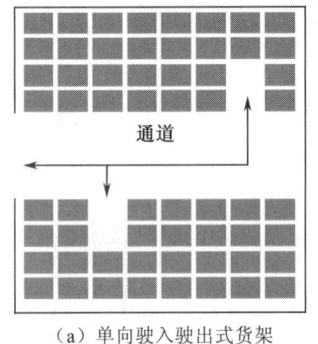

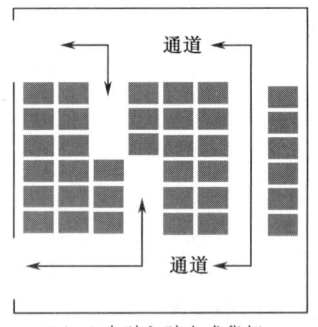

（a）单向驶入驶出式货架　　（b）双向驶入驶出式货架

图 3-11　驶入驶出式货架的类型

（2）驶入驶出式货架的特点

1）仓容利用率高，可达 90%以上，高度可达 10 米。

2）托盘质量和规格要求较高，托盘长度需在 1.3 米以上。

3）不保证先进先出。

4）适用于横向尺寸较大、量多样少的物资，以及对先进先出要求不高或批量存取的物资存储，不适合太长或太重的物资。

4．重力式货架

重力式货架的每个货道内都有辊道或滚轮，并且与水平面成一定的倾斜角度，低端作为出货端，高端作为入货端。这样托盘或集装物资便会因重力作用自动向低端滑移，还可以在滚轮下埋设气压或液压设备以控制倾斜角度，调整物资滑移的速度，如图 3-12 所示。

图 3-12　重力式货架

(1) 重力式货架的结构

重力式货架由五部分组成：物资、立柱、横梁、滑道和倾斜隔板，如图 3-13 所示。

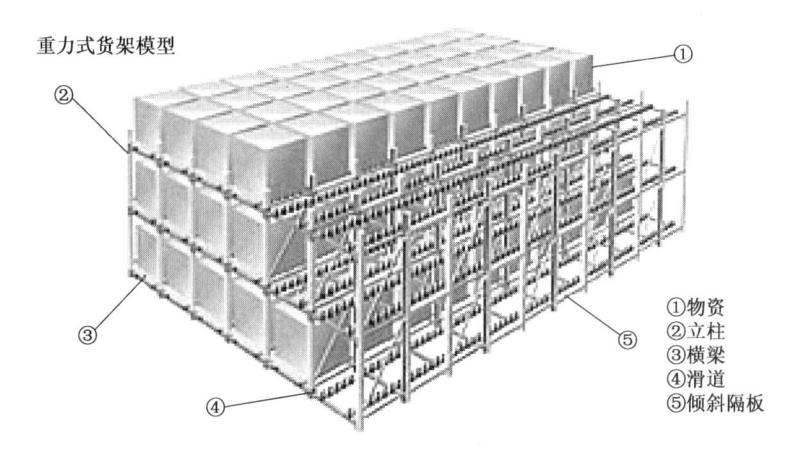

图 3-13 重力式货架的结构

(2) 重力式货架的特点

1) 大规模密集存放物资，减少了通道数量，可有效节约仓库面积。
2) 固定了出入库位置，减少了出入库工具的运行距离，专业，高效，安全性高。
3) 保证物资先进先出，适于大批量、少品种且不易长期积压物资的储存。
4) 货架成本高，承载力有限制，对环境清洁要求高。

5. 移动式货架

移动式货架由多排货架相连而成，底部装有滚轮，每排货架可沿货架下的轨道滑动，在存取物资时，移动货架让出一行必要宽度的通道即可进行作业，如图 3-14 所示。

(1) 移动式货架的结构

移动式货架主要由两部分组成：一部分是轨道，方便货架的移动；另一部分是转盘，控制货架移动的方向，如图 3-15 所示。

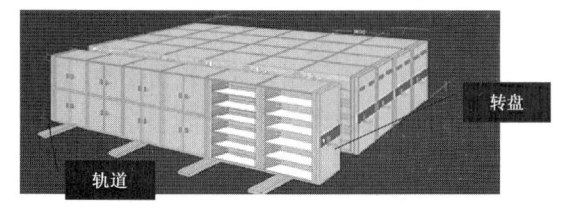

图 3-14 移动式货架　　　　图 3-15 移动式货架的结构

(2) 移动式货架的类型

移动式货架主要分为敞开式和封闭式两种类型。

1) 敞开式移动货架：其传动机构设于货架底座内，操作盘设于货架端部，外形简洁，操作方便。货架的前后设有安全分线开关，遇到障碍物整个货架立即停止移动。

2) 封闭式移动货架：当不需要存取物资时，各货架移动到一起后，全部封闭，并可全部锁住，在各货架接口处装有橡皮封口。

（3）移动式货架的特点

1）减少了通道数，地面使用率达80%，储存能力比一般货架大，高度可达12米，单位面积的储存量可达托盘货架的2倍。

2）可直接存取每项物资，不受先进先出的限制。

3）因需要移动货架，所以比一般货架存取时间长，机电装置较多，建造成本较高，维护比较困难。

4）适用于少品种、大批量、低拣选频率的物资保管。

6．旋转式货架

旋转式货架设有电力驱动装置，货架沿着由两个直线段和两个曲线段组成的环形轨道运行，由开关装置或计算机操纵。存取物资时，将物资所在货格编号由控制按钮输入，该货格则以最近的距离自动旋转至拣货点并停止，如图3-16所示。

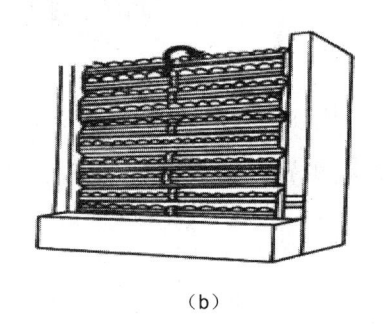

图3-16 旋转式货架

（1）旋转式货架的类型

旋转式货架主要有垂直旋转式货架、多层水平旋转式货架、整体水平旋转式货架三种。

1）垂直旋转式货架：垂直旋转式货架类似于垂直提升机，在两端悬挂有成排的货格，货架可正转，也可以反转。货架的高度为2～6米，正面宽2米左右，单元货位载重100～400千克，回转速度在6米/分钟左右。垂直旋转货架属于拣选型货架，占地空间小，存放品种多，最多可达1200种左右。货架货格的小格可以拆除，这样可以灵活存储各种尺寸的物资。在货架的正面和背面均设置拣选台面，可以方便地安排出入库作业。在旋转控制上用开关按钮即可轻松地操作，也可利用计算机操作控制，形成联动系统，将指令要求的货层经最短的路程送至要求的位置，如图3-17所示。

垂直旋转式货架主要适用于多品种、拣选频率高的物资，如果取消货格，用支架代替，也可以用于成卷物资的存取。

2）多层水平旋转式货架：多层水平旋转式货架的最佳长度为10～20米，高度为2～3.5米，单元货位载重200～250千克，回转速度20～30米/分钟。

多层水平旋转式货架是一种拣选型货架，这种货架各层可以独立旋转，每层都有各自的轨道，用计算机操作时，可以同时执行几个命令，使各层物资从近到远、有序地到达拣选地点，拣选效率很高。这种货架主要用在出入库频率高、多品种拣选的仓库中。

3）整体水平旋转式货架：整体水平旋转式货架由多排货架连接，每排货架又有多层货格，货架可整体水平式旋转，每旋转一次，便有一排货架达到拣货面，可对这一排进行拣货。这种货架每排可放置同一种物资，也可以一排货架的不同货格放置互相配套的物资，一次拣选可在一排货架上将相关的物资拣出，如图 3-18 所示。

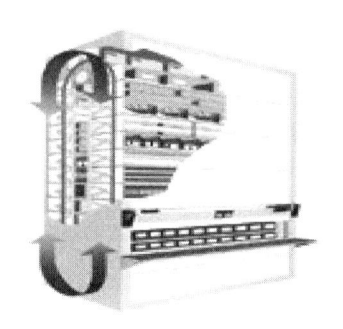

图 3-17　垂直旋转式货架　　　　图 3-18　整体水平旋转式货架

这种货架还可做小型分货式货架，每排不同的货格放置不同种物资，旋转到拣选面后，将物资按各用户的分货要求分放到指定货位。整体水平旋转式货架也可以看成拣选分货一体化货架。

（2）旋转式货架的特点

1）操作简单，空间利用率高，拣货路径短，拣货效率高。

2）适用于电子元件和精密机械等少批量、多品种、小物资的储存及管理。

7. 阁楼式货架

阁楼式货架（如图 3-19 所示）通常利用中型搁板式货架或重型搁板式货架作为主体支撑，再加上楼面板（根据货架单元的总负载来决定选用何种货架）构成，楼面板通常选用冷轧型钢楼板、花纹钢楼板或钢格栅楼板。

图 3-19　阁楼式货架

（1）阁楼式货架的结构

阁楼式货架主要由下面几部分组成，如图 3-20 所示。

1）楼板：铺在阁楼式货架的二层或以上层，起到存放物资、设备及保证工作人员作业的作用。

2）扶手：主要起到安全作用，防止二层或以上楼层作业的工作人员从上面摔落。

3）楼梯：工作人员到不同层间作业的路径。

4）立柱：主要对阁楼式货架起到支撑作用。

5）货架：一层的货架一般存放体积较大或较重的物资，二层或以上楼层的货架存放体积较小或质量较轻的物资。

6）提升机：把存放于二层或以上楼层的物资自动输送到货架的上层，提高效率。

7）滑梯：拣货时，存放于高层的物资可以通过滑梯输送到底层，这类物资必须比较扎实、不易脆。

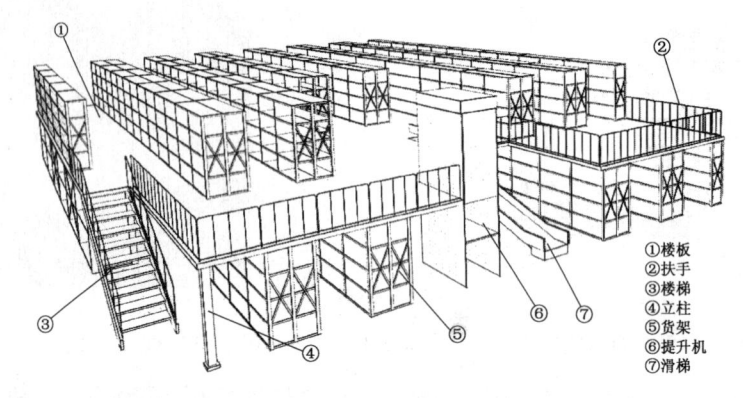

图 3-20　阁楼式货架的结构

（2）阁楼式货架的特点
1）有效增加空间利用率。
2）上层一般存放轻泡物资或储存期较长的中小件物资。
3）上层不适合重型搬运设备行走。
4）存取作业效率低。
5）适用于仓库场地有限而存放物资品种很多的仓库。

8．悬臂式货架

悬臂式货架通过在立柱上装设悬臂来构成，悬臂可以是固定的，也可以是移动的，可以是单面的，也可以是双面的，如图 3-21 所示。

图 3-21　悬臂式货架

（1）悬臂式货架的结构

悬臂式货架主要由立柱和悬臂两部分组成。立柱起到支撑整个货架的作用，悬臂主要用来存放物资，如图 3-22 所示。

图 3-22　悬臂式货架的结构

（2）悬臂式货架的特点
1）主要用于空间小、密度低的库房中，一般高度在 6 米以下，空间利用率较低，约 35%～50%。
2）存放物资方便、快速，对物资的存放一目了然。
3）适用于人力存取操作，不便于机械化作业。
4）适用于存放长物资、环形物资、板材、管材及不规则物资。

9. 自动立体货架

自动立体货架是由电子计算机进行管理和控制，用巷道堆垛起重机及其他机械进行作业的高层货架，如图 3-23 所示。

（1）自动立体货架的结构
自动立体货架主要由高层货架、巷道堆垛机、自动控制系统三部分组成。
1）高层货架。高层货架高度一般为 6 米或 6 米的整数倍。
2）巷道堆垛机。巷道堆垛机在高层货架的窄巷道内作业。在巷道内来回穿梭运行，将位于巷道口的物资存入货格，或者取出货格内的物资并运送到巷道口，如图 3-24 所示。
3）自动控制系统。自动控制系统控制高层货架上物资的存、取。

图 3-23　自动立体货架 　　　　图 3-24　堆垛机

（2）自动立体货架的特点
1）仓库利用率高，效率高，可以任意存取，可以掌握货位库存信息。
2）货架刚度和精度要求高，投资和运作成本较高，对物资的包装和码放要求严格。
3）适合自动化仓库，需巷道堆垛机配合使用。

三、货架的选择

在现代仓库管理中，为了改善仓库的功能，不仅要求货架数量多、功能全，而且要便于仓库作业的机械化和自动化。因此，在选择和配置货架时，必须综合分析库存物资特性、存取性，以及出入库量、库房架构等因素，如图 3-25 所示。

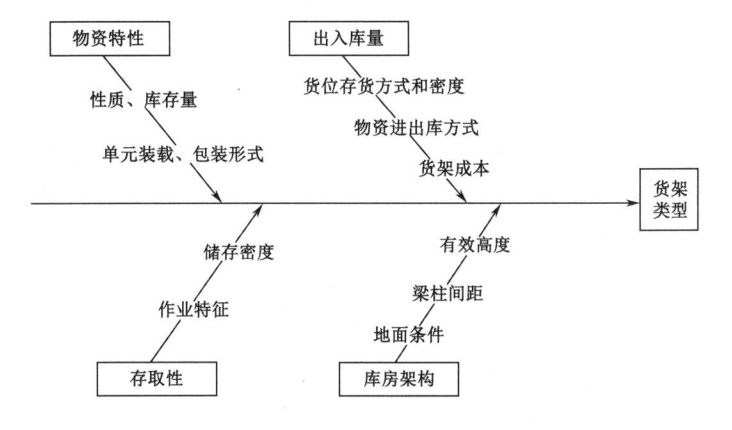

图 3-25　选择货架时应综合考虑的因素

1. 物资特性

物资的尺寸大小、外形包装等将会影响储存单位的选用；物资的重量直接影响选用何种强度的货架。

2. 存取性

一般存取性与储存密度是相对的。有些货架形式虽可得到较佳的储存密度，但会使货位管理较为复杂。只有自动化立体仓库可往上发展，存取性与储存密度俱佳，但投资成本相对较高。因此选用何种形式的货架应对各种因素综合考虑。

3. 出入库量

出入库量是选用货架时考虑的重点，某些形式的货架虽有很大的储存密度，但出库量不大，适合低频率的作业。

4. 库房架构

梁下有效高度、梁柱位置会影响货架的配置；地板承受的强度、平整度也与货架的设计、安装有关。另外，必须考虑防火设施和照明设施的安置。

> **小资料**
>
> **货架安装注意事项**
>
> 1. 货架安装及验收，要确保质量和安全，促进技术进步，提高经济效益。
> 2. 货架安装应按图施工，当施工时发现现场与设计有不合之处，应及时提出，经变更批准后方可施工。
> 3. 货架安装中采用的各种计量和检测器具、仪器、仪表和设备应符合国家现行计量法规的规定，其精度等级不低于安装要求的精度等级。
> 4. 货架安装前的隐蔽工程应在工程隐蔽前进行检验，合格后方可继续施工。
> 5. 在货架安装中应进行自检。

知识点二　托盘

中国国家标准《物流术语》对托盘的定义是：用于集装、堆放、搬运和运输的放置作为单元负荷的货物和制品的水平平台装置。托盘如图3-26所示。

作为与集装箱类似的一种集装设备，托盘现已广泛应用于生产、运输、仓储和流通等领域，被认为是20世纪物流产业中两大关键性创新之一。托盘作为物流运作过程中重要的装卸、储存和运输设备，与叉车配套使用，在现代物流业中发挥着巨大的作用。托盘给现代物流业带来的效益主要体现在：可以实现物资包装的单元化、规范化和标准化，保护物资，方便物流和商流。

图3-26　托盘

一、托盘的优缺点

1. 托盘的优点

托盘的主要优点如下。

1）自重量小。托盘运输的劳动强度较小，无效运输和装卸负荷也比集装箱小。

2）返空容易。返空时占用运力较少，由于托盘造价不高，又很容易互相代用，互相以对方托盘抵补，所以无须像集装箱那样必须有固定归属者，也无须像集装箱那样返空。

3）装盘容易。托盘不需要像集装箱那样深入到箱体内部，装盘后可采用捆扎、裹包或胶粘等技术处理，操作简便。

4）装载量适宜，组合量较大。

5）节省包装材料，降低包装成本。

2. 托盘的缺点

托盘除了具有以上优点外，也有一些不足。

1）保护产品性能方面不如集装箱。

2）露天存放困难，需要有仓库等设施。

3）托盘本身的回运需要一定的运力消耗和成本支出。

二、托盘的种类

托盘种类繁多，结构各异，目前国内外常见的托盘主要有以下几种。

1. 平板托盘

平板托盘又称平托盘，存放物资的表面是一个平面，是使用量最大的一种通用托盘。

（1）平板托盘的类型

平板托盘按不同的标准划分，可以分为不同的种类。

1）按台面分类，可分为单面型、单面使用型、双面使用型、翼型托盘。

2）按叉车插入方式分类，可分为单向插入型、双向插入型、四向插入型托盘。

3）按材料分类，可分为木制平板托盘、铝合金平板托盘、胶合板平板托盘、塑料平板托盘、纸板平板托盘、复合材料平板托盘等。

木制双面托盘如图3-27所示，四向进叉塑料单面平托盘如图3-28所示，纸板平板托盘如图3-29所示。

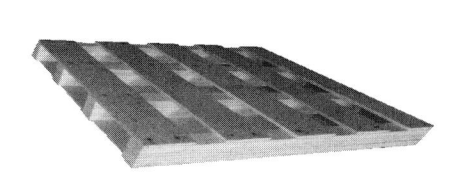

图 3-27　木制双面托盘　　图 3-28　四向进叉塑料单面平托盘　图 3-29　纸板平板托盘

中国物流与采购联合会托盘专业委员会在2011年对国内多家托盘生产企业、托盘使用及销售企业进行初步调查的结果显示，目前中国拥有的各种类型的托盘总数为16 000～20 000万片，目前每年产量递增2 000万片左右。其中木制平板托盘约占85%，塑料平板托盘占12%，钢制平板托盘、复合材料平板托盘和纸制平板托盘合计占3%。复合材料平板托盘和塑料平托盘上升比例较大。

（2）平板托盘的特点

平板托盘结构简单，价格便宜，操作简单。

2．立柱式托盘

立柱式托盘没有侧板，在托盘上部的四个角有固定式或可卸式的立柱，有的柱与柱之间有连接的横梁，使柱子成门框形，如图3-30所示。

立柱式托盘的特点主要有以下两个。

1）适于装运袋装物资，防止托盘上放置的物资在运输、装卸过程中发生滑落。

2）利用柱子加固四角，支撑承重，提高托盘上放置货物的堆码高度，既可节省容积，又不用担心压坏托盘上的物资。

图3-30　立柱式托盘

3．箱式托盘

箱式托盘指托盘上带有箱式容器，沿托盘四个边有板式、栅式、网式等栏板和下部平面组成箱体，有些箱体有顶板。

（1）箱式托盘的类型

箱式托盘分为固定式、折叠式、可拆卸式三种。

1）固定式箱式托盘。固定式箱式托盘的结构不能改变，如图3-31所示。

2）折叠式箱式托盘。折叠式箱式托盘的侧面可以折叠，当托盘不使用时，可以节省空间的占用，如图3-32所示。

图3-31　固定式箱式托盘　　　　图3-32　折叠式箱式托盘

3）可拆卸式箱式托盘。可拆卸式箱式托盘不使用时，箱式托盘的侧面可以取下，如图3-33所示。

（2）箱式托盘的特点

箱式托盘的装载量比较大，对物资的保护功能比较强。

4．轮式托盘

轮式托盘就是在立柱式、箱式托盘下部装有小型轮子，如图3-34所示。

轮式托盘的特点主要表现在不需要借助其他设备就可进行作业，直接由人工操作，便于托盘和物资的移动，在生产物流系统中，可以兼做作业车辆。

图 3-33　可拆卸式箱式托盘　　　　　图 3-34　轮式托盘

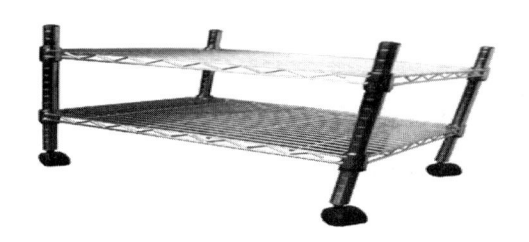

5．特种专用托盘

特种专用托盘主要有钢托盘、防静电托盘、轮胎专用托盘、油桶专用托盘等几种类型。

（1）钢托盘

钢托盘又叫金属托盘或铁托盘，主要材料为钢材或镀锌钢板，经专用设备成型，各种型材互相支撑，铆钉连接加强，再经 CO_2 气体保护焊焊接而成，如图 3-35 所示。

钢托盘具有下列优点。

1）承载能力在托盘中是最强的。

2）100%环保，可以回收再利用，资源不浪费。

3）表面经过防滑处理，周边经过包边处理，底盘坚固，整体质量轻而钢性强，具备稳定的包装性能。

4）防水、防潮及防锈，与木托盘相比有环保优势（如木托盘容量滋生虫害）。

5）与塑料托盘相比有强度、耐磨、耐温及价格优势。

6）用于出口时，不需要进行熏蒸、高温消毒或防腐处理，符合国际环保法规。

7）灵活（四个方向的插入设计，无形中提高了空间利用率并增强了操作的方便性，而且其坚固的底板设计适用于输送滚输和自动包装系统使用）等。

（2）防静电托盘

防静电托盘采用特殊材料的吸塑和 PP 塑料制作而成，材料表面的电阻值为 $10^6\Omega$ 以下或 $10^6 \sim 10^{11}\Omega$，高度一般在 100mm 以下，如图 3-36 所示。

图 3-35　钢托盘　　　　　图 3-36　防静电托盘

防静电托盘主要用来消除静电，适用于电子器件和产品生产过程的周转装载、包装、储存及运输。

（3）轮胎专用托盘

轮胎的特点是耐水、耐蚀，但怕挤、怕压，轮胎专用托盘较好地解决了这个问题。利用轮胎专用托盘，可多层码放，不挤不压，大大提高了装卸和储存效率。

（4）油桶专用托盘

油桶专用托盘是专门存放、装运标准油桶的异型平托盘。双面均有波形沟槽或侧板，以稳定油桶，防止滚落。其优点是可多层堆码，提高仓储和运输能力。油桶专用托盘如图3-37所示。

图3-37 油桶专用托盘

三、托盘标准化

托盘标准化是实现托盘联运的前提，也是实现物理机械和设施标准化的基础及产品包装标准化的依据。托盘标准化有利于加速物流流程，降低物流成本。

1. ISO 标准

国际标准化组织（International Organization for Standardization，ISO）制定的托盘标准经过了 ISO/TC51 托盘标准化技术委员会多次分阶段审议。ISO 已于 2003 年对 ISO 6780《联运通用平托盘主要尺寸及公差》标准进行了修订，共有六种规格。

1）1 200mm×1 000mm。
2）1 200mm×800mm。
3）1 219mm×1 016mm。
4）1 140mm×1 140mm。
5）1 100mm×1 100mm。
6）1 067mm×1 067mm。

2. 国标（GB 2934—1982）

我国国家质量监督检验检疫总局和我国国家标准化管理委员会在2007年10月批准通过了《联运通用平托盘主要尺寸及公差》，从2008年3月1日起正式在全国范围内实施，规格主要有以下两种。

1）1 200mm×1 000mm（优先推荐）。
2）1 100mm×1 100mm。

托盘集合包装单元体积一般在1立方米以上，高度为1 100mm 或 2 200mm，载重为500～2 000千克。

四、托盘上存放物资的码放要求及码放方式

1. 码放要求

使用托盘时应该做到：包装组合码放在托盘上，加上适当的捆扎和裹包，便于利用机械装卸和运输，从而满足装卸、运输和存储的要求。

根据物资的类型、托盘所载物资的质量和托盘的尺寸，合理确定物资在托盘上的码放方式。托盘的承载表面积利用率一般应不低于80%。对于托盘物资的码放有如下要求。

1）木质、纸质和金属容器等硬质直方体物资应单层或多层交错码放、拉伸或收缩膜包装。
2）纸质或纤维质类物资应单层或多层码放，用捆扎带十字封合。
3）密封的金属容器等圆柱体物资应单层或多层码放，木质货盖加固。
4）需进行防潮、防水等防护的纸制品、纺织品物资应单层或多层交错码放，拉伸或收缩膜包装或增加角支撑、物资盖隔板等加固结构。

5）易碎类物资单层或多层码放，增加木质支撑隔板结构。
6）金属瓶类圆柱体容器或物资单层垂直码放，增加货框及板条加固结构。
7）袋类物资多层交错压实码放。

2．码放方式

托盘上物资的码放方式要根据物资的形状、体积、数量确定，下面就硬质直方体物资与圆柱体物资在托盘上的码放方式进行图解示例。

1）硬质直方体物资在托盘上的码放方式如图3-38所示。

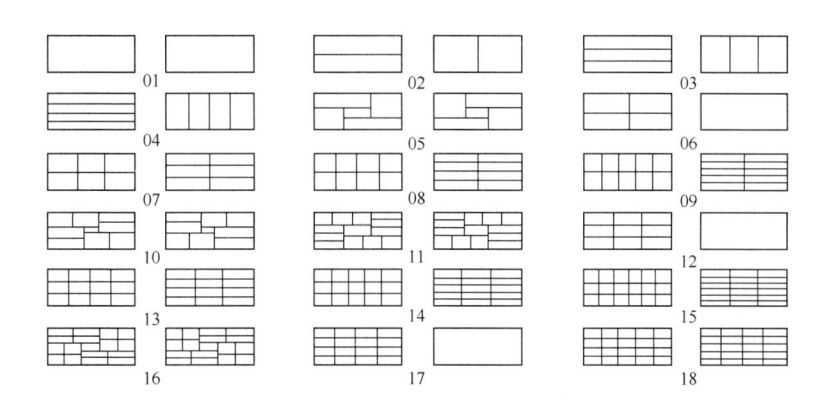

图3-38　硬质直方体物资在托盘上的码放方式

2）圆柱体物资在托盘上的码放方式如图3-39所示。

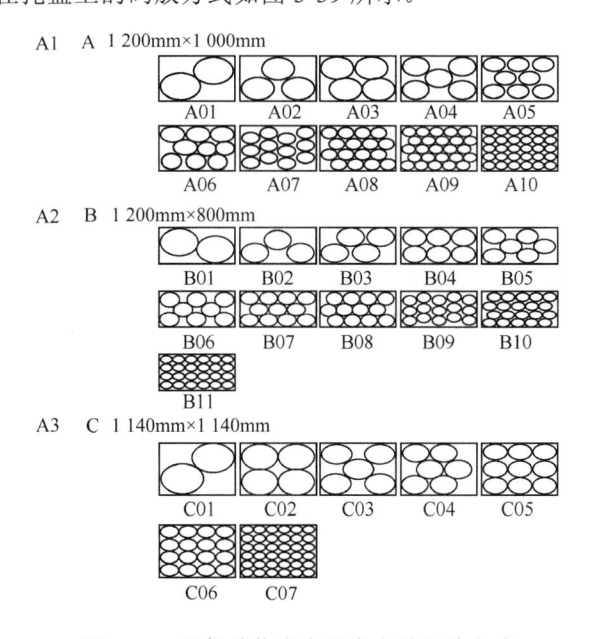

A1　A 1 200mm×1 000mm

A2　B 1 200mm×800mm

A3　C 1 140mm×1 140mm

图3-39　圆柱体物资在托盘上的码放方式

五、托盘上物资常用的紧固方法

托盘对物资只起到承载的作用，如果没有好的紧固方法，就很难完成物资运输的工作，而托盘上物资的紧固是保证物资稳定性，防止塌垛、散垛，避免货差货损的重要手段。托盘货体常用的紧固方法有以下几种。

1. 捆扎

捆扎指用绳索、打包带等柔软的索具对托盘上的物资进行捆扎以保证物资稳定的方法。捆扎如图 3-40 所示。

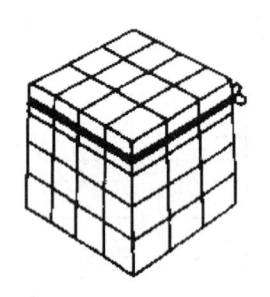

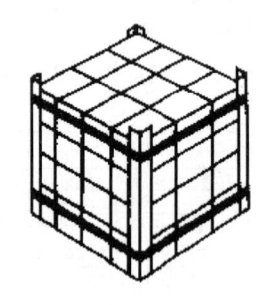

图 3-40　捆扎

捆扎在防止箱形物资（瓦楞纸箱、木箱）散垛时用得较多。这种方式按如何扎带分为水平、垂直和对角等捆扎方式，捆扎打结的方法有结扎、钻合、热融等。但捆扎也存在扎带部分防止物资移动、未扎带部分容易发生物资脱出的缺点，而且由于保管时多层物资的堆压和输送中振动冲击而使带子变松，从而降低防止散垛的效果，这是需要注意的。

2. 黏合

黏合有两种方法，一是在下一层货箱上涂上胶水使上下货箱黏合；二是每层之间贴上双面胶条，将两层货箱通过胶条黏合在一起，防止物流过程中托盘物资从层间滑落。黏合如图 3-41 所示。

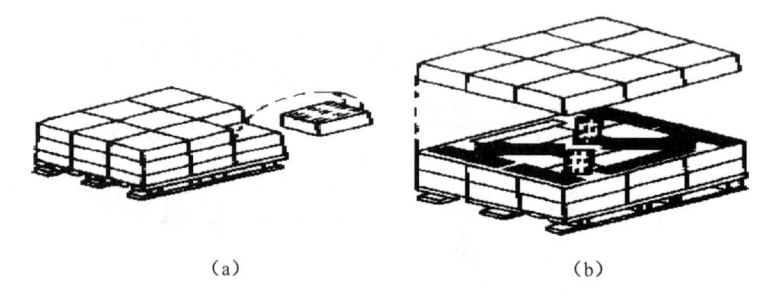

（a）　　　　　（b）

图 3-41　黏合

这种方式对水平方向滑动的抵抗能力强，但在分离托盘的货载时，从垂直方向容易分开。这种方式的主要缺点是胶的强度随温度发生变化，在使用时应选择适合温度条件的黏合剂。例如，水剂胶在低温下使用时，胶冻结成冰，难于使用。另外，在使用时必须根据物资的特性（包装形态等）来决定用量和涂布方法。与这种方式相近的，也有在物资表面涂以耐热树脂，物资间不相互胶结而靠增加摩擦力来防止散垛。

3. 加粗架紧固

加粗架紧固将墙板式的框架加在托盘物资相对的两面或四面以至顶部，用以增强托盘货体的刚性。加粗架紧固如图 3-42 所示。

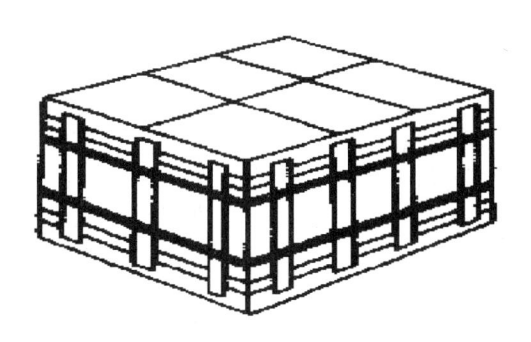

图 3-42　加粗架紧固

框架的材料以木板、胶合板、瓦楞纸板、金属板等为主。加固方法有固定式和组合式两种。采用组合式需要打包带紧固，使托盘和物资结合成一体。

4．网罩紧固

网罩紧固主要用于装有同类物资托盘的紧固，多见于航空运输，将航空专用托盘与网罩结合起来，就可达到紧固的目的。将网罩套在托盘物资上，再将网罩下端的金属配件挂在托盘周围的固定的金属片上（或将绳网下部缚牢在托盘的边缘），以防形状不整齐的物资发生倒塌。网罩紧固如图 3-43 所示。

为了防水，可在网罩之下用防水层加以覆盖，网罩一般采用棉绳、布绳和其他纤维绳等材料制成。绳的粗细视托盘物资的重量而定。

5．专用金属卡具固定

对某些托盘物资，最上部如能伸入金属夹卡，则可用专用夹卡将相邻的包装物卡住，以使每层物资通过金属卡连成一个整体，防止个别物资分离滑落。专用金属卡具固定如图 3-44 所示。

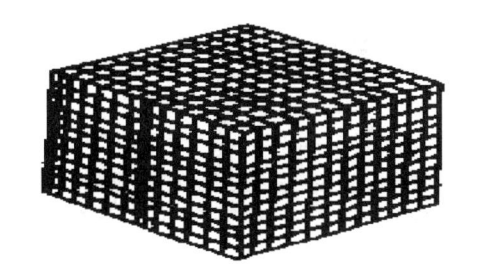

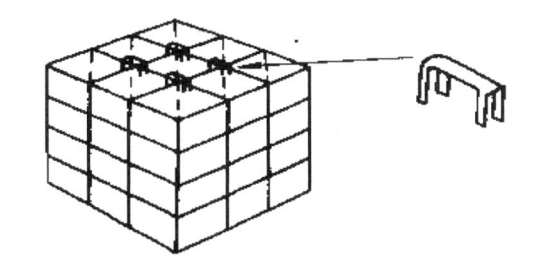

图 3-43　网罩紧固　　　　　　　　图 3-44　专用金属卡具固定

6．中间夹摩擦材料紧固

将具有防滑性能的纸板夹在各层物资之间，以增加摩擦力，防止水平移动（滑动）或冲击时托盘物资各层间的移位，防滑片除纸板外，还有软质聚氨酯泡沫塑料等片状物。另外，在包装容器表面涂二氧化硅溶液防滑，也有较好的防滑效果。中间夹摩擦材料紧固如图 3-45 所示。

7．收缩薄膜紧固

收缩薄膜紧固将热缩塑料薄膜制成一定尺寸的套子，套于托盘货垛上，然后进行热缩处理，塑料薄膜收紧后，便将托盘与物资紧捆成一体，这种紧固形式属五面封，托盘下部与大气相通。收缩薄膜紧固如图 3-46 所示。

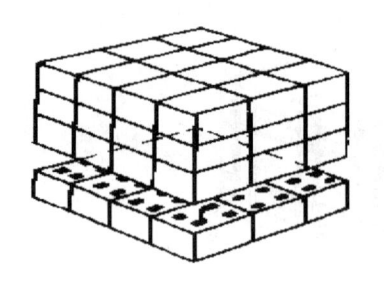

图 3-45　中间夹摩擦材料紧固　　　　　图 3-46　收缩薄膜紧固

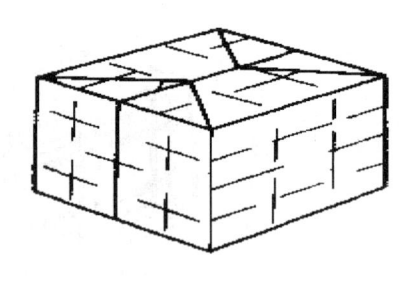

这种方法不但能起到紧固和防止塌垛的作用,而且由于塑料薄膜不透水,还可起到防雨水的作用。这有利于克服托盘货体不能露天存放、需要仓库的缺点,可大大扩展托盘的应用领域。但是,由于通气性不好,又在高温(120~150℃)下加热处理,所以,有的物资和容器材料不能适应而无法采用这一方法。

8. 拉伸薄膜紧固

用拉伸塑料薄膜将物资与托盘一起缠绕裹包形成集装件,顶部不加塑料薄膜时形成四面封,顶部加塑料薄膜时形成五面封,拉伸包装不能形成六面封,不能防潮。但它不进行像热缩包装那样的热处理,由于塑料薄膜的透气性较差,所以对需要透气的水果等物资,也有用网络树脂薄膜代用的方法。另外,拉伸薄膜比收缩薄膜捆缚力差,只能用于轻量物资的集装。拉伸薄膜紧固如图 3-47 所示。

9. 平托盘周边垫高稳固

将平托盘周边稍稍垫高,托盘上所放物资会向中心相互靠拢,在物流中发生摇摆、振动时,可防止层间滑动错位,防止货垛外倾,因而能起到稳固作用。平托盘周边垫高稳固如图 3-48 所示。

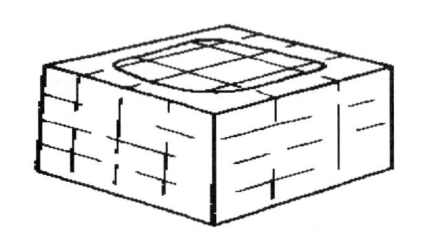

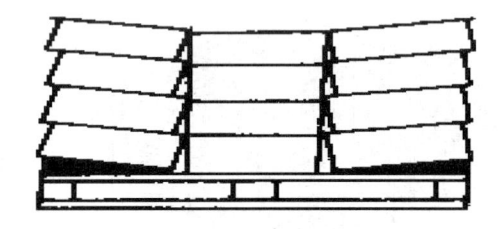

图 3-47　拉伸薄膜紧固　　　　　图 3-48　平托盘周边垫高稳固

六、使用托盘的注意事项

为了使托盘能够长久、安全地使用,应按下列要求正确使用托盘。

1)叉取托盘时,叉齿要保持水平,不应上下倾斜,叉刺尽量向托盘叉孔外侧靠足,叉刺应全部伸进托盘内,平稳抬起托盘后才可变换角度。

2)严禁甩扔空盘,避免因猛烈撞击而造成托盘破碎、产生裂纹。

3)不准用叉齿推移、拖拉托盘,叉刺不可撞击托盘侧面,以免造成托盘破碎、产生裂纹。

4)空托盘应用叉车整齐叠放,避免碰撞和日晒雨淋。

5)如果用绳索捆扎物资,捆扎方向应与边板平行。

6）严禁将物资从高处抛掷在托盘内，合理确定物资在托盘内的码放方式，物资均匀置放，不要集中堆放、偏心堆放，承载重物的托盘应放在平整的地面或物体表面。

> **小资料**
>
> **我国企业在使用托盘过程中存在的问题**
>
> 1. 使用方式落后，不能完全发挥托盘的优点
>
> 中国企业在实际使用托盘中由于规格不统一，造成托盘不能贯穿现代物流系统各个环节，仅局限于企业内部。
>
> 2. 受托盘周转方式的制约，流通过程成本过高
>
> 中国绝大多数企业的托盘都在企业内部周转，从而使企业的产品经过多次人工搬运装卸，极大地降低了工作效率，相应地提高了产品的流通成本，从而降低了产品在市场上的竞争力。
>
> 3. 难以与国际规格接轨
>
> 由于目前托盘的规格标准不统一，使中国的托盘使用不能与国际运输器具如国际通用的集装箱等相匹配。企业为了能适应相关的国际运输工具，不得不向托盘生产企业订购与该企业周转使用规格不一致的托盘，从而增加了企业的出口成本，降低了产品的国际竞争力。

知识点三　叉车

叉车是一种用来装卸、搬运和堆码单元物资的车辆。它具有适用性强、机动灵活、效率高的优点，不仅可以将物资叉起进行水平搬运，还可以将物资提升进行堆码。可以在货叉叉架上安装各种专用附属工具，如推出器、吊臂、旋转夹具、串杆、侧移叉、倾翻叉等，能进一步扩大其使用范围。叉车如图3-49所示。

图3-49　叉车

一、叉车的特点

叉车的特点主要表现在以下几个方面。
1）机械化程度高、灵活性好。
2）可以"一机多用"。
3）能提高仓库容积的利用率，堆码高度一般可达3米，高门架叉车可达5米。
4）有利于开展托盘成组运输和集装箱运输。
5）成本低，投资少，能取得较好的经济效益。

二、叉车的种类及选择

叉车按不同的标准划分有不同的分类方法，每种类别都有相应的适用范围。

1. 根据所用动力分类

根据动力不同可以分为内燃机式叉车、蓄电池式叉车、手动叉车三种类型。

（1）内燃机式叉车

1）汽油内燃机叉车。汽油内燃机叉车以汽油作为能源，具备1～3吨的起重载荷。

2）柴油内燃机叉车。柴油内燃机叉车以柴油作为能源，具备3吨以上的起重载荷。

（2）蓄电池式叉车

蓄电池式叉车以蓄电池作为能源，具备2吨以下的起重载荷，如图3-50所示。

（3）手动叉车

手动叉车是一种轻小型搬运设备，它有两个货叉似的插腿，可插入托盘叉孔内。插腿的前端有两个小直径的行走轮，用来支撑托盘物资的重量。货叉通过液压或机械传动可以抬起，使托盘或货箱离开地面，然后使之行走，如图3-51所示。手动叉车广泛应用于仓库内外的物资装卸或车间内各工序间的搬运作业。

图 3-50 蓄电池式叉车　　　　图 3-51 手动叉车

2. 根据结构特点分类

（1）平衡式叉车

平衡式叉车在尾部装有平衡重物，以平衡叉车作业时前部叉具装载的物资，一般采用充气轮胎，运行速度比较快，爬坡能力比较好，需要较大的作业空间，用于露天货场作业，门架可左右移或前移，取货后门架可后倾，使物资重心后移，以便运行中保持物资的稳定，如图3-52所示。

平衡式叉车主要由发动机、底盘（包括传动系统、转向系统、车架等）、门架、叉架、液压系统、电气系统及平衡重物等组成。叉车门架一般为两级门架，提升高度为2～4米。当叉车需要在更高的高度作业时，可采用三级或多级门架。货叉的升降及门架的倾斜均采用液压系统驱动。

（2）前移式叉车

前移式叉车门架（或货叉）可以前后移动，主要以蓄电池为动力，不会污染环境，一般在室内作业。车体尺寸较小，转弯半径也小，在巷道作业时，不要求巷道宽度大，可有效提高仓库的面积利用率，如图3-53所示。

图 3-52　平衡式叉车　　　　　　　　图 3-53　前移式叉车

前移式叉车在卸货时，货叉随着门架前移到前轮以外，在运行时，门架缩回到车体内，使叉车整体保持平衡。这种叉车的蓄电池起一定的平衡作用，不需配备专门的平衡重物。车体尺寸较小，转弯半径也不大，在巷道内作业时，巷道宽度比平衡式叉车小得多，从而可提高仓库的面积利用率。

前移式叉车按操作方法可划分为站架前移式叉车和座架前移式叉车；按作业场所可划分为普通型前移式叉车、防爆型前移式叉车和冷藏型前移式叉车。

（3）插腿式叉车

插腿式叉车的货叉在两个支腿之间，稳定性较好，尺寸小，转弯半径小，适用于库内作业，但会影响仓库的空间利用率。其起升机构有手摇机械式、手动液压式、电动液压式。插腿式插车如图 3-54 所示。

（4）侧面叉车

侧面叉车的叉具不在叉车的前面而在叉车的侧面，主要用于长条形物资的搬运，如图 3-55 所示。

这种叉车有一个放置物资的平台，门架与货叉在车体的中央，可以横向伸出取货，然后缩回车体内将物资放在平台上即可行走。这种叉车司机的视野好，所需通道宽度也较小。

图 3-54　插腿式叉车　　　　　　　　图 3-55　侧面叉车

三、叉车属具

叉车属具指附加于或替代叉车的货叉的一种装置，其作用是扩大叉车对特定物资的装卸范围，并提高装卸效率，保证生产安全。

1. 叉车属具的类型

叉车属具的类型有很多，其中货叉是最普通的叉车升降装卸属具，除货叉之外，还有吊臂、旋转叉具、串杆、双向侧移器、油桶夹、纸箱夹、纸卷夹等。

1）吊臂。吊臂放置在叉车前面，可以前、后、左、右移动，增加作业的灵活性及作业数量，如图3-56所示。

2）旋转叉具。叉车前的旋转叉具可以进行360°旋转，提高叉车作业的灵活性，如图3-57所示。

图3-56　吊臂　　　　　　　　　　图3-57　旋转叉具

3）串杆。串杆为长杆状物，可以把需要搬运的物资穿在此杆状物上，如图3-58所示。

图3-58　串杆

4）双向侧移器。双向侧移器可以左右移动，提高叉车作业的灵活性，如图3-59所示。

5）油桶夹。油桶夹是搬运油桶的专用属具，可以同时搬运多个油桶，提高作业效率，如图3-60所示。

图3-59　双向侧移器　　　　　　　图3-60　油桶夹

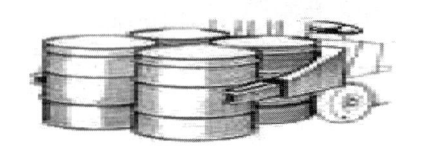

6）纸箱夹。纸箱夹是搬运纸箱的专用属具，可以同时搬运多个纸箱，提高作业效率，如图3-61所示。

7）纸卷夹。纸卷夹可以大大降低甚至避免纸卷的破损，如果使用不带纸卷夹的叉车，纸卷的破损率为 15%，如图 3-62 所示。

图 3-61　纸箱夹　　　　　　　　图 3-62　纸卷夹

2. 叉车属具使用的意义

和传统意义上使用叉车货叉叉取托盘进行搬运和堆垛相比，专用的属具能够大大提高叉车的使用效率，降低运营成本。专用的叉车属具可实现对物资的夹抱、旋转（顺/逆时针）、侧移、推/拉、翻转（向前/向后）、分开/靠拢（调整货叉间距）、伸缩等功能，这是普通叉车货叉无法完成的动作。叉车专用属具的应用所体现的意义可以概括为以下几点。

（1）生产效率高，运行成本低

机械化搬运比传统的人力搬运作业时间短，同时降低了劳动力的支出和成本，提高了工作效率。在同一个搬运循环中，叉车的动作次数明显减少，叉车的油耗等也相应降低，运行成本也相应降低。

（2）操作安全可靠，降低了事故率

由专业叉车属具制造商设计和生产的针对不同行业工况的属具均有安全装置，在异常情况时所夹（或叉）的物资不易滑落，如夹类属具的保压装置（承载物资时，油管爆裂，液压系统保持压力，物资不会滑落）、侧移类属具的末端缓冲装置等，降低了事故率。

（3）物资损耗小

借助属具特有的夹持、侧移、旋转等功能，物资可以更安全地被运送、堆高或装卸，进而将物资损耗程度降到最低。属具的使用也降低了托盘的使用频率（如无托盘搬运作业），其相应的采购和维修成本也得到降低。

小资料

国内市场的叉车品牌及选择标准

目前国内市场上的叉车品牌，从国产到进口有几十种。

国产品牌有中力、宜科、梯佑、巨盾、龙工、合力、安义、杭州、瑞创叉车、大连、山河智能、巨鲸、湖南叉车、广州、吉鑫祥、台励福、靖江、柳工、佳力、靖江宝骊、天津叉车、洛阳一拖、上力重工、玉柴叉车、合肥搬易通、湖南衡力等。

进口品牌有慕克（德国）、林德（德国）、海斯特（美国）、丰田（日本）、永恒力（德国）、BT（瑞典，后被日本丰田公司收购，但保留其品牌）、小松（日本）、TCM（日本）、力至优（日本）、尼桑（日本）、现代（韩国）、斗山大宇（韩国）、皇冠（美国）、OM（意大利）、OPK（日本）、日产（日本）、三菱（日本）等。NACCO（纳科）、MIT-Cat、CROWN（港台地区中文商标为皇冠、大陆商标名为科朗）为美国本土销量最高的前 3 名品牌，海斯特于 1989 年被 NACCO 收购。

合资品牌有威士海、如意、诺力。

选择时，先初步确定几个品牌作为考虑的范围，然后综合评估。在初选阶段，一般把以下几个方面作为初选的标准。
① 产品质量和信誉。
② 该品牌的售后保障能力如何，在企业所在地或附近有无服务网点。
③ 企业已用品牌的产品质量和服务。
④ 选择的品牌需要与企业的定位相一致。
初选完成后，对各品牌的综合评估包括产品质量、价格、服务能力等。

知识点四　自动分拣设备

自动分拣设备由接收分拣指令的控制装置、把到达分拣位置的物资取出的输送装置、在分拣位置把物资分送的分类装置及分拣道口等组成。进行分拣作业时，只需向控制装置输入分拣指令，其余的工作全部由机械装置执行，如图3-63所示。

图 3-63　自动分拣设备

一、自动分拣设备的主要组成

自动分拣设备主要由控制装置、分类装置、输送装置、分拣道口四部分组成。

1）控制装置。控制装置的作用是识别、接收和处理分拣信号，根据分拣信号的要求指示分类装置按物资品种、送达地点或货主的类别对物资进行自动分类。

2）分类装置。分类装置根据控制装置发出的分拣指示工作，当具有相同分拣信号的物资经过该装置时，该装置动作，使物资改变在输送装置上的运行方向进入其他输送机或进入分拣道口。

3）输送装置。输送装置的主要组成部分是传送带或输送机，其主要作用是使待分拣物资鱼贯通过控制装置、分类装置，一般要连接若干分拣道口，使分好类的物资滑下主输送机（或主传送带）以便进行后续作业。

4）分拣道口。分拣道口指已分拣物资脱离主输送机（或主传送带）进入集货区域的通道，一般由钢带、皮带、滚筒等组成滑道，使物资从主输送装置滑向集货站台，在那里由工作人员将该道口的所有物资集中后入库储存，或者组配装车并进行配送作业。

二、自动分拣设备的特点

1. 能连续、大批量地分拣物资

由于采用流水线自动作业方式，自动分拣设备不受气候、时间、人的体力等的限制，可以连续运行，同时由于自动分拣设备的单位时间分拣件数多，因此自动分拣设备可以连续运行100小时以上，每小时可分拣7 000件包装物资，而人工每小时只能分拣150件左右，同时分拣人员也不能在这种劳动强度下连续工作8小时。

2. 分拣误差率极低

自动分拣设备的分拣误差率主要取决于所输入分拣信息的准确性，这又取决于分拣信息的输入机制，如果采用人工键盘或语音识别方式输入，则误差率在 3%以上。如果采用条形码扫描输入，除非条形码的印刷本身有差错，否则不会出错。因此，目前自动分拣设备主要采用条形码技术来识别物资。

3. 分拣作业基本实现无人化

建立自动分拣设备的目的之一就是减少人员的使用，降低员工的劳动强度，提高人员的使用效率，因此自动分拣设备能最大限度地减少人员的使用，基本做到无人化。分拣作业本身并不需要使用人员，人员的使用仅局限于以下工作。

1）送货车辆抵达自动分拣线的进货端时，由人工接货。
2）由人工控制分拣设备的运行。
3）在分拣线末端由人工将分拣出来的物资进行集载、装车。
4）自动分拣设备的经营、管理与维护。

例如，美国一公司配送中心面积为 10 万平方米左右，每天可分拣近 40 万件物资，仅使用 400 名左右的员工，这其中大部分人员都在从事上述工作，基本做到了无人化作业。

三、自动分拣设备的类型及适用范围

在分拣系统中，分选机是最主要的设备，因分选对象的尺寸、重量、外观形状不同而存在着很大的差别，小的可以分选信件，大的可以分选长度达 1500 毫米的大型物资，因此，分选机的种类繁多，主要有下面几种。

1. 横向式分选机

使用较多的是钢带横向式分选机，当物资送到指定部位时靠拨杆的横向转动推挡物资进行分拣。钢带运行速度很高，有的达 120 米/分钟，分选能力很强，每小时可分选万件以上。一般情况下，分选物资不受包装形态的特殊限制，能用输送机运送的货物可全部进行分选，但分选时，对物资有一定的冲击。太薄、容易转动、易碎的物资不宜采取这种方式。分选能力越强，分选机的冲击力越大，所以，必须注意防止物资的损伤。另外，由于速度快，要求分选口之间保持较大的间隔，因此可设置的分选口数量较少，如图 3-64 所示。

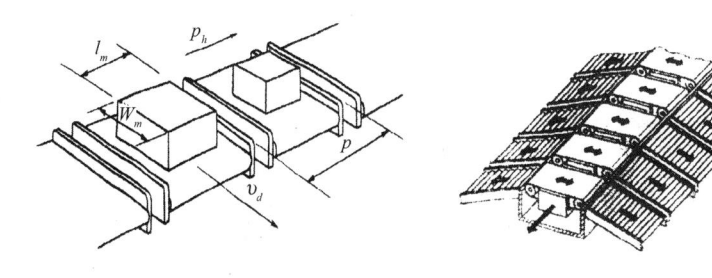

图 3-64　横向式分选机

2. 升降推出式分选机

升降推出式分选机是从输送机的下侧用浮出装置把物资托起，转动一个微小的角度和坡度，送到输送机外面进行分选的装置。在分选时给物资的冲击较小，适合分选底面平整的纸箱、托盘状的物资，但不能分选很长的或底面不平的物资，如图3-65所示。

3. 翻盘式分选机

翻盘式分选机由牵引链牵引，翻盘到达指定的分岔口时，向左或向右倾斜，物资靠重力滑入分岔道口。这种分拣装置的牵引链能在水平和垂直两个平面转向。工作时，被拣物资通过喂料输送机送入托盘，送入角度可以是锐角或直角，因此，翻盘式分选机的布置十分灵活，或水平，或倾斜，或隔层布置，可组成一个变化多样的空间分选系统。此类装置的翻盘一般都做成马鞍形，所以对底面不平整的软包装物资有良好的适应性，如图3-66所示。

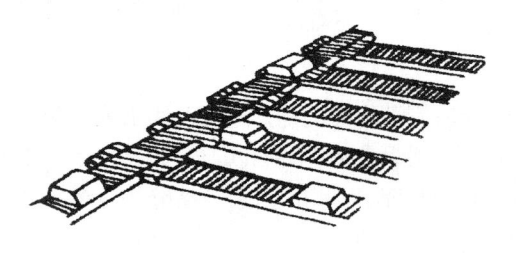

图3-65 升降推出式分选机

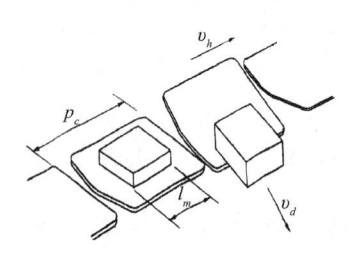

图3-66 翻盘式分选机

4. 活动货盘分选机

活动货盘分选机由圆管或金属条板组成，每块条板或管子上都有一个活动的物资托盘作横向运动，当物资到达分类装置出口时，将物资分到指定的岔道。这种分选装置的分选效率很高，但仅适用于较轻、较小物资的分选，如图3-67所示。

5. 直落式分选机

直落式分选机通过牵引链驱动，所输送的物资放在一些底部有活门的托盘上。托盘到达预定位置后，由分拣系统发出信号，活门打开，物资落入指定的容器。采用这种装置不需要辅助作业就能很容易地实现分选物资的集中。此类装置一般用来对扁平类的物资进行分类，如书籍和扁平包裹等，如图3-68所示。

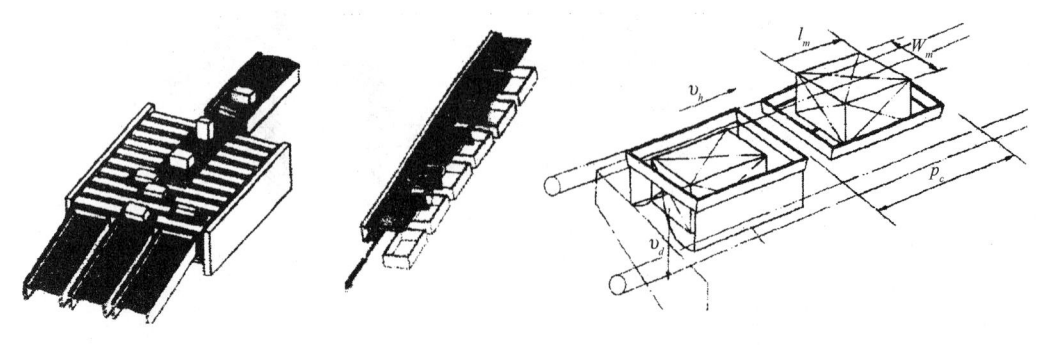

图3-67 活动货盘分选机　　　　图3-68 直落式分选机

6. 悬吊式分选机

悬吊式分选机是用装在悬吊装置上的钳子或支架吊起物资，输送到指定位置后放下物资，或者转换到另外的分支线路上进行分选的装置。其动力装置主要是牵引输送式的，依靠电动或气动使分送器开动，把物资放下，或者进而将导向棒送入分支路线进行分选，主要适用于成批物资的分选，如图 3-69 所示。

7. 滑块式分选机

滑块式分选机是一种特殊形式的板式输送机，是通过物资分流来实现物资分选的。其表面由金属管或板子组成，每块板条或管子上各有一块能作横向运动的导向板，导向块在输送机的侧边，当分选物资到达指定道口时，控制器发出指令，使导向滑块迅速地向道口方向滑动，把物资推向指定的分岔道口。由于导向滑块向两侧滑动，所以可在输送机两侧设置分选道口，以节约场地。这类分选装置震动小，基本不损伤物资，适宜各种形状、体积和质量小于 90 千克的物资。分选能力可达每小时 12 000 件，准确率为 99.9%，是当代最新型的高速分选装置，如图 3-70 所示。

图 3-69　悬吊式分选机　　　　　图 3-70　滑块式分拣机

8. 推出式分选机

推出式分选机是附在输送机上的一类装置，通过 90°分流来实现。分流可采用气缸侧推方式、摇臂推出方式或辊道侧翻推出方式。推出式分选机装置简单，价格也不高，物资分流精确、可靠。缺点是物资的包装必须结实，否则物资会损坏或四处散开，物资运行速度也不能太快，物资的包装，特别是包装箱的底面一定要平。一般而言，此系统的效率为每小时 1 000~1 200 件。调整气缸的伸出速度和回程速度，可提高分选效率，如图 3-71 所示。

图 3-71　摇臂推出式分拣机

四、分拣信号的输入

分拣信号的输入与识别采用的方法主要有人工键盘输入、声控方式输入、利用激光扫描器自动阅读条形码及射频识别技术。

1. 人工键盘输入

由操作者一边看着物资包装箱上粘贴的标签或书写的号码,一边在键盘上将此号码输入计算机。键盘输入方式操作简单,费用低,限制条件少,但操作员必须集中注意力,劳动强度大,易出差错(差错率为 1/300),而且输入的速度一般只能达到 1 000~1 500 件/小时。

2. 声控方式输入

首先需将操作人员的声音预先输入控制器中,当物资经过设定装置时,操作员将包装箱上的票签号码依次读出,计算机将声音接收并转换为分选信息,发出指令,传送到分选系统的各执行机构。

声音输入法与键盘输入法相比,速度要快些,可达 3 000~4 000 件/小时,操作人员省力,腾出双手来还可以做其他工作。但由于需事先储存操作人员的声音,当操作人员偶尔咳嗽、声哑等,就会发生差错。据国外物流企业实际使用情况,声音输入法经常出现故障,使用效果不理想。

3. 利用激光扫描器自动阅读条形码

被拣物资包装上贴印着代表物流信息的条码,在输送带上通过激光扫描器自动识别条码上的分拣信息,输送给控制器。

由于激光扫描器的扫描速度极快,达 100~120 次/秒,因此能将输送机上高速移动物资上的条形码正确读出。激光扫描条形码方式费用较高,物资需要物流条码配合,但输入速度快,可与输送带同步,达 5 000 件/小时以上,差错率极小,规模较大的配送中心都采用这种方式。

4. 射频识别技术

射频识别技术是一种非接触式的自动识别技术,它通过射频信号自动识别目标对象并获取相关数据,识别工作无须人工干预,可工作于各种恶劣环境。射频识别技术可识别高速运动的物体并可同时识别多个标签,操作快捷、方便。射频识别系统由以下三个部分组成。

1)标签。标签由耦合元件及芯片组成,每个标签具有唯一的电子编码,附着在物体上标识目标对象。

2)阅读器。阅读器读取(有时还可以写入)标签信息的设备,可设计为手持式或固定式。

3)天线。天线用于在标签和读取器间传递射频信号。

射频识别技术的基本工作原理并不复杂:标签进入磁场后,接收解读器发出的射频信号,凭借感应电流所获得的能量发送存储在芯片中的产品信息(无源标签或被动标签),或者由标签主动发送某一频率的信号(有源标签或主动标签),解读器读取信息并解码后,送至中央信息系统进行有关数据处理。

射频识别技术具有非常高的读可靠性,可快速获取数据,最重要的是可以节省劳动力和纸张。

知识点五　其他仓储设备

除了货架、托盘、叉车、自动化分拣设备之外,仓库中一般还应拥有搬运设备、辅助作业设备。

一、自动物资搬运设备及系统

自动物资搬运设备主要有自动导引搬运车（Automatic Guided Vehicle，AGV）、自动堆垛机和搬运机器人。

自动搬运系统是以多台自动导引搬运车为主体，结合集群中央控制系统组成的物资搬运系统，主要应用于自动化程度较高的机械制造业、自动化仓库等场合。

1. 自动导引搬运车

AGV 即无人驾驶的自动导引搬运车，是一种能自动导向、自动认址、自动动作的搬运车辆。自动导引搬运车系统（Automatic Guided Vehicle System，AGVS）是若干辆自动导引搬运车在计算机的控制下按导引路线行驶，应用在物流系统、生产系统中的总称。AGVS 广泛应用于柔性生产系统、柔性搬运系统和自动化仓库中。AGV 主要由导向系统、移载装置、转向机构和安全设施四大部分组成，如图 3-72 所示。

2. 堆垛机

堆垛机是立体仓库中最重要的搬运设备，主要用途是在高层货架仓库的巷道内来回穿梭运行，将位于巷道口的物资存入货格；或者取出货格内的物资运送到巷道口，完成出库作业。

堆垛机的结构和形式很多，按支承方式分为悬挂式堆垛机和地面支承式堆垛机；按结构形式分为单立柱堆垛机和双立柱堆垛机；按作业方式分为单元式堆垛机、拣选式堆垛机、拣选-单元混合堆垛机。堆垛机如图 3-73 所示。

图 3-72　自动导引搬运车

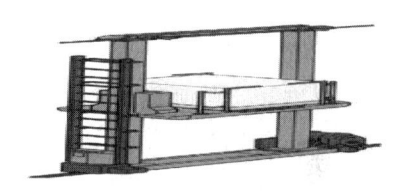

图 3-73　堆垛机

3. 搬运机器人

搬运机器人是一种有若干自由度、动作程序灵活可变、能任意定位、具有独立控制系统，能搬运、装卸物资或操纵工具的自动化机械装置。

在生产物流搬运设备中主要用于搬运、装卸工件，为加工中心更换刀具，在物流的节点和输送线的端点用来装卸堆垛料，在装配线上用于产品的装配与喷漆等，如图 3-74 所示。

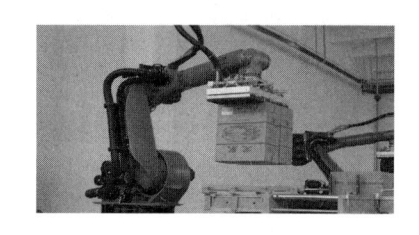

图 3-74　搬运机器人

二、仓库辅助作业设备

1. 计量设备

计量设备分为衡器设备和量具设备两种，衡器设备一般用来称量物资的重量，而量具设备主要用来测量物资的尺寸。

（1）衡器设备

仓库所保管的物资中，绝大多数以重量为计数单位，因此，衡器是仓库作业中使用最多和最主要的计量设备。仓库只有在具备精良衡器的条件下，才能保证物资在收发保管过程中的准确性。但衡器精确性的保持，主要在于合理使用和妥善保管。因此，懂得如何正确、合理地使用与妥善保管衡器，以便经常保持其精确性，是仓库工作人员必须掌握的专业知识。电子吊秤和动态称量衡如图 3-75 和图 3-76 所示。

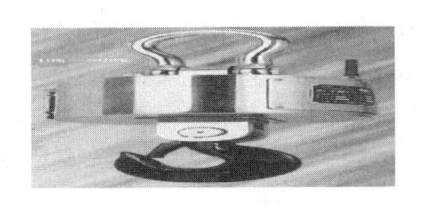

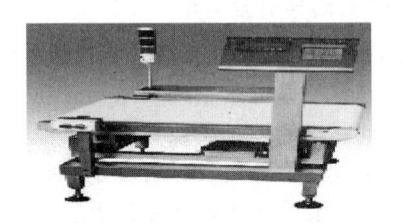

图 3-75　电子吊秤　　　　　　　　图 3-76　动态称量衡

（2）量具设备

仓库所保管的物资中，还有以长度为计量单位的，同时绝大部分物资都有其一定的规格，所有物资的长度和规格的计量，必须应用各种量具来完成。因此，量具也是仓库必需的设备，熟练掌握量具的使用，是仓库工作人员必须掌握的技能。

仓库常用的量具包括普通量具和精密量具。普通量具中又有直接量具（如直尺、折尺、卷尺等）和辅助量具（如卡钳、线规等）之分。精密量具中有游标卡尺和千分尺等。折尺如图 3-77 所示，游标卡尺如图 3-78 所示。

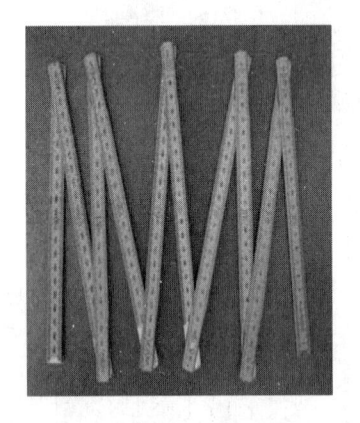

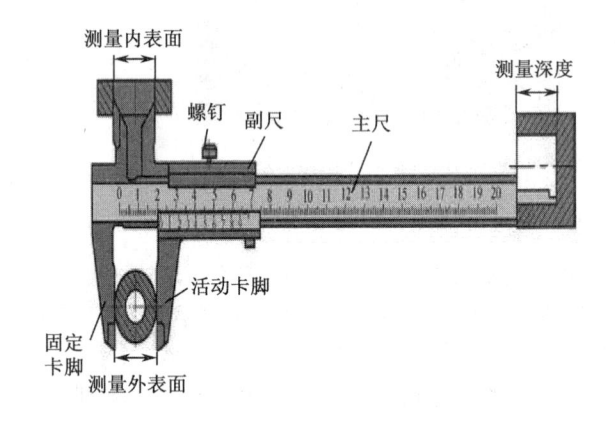

图 3-77　折尺　　　　　　　　图 3-78　游标卡尺

2. 养护设备与安全

（1）养护设备

影响库存物资储存的因素多种多样，而仓库温、湿度条件是影响库存物资质量的两个最重要因素。为了使库内的温、湿度条件符合物资养护条件标准，有时需要排除库内多余的热量，对库内温、湿度进行控制，改善库内的储存环境。这样就需要通过设置各种不同的通风设备、减湿设备等构成仓库养护系统。

1）通风设备。通风设备一般在仓库进行机械通风时使用，如图 3-79 所示。

2）减湿设备。减湿设备一般在采取冷却减湿时使用，如图 3-80 所示。

图 3-79　通风设备　　　　　　　　　图 3-80　减湿设备

（2）安全设备

仓库安全是其他工作的前提和基础。安全对仓库来说具有重要意义，因为仓库是物资重要的集散地，也是储藏和保管物资的场所，其价值和使用价值均很高，一旦发生火灾或爆炸等事故，不仅仓库和设施可能被毁坏，而且仓库中的物资也将被毁坏。因此，必须做好仓库消防工作，保障储存物资的安全，减少火灾损失，而灭火器是仓库必备的安全设备之一。

3．起重机

起重机是一种利用动力或人力将包装物吊起，并可上下、左右、前后进行搬运的装运机械。

较为简单的起重机械大多数为手动装置，如绞车、手扳葫芦等，起重量比较小，为 1～3 吨，主要在库内使用，如图 3-81 所示。

较为复杂的起重机有汽车起重机和门式起重机，起重量比较大，有的一次可以起吊几百吨的物资，一般用于库外作业，如图 3-82 和图 3-83 所示。

图 3-81　手扳葫芦　　　　　　　　　图 3-82　汽车起重机

4．跨车

跨车就是车体跨在物资的上方，利用专用的工作装置装卸堆垛和短距离搬运物资的起升车辆。按用途可分为通用跨车和集装箱跨车两种，通用跨车如图 3-84 所示，集装箱跨车如图 3-85 所示。

5．牵引车

牵引车的车头和车厢之间是用工具牵引的（也就是车头可以脱离原来的车厢而牵引其他的车厢，而车厢也可以脱离原车头被其他车头所牵引）。一般的大型货车（半挂车）都是牵引车，如图 3-86 所示。

图 3-83　门式起重机　　　　　　　　图 3-84　通用跨车

图 3-85　集装箱跨车　　　　　　　　图 3-86　牵引车

知识点六　仓储设备的选型

选择仓储设备必须遵循选型的原则及依据，在确定设备类型的基础上再确定每类仓储设备的数量。

一、仓储设备的选型原则及依据

1. 仓储设备的选型原则

选择仓储设备时必须依循下面四条原则。
1）仓储机械设备的型号应与仓库的作业量、出入库作业频率相适应。
2）计量和搬运作业同时完成。
3）选用自动化程度高的设备。
4）注意仓储机械设备的经济性。

设备选型首先应考虑的是仓储作业的适用性，只有作业上适用的设备才能发挥其投资效果；其次是技术上先进，技术上先进必须以生产适用为前提，以获得最大经济效益为目的；最后，把生产上适用、技术上先进与经济上合理统一起来。一般情况下，技术先进与经济合理是统一的。因为技术上先进的设备不仅具有较高的作业效率，而且作业效果也较好。但有时两者也是矛盾的。例如，某台设备效率较高，但可能能源消耗量很大，或者设备的零部件磨损很快，所以，根据总的经济效益来衡量就不一定适宜。有些设备在技术上很先进，自动化程度很高，适合大批量连续作业，但在作业批量不大的情况下使用，往往负荷不足，不能充分发挥设备的能力，而且这类设备通常价格很高，维护费用大，从总的经济效益来看是不合算的，因而也是不可取的。

2. 仓储设备的选型依据

距离、物流量和搬运运输设备的选用如图3-87所示。

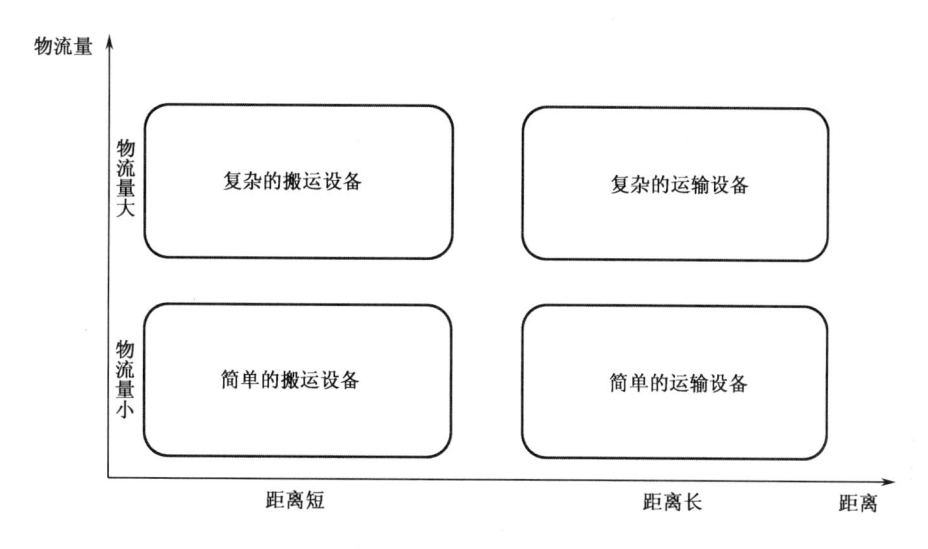

图3-87　距离、物流量和搬运运输设备的选用

从图3-87可以知道，仓储设备的选型主要参考两个指标：一个是物资搬运的距离，另一个是物流量的大小。当搬运距离长且物流量大的时候，选择复杂的运输设备，不仅能够完成长距离的运输，而且载重量很大，能够一次搬运大批量的物资；当搬运距离短且物流量小的时候，选择简单的搬运设备，只需满足短距离运输数量比较少的物品即可；同理，当搬运距离长且物流量小的时候，选择简单的运输设备，能够满足长距离运输，但只要装载小批量的物资即可；当搬运距离比较短且物流量大的时候，选择复杂的搬运设备，主要能够满足物流量大的物资搬运，因为距离比较短，较容易到达目的地。

因此，在物资搬运距离比较长的时候，主要选择运输设备，当搬运距离比较短的时候，主要考虑搬运设备，再根据物流量的大小，决定是选择复杂的设备还是简单的设备。

二、装卸搬运设备数量的确定

装卸搬运设备的配置数量主要根据仓库作业量确定，并使仓储有较高的设备配置系数。配置系数可按下式计算：

$$K = \frac{Q_c}{Q_t}$$

式中　K——仓储设备配置系数，一般取$K=0.5\sim0.8$；
　　　Q_c——仓储机械设备能力，即设备能完成的物流量；
　　　Q_t——仓储过程总物流量。

通常情况下：

当$K>0.7$时，表明机械化作业程度高；

当$K=0.5\sim0.7$时，表明机械化作业程度中等；

当 $K < 0.5$ 时,表明机械化作业程度低。

机械设备数量配置,可用下式计算:

$$Z = \sum_{i=1}^{m} Z_i$$

式中　Z——仓库内机械设备总台数;

　　　m——机械设备类型数;

　　　Z_i——第 i 类机械设备台数。

其中,Z_i 可用下式表示:

$$Z_i = \frac{Q_{ci}}{(Q_c \beta \eta \delta)_i}$$

式中　Q_{ci}——第 i 类机械计划完成的物流量;

　　　Q_c——设备的额定起(载)重量;

　　　β——起重系数,即平均一次吊装或搬运的重量与 Q_c 的比值;

　　　δ——时间利用系数,即设备年平均工作小时与理论额定时间的比值,应根据作业场所的性质、物品种类及机械设备类型进行实测确定;

　　　η——单位工作小时平均吊装或搬运次数,由运行距离、运行速度及所需辅助时间确定;

　　　$\beta\eta\delta$——年日历工作小时,一般取 7 小时乘以工作日数,是机械设备能力的评价参数。

$$Q_t = \sum_{i=1}^{n} (H_i * a_i)$$

式中　n——作业场所的数目;

　　　H_i——第 i 个场所的年吞吐量;

　　　a_i——第 i 个场所的倒搬系数,根据物资的重复搬运次数确定。无二次搬运时,$a_i=1$。

机械设备计划完成的总物流量,可由总物流量 Q_t 乘以设备配置系数 K 求得,即:

$$Q_c = KQ_t$$

计算某类机械设备数量时,Q_{ci} 可由 Q_c 分配决定。

案例分析

咸阳市粮食局仓储机械设备管理办法

第一条　总则

(一)为了切实把国有粮库的仓储机械管好、用好、保养、维修好,充分发挥使用效率,防止各种责任事故,不断提高科学管理水平和经济效益,特制定本办法。

(二)本办法适用于粮库所有粮油仓储作业的机械。

(三)粮库使用机械作业,是改善经营管理、建设现代化粮库的一个重要方面,必须坚持从实际出发,讲求实效,积极稳步地发展。

第二条　粮仓机械的管理

(四)粮仓机械指用于粮油仓储作业的机械、设备和工具,主要包括:

1. 粮油装卸、输送机械;

2. 库内搬运粮油专用机动车辆；
3. 粮食干燥成套设备；
4. 粮食清理设备；
5. 粮食称重设备；
6. 粮食保管、防治专用器械；
7. 粮油装具的维修、整理机具；
8. 粮油仓储服务业中使用的其他机械。

（五）各粮库要有负责同志主管粮仓机械管理工作；并根据实际情况，相应配备专职的管理、技术人员，负责本单位粮仓机械的管理和技术工作。

（六）配有三十台以上粮仓机械的粮库，要配备专职的管理、技术人员，负责本库粮仓机械的管理与维修工作。

配有三十台以下粮仓机械的粮库，应根据实际情况，配备相应的专职或兼职的机械管理、技术人员，负责机械的管理与维修工作。

（七）粮库应根据承担的任务，库区、仓房条件和储存粮油的摆布，以及其他必须考虑的因素，在加强核算、讲求实效的原则下，研究制定机械、设备的合理配备定额。

（八）使用粮库的机械作业，比人力肩扛降低了劳动强度，提高了劳动效率。粮库应根据按劳付酬的原则，区别于人力肩扛，合理付给报酬。

（九）粮仓机械的购置、报废、外借权限。

基层粮库购置粮仓机械，应编制购置计划，报上级粮食主管部门审批后方可购置。购置的机械，原则上应是定型产品，并及时进行验收。如果不符合合同规定的要求或缺少零部件，应按合同向厂方提出索赔或调换。如系多种机械组合使用，应按机械额定的工作量，配套选购。

粮仓机械主要用于仓库储运作业。非经上级粮食主管部门批准，任何人、任何单位不得任意拆卸、外借、出售或转移。长期闲置或多余的机械，要及时报上级粮食主管部门统一调度使用。

对于无法修复使用的机械，应按财务制度的规定及时办理报废。报废残值应及时办理入账手续。

（十）粮仓机械都要逐台编号、分别立卡。卡片内容应包括机械来源、投产时间、运转、检修、保养、动力配备等情况；管理、操作人员的姓名，以及其他需要记载留查的有关事项。

（十一）为掌握、分析粮仓机械发展变化情况，各粮库都要建立统计报表制度。根据"粮仓机械设备年报表"按时统计上报。

第三条 粮仓机械的安全操作

（十二）粮库应根据不同机械、设备的结构、性能、工艺流程等，分别制定具体的安全操作规程。操作规程中，应明确规定操作前的准备工作、机械必须检查的重点部位、机械操作运转中要注意的问题与部位。作业结束后，应随时做好善后的有关事项，还应规定多台机械组合操作的程序、违章操作和造成损失的责任等。

（十三）粮仓机械配备的电气设备，必须由经过训练的机电人员安装、检修，非操作人员不准随意动用电气设备。机械操作人员或电工都要严格按照电气安全操作规程进行操作。

电线、熔丝、开关闸盒等，要定期检查，发现问题，一定要及时处理，严禁违章操作。机械移动时或停止作业后，一定要切断电源。

（十四）凡新购置或新安装的机械设备，都要按照机械结构、性能或说明书主要项目内容，及时进行调试合格；凡修复后的机械设备，也要经过调试正常，才能作为生产性使用。任何机械、设备都不得带病运转。

（十五）移动型机械，必须放置平稳；机身上不准坐人或走人，不准用作梯子或跳板。运转作业时，不准横跨和在机身下走动、停留。有升降结构的机械移动时，必须将机身降到最低高度，并严密注意，防止机身与空中高压电线接触，以免造成触电事故。专用机动车辆，不准非操作人员驾驶，没有安全措施的不准乘人。架空或地下固定输送线及固定机械、设备，都要安装合理，平稳坚固，防止松动造成事故。

（十六）外部门搬运装卸工人、粮库雇用的临时工，在库内使用机械作业，粮库应指定熟悉机械性能的人员，负责讲清机械性能和操作中的注意事项并指导示范，使其真正懂得机械性能和操作方法，以及排除故障的紧急措施等，才允许使用机械，并应严格要求他们按操作规程作业，防止发生事故。

（十七）粮仓机械应尽量配备防尘、吸尘装置，控制作业中的粉尘飞扬，以利于职工身体健康，特别是在立筒库、工作间等粉尘浓度高的地方，要绝对禁止明火，以及各种因素产生的火花，以防粉尘爆炸，造成严重事故。

第四条　粮仓机械的保养、维修

（十八）粮仓机械必须按下列规定保养维修，经常保持完好状态。

1. 例行保养：即操作人员在接班前和作业结束后，或在操作间歇时间内，对使用的机械进行清洁、检查润滑等的保养作业。

2. 一级保养：即在机械、设备计划停机时，进行润滑、调整、坚固制动等的保养作业。

3. 二级保养：即在机械设备计划停机时，除进行一级保养作业外，还应对机械的主要部分进行拆检，校正部件，防止发生故障。

4. 大修理：即对机械全部拆检。包括电气设备的检修、对磨损件进行更新。大修理后的机械，基本上应接近或达到新机械的性能要求。大修理一般每两年进行一次。机械较多的单位，应当有计划地分年、分批进行大修理。

（十九）所有机械、设备，要定期涂刷油漆，防止受潮生锈。要利用空闲仓棚或修建的简易仓棚存放，或采取其他办法苦盖，防止日晒雨淋。

第五条　粮仓机械工作人员的职责和培训

（二十）粮仓机械工作人员的职责如下。

管理人员：掌握粮仓机械的管理、使用、维修和安全操作等情况，制定科学管理的具体措施及机械发展规划和实施方案；了解粮仓机械资金分配及经济效益情况；研究制定机械配备定额；组织开展技术革新和技术革命，总结经验教训，推广先进技术成果；管理粮仓机械的档案卡片，按时填报统计报表，研究解决机械工作中存在的问题。

操作人员：了解和掌握机械的性能；严格按照操作规程进行操作，确保机械安全运转；爱护机械并进行例行保养；特别对机械零部件是否完整、机械运转中有无异常杂音、动力的温升是否正常、多台机械组合作业是否合理等，都要严加注意，发现问题后妥善处理。

维修人员：深入现场，了解和掌握机械使用情况，按机械的结构性能精心维修；管理好和维护好维修设备和工具，以及机械零部件和备件等。

管理、操作、维修人员，都要努力钻研技术，分别做到四懂三会，懂得机械结构原理，懂得工艺流程，懂得电气安装，懂得有关技术要求，会操作，会维修保养，会排除故障。要积极进行技术革新和技术革命，不断提高管理水平和技术水平。

（二十一）粮仓机械工作人员，对机械的管理、使用、维修保养、存放等有显著成绩的，要给予表扬奖励；因工作失职，造成人身伤亡或严重经济损失的，要查明原因，追究责任，分情况，严肃处理，并按规定登记、上报。

（二十二）各粮库对粮仓机械的管理、操作，有计划地分别组织培训，并实行定期考核，根据国家规定和本人技术水平，确定技术职称。

资料来源：http://www.xianyangliangshi.gov.cn/view.asp?tp2id=17&id=851

咸阳市粮食局仓储机械设备管理办法的启示：

在制定仓储机械设备管理办法时必须包含以下内容。

1. 明确制定仓储机械设备管理办法的目的。
2. 确定仓储机械设备的类型、设备管理人员，以及购置、报废、外借权限，并对设备逐台编号、分别立卡。
3. 仓储设备的安全操作规范。
4. 仓储设备的保养、维修。

重要概念

货架　　托盘　　叉车　　自动化分拣设备　　自动导引搬运车　　堆垛机　　搬运机器人

本章小结

☑ 货架、托盘、叉车、自动化分拣设备是仓库常用的设备，掌握这些设备的类型、特点及适用范围。

☑ 仓储设备的选型必须依循的原则：仓储机械设备的型号应与仓库的作业量、出入库作业频率相适应；计量和搬运作业同时完成；选用自动化程度高的设备；注意仓储机械设备的经济性。仓储设备的选型主要参考两个指标：一个是物资搬运的距离，另一个是物流量的大小。掌握仓储设备数量的计算方法。

复习思考题

一、填空题

1. 货架是指由（　　　　）、（　　　　）或（　　　　）组成的立体储存物资的设施。
2. 选择货架主要受物资（　　　）、（　　　）、（　　　）、（　　　）四个因素的影响。
3. 箱式托盘分为（　　　）、（　　　）、（　　　）三种类型。

4. 特种专用托盘主要有（　　　）、（　　　）、（　　　）、（　　　）等几种类型。
5. 叉车按插入方式可划分为（　　　）、（　　　）、（　　　）三种。
6. 叉车根据动力可以分为（　　　）、（　　　）、（　　　）三种类型。
7. 自动分拣设备主要由（　　　）、（　　　）、（　　　）、（　　　）四部分组成。
8. AGV即无人驾驶的自动搬运车，是一种能（　　　）、（　　　）、（　　　）的搬运车辆。

二、选择题

1. 能保证存放的物资先进先出的货架是（　　　）。
    A. 重力式货架　　　　　　B. 阁楼式货架
    C. 层架式货架　　　　　　D. 悬臂式货架
2. 适合长条形物资存放的货架是（　　　）。
    A. 悬臂式货架　　　　　　B. 阁楼式货架
    C. 重力式货架　　　　　　D. 层架式货架
3. 便于物资移动的托盘是（　　　）。
    A. 平板托盘　　　　　　　B. 柱式托盘
    C. 箱式托盘　　　　　　　D. 轮式托盘
4. 托盘的载重量一般为（　　　）。
    A. 0～500 千克　　　　　　B. 500～2 000 千克
    C. 2 000～3 500 千克　　　D. 3 500～5 000 千克
5. 适合长条形物资搬运的叉车是（　　　）。
    A. 平衡式叉车　　　　　　B. 插腿式叉车
    C. 侧面叉车　　　　　　　D. 前移式叉车
6. 不受仓库布局影响的分选机是（　　　）。
    A. 直落式分选机　　　　　B. 悬吊式分选机
    C. 滑块式分选机　　　　　D. 推出式分选机
7. 用声控方式进行分拣信号的输入，输入速度可达（　　　）。
    A. 1 000～1 500 件/小时　　B. 1 500～3 000 件/小时
    C. 3 000～4 000 件/小时　　D. 4 000～5 000 件/小时
8. 当搬运的物资数量比较多且距离比较长时，应选择（　　　）。
    A. 简单的搬运设备　　　　B. 简单的运输设备
    C. 复杂的搬运设备　　　　D. 复杂的运输设备

三、判断题

1. 货架便于实行"定位储存"和计算机管理。（　　　）
2. 阁楼式货架存取作业效率比较高。（　　　）
3. 箱式托盘的装载量比较大，对物资的保护比较强。（　　　）
4. 我国优先推荐使用的托盘规格为 1 100mm×1 100mm。（　　　）
5. 前移式叉车门架（或货叉）可以前后移动，主要以蓄电池为动力，不会污染环境，

一般在室内作业。（　　　）

6．采用人工键盘或语音识别方式输入分拣信号，误差率一般在3%以上。（　　　）

7．横向分选机适合太薄、容易转动、易碎物资的分选。（　　　）

8．计量设备分为衡器设备和量具设备两种，衡器设备主要用来测量物资的尺寸，而量具设备一般称量物资的重量。（　　　）

四、简答题

1．货架的优缺点分别有哪些？
2．使用托盘应注意哪些事项？
3．叉车具有哪些特点？
4．自动分拣设备由哪几部分组成？
5．仓储设备选型应遵循哪些原则？

五、案例分析

▶ 案例1

托盘标准化

因为托盘，中、日、韩三国物流界人士坐在了一起。这源于一场主题为"关于托盘标准化和托盘公用系统建设"的研讨会。这场在京召开，由中国物流与采购联合会、《物流技术与应用》杂志共同举办的研讨会，虽然仅为40人的规模，却开得颇为高调——研讨会的全称是"第二届中、日、韩商务论坛：物流分论坛"，并且云集了来自中国物流与采购联合会、日本物流系统协会、韩国物流产学研协会的三国专家。高调之余，会议颇有斩获。在持续了两个多小时的研讨会上，三国专家在托盘身上看到了希望。

一切都源于国内物流标准化的缺失。由于缺乏相关的标准和规则，物流业发展正遭遇瓶颈之痛。目前，国内企业在建立物流系统的过程中，普遍存在着流通信息不畅、流通环节多、流通费用高、整体物流效益偏低的问题。统计显示，我国目前每万元GDP产生的运输量为4 972t·km，而美国和日本的这一指标仅分别为870t·km和700t·km。物流企业的"非标准化状态"也让国民经济付出了高昂的代价。以2000年为例，我国的物流费用支出高达17 880.8亿元，约占GDP的20%，如果物流费用所占比例降低一个百分点，就可节约近900亿元。严峻的数字下，物流标准化的确立势在必行，而在这个从无到有的确立过程中，起始的一步艰难并关键。

物流标准化的体系主要包括四部分，分别为基础性标准、现场作业标准、信息化标准和物流服务规范。其中，基础性标准包括托盘、条码、集装箱等。物流专家们从托盘身上看到了希望。在他们的眼中，欲使物流标准化，不妨先使托盘标准化。

资料来源：http://wenku.baidu.com/view/0f3dec533c1ec5da50e27038.html

案例1思考题：

1．简述托盘的特点。
2．结合案例谈谈实现托盘标准化的意义。

案例 2

叉车事故原因分析

事故经过：2004年12月7日，选煤厂跳汰机改造工程正如期进行。按照工作程序要求，跳汰机新旧机体的搬运任务由叉车（8吨）司机潘某带领机修工李某负责用叉车完成。上午11点05分左右，按预定安排，叉车司机潘某在李某配合下，将一件跳汰机新机体（重5.7吨）运送至行车吊装口下方，以便新机安装。当叉车运行至离吊装口2米的一段斜坡路段时，由于重心不稳，机体歪斜倒向一侧，机修工李某躲闪不及，被歪倒的工件挤断右臂，叉车车窗受损，前叉弯曲。

事故原因如下。

（1）直接原因：潘某与李某用叉车运输超大物件时，图省事，没有将工件可靠固定，导致工件歪斜伤人，是造成此次事故的直接原因。

（2）主要原因：①潘某、李某在叉车运行至离吊装口2米的一段斜坡路段时，没有对工件稳定性进行检查，不能及时发现安全隐患。②李某在监护作业时，没有采取其他防歪倒措施，并未观察好退路，造成站位不当，工件歪倒时躲闪不及受伤。③施工负责人魏某安排工作时，没有布置相应的安全防范措施，可预见性安全隐患没有做到位，且没有在现场统一协调指挥，安全管理有漏洞。

（3）间接原因：①职工潘某、李某自保、互保、联保意识差，潘某没有及时发现安全隐患并提醒李某注意安全并及时制止其危险行为。②选煤厂对职工安全管理、安全教育、技术管理培训力度不够，职工安全意识薄弱，自保、互保、联保意识差，工作麻痹大意。

资料来源：http://china.findlaw.cn/jiaotongshigu/jtsgal/jtsgal/45358.html

案例2思考题：

选煤厂应采取哪些防范措施杜绝叉车安全事故的发生？

第四章 仓储组织及仓储作业管理

学习目标

① 理解仓储组织的概念、分类；仓储作业管理的概念、内容；堆码和苫盖的概念；分拣和补货的概念；出库作业的概念；储位编码的概念。

② 掌握入库作业的过程；保管作业的流程；分拣和补货的方式；出库作业流程；储位编码与物资编号的方法。

③ 运用堆码、衬垫的公式设计合理的堆码和衬垫方法；应用储位和物资编号的方法对储位进行编码并对物资进行编号。

引导案例

外贸仓储管理工作的基本环节

仓储管理工作的基本环节就是物资的入库验收、在库管理、出库复核。

1. 入库验收

物资入库必须有存货单位的正式入库凭证（入库单或通知书），没有凭证的物资不能入库。存货单位应提前将凭证送交仓库，以便安排货位和做必要的准备工作。

物资交接就是根据入库凭证验收物资的品名、规格、数量、包装、质量等。《外贸仓储管理制度》规定：商品的内在质量和包装内的数量验收，由存货单位负责，仓库要给予积极协助。如果仓库有条件进行质量验收，经存货单位正式委托后，要认真、负责地搞好质量验收，并做验收记录。在物资验收过程中，如果发现品种、规格不符，件数或重量溢短，包装破损、潮霉、污染或其他问题，应按《外贸仓储管理制度》规定，详细做书面记录，由仓库收货人员和承运单位有关人员共同签字，并及时报告主管领导和存货单位，以便研究处理。

2. 在库管理

物资验收入库以后，仓库就要对库存的物资承担保管养护的责任。如果短少丢失，或者在合理储存期内由于保管不善，物资霉烂变质，仓库应负责赔偿。

在库管理，要做好以下几项工作。

（1）必须记账登卡，做到账、货、卡相符。

（2）合理安排货位，物资分类存放。

（3）物资堆码要科学、标准，符合安全第一、进出方便、节约仓容的原则。

关于物资在库保管期间的责任问题，《仓储保管合同实施细则》有两条具体规定。第一，保管方履行了合同规定的保管要求，由于不可抗力的原因，自然因素或货物（含包装）本身的性质所发生的损失，由存货方负责。第二，物资在储存、保管和运输过程中的损耗、磅差标准，有国家或专业标准的，按国家或专业标准规定执行。无国家或专业标准规定的，按合同规定执行。物资发生盘盈盘亏均由保管方负责。

3. 出库复核

物资出库是仓储工作的最后环节，把好物资出库关，就可以杜绝差错事故的发生。

（1）要根据存货单位的备货通知，及时、认真地搞好备货工作，如发现问题，要立即与存货单位联系，双方取得一致意见以后才能出库，如果发现包装破损，要及时修补或更换。

（2）认真做好出库凭证和物资复核工作。做到手续完备，交接清楚，不错发、错运。

（3）要分清仓库和承运单位的责任，办清交接手续，仓库要开出库物资清单或出门证，写明承运单位的名称，物资名称、数量、运输工具和编号，并会同承运人或司机签字。

（4）物资出库以后，保管人员要在当日根据正式的出库凭证销卡、销账，清点货垛结余数，与账、卡核对，做到账、货、卡相符，并将有关的凭证、单据交账务人员登账复核。

物资出库，必须先进先出、易坏先出，否则由此造成的实际损失要由保管方负责。另外，根据《外贸仓储管理制度》的规定，严禁口头提货、电话提货、白条提货。如果遇到紧急装车、装船情况，在出库时，必须经仓库领导批准才能发货，但要在第二天补办正式手续。

资料来源：http://www.chinafm.org/Opinion/View_9_23822.html

思考题

1. 试介绍物资入库要注意的问题。
2. 物资在库管理要做好哪几项工作？

知识点一　仓储组织

仓储组织就是按照预定的目标，将仓储作业人员与存储手段有效地结合起来，完成仓储作业过程各环节的职责，为物资流通提供良好的存储劳务。

仓储组织建立的目标是按照仓储活动的客观要求和仓储管理的需要，把与仓储有关的部门、环节、人和物尽可能地合理组织搭配起来，使他们的工作协调、有效地进行，加速物资在仓库中的周转，合理地使用人力、物力，获取最大的经济效益。

仓储组织结构的种类比较多，按不同的划分标准有不同的划分方法。

一、按层级划分

按层级划分，仓储组织结构可划分为直线型、直线职能型、矩阵型三种。

1. 直线型组织结构形式

直线型组织结构从上到下实行垂直领导，呈金字塔结构，下属部门只接受一个上级的指令，各级主管负责人对所属单位的一切问题负责，如图 4-1 所示。该结构一般适用于小型仓储企业，其仓库规模小，人员不多，业务较简单。

优点：从上到下垂直领导，不设置行政职能部门，组织精简，指令传达迅速，责任权限明确，仓储主管的管理意图能够得到充分执行。

缺点：管理中的各种决策易受管理者自身能力的限制，对管理者要求全面。

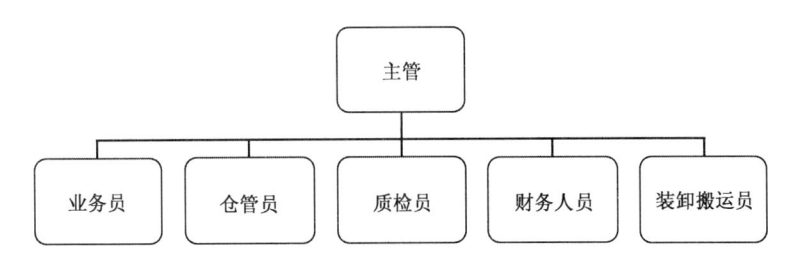

图 4-1　直线型组织结构

2. 直线职能型组织结构形式

直线职能型组织结构是在直线型的基础上加上职能部门，各职能部门分管不同的专业，如图 4-2 所示。

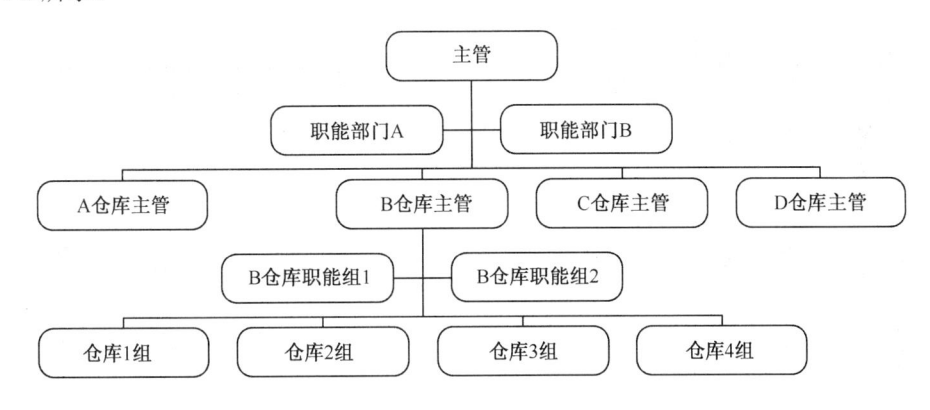

图 4-2　直线职能型组织结构

优点：克服了直线型管理模式中管理者精力和工作时间有限的缺点，既保持了直线型结构集中统一指挥的优点，又吸收了职能型结构分工细密、注重专业化管理的长处，从而有助于提高仓储管理工作的效率。

缺点：属于典型的"集权式"结构，权力集中于最高管理层，下级缺乏必要的自主权；各职能部门之间的横向联系较差，容易产生脱节和矛盾；建立在高度的"职权分裂"基础上，各职能部门与直线部门之间如果目标不统一，则容易产生矛盾，特别是对于需要多部门合作的事项，往往难以确定责任的归属；信息传递路线较长，反馈较慢，难以适应外部环境的迅速变化。

3. 矩阵型组织结构形式

矩阵型组织结构是在一个机构的机能式组织形态下，为某种特别任务，另外成立项目小组，此项目小组与原组织配合，在形态上有行列交叉的形式，如图 4-3 所示。

优点：将仓储的横向与纵向关系相结合，有利于协作作业；针对特定的任务进行人员配置，有利于发挥个体优势，集众家之长，提高项目完成的质量，提高劳动生产率；各部门人员的不定期组合有利于信息交流，增加互相学习的机会，提高专业管理水平；既具有专业化的优势，又能够灵活应对市场的变化，并且管理责任分明。

缺点：项目负责人的责任大于权力，因为参加项目的人员来自不同部门，隶属关系仍在原单位，只是为"会战"而来，所以项目负责人对他们管理困难，没有足够的激励手段与惩治手段，这种人员上的双重管理是矩阵型组织结构的先天缺陷；由于项目组成人员来自各个职能部门，当任务完成以后，仍要回原单位，因而容易产生临时观念，对工作有一定影响。

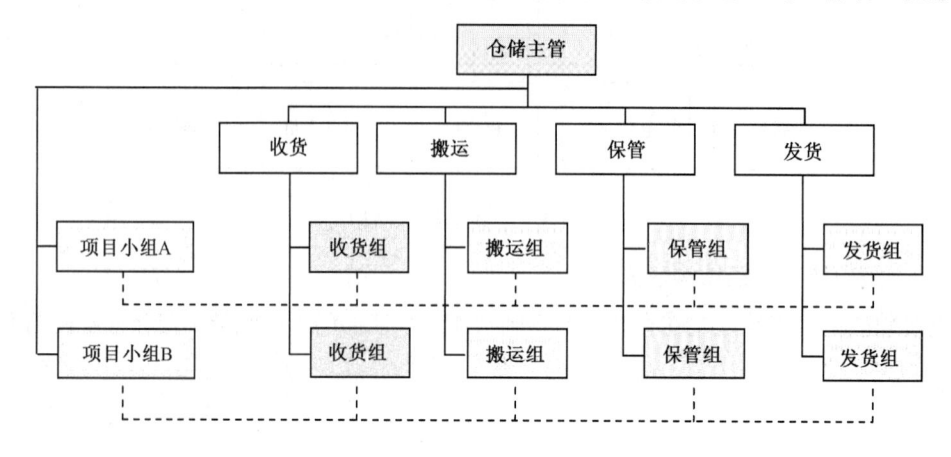

图 4-3 矩阵型组织结构

二、按作业性质划分

按作业性质分工，是指在仓库组织中，根据管理的职能，分为计划、收货、检验、盘点、拣货、发货等部门，如图 4-4 所示。这种结构要求各业务环节的人员熟悉仓储作业过程，并具备各种物资的基本知识。

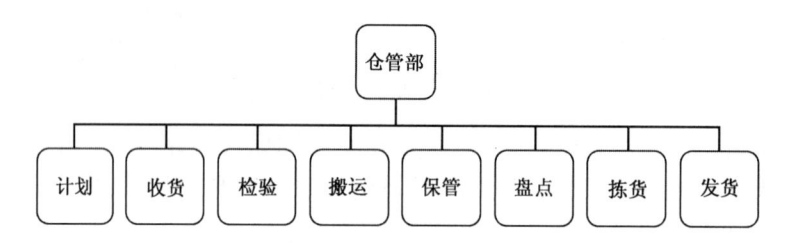

图 4-4 按作业性质划分的仓库组织机构

优点：机构较简单；职责权限明确；指挥管理统一；中转环节少，调度灵活。

缺点：同类物资的计划、采购、保管等业务活动分割，容易产生脱节；在仓库管理者日常工作量大的情况下，往往不容易过细处理、亲自决策和协调各业务间的矛盾。

三、按物资类别划分

不同的物资有其独特的物理、化学性质，对储存环境也有不同的要求。因此，仓库组织可根据物资的类别进行分类，如工具用品仓、电子用品仓、劳保用品仓、包装材料仓等，如图 4-5 所示。

优点：有利于掌握同类物资的全面情况，加强专业分工的责任制。

缺点：业务工作头绪多，削弱了不同类别物资的同性质业务之间的内在联系，不利于集中管理协调。

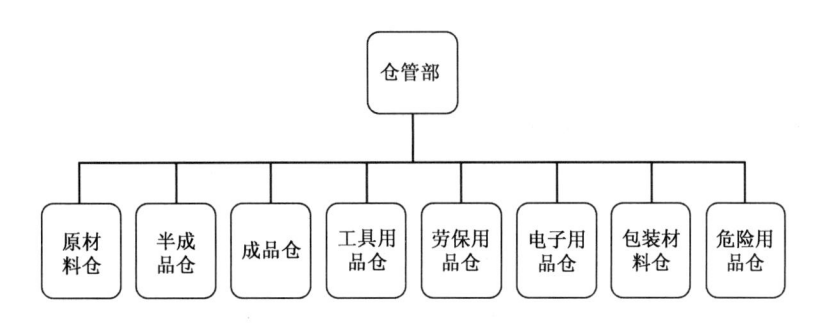

图 4-5　按物资类别划分的仓库组织机构

四、事业部制组织结构形式

在总公司的领导下，以某项职能（或某项目）为事业部，实行统一管理、分散经营的管理方法，如图 4-6 所示。

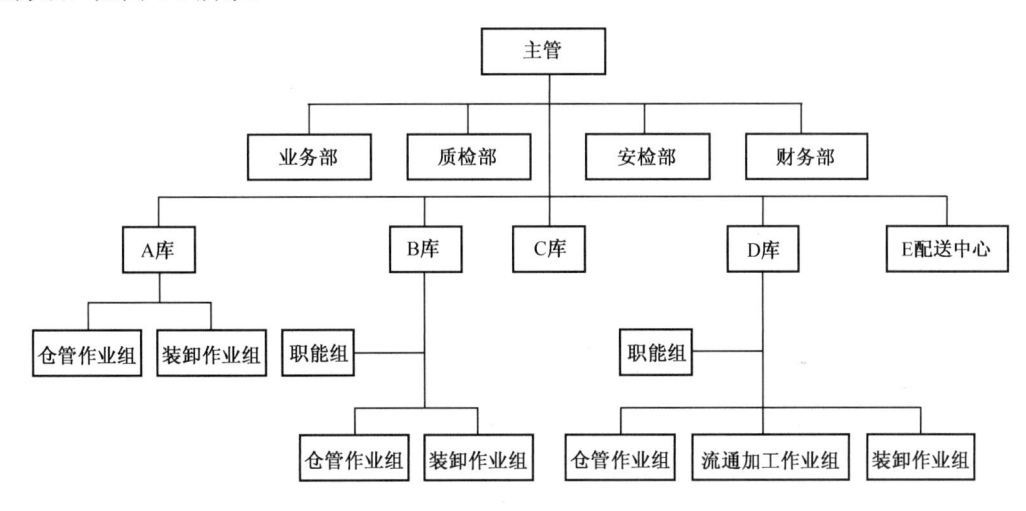

图 4-6　事业部组织结构

优点：管理决策程序完善，运行效率高，各事业部内部管理权力相对集中，有独立经营能力。

缺点：管理层次多，机构重叠，管理人员和管理费用高，而且由于各事业部独立经营，人员互换困难，相互支援差。

> **小资料**
>
> **某超市仓储组织结构图**
>
> 实际上，不同类型的仓储企业或不同企业的仓储部门的组织结构是不同的，管理人员必须根据本企业的实际情况来设置仓储部门的组织结构，图 4-7 为某超市仓储组织结构。

图 4-7　某超市仓储组织结构

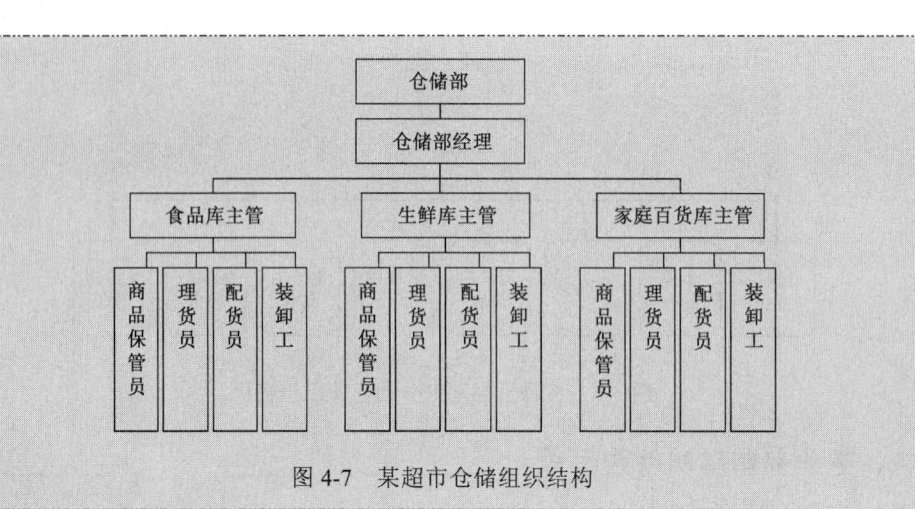

小资料

仓储作业管理

仓储作业是仓储管理的核心内容，仓储作业主要围绕物资的入库、在库保管保养、出库三个主要阶段展开，每个阶段的作业水平都会影响仓储的运作绩效。如何使物资顺利入库，经过完善的保管保养，然后顺利出库是仓储作业的主要内容。因此，仓储作业管理是指对仓库的入库作业、保管作业、出库作业等仓储作业活动进行的规范和有效的管理。

1. 仓储作业流程

仓储作业流程是指物资在仓库储存过程中必须经过的、按一定顺序相互连接的作业环节。

按作业顺序，有接货、检验、整理入库、堆码苫垫、保管保养、接单拣货、复核包装、装车发运等环节。此外，流通加工、补货作业和返品管理也是仓储作业的重要组成部分。

仓储作业的各个环节之间并不是孤立的，它们既相互联系，又相互制约。前一作业完成的效果直接影响后一环节作业的进行，而且仓储作业过程需要耗费大量的人力和物力，因此必须对作业流程进行深入、细致的分析，以及合理、有效的组织和管理。图 4-8 为某流通型仓库的作业管理。

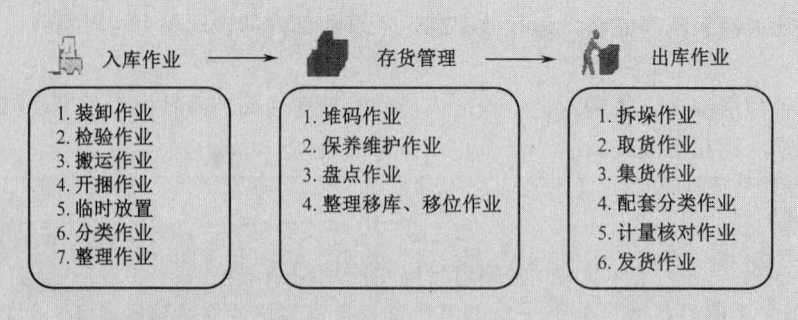

图 4-8　流通型仓库的作业管理

2. 仓储作业过程管理

仓储作业过程管理的要求如下。

1) 仓储作业过程的合理组织。按照物资储存的客观要求和管理上的需要，把和物资仓储直接相关的部门、环节、人和物尽可能地组织搭配起来，从而达到仓储作业系统的最优化目标：快进、快出、多储存、保管好、费用省。

2）仓储作业过程的连续性。储存物资在仓储作业过程中的流动，即仓储作业各环节是紧密衔接的、连续的。在组织仓储作业的过程时，要求储存物资在各个环节或工序间流动时，在时间上尽可能衔接起来，不发生或少发生不必要的停顿或等待。

3）仓储作业过程的协调性。仓储作业的各阶段、各环节、各工序之间的生产能力应保持适当的比例关系，并根据物资仓储作业要求配备各作业环节的工人人数和机器设备的数量，相互协调、相互适应，防止上下工序或仓库作业环节间发生脱节或比例失调现象。

4）仓储作业的空间组织。仓储作业活动是在一定的空间内，通过许多相互联系的作业流程来实现的，即确定各作业单位人员组成、各作业单位的作业形式，以及各作业单位合理布局等问题。基本要求是保证储存物资在空间上的搬运距离最短、作业环节最少。

5）仓储作业的时间组织。通过各个环节作业时间的合理安排和衔接，保证作业的连续进行。其影响因素主要有供货合同的规定、仓储作业各环节组织得是否合理、各项作业的结合方式。

知识点二　入库管理

入库管理是仓储作业管理的第一个环节，包括入库前准备、接运、入库验收、入库等流程，如图 4-9 所示。

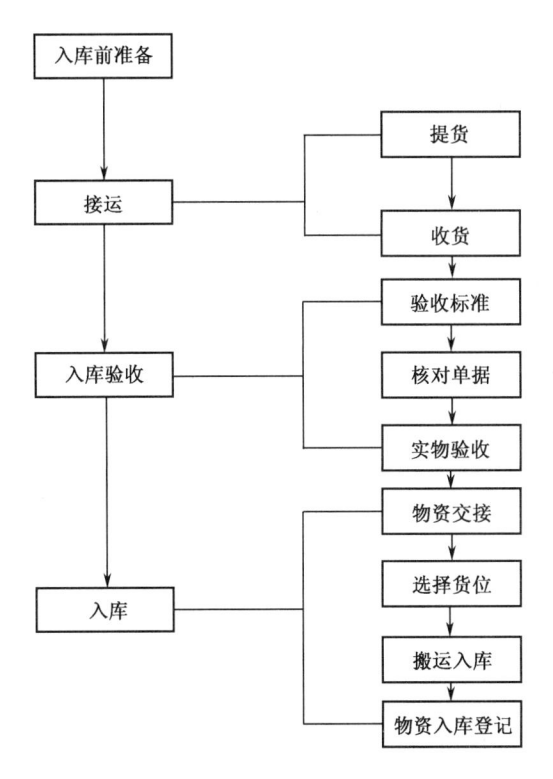

图 4-9　入库管理

一、入库前准备

仓库应根据仓储合同或入库单、入库计划,及时地进行库场准备,以便物资能按时入库,保证入库过程顺利。入库前应做好以下工作。

1. 熟悉入库物资

仓库管理人员应认真核对入库物资的资料,必要时向存货人询问,掌握入库物资的规格、数量、包装状态、单件体积、到库确切时间、物资存期、物资的理化特性及保管的要求等,据此精确和妥善地进行库场安排、准备。

2. 掌握仓库库场情况

熟悉在物资入库期间、保管期间,仓库的库容、设备、人员的变动情况,以便对工作进行具体安排。必要时对仓库进行清查、清理、归位,以便腾出仓容。对于必须使用重型设备操作的物资,一定要事先准备好货位。

3. 制订仓储计划

仓库业务部门根据物资情况、仓库情况、设备情况制订仓储计划,并将任务下达到各相应的作业单位、管理部门。

4. 仓库妥善安排货位

根据入库物资的数量、性能、类别,结合仓库分区分类保管的具体要求,核算货位大小,妥善安排货位、验收场地,确定堆垛方法、苫垫方案等。

5. 合理组织人力

根据物资入库的数量和时间,合理安排入库物资验收人员、搬运堆码人员以及物资入库工作流程,确定各环节作业所需的人员和设备。

6. 做好货位准备

仓库理货人员要及时进行货位准备,对货位进行清洁,清除残留物,清理排水管道(沟),必要时安排消毒铺地、除虫。详细检查照明、通风等设备,发现损坏应及时进行修理。

7. 准备苫垫材料、作业用具

在物资入库前,根据所确定的苫垫方案,准备相应的材料,并组织衬垫铺设作业。将作业所需的用具准备妥当,以便能及时使用。

8. 验收准备

仓库理货人员根据物资情况和仓库管理制度,确定验收方法。准备验收所需的点数、调试、称量、开箱装箱、丈量、移动照明等用具和工具。

9. 装卸搬运工艺设定

根据物资、货位、人员、设备条件等情况,合理、科学地制定卸车搬运工艺,确定工作的顺序。

10. 文件单证准备

仓库理货人员将物资入库所需的各种票据凭证、单证、记录簿(如入库记录、理货检验单、料卡、残损单等)预填备妥,以备查用。

由于物资不同、仓库不同、业务性质不同,入库准备工作也有很大差别,需要根据具体情况和仓库制度做好充分准备。

二、库内接货的注意事项

物资一般有车站、码头提货,以及专用线到货接车、仓库自行接货和库内接货四种方式,但最常见的还是由送货人把物资送到仓库,由仓库管理员在库内接货。存货单位或供货单位将物资直接运送到仓库储存时,应由仓管人员直接与送货人员办理交接手续,当面验收并做好记录。若有差错,应填写记录,由进货人员签字证明,据此向有关部门提出索赔。库内接货要注意下面几点。

1) 接货人(送货人)根据现场质量问题情况与运输单位落实现场情况通知本部门领导、发货方。达成书面文书,文书内容包括多少件破损、污损、开箱、异物、异味(是哪种气体)并签字,注意签字的名称一定为"×××运输单位,××"并加盖公章(可以保留图片资料)。

2) 物资接收方要注意名称、件数、封口胶带(印有厂家名称)、批次等信息,并特别注意检查物资的底部是否有二次封口,胶带是否是原厂印字胶带,若不是,则作为重点检查对象。

3) 入库时仓管员必须核实到库物资的名称、生产日期、批号、有效期、件数、开箱抽检,对外包装破损、开箱、污损的物资一律做退货处理,不得入库。

4) 现在各厂家物资都有打包带,各市场可根据打包带缺失和打包痕迹确定重点观察对象。

三、物资入库验收

所有到库物资必须在入库前进行验收,只有检验合格后方能正式入库。物资的验收工作,实际上包括"品质的检验"和"数量的点收"双重任务。验收工作有两种不同的情形:第一种情形是先行点收数量,后通知负责检验的单位办理检验工作;第二种情形是先由检验部门检验品质,认为完全合格后,再通知仓储部门,办理接收手续,填写收货单。

1. 物资验收的作用

物资验收的作用主要表现在以下三方面。

1) 分清责任,为理赔提供依据。
2) 为物资保管养护提供依据。
3) 验收有利于维护货主利益。

2. 物资验收的标准

物资达到仓库的各项预定验收标准后才准许入库,在验收物资时,基本可根据下列几项标准进行检验。

1) 采购合同或订货单所规定的条件。
2) 以谈判时对方提供的合格样品为标准。
3) 国家相关产品的品质标准。

3. 核对单据

核对与物资相关的合同、材质证明、装箱单等单据,如果单据和实物不符,仓库管理员有权拒收,核对单据主要包括下列三项内容。

1) 供应商提供的入库通知单和订货合同副本,这是仓库接收物资的凭证。
2) 供货单位提供的材质证明、装箱单、发货明细表等。
3) 物资承运单位提供的运单,若物资在入库前发现残损情况,还要有承运部门提供的货运记录单,作为向责任方交涉的依据。

4．实物验收

所谓实物验收,就是根据入库单和技术资料对实物进行数量和质量的验收,主要包括包装检验、数量检验、质量检验、物资检验的程度这几方面的内容。

（1）包装检验

对物资的外包装进行检验,也称为运输包装、工业包装的检验,一般检查包装是否有撬开、开缝、挖洞、污染、破损、水渍和粘湿等情况。几种包装物的安全含水量如表4-1所示。

表4-1 几种包装物的安全含水量

包装材料	含水量	说 明
木箱（外包装）	18%～20%	内装易霉、易锈物质
	18%～23%	内装一般物质
纸箱	12%～14%	五层瓦楞纸的外包装及纸板板衬
	10%～12%	三层瓦楞纸的包装及纸板板衬
胶合板箱	15%～16%	—
布包	9%～10%	—

（2）数量检验

数量检验是保证物资数量准确不可缺少的重要步骤,由仓库保管职能机构组织进行,按物资性质和包装情况,数量验收法分为计件法、检斤法、检尺求积法。

1）计件法。计件就是对按件数供货或以件数为计量单位的物资,在做数量验收时的清点件数。计件物资应全部清查件数（带有附件和成套的机电设备须清查主件、部件、零件和工具等）。固定包装的小件物资,如包装完好,打开包装对保管不利,国内物资可采用抽验法,按一定比例开箱点件验收,可抽验内包装5%～15%。其他只检查外包装,不拆包检查;贵重物资应酌情提高检验比例或全部检验；进口物资则按合同或国际惯例办理。

2）检斤法。检斤就是对按重量供货或以重量为计量单位的物资,做数量验收时的称重。物资的重量一般有毛重、皮重、净重之分。毛重是指包括包装重量在内的物资实重;皮重仅指物资外包装材料的重量（即运输包装的重量）,不包括内包装材料和衬垫物的重量;净重是指物资本身的重量,即毛重减去皮重。通常所说的物资重量多指物资的净重。

金属材料、某些化工产品多半用检斤法验收。按理论换算重量供应的物资,先要通过检尺,如金属材料中的板材、型材等,然后,按规定的换算方法换算成重量验收。对于进口物资,原则上应全部检斤,但如果订货合同规定按理论换算重量交货,则按合同规定办理。

3）检尺求积法。检尺求积是对以体积为计量单位的物资,如木材、竹材、沙石等,先检尺,后求体积所做的数量验收。

凡是经过数量检验的物资,都应该填写磅码单。在做数量验收之前,还应根据物资来源、包装好坏或有关部门规定,确定对到库物资是采取抽验还是全验方式。

（3）质量检验

质量检验包括外观检验、尺寸检验、机械物理性能检验和化学成分检验四种形式。仓库一般只做外观检验和尺寸精度检验,后两种检验如果有必要,则由仓库技术管理职能机构取样,委托专门的检验机构检验。

下面以外观检验为例说明。

外观检验是通过人的感觉器官检查物资外观质量的检查过程。主要检查物资的自然属性是否因物理反应及化学反应而造成负面的改变，是否受潮、沾污、腐蚀、霉烂等；检查物资包装的牢固程度；检查物资有无损伤，如撞击、变形、破碎等。对外观检验有严重缺陷的物资，要单独存放，防止混杂，等待处理。凡经过外观检验的物资，都应该填写"检验记录单"。

外观检验的基本要求是：凡是通过人的感觉器官检验就可确定物资质量的，由仓储业务部门自行组织检验，检验后做好物资的检验记录；对于一些特殊物资，则由专门的检验部门进行化验和技术测定。验收完毕后，应尽快签返验收入库凭证，不能无故积压单据。

物资验收完毕后，填写物资验收单，如表 4-2 所示。

表 4-2　物资验收单

公司名称：									年	月	日
订单号码		厂商			姓名：		住址：				
发票号码		装箱单号码			运输方式：		自	用	运	来	
物资编号	品名	规格	单位	数量	单价	金额	运费	总价	单价		

（4）物资检验的程度

物资检验按程度分主要有全验和抽验两种方式。在进行数量和外观验收时一般要求全验。在质量验收时，当批量小、规格复杂、包装不整齐或要求严格验收时，可以采用全验。全验需要大量的人力、物力和时间，但是可以保证验收的质量；当批量大、规格和包装整齐、供货或存货单位的信誉较高或验收条件有限时，通常采用抽验的方式。随着物资质量和储运管理水平的提高及数理统计方法的发展，为抽验方式提供了物质条件和理论依据。物资验收程度应该由供货方或存货方和保管方共同协商，并通过协议在合同中明确规定。

1）数量检验的范围。

不带包装（散装）物资的检斤率为 100%，不清点件数；有包装的毛检斤率为 100%，清点件数 100%。

定尺钢材检尺率为 10%～20%，非定尺为 100%。

贵重金属材料 100%过净重。

大批量、同一包装符合国家标准且有合格证的物资，抽查率为 10%～20%。

2）质量检验的范围。

①带包装的金属材料，抽查率为 5%～10%，无包装的全部查验。

②机电设备、仪器仪表、进口物资原则上 100%检查。

③供货稳定，信誉、质量较好的厂家采用抽查方式。

④易于发霉、变质、受潮、变色、污染、虫蛀、机械性损伤的物资，抽查率为 5%～10%。

凡是经过验收的物资，都应该填写相应的验收记录单，记录验收情况，以便明确责任。

5．验收问题的处理

物资验收中可能会发现诸如证件不齐、数量短缺、质量不符合要求等问题，应区别不同情况，及时处理。

1）待处理的物资。凡验收中发现问题等待处理的物资，应该单独存放，妥善保管，防止混杂、丢失、损坏。

2）数量短缺。数量短缺在规定磅差范围内的，可按原数入账，凡超过规定磅差范围的，应查对核实，做成验收记录交主管部门会同货主向供货单位办理交涉。凡实际数量多于原发数量的，可由主管部门向供货单位退回多发数量或补发货款。

3）质量不合格。凡质量不合格的物资，应及时向供货单位办理退货、换货交涉，或者在不影响使用的前提下降价处理。

4）证件问题。证件未到或不齐时，应及时向供货单位索取，到库物资应作为待检验物资堆放在待验区，待证件到齐后再进行验收；证件到齐之前，不能验收，不能入库，更不能发料。

5）发生损坏。凡属承运单位造成的物资数量短少或外包装严重残损等，应凭接运提货时索取的货运记录向承运单位索赔。

6）价格不符。凡价格不符，供方多收部分应该拒付，少收部分经过检查核实后，应主动联系，及时更正。

四、物资交接

物资经检验合格后，办理物资交接手续。

1．交接物资要求

1）物资已验收完毕，已查清数量、质量和规格。

2）包装完好，标志清晰、完整。

3）对外表有污渍或其他杂物的物资，应给予清扫，且不能损坏物资质量和包装。

4）当物资受潮、锈蚀甚至出现某种质量变化时，必须进行养护处理，确认无质量问题后恢复原状。

2．接收物资

仓库通过理货、查验物资，将不良物资剔出、退回或编制残损单证等明确责任，确定收到物资的确切数量、物资表面状态良好。

3．接收文件

接收送货人送交的物资资料、运输的货运记录、普通记录等，以及随货的在运输单证上注明的相应文件，如图纸、准运证等。

4．签署单证

仓库与送货人或承运人共同在送货人交来的送货单、交接清单上签字，各方签字后留存相应单证。到接货交接单如表4-3所示。

表4-3 到接货交接单

收货人	发站	发货人	品名	标记	单位	件数	重量	车号	运单号	货位	合同号
备注											

送货人：　　　　　　　　　　接收人：　　　　　　　　　　经办人：

五、选择货位

办理了物资交接之后，应为入库的物资选择货位，选择货位要遵循下列几个原则。

1. 确保物资安全原则

为确保物资质量安全，在选择货位时，应注意以下几方面的问题。

1）怕潮、易霉、易锈的物资，应选择干燥或密封的货位。
2）怕光、怕热、易溶的物资，应选择低温的货位。
3）怕冻的物资，应选择不低于0℃的货位。
4）易燃、易爆、有毒、腐蚀性、放射性的危险品，应存放在郊区仓库分类专储。
5）性能相互抵触或有挥发性、串味的物资，不能同区存储。
6）消防灭火方法不同的物资，要分开储存。
7）同一货区的物资中，存放外包装含水量过高的物资会影响邻垛物资的安全。
8）同一货区储存的物资中，要考虑有无虫害感染的可能。

2. 方便吞吐发运原则

货位的选择，应符合方便吞吐的原则，要方便物资的进出库，尽可能缩短收发货作业时间。除此之外，还应该兼顾以下几个方面。

1）收发货方式。采取送货制的物资，由于分唛理货、按车排货、发货的作业需要，其储存货位应靠近理货、装车的场地；采取提货制的物资，其储存货位应靠近仓库出口，便于外来提货车辆进出。

2）操作方法和装卸设备。各种物资具有不同的包装形态、包装质地和体积重量，因而需要采用不同的操作方法和设备。所以，货位的选择必须考虑货区的装卸设备条件与仓储物资的操作方法相适应。

3）物资吞吐快慢，仓储物资的流转快慢不一，有着不同的活动规律。对于快进快出的物资，要选择车辆进出库方便的货位；滞销久储的物资，货位不宜靠近库门；整进零出的物资，要考虑零星提货的条件；零进整出的物资，要考虑到集中发运的能力。

3. 尽量节约仓容原则

货位的选择，还要符合节约的原则，以最小的仓容储存最大限量的物资。在货位负荷量和高度基本固定的情况下，应从储存物资不同的体积、重量出发，使货位与物资的重量、体积紧密结合起来。对于轻泡物资，应安排在负荷量小和空间高的货位。对于实重物资，应安排在负荷量大且空间低的货位。

除此之外，在货位的选择和具体使用时，还可以根据仓储物资具有吞吐快慢不一的规律，以及操作难易不一的特点，把热销和久储、操作困难和省力的物资搭配在同一货区储存，这样，不仅能充分发挥仓容使用的效能，还能克服各个储存区域之间忙闲不均的现象。

例 4-1 某电冰箱注明限高为4层，每箱底面积为0.8米×0.8米，每箱重80千克，存于某仓库，仓库地面单位面积定额为3吨/平方米，则单位仓容定额P为多少？如仓库中此货位占地面积为100平方米，则此货位存货数量为多少？

解：$P_{货}=80×4/（0.8×0.8×1\,000）=0.5$（吨/平方米）

$P_{库}=3$（吨/平方米）

$P_{货}<P_{库}$，则单位仓容定额P为0.5（吨/平方米）。

$$Q=0.5\times100=50(吨)$$

货位存货数量为：50÷0.08=625（台）。

六、搬运入库

选定了货位之后，就要把物资搬运到选定的货位上。装卸搬运就是在同一区域范围内，以改变物资的存放状态和空间位置为主要内容和目的的活动。

为了保证装卸搬运期间物资的质量，降低装卸搬运的成本，应注意下面几个问题。

1．功最小

在装卸和搬运作业中，应该尽力使物资移动的数量最少，距离最短，以求装卸搬运的功最小。

2．作业衔接流畅

作业衔接流畅是指两处以上的装卸作业要配合好。进行装卸作业时，为了不使连续的各种作业中途停顿，而能协调地进行，整理其作业流程是很有必要的。因此，进行"流程分析"，即对物资的流动进行分析，使经常相关的作业配合在一起，也是很有必要的。物资在仓库保管时，应当考虑合理装卸或出库的方便。所以某一次的装卸作业，某一个装卸动作，有必要考虑下一步的装卸。要使一系列的装卸作业顺利地进行，作业动作的顺序、作业动作的组合或装卸机械的选择及运用是很重要的。

3．省力化

所谓省力，就是节省动力和人力。应巧妙利用物资本身的重量和落差原理，设法利用重力移动物资。省力化装卸搬运的原则是：能往下则不往上，能直行则不拐弯，能用机械则不用人力，能水平则不上坡，能连续则不间断，能集装则不分散。

4．提高物资的"活性"

仓储作业过程中，常需将暂时存放的物资再次搬运。从便于经常发生的搬运作业考虑，物品的堆放方法是很重要的，而使物资移动的程度，被称为"搬运灵活性"，用灵活性指数衡量物资堆存形态的"搬运灵活性"。一般将灵活性指数分为五个等级，即散放在地面上为 0 级，成捆或装入箱内为 1 级，装在托盘或垫板上为 2 级；装在车台上为 3 级，装在输送带上即处于搬运状态为 4 级。各个等级物资放置状态如图 4-10 所示。

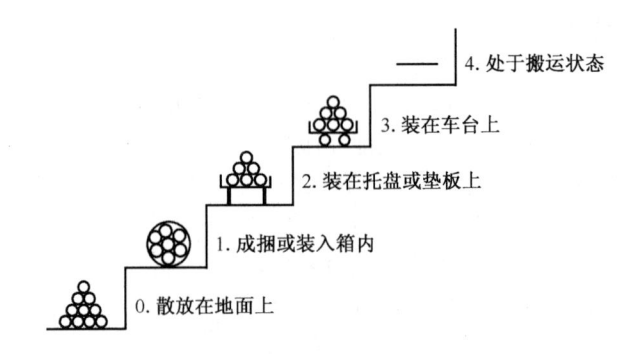

图 4-10 装卸搬运灵活性

七、物资入库登记

入库物资经过入库准备、入库验收、交接、选择货位、搬运入库等环节后，应对入库物资进行登记，并建立台账。

1．登账

物资入库，仓库应建立详细反映物资仓储的明细账，登记物资入库、出库、结存的详细情况，用以记录库存物资动态和入出库过程。

登账的主要内容有：物资名称、规格、数量、件数、累计数或结存数、存货人或提货人、批次、金额，注明货位号或运输工具、接（发）货经办人。

2．立卡

物资入库或上架后，将物资名称、规格、数量或出入状态等内容填在料卡上，称为立卡。料卡又称货卡、货牌，插放在货架上物资下方的货架支架上或摆放在货垛正面明显的位置。货卡如表4-4所示。

表4-4　货卡

编号：

物资编号			管理员姓名		
物资名称			供应商名称		
存放位置			包装单位		
月　　日	出入库地点	单据编号	入库数	出库数	库存数	作业员签名

3．建档

仓库应对所接收的物资或委托人建立存货档案或客户档案，以便于物资管理和保持客户联系，也为将来可能发生的争议保留凭证，同时有助于总结和积累保管经验，研究仓储管理规律。

存货档案应一货一档设置，将该物资入库、保管、交付的相应单证、报表、记录、作业安排、资料等的原件或附件、复印件存档。存货档案应统一编号，妥善保管，长期保存。

存货档案的内容应包括以下几项。

1）物资的各种技术资料、合格证、装箱单、质量标准、送货单、发货清单等。
2）物资运输单据、普通记录、物资记录、残损记录、装载图等。
3）入库通知单、验收记录、磅码单、技术检验报告。
4）保管期间的检查、保养作业、通风除湿、翻仓、事故等直接操作记录，存货期间的温度、湿度、特殊天气的记录等。
5）出库凭证、交接签单、送出货单、检查报告等。
6）回收的仓单、货垛牌、仓储合同、存货计划、收费存根等。
7）其他有关该物资仓储保管的特别文件和报告记录。

知识点三　保管作业管理

保管作业是仓储作业的核心,仓储作业管理的好坏都会在这里集中体现。同时,保管在整个仓储过程中又起到承前启后的作用。因此,必须重视保管作业,科学保管物资,保证储存物资的数量和质量不发生变化。

一、物资存放的基本方法

应根据物资的特性、包装方式和形状、保管的需要,确保物资质量、方便作业和充分利用仓容,以及根据仓库的条件确定存放方式。仓库物资存放的方式有地面平放式、托盘平放式、直接码垛式、托盘堆码式、货架存放式。

物资储存的码垛方法有以下几种。

1．散堆法

散堆法适用于露天存放的没有包装的大宗物资,如煤炭、矿石、黄沙等,也适用于库内少量存放的谷物、碎料等散装物资。散堆法是直接用堆扬机或铲车将货物堆高,在达到预定的货垛高度后,逐步后退堆货,后端先形成立体梯形,最后成垛,整个垛呈立体梯形状。由于散货具有流动性、散落性,堆货时不能堆到离垛位四边太近,以免散落使物资超出预定的货位。绝不能采用先堆高后平垛的方式堆垛,以免超高时压坏场地地面。散堆法如图 4-11 所示。

2．垛堆法

对于有包装(如箱、桶、袋、箩筐、捆、扎等包装)的物资,包括裸装的计件物资,可采取堆垛的方式储存。堆垛方法储存能充分利用仓容,使仓库内整齐,方便作业和保管。物资的堆码方式主要取决于物资本身的性质、形状、体积、包装等。一般情况下多采取平放,使重心最低,最大接触面向下,易于堆码,稳定牢固。垛堆法如图 4-12 所示。

图 4-11　散堆法 　　　　　　　　　　图 4-12　垛堆法

3．货架存放法

货架存放法适用于小件、品种规格复杂且数量较少的物资,以及包装简易或脆弱、易损坏、不便堆垛的物资,特别是价值较高而需要经常查数的物资。

二、物资堆码

物资堆码就是根据物资的包装形状、重量和性能特点,结合地面负荷、储存时间,按一定要求,将物资在库房、物料棚、货场等场所堆码成各种垛形的操作。

1．堆码的基本原则

堆码要遵守五方面的原则。

（1）分区分类存放

分区分类存放是仓库保管的基本要求，是保证物资质量的重要手段。

（2）面向通道，不围不堵

面向通道包括两方面的含义：一是垛码、存放的物资的正面尽可能面向通道，以便查看，物资的正面是指标注商标的面；二是所有物资的货垛、货位都有一面与通道相连，处在通道旁，以便能对物资进行直接作业。只有所有货位都与通道相通时，才能保证不围不堵。

（3）尽可能码高，货垛稳固

在保证底层物资的质量不受到影响的前提下，为了充分利用仓容，存放的物资要尽可能码高，使物资占用最少的地面面积。尽可能码高包括采用码垛码高和使用货架在高处存放。物资堆垛必须稳固，避免倒垛、散垛，要求叠垛整齐，放位准确，必要时采用稳固方法，如垛边、垛头采用纵横交叉叠垛，使用固定物料加固等。同时只有在货垛稳固的情况下才能码高。

（4）适当的搬运活性、摆放整齐

为了减少作业时间、次数，提高仓库周转速度，根据物资作业的要求，应合理选择物资的搬运活性。对搬运活性高的物资，也应注意摆放整齐，以免堵塞通道、浪费仓容。

（5）"五五化"堆码

"五五化"堆码就是以五为单位，堆码成各种总数为五的倍数的货垛，以五或五的倍数在固定区域内堆放，使物资"五五成行、五五成方、五五成包、五五成堆、五五成层"，堆放整齐，上下垂直，过目知数，便于物资的数量控制、清点盘存。"五五化"堆码如图4-13所示。

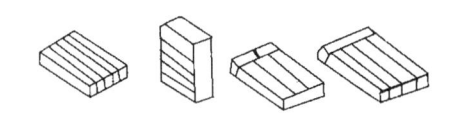

图4-13 "五五化"堆码

2. 码垛设计的内容

为了满足堆码的基本要求，必须根据保管场所的实际情况、物资本身的特点、装卸搬运条件和技术作业过程的要求，对物资堆垛进行总体设计。设计的内容包括垛基、垛形、货垛参数、堆码方式、货垛苫盖、货垛加固等。

（1）垛基

垛基是货垛的基础，其主要作用是：承受整个货垛的重量，将物资的垂直压力传递给地基；将物资与地面隔开，起防水、防潮和通风的作用；垛基空间为搬运作业提供方便条件。因此，对垛基的基本要求是：将整垛物资的重量均匀地传递给地坪；保证良好的防潮和通风；保证垛基上存放的物资不发生变形。

（2）垛形

垛形指货垛的外部轮廓。按垛底的形状可以分为矩形、正方形、三角形、圆形、环形等，按货垛立面的形状可以分为矩形、正方形、三角形、梯形、半圆形，另外还可组成矩形-三角形、矩形-梯形、矩形-半圆形等复合形状，如图4-14所示。

矩形　正方形　三方形　梯形　梯形-三角形　矩形-梯形　矩形-半圆形

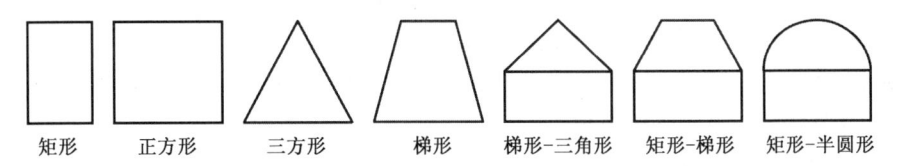

图4-14 货垛立面示意图

不同立面的货垛都有各自的特点。矩形、正方形垛易于堆码，便于盘点计数，库容整齐，但随着堆码高度的增加，货垛稳定性会下降。梯形、三角形和半圆形垛的稳定性好，便于苫盖，但是不便于盘点计数，也不利于仓库空间的利用。矩形–三角形等复合形状的货垛恰好可以整合它们的优势，尤其是在露天存放的情况下须加以考虑。

（3）货垛参数

货垛参数指货垛的长、宽、高，即货垛的外形尺寸。

通常情况下，需要首先确定货垛的长度，如长形物资的尺寸就是其货垛的长度，包装成件物资的垛长应为包装长度或宽度的整数倍。货垛的宽度应根据库存物资的性质、要求的保管条件、搬运方式、数量多少及收发制度等确定，一般多以两个或五个单位包装为货垛宽度。货垛高度主要根据库房高度、地坪承载能力、物资本身和包装物的耐压能力、装卸搬运设备的类型和技术性能，以及物资的理化性质等来确定。在条件允许的情况下应尽量增加货垛的高度，以提高仓库的空间利用率。

（4）常见的垛形

仓库常见的垛形包括平台垛、井形垛、梅花形垛、起脊垛、立体梯形垛、行列垛等。

1）平台垛。平台垛是先在底层以同一个方向平铺摆放一层物资，然后垂直继续向上堆积，每层物资的件数、方向相同。在实际堆垛时，往往采用从一端开始逐步后移的方法，如图 4-15 所示。

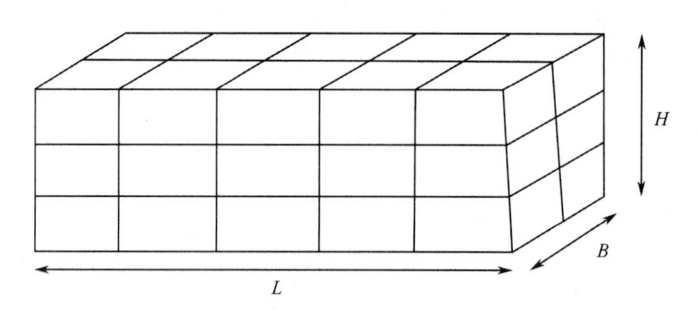

图 4-15　平台垛

平台垛适用于包装规格单一的大批量物资，包装规则、能够垂直叠放的方形箱装物资，大袋物资，规则的软袋成组物资，托盘成组物资。平台垛一般用于仓库内和无须遮盖的堆场堆放的物资。

平台垛具有整齐、便于清点、占地面积小、堆垛作业方便的优点。但该垛型的稳定性较差，特别是小包装、硬包装的物资，有货垛端头倒塌的危险，所以必要时（如太高、长期堆存、端头位于主要通道等）要在两端采取稳定的加固措施。对于堆放很高的轻质物资，往往在堆码到一定高度后，向内收半件物资后再向上堆码，以保证货垛稳固。

标准平台垛的物资件数为：

$$A = L \times B \times H$$

式中，A 为总件数；L 为长度方向件数；B 为宽度方向件数；H 为层数。

例 4-2　某仓库存储 5 000 箱商品，每箱尺寸为 50 厘米×50 厘米×20 厘米，限高 10 层，某货位长 10 米，需多宽多高的货位？

解：10/0.5=20（箱）

$A = L \times B \times H$

$5\ 000 = 20 \times B \times 10$

$B=25$（箱）

$25×0.5=12.5$（米）

$0.2×10=2$（米）

则此货位长 10 米，宽 12.5 米，高 2 米。

2）井形垛。井形垛用于长形的钢材、钢管及木方的堆码。它以一个方向铺放一层物资后，再以垂直的方向铺放第二层物资，物资横竖隔层交错，逐层堆放，如图 4-16 所示。

图 4-16　井形垛

井形垛垛形稳固，但层边物资容易滚落，需要捆绑或收进。井形垛的作业较为不便，需要不断改变作业方向。

当堆垛的层数 H 为双数时，总件数计算公式为：

$$A=(L+B)H/2$$

当堆垛的层数 H 为单数时，总件数计算公式为：

$$A=(L+B)H/2+(B-L)/2$$

式中，A 为总件数；L 为纵向方向件数；B 为横向方向件数；H 为层数。

例 4-3　底层铺设 10 根钢管，上层也铺设 10 根，共堆放 12 层，试问此垛一共铺设了多少根钢管？

解：　　　　　　　　　$A=(10+10)×12/2=120$（根）

3）梅花形垛。对于需要立直存放的大桶装物资，将第一排（列）物资排成单排（列），第二排（列）的每件靠在第一排（列）的两件之间卡位，第三排（列）同第一排（列）一样，而后每排（列）依次卡缝排放，形成单层梅花形垛，如图 4-17 所示。

梅花形垛物资摆放紧凑，充分利用了货件之间的空隙，节约了库场面积的使用。对于能够多层堆码的桶装物资，在堆放第二层及以上时，将每件物资放在下层的三件物资上，四边各收半件，形成立体梅花形垛。

单层梅花型垛的物资件数为

$$A=(2B-1)L/2$$

式中，A 为总件数；B 为长度方向件数；L 为宽度方向件数。

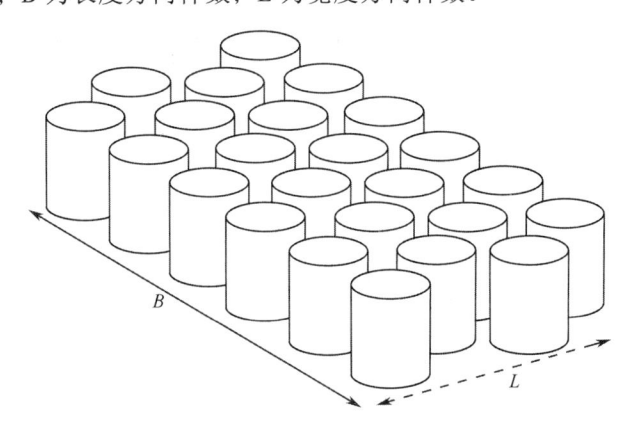

图 4-17　单层梅花形垛

4）起脊垛。起脊垛先按平台垛的方法码垛到一定的高度，以卡缝的方式逐层收小，将顶部收尖成屋脊形。起脊垛是堆场场地堆货的主要垛形，货垛表面的防雨遮盖从中间起向下倾斜，便于雨水排泄。有些仓库由于陈旧或建筑简陋有漏水现象，仓内的怕水物资也应采用起脊垛堆垛并遮盖，如图 4-18 所示。

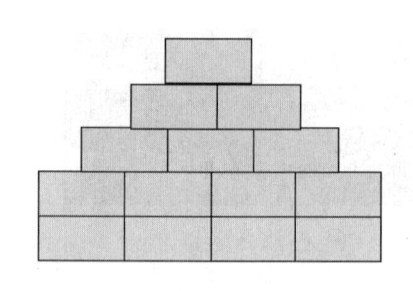

图 4-18 起脊垛

起脊垛是平台垛的变形，具有平台垛操作方便、占地面积小的优点，适用于平台垛的物资都可以采用起脊垛堆垛。但是起脊垛由于顶部压缝收小，形状不规则，无法在垛堆上清点物资，顶部物资的清点需要在堆垛前以其他方式进行。另外，起脊使货垛中间的压力大于两边，因而采用起脊垛时库场使用定额要以脊顶的高度来确定，以免中间底层物资或库场被压坏。

起脊垛的物资件数为

$$A = L \times B \times H + 起脊件数$$

式中，A 为总件数；L 为长度方向件数；B 为宽度方向件数；H 为未起脊层数。

5）立体梯形垛。立体梯形垛是在底层以同一方向排放物资的基础上，向上逐层同方向减数压缝堆码，垛顶呈平面，整个货垛呈下大上小的立体梯形形状，如图 4-19 所示。

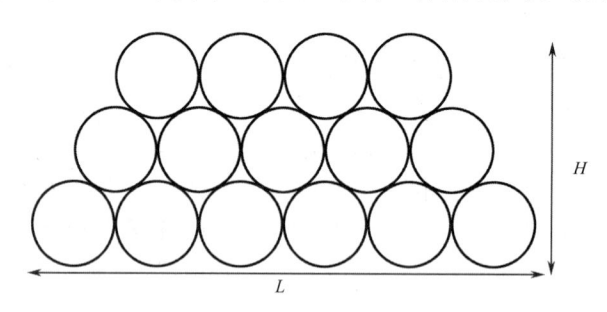

图 4-19 立体梯形垛

立体梯形垛用于包装松软的袋状物资和上层面非平面而无法垂直叠码的物资的堆码，如横放的桶装、卷形、捆包物资。立体梯形垛极为稳固，可以堆放得较高，仓容利用率较高。对于在露天堆放的物资，采用立体梯形垛时，为了排水需要，也可以在顶部起脊。为了增加立体梯形垛的空间利用率，在堆放可以立直的筐装、矮桶装物资时，底部数层可以采用平台垛的方式堆放，在堆放一定高度后再用立体梯形垛。

立体梯形垛件数：

$$A = (2L - H + 1)HB/2$$

式中，A 为总件数；L 为长度方向件数；B 为宽度方向件数；H 为层数。

例 4-4 以图 4-19 所示的立体梯形垛为例，假设存放的为长条形圆木，试计算此立体梯形垛存放的圆木数量。

解：依题意可得：长度方向件数 L 为 6，高度 H 为 3，宽度方向件数为 1。

则：$A = (2 \times 6 - 3 + 1) \times 3 \times 1/2 = 15$（件）。

6）行列垛。行列垛将物资按件排成行或列排放，每行或列一层或数层高，垛形呈长条形，如图 4-20 所示。

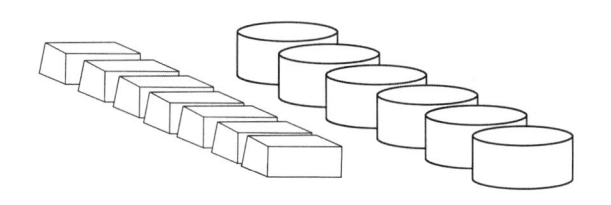

图 4-20　行列垛

行列垛在存放物资批量较小的库场码垛使用，如零担物资。每个货垛的端头都延伸到通道边，可以直接作业而不受其他物资阻挡。行列垛占用库场面积大，库场利用率较低。

3．码垛的基本要求

物资的堆码必须满足下列要求。

1）合理。不同物资的性能、规格、尺寸不同，应采用各种不同的垛形。不同品种、产地、等级、批次、单价的物资应分开堆码，以便收发、保管。货垛的高度要适度，不能压坏底层物资和地坪，并与屋顶、照明灯保持一定距离；货垛的间距、走道的宽度、货垛与墙面和梁柱的距离等，都要合理、适度。垛距一般为 0.5～0.8 米，主要通道为 2.5～4 米。

2）牢固。操作工人必须严格遵守安全操作规程，防止建筑物超过安全负荷量。码垛必须不偏不斜，不歪不倒，牢固坚实，与屋顶、梁柱、墙壁保持一定的距离，确保堆垛的安全和牢固。

3）定量。物资储存量不应超过仓储定额，即应储存在仓库的有效面积、地坪承压能力和可用高度允许的范围内。同时，应尽量采用"五五化"堆码方法，便于记数和盘点。

4）整齐。货垛应按一定的规格、尺寸叠放，排列整齐、规范。物资包装标识应一律向外，以便于查找。

5）节约。堆垛时应注意节省空间，适当、合理地安排货位的使用，提高仓容利用率。

6）方便。堆垛要便于仓储工作人员的装卸搬运及进出库作业。

按要求堆码的物资如图 4-21 所示。

图 4-21　按要求堆码的物资

4．货垛"五距"要求

货垛"五距"应符合安全规范要求。货垛的"五距"指的是垛距、墙距、柱距、顶距和灯距。堆垛货垛时，不能依墙、靠柱、碰顶、贴灯；不能紧挨旁边的货垛，必须留有一定的间距。无论采用哪种垛型，库内必须留出相应的走道，方便物资的进出和消防用途，如图 4-22 所示。

图 4-22　货垛的五距要求

1）垛距。货垛与货垛之间的必要距离称为垛距，常以支道作为垛距。垛距能方便存取作业，起通风、散热的作用，方便消防工作。库房垛距一般为 0.3～0.5 米，货场垛距一般不少于 0.5 米，如图 4-23 所示。

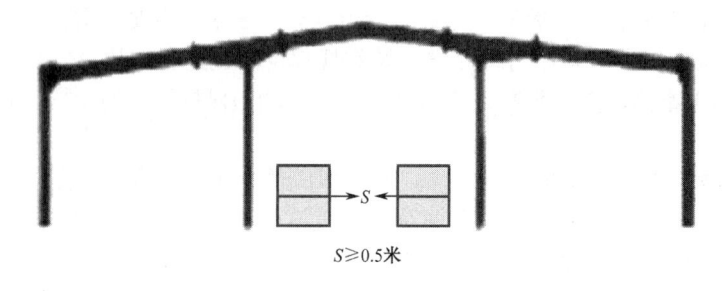

图 4-23　库房垛距

2）墙距。为了防止库房墙壁和货场围墙上的潮气对物资的影响，也为了散热通风、消防工作、建筑安全、收发作业，货垛必须留有墙距。墙距可分为库房墙距和货场墙距，其中，库房墙距又分为内墙距和外墙距。内墙距是指物资离没有窗户的墙体的距离，此处潮气相对少些，一般距离为 0.1～0.3 米；外墙距是指物资离有窗户的墙体的距离，这里湿度相对大些，一般距离为 0.1～0.5 米。

3）柱距。为了防止库房柱子的潮气影响物资，也为了保护仓库建筑物的安全，必须留有柱距。柱距间距一般为 0.2～0.3 米。柱距如图 4-24 所示。

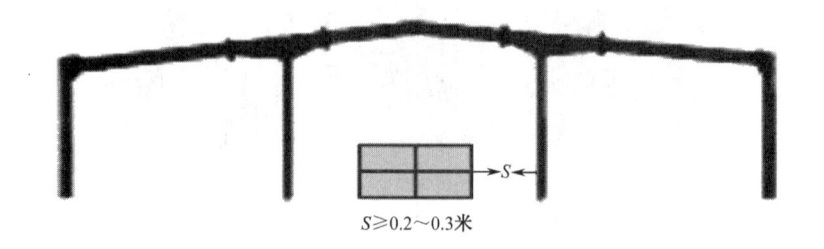

图 4-24　柱距

4）顶距。货垛的最大高度与库房、货棚屋顶横梁间的距离称为顶距。顶距可便于装卸搬运作业，能通风散热，有利于消防工作，有利于收发、查点。顶距一般为 0.5～0.9 米，具体视情况而定。顶距如图 4-25 所示。

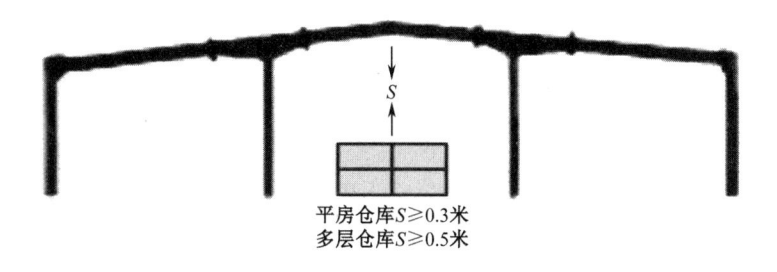

平房仓库 S≥0.3 米
多层仓库 S≥0.5 米

图 4-25 顶距

5）灯距。货垛与照明灯之间的必要距离称为灯距。为了确保储存物资的安全，防止照明灯发出的热量引起靠近物资燃烧而发生火灾，货垛必须留有足够的安全灯距。灯距按规定应不小于 0.5 米。灯距如图 4-26 所示。

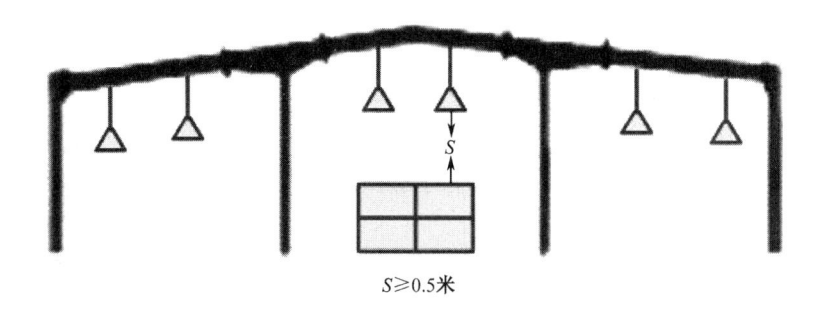

S≥0.5 米

图 4-26 灯距

5．堆码设计

对于有包装（如箱、桶、袋、箩筐、捆、扎等包装）的物资，包括裸装的计件物资，采取堆码的方式储存。堆码方法储存能充分利用仓容，做到仓库内整齐、方便作业和保管。堆码的方式主要有以下几种。

（1）重叠式

重叠式也称直堆法，是逐件、逐层向上重叠堆码，一件压一件的堆码方式。为了保证货垛稳定性，在一定层数后改变方向继续向上堆放，或者长宽各减少一件继续向上堆放。该方法方便作业、计数，但稳定性较差，适用于袋装、箱装、箩筐装物资，以及平板、片式物资等。重叠式如图 4-27 所示。

（2）纵横交错式

纵横交错式指每层物资都改变方向向上堆放，适用于管材、捆装、长箱装物资等。该方法较为稳定，但操作不便，如图 4-28 所示。

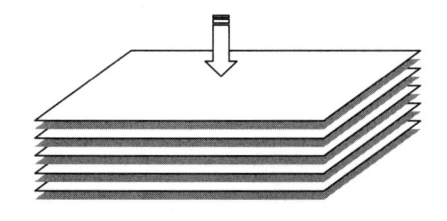

图 4-27 重叠式

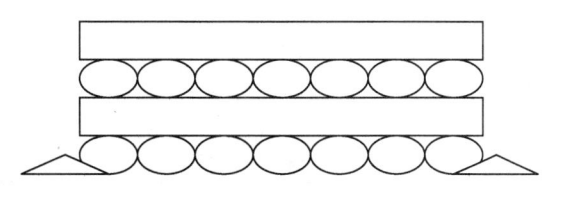

图 4-28 纵横交错式

（3）仰伏相间式

仰伏相间式指对上下两面有大小差别或凹凸的物资，如槽钢、钢轨等，将物资仰放一层，再伏放一层，仰伏相向。该垛极为稳定，但操作不便，如图4-29所示。

（4）压缝式

压缝式指将底层并排摆放，上层放在下层的两件物资之间。此种堆码方式可以减少上层物资对下层物资的压力，如图4-30所示。

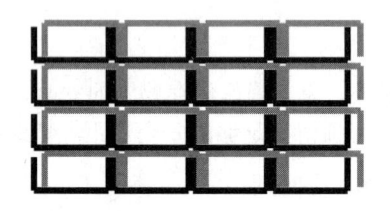

图4-29　仰伏相间式　　　　　　图4-30　压缝式

（5）通风式

通风式指物资在堆码时，任意两件相邻的物资之间都留有空隙，以便通风。层与层之间采用压缝式或纵横交错式。通风式可用于所有箱装、桶装及裸装物资的堆码，起到通风防潮、散湿散热的作用，如图4-31所示。

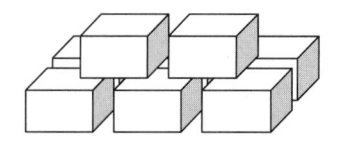

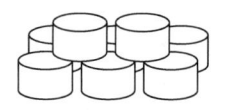

图4-31　通风式

（6）栽柱式

栽柱式指码放物资前先在堆垛两侧栽上木桩或铁棒，然后将物资平码在桩柱之间，几层后用铁丝将相对两边的柱拴连，再往上摆放物资。此法适用于棒材、管材等长条状物资，如图4-32所示。

（7）衬垫式

衬垫式指码垛时，隔层或隔几层铺放衬垫物，衬垫物平整牢靠后，再往上码。该法适用于不规则且较重的物资，如无包装电动机、水泵等，如图4-33所示。

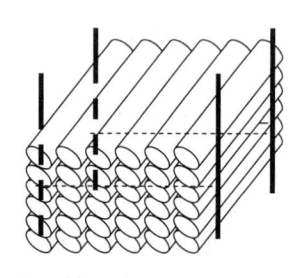

图4-32　栽柱式

图4-33　衬垫式

三、物资垫垛

垫垛指在物资码垛前,在预定的货位地面位置,使用衬垫材料进行铺垫。常见的衬垫物有枕木、废钢轨、货架板、木板、钢板等。

1. 垫垛的目的

1)使地面平整。
2)使堆垛物资与地面隔开,防止地面潮气和积水浸湿物资。
3)通过强度较大的衬垫物使重物的压力分散,避免损害地坪。
4)使地面杂物、尘土与物资隔开。
5)形成垛底通风层,有利于货垛通风排湿。
6)使物资的泄漏物留存在衬垫之内,防止流动扩散,以便于收集和处理。

2. 垫垛的基本要求

1)所使用的衬垫物不会对拟存物资产生不良影响,并具有足够的抗压强度。
2)地面要平整坚实、衬垫物要摆放平整,并保持同一方向。
3)衬垫物间距适当,直接接触物资的衬垫面积与货垛底面积相同,衬垫物不伸出货垛外。
4)要有足够的高度,露天堆场要达到 0.3～0.5 米,库房内高 0.2 米即可。

3. 垫垛物数量的确定

一些单位质量大的物资在仓库中存放时,如果不能有效分散物资对地面的压力,则有可能对仓库地面造成损害,因此要考虑在物资底部和仓库地面之间衬垫木板或钢板。

衬垫物的使用量除考虑将压力分散在仓库地坪载荷限度之内外,还要考虑这些库用耗材所产生的成本。因此,需要确定使压力小于地坪载荷的最少衬垫物数量。计算公式为

$$n = \frac{Q_{物}}{l \times w \times q - Q_{自}}$$

式中　n——衬垫物数量;
　　　$Q_{物}$——物资重量;
　　　l——衬垫物长度;
　　　w——衬垫物宽度;
　　　q——仓库地坪承载能力;
　　　$Q_{自}$——衬垫物自重。

例 4-5　某仓库内要存放一台自重 30 吨的设备,该设备底架为两条 2 米×0.2 米的钢架。该仓库库场单位面积技术定额为 3 吨/平方米。问需不需要垫垛?如何采用 2 米×1.5 米、自重 0.5 吨的钢板垫垛?

解:① 物资对地面的压强为

$$30/(2\times2\times0.2)=37.5（吨/平方米）$$

因为 37.5 吨/平方米大于库场单位面积技术定额 3 吨/平方米,必须垫垛。

② 假设衬垫钢板为 n 块。根据:重量(含衬垫重量)=面积×库场单位面积技术定额,则:$30+n\times0.5=n\times2\times1.5\times3$。$n=3.3$(块)取整数即为 4 块。

四、物资苫盖

苫盖指采用专用苫盖材料对货垛进行遮盖,以减少自然环境中的阳光、雨雪、刮风、尘土等对物资的侵蚀、损害,并使物资由于自身理化性质所造成的自然损耗尽可能地减少,以保护物资存储期内的质量。

常用的苫盖材料有帆布、芦席、竹席、塑料膜、铁皮铁瓦、玻璃钢瓦、塑料瓦等。

1．苫盖的基本要求

苫盖的目的是给物资遮阳、避雨、挡风、防尘。苫盖的基本要求如下。

1）选择合适的苫盖材料。选用防火、无害的安全苫盖材料;苫盖材料不会对物资产生不良影响;成本低,不易损坏,能重复使用,没有破损和霉变。

2）苫盖牢固。每张苫盖材料都需要牢固固定,必要时在苫盖物外用绳索、绳网绑扎或用重物压住。

3）苫盖的接口要有一定的互相叠盖,不能迎风叠口或留空隙,苫盖必须平整,不得有折叠和凹陷,防止积水。

4）苫盖的底部与垫垛齐平,不腾空或拖地,并牢固地绑扎在垫垛外侧或地面的绳桩上,衬垫材料不露出垛外,以防雨水渗入垛内。

5）使用旧的苫盖物或在雨水丰沛的季节,垛顶或风口需要加层苫盖,以确保雨淋不透。

2．苫盖方法

苫盖一般有就垛苫盖法、鱼鳞式苫盖法、活动棚苫盖法三种。

（1）就垛苫盖法

就垛苫盖法指直接将大面积苫盖材料覆盖在货垛上遮盖,一般采用大面积的帆布、油布、塑料膜等。就垛苫盖法操作便利,但基本不具备通风条件,如图4-34所示。

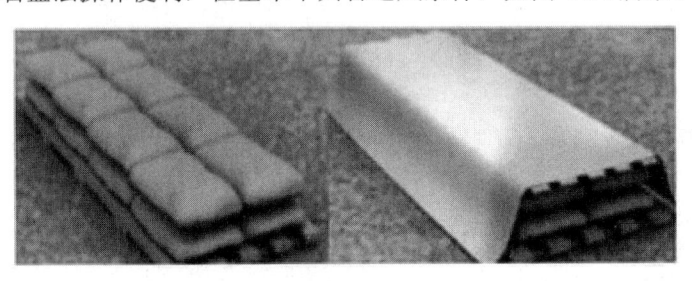

图4-34　就垛苫盖法

（2）鱼鳞式苫盖法

鱼鳞式苫盖法指将苫盖材料从货垛的底部开始,自下而上呈鱼鳞式逐层交叠围盖。该法一般采用面积较小的瓦、席等材料苫盖。鱼鳞式苫盖法具有较好的通风条件,但每件苫盖材料都需要固定,操作比较烦琐,如图4-35所示。

（3）活动棚苫盖法

活动棚盖苫法指将苫盖材料制作成一定形状的棚架,在物资堆垛完毕后,移动棚架到货垛,加以遮盖;或者采用即时安装活动棚架的方式苫盖。该法较为快捷,具有良好的通风条件,但活动棚本身需要占用仓库空间,也需要较高的购置成本,如图4-36所示。

图 4-35　鱼鳞式苫盖法　　　　　　　图 4-36　活动棚苫盖法

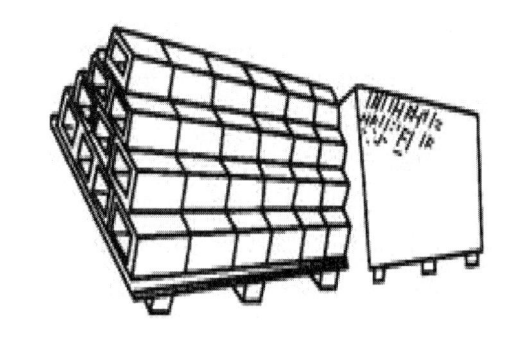

五、盘点

仓库中的库存物资始终处于不断的进、存、出动态中，在作业过程中产生的误差经过一段时间的积累会使库存资料反映的数据与实际数据不符。有些物资则因存放时间太长或保管不当，会发生数量和质量的变化。为了对库存物资的数量进行有效控制，并查清其在库中的质量状况，必须定期或不定期地对各储存场所进行清点、查核，这一过程称为盘点作业。

因此，盘点就是为对库存物资的数量进行有效控制，并查清其在库中的质量状况，而定期或不定期地对各储存场所进行清点和查核。

1. 盘点作业的目的

盘点作业主要包含三方面的内容。

1）查清实际库存数量。盘点可以查清实际库存数量，并通过盈亏调整使库存账面数量与实际库存数量一致。账面库存数量与实际库存数量不符的主要原因通常是收发作业中产生的误差，如记录库存数量时多记、误记、漏记；作业中导致的损失、遗失；验收与出货时清点有误；盘点时误盘、重盘、漏盘等。通过盘点清查实际库存数量与账面库存数量，发现问题并查明原因，及时调整。

2）帮助企业计算资产损益。对货主企业来讲，库存物资总金额直接反映企业流动资产的使用情况，库存量过高，流动资金的正常运转将受到威胁。而库存金额又与库存量及其单价成正比，因此为了能准确地计算出企业的实际损益，必须盘点。

3）发现仓库管理中存在的问题。通过盘点查明盈亏的原因，发现作业与管理中存在的问题，并通过解决问题来改善作业流程和作业方式，提高仓库管理人员的素质和仓库管理水平。

2. 盘点作业的内容

盘点作业一般要查清物资的数量、质量、保管条件、安全状况四项内容。

1）查数量。通过点数计数查明在库物资的实际数量，核对库存账面数量与实际库存数量是否一致。

2）查质量。检查在库物资质量有无变化，有无超过有效期和保质期，有无长期积压等现象，必要时还必须对其进行技术检验。

3）查保管条件。检查保管条件是否与各种物资的保管要求相符，如堆码是否合理稳固、库内温度是否符合要求、各类计量器具是否准确等。

4）查安全状况。检查各种安全措施和消防设备、器材是否符合安全要求，建筑物和设备是否处于安全状态。

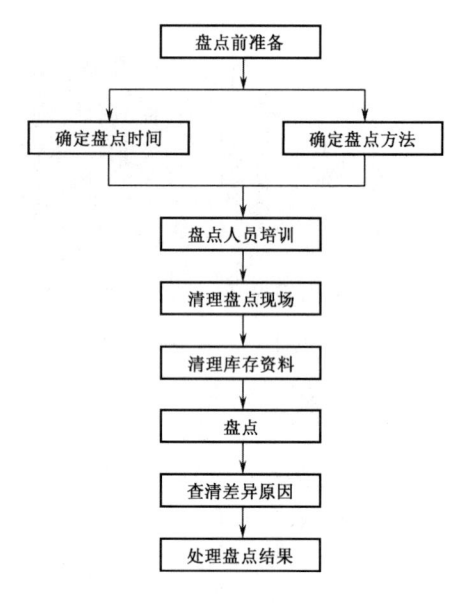

3. 盘点作业的基本步骤

盘点作业的基本步骤如图 4-37 所示。

（1）盘点前准备

盘点作业的事先准备工作是否充分，关系到盘点作业进行的顺利程度，是否能在短时间内利用有限的人力达到迅速和准确的目标。事先的准备工作内容如下。

1）明确建立盘点的具体方法和作业程序，进行盘点计划和安排。

2）确定盘点人员，进行合理分工，确定领导小组及各盘点单位管理人员，盘点单位管理人员一般包括督察员及总盘人。

3）盘点的计划和安排。

4）配合财务会计做好准备。

5）设计打印盘点用表单，"盘点单"如表 4-5 所示。

6）准备盘点用基本工具。

图 4-37 盘点作业的基本步骤

表 4-5 盘点单

盘点日期：　　　　　　　　　　　　　　　　　　　　　　　　　　　　　编号：

物资编号	物资名称	存放位置	盘点数量	复查数量	盘点人	复查人

（2）确定盘点时间

一般性物资就货账相符的目标而言盘点次数越多越好，但因每次实施盘点必须投入人力、物力、财力，这些成本不低，故也很难经常为之。事实上，导致盘点误差的关键因素在于出入库的过程，可能是因出入库作业单据的输入错误，或出入库搬运造成的损失，因此出入库作业次数多时，误差也会随之增加。所以，可以根据物资的不同特点、价值、流动速度、重要程度来分别确定不同的盘点时间，盘点时间的间隔可以从每天、每周、每月到每年。以一般生产厂而言，因其物资流动速度不快，半年至一年实施一次盘点即可。但在仓库物资流动速度较快的情况下，既要防止过久盘点对仓库造成的损失，又碍于可用资源的限制，因而最好能视仓库各物资的性质制定不同的盘点时间。

（3）确定盘点方法

不同物资对盘点的要求不同，盘点的方法也会有差异，为尽可能快速、准确地完成盘点作业，必须根据实际需要确定盘点方法。

（4）盘点人员培训

为使盘点工作得以顺利进行，盘点时必须增派人员协助进行，由各部门增援的人员必须组织化,并且施以短期训练,充分发挥每位参与盘点人员的作用。人员的培训分为两部分:针对所有人员进行盘点方法训练;针对复盘与监盘人员进行认识物资类别的训练。

(5) 清理盘点现场和库存资料

1) 在盘点前,对厂商交来的物资必须明确其数量,如果已验收完成,属于本配送中心,应及时整理归库,若尚未完成验收程序,同厂商应划分清楚,避免混淆。

2) 储存场所在关闭前应通知各需求部门预领所需的物资。

3) 储存场所整理、整顿完成,以便计数盘点。

4) 预先鉴定呆料、废品、不良品,以便盘点。

5) 账卡、单据、资料均应整理后加以结清。

6) 储存场所的管理人员在盘点前应自行预盘。

(6) 盘点

盘点时可以采用人工抄表计数,也可以用电子盘点计数器。盘点工作不仅工作量大,而且烦琐,因此,除了加强盘点前的培训工作外,盘点作业时的指导与监督也非常重要。

(7) 查清差异原因

当盘点结束后,发现所得数据与账簿资料不符时,应追查差异的主因。查找原因的方向有以下几个。

1) 是否为记账员素质不高致使物资数目无法表达。

2) 是否为料账处理制度的缺陷导致物资数目无法表达。

3) 是否为盘点制度的缺陷导致货账不符。

4) 盘点所得的数据与账簿资料的差异是否在容许误差内。

5) 盘点人员是否尽责,产生盈亏后应由谁负责。

6) 是否产生漏盘、重盘、错盘等情况。

7) 盘点的差异是否可事先预防,是否可以降低料账差异的程度。

(8) 处理盘点结果

追查差异原因后,应针对主要原因进行适当的调整与处理,至于呆废品、不良品减价的部分则需与盘亏一并处理。

除了盘点时产生数量的盈亏外,有些物资在价格上会产生增减,这些变更经主管审核后必须利用盘点数量盈亏及价目增减更正表修改,如表 4-6 所示。

表 4-6 盘点数量盈亏及价目增减更正表

部门: 日期:

物资编号	物资名称	单位	账面数据			实物盘点			数量盈亏				库存调整				差异原因	负责人
			数量	单价	金额	数量	单价	金额	盘盈		盘亏		增数		减数			
									数量	金额	数量	金额	单价	金额	单价	金额		

差异原因代码:①   ②   ③   ④

仓储主管: 申请人:

4. 盘点方法

盘点可以根据盘点方式和盘点时间划分为不同的方式。

（1）根据具体盘点方式划分

1）账面盘点法。账面盘点又称为永续盘点，就是把每天入库和出库物资的数量及单价记录在计算机或账簿上，而后不断地累计加总，算出账面上的库存量和库存金额。即对每种物资分别设立"存货账卡"，然后将每种物资的出入库数量及有关信息记录在账面上，逐笔汇总出账面库存结余数，这样随时可以从计算机或账册上查悉物资的出入库信息及库存结余量。账面盘点表如表4-7所示。

表 4-7　账面盘点表

物资编号：
订货点：　　　　　　　　　　　　　　经济订购量：

日期		订购		入库			储存		出库		记录人
月	日	数量	订单号码	数量	单价	总金额	数量	总金额	数量	出库单号	

2）现货盘点法。现货盘点也称实地盘点或实盘，就是先查清仓库内的库存数，再依物资单价计算出实际库存金额的方法。按盘点时间频率的不同又可分为"期末盘点"和"循环盘点"。期末盘点是指在会计计算期末统一清点所有物资数量的方法；循环盘点指每天、每周清点一小部分物资，一个循环周期将每种物资至少清点一次的方法。

① 期末盘点。由于期末盘点中将所有物资一次点完，因此工作量大、要求严格。通常采用分区、分组的方式进行，其目的是明确责任，防止重复盘点和漏盘。分区即将整个储存区域划分成一个一个的责任区，不同的区由专门的小组负责点数、复核和监督。因此，一个小组通常至少需要三人分别负责清点数量并填写盘存表、复查数量并登记复查结果，第三人核对前两次盘点的数量是否一致，对不一致的结果进行检查。等所有盘点结束后，再与计算机或账册上的账面数字核对。

② 循环盘点。循环盘点通常用于对价值高或重要的物资进行盘点，检查的次数多，而且监督也严密一些；而对价值低或不太重要的物资，盘点的次数可以尽量少。循环盘点一次只对少量物资盘点，所以通常只需保管人员自行对照库存资料进行点数检查，发现问题后按盘点程序进行复核，并查明原因，然后调整。也可采用专门的循环盘点单登记盘点情况。

例 4-5 表4-8为某仓库A类、B类、C类库存物资信息，请设计该仓库物资循环盘点方案（1年工作日为250天）。

表 4-8　某仓库库存物资信息

库存物资等级	物资种类	每年检查次数	检查总数
A 类物资	250	6	1 500
B 类物资	1 500	2	3 000
C 类物资	4 000	1	4 000
总　计			8 500

解：每天至少应检查的项数：8 500÷250=34（项）

则 A 类：1 500÷8 500×34=6（项/天）

B 类：3 000÷8 500×34=12（项/天）

C 类：4 000÷8 500×34=16（项/天）

因此，该仓库 A 类、B 类、C 类物资每天应盘点的数量分别为 6 项、12 项、16 项。

目前，国内大多数仓库都已使用计算机处理库存账务，当账面数与实盘数有差异时，有时很难断定是账面数有误还是实盘数有误。所以，可以采取"账面盘点"和"现货盘点"平行的方法，以查清误差出现的实际原因。

（2）根据盘点的时间安排划分

1）例行盘点。规定每月的某日为全公司盘点日，逢法定节假日可另行安排。例行盘点不仅是物资管理的需要，也是仓管开展自检自查的过程。

2）临时盘点。企业发生较大人事变动或临时需要时，可以安排临时盘点。常见的发生临时盘点的情况如下。

① 企业仓储管理人员、公司经理、销售经理等相关人员离职或工作调动时应组织盘点，以考核其业绩，解决遗留问题，为后续人员接管提供依据。

② 供应商某规格产品停产或销售模式改变等，需按大类、规格等盘点。

③ 企业经营业务发生重大变化或发生专门审核等。

3）抽盘。根据需要，除了例行盘点和临时盘点外，还需要安排人员按照一定的比例进行随机抽盘。

六、呆废料处理

呆料即物资存量过多，耗用量极少，库存周转率极低的物资。这种物资可能偶尔耗用少许，很可能不知何时才能动用甚至根本不再有动用的可能。呆料为百分之百可用的物资，未丧失任何物资原来所具有的特性和功能，只是呆置在仓库中，很少去动用而已。

废料指报废的材料，即经过相当使用，本身已残破不堪、磨损过甚或已超过寿命年限，以致失去原有功能而本身并无利用价值的物资。

1. 呆废料管理的目的

物资变成呆废料，其价值已急剧下降，而仓储管理费用并不因为物资价值的下降而减少，因此以同样的仓储管理费用保存价值急剧下降的物资，当然不是很经济，呆废料之所以要处理，目的有以下几个。

1）物尽其用。呆废料闲置在仓库内而不能加以利用，久而久之将锈损腐蚀，降低其价值，因此应物尽其用，及时予以处理。

2）减少资金积压。呆废料闲置在仓库内而不能加以利用，使一部分资金呆滞于呆废料上，若能及时加以处理，即可减少资金的积压。

3）节省人力及费用。呆废料未处理前，仍须有关人员加以管理，因此会发生各种管理费用，若能将呆废料加以处理，上述人力及管理费用则可节省下来。

4）节约仓储空间。呆废料日积月累，势必占用庞大的仓储空间，可能影响企业的仓储管理。为节省仓储空间，呆废料应及时予以处理。

2. 呆料的产生及处理

（1）呆料产生的原因

1）销售部门产生呆料。一是市场预测欠佳，造成销售计划不准确，致使企业准备过多的物资；二是顾客订货不确定，订单频繁变更；三是销售部门接收订单时没弄清顾客对产品的要求及其他订货内容，致使制造出来的产品遭到退货。

2）设计部门。一是设计错误，等到试产时才发觉，因此准备的一部分物资变成呆料；二是设计变更，来不及修正采购活动或存量，造成呆料的产生；三是设计人员的设计能力不足，形成不切实际的设计；四是设计时欠缺标准化而造成材料零件种类过多，增加了产生呆料的机会。

3）计划与生产部门。一是产销协调不足，引起生产计划变更频繁，造成呆料发生的机会；二是生产计划错误，造成备料错误，这也是呆料产生的原因之一；三是生产线的管理活动不良，对生产线物资的发放或领取及退料管理不良，从而造成生产线呆料的产生。

4）物资控制与货仓部门。一是材料计划不当，造成呆料的产生；二是库存管理不良，存量控制不当，呆料也容易产生；三是账物不符，这也是产生呆料的原因之一；四是发生灾害而损及物资。

5）物资管理部门请购不当。一是采购管理部门采购不当，如日期延误、品质低劣、数量过多等；二是对供应商辅导不足，供应商品质、交货日期、数量、规格等不易于配合而发生呆料的现象。

6）品质管理部门。一是进料检验疏忽；二是采取抽样检验，允许的合格品中仍留有不良品；三是检验仪器不够精良。

（2）呆料的处理

呆料如果不妥善处理，就会变成废料，其处理主要是要做到"物尽其用"，主要途径如下。

1）调拨其他单位利用或与其他公司物物交易处理。本单位的呆料，其他单位仍可设法利用，可将呆料进行调拨。

2）修改再利用。既成呆料，少有利用机会，有时将呆料在规格上稍加修改，就能够加以利用。如果实在没有利用价值，可以破坏焚毁。

3）借新产品设计时推出，消化库存的呆料。

4）打折出售给原来的供应商。

3. 废料的产生及处理

（1）废料产生的原因

废料产生的原因主要有陈腐、锈蚀、边角料、拆解的产品四方面。

1）陈腐。物资长久未加以动用，陈腐不堪而失去使用价值。

2）锈蚀。机械设备耐用年数一过，无论如何保养，终将失去使用价值，报废拆解后自然形成废料。

3）边角料。钢料、布匹、胶皮、电线等，加以裁剪后必会产生边角零头或碎屑。

4）拆解的产品。不良产品的拆解，必然会产生不少已无利用价值的零件或包装材料。

（2）废料的处理

废料可以根据所处企业的不同采取不同的处理方法。

1）规模较小的企业，废料积累到一定程度时出售。

2）规模较大的企业，可将废料集中一处并开展物资解体的工作，将解体后的物资重新加以分类处理。

但必须注意的是，呆废料的处理必须事先征得财务部门的同意，并到财务下账，确保仓库的账务与实物统一。

呆废料处理申请表如表4-9所示。

表4-9 呆废料处理申请表

编号：　　　　　　　　　　　　　　　　　　　　　　　　　　日期：

项次	申请单号	品名	规格（料号）	单位	数量	拟处理			拟标售底价		备注
						移转别用	废弃	标售	单价	总价	
1											
2											
3											
4											

批准：　　　　　　　　　　　审核：　　　　　　　　　　　报告：

小资料

某公司盘点报告

1. 盘点背景

2017年5月28日，公司财务部组织对生产系统及车间物资进行盘点，公司相关领导指示2017年6月1日生产审计部与财务部联合对这次盘点进行稽核。

2. 盘点稽核结果

见《生产审计实物核查记录》。

3. 盘点问题分析

1）对三楼仓库（原郭勇军管理）盘点表共核查43项，其中27项物资（除铜材外）中有1项盘盈，2项盘亏；有16项为铜材，其中有1项重量相符，其他15项重量基本不符，账物差错率为41.86%。

主要原因有以下几个。

（1）出库时仓库按理论重量出库，盘点按理论重量核实，造成理论与实际不符。

（2）记账错误：三楼仓库中R10×30×2 400规格的铜排，在记账中误将243根为1 458千克记账为4 026千克，账上比实际多出约420根。

2）对二楼仓库（李井军管理）盘点表共核查18项，有2项符合、11项盘盈、5项盘亏，账物差错率为88.89%。

3）对二楼仓库（张清梅管理）盘点表共核查24项，其中3项盘盈，账物差错率为12.5%。

4）本次合计对仓库物资进行了85项次账物核查，结果有37项次账物不符，共计差错率为43.53%。

4. 建议

仓库作为生产物流系统的心脏，仓库物资管理的好坏直接影响生产计划的实施和生产

> 进度的控制，对此次仓库盘点表稽核的结果很不理想，造成此结果的原因是多方面的，但人员频繁更换、物资摆放、出入库的管理流程等对库存的准确性都有影响。目前仓库管理已经到了紧急整治的地步，请相关部门尽快完善仓库管理的最基本的文件制度：《仓库平面示意图》、《进料作业流程》、《物资储存、保管、搬运管理办法》、《领（发）料作业流程》、《退料作业流程》、《补料作业流程》、《成品进仓作业流程》、《成品出仓作业流程》、《账务处理规定》。加快仓库人员的培训和人员配置，建立岗位绩效考核和上下工序问责制。请相关部门和领导加快生产系统管理体制改革的决心和进程，有针对性地加快中高层管理人员培训，请相关部门和管理人员予以高度重视。

知识点四　分拣与补货

分拣指根据出库单的要求或配送计划将物资从拣货区或储存区拣取出来，并按一定的方式进行分类和集中的作业过程。补货指将物资从储存区补充到拣货区，以满足分拣需要的作业活动。没有合理的补货作业，分拣将不能持续进行。

分拣和补货是仓储的重要作业环节，是物资出库的基础。

一、分拣作业区域规划

1．分拣作业区域规划的原则

分拣作业区域的规划需要根据实际选择的分拣方式来设计，必须遵循以下原则。

1）系统性原则。分拣作业区域的规划不是孤单地满足有地方拣取物资就行，而是要将区域内需要参与的人、物、机械和作业有机地结合在一起，作为一个系统进行合理布局，追求整体的最优。

2）流动性原则。按照储存—拣选—补货—集货—包装—复核—出货的基本流程进行布局。对于需要进行流通加工的物资，还应考虑与流通加工场所的配合问题。

3）距离最短原则。分拣作业区域的规划应尽可能地将物资移动控制在最短距离，以降低分拣的成本。

4）弹性原则。随着时间的推移，物流企业作业量不断增加，分拣作业区域的布局要满足物流量、分拣品种和服务客户的变换趋势。

5）空间合理利用原则。分拣作业区域布局应综合考虑仓库空间的有效利用，特别要考虑自动分选机等先进设备对仓库空间的占用情况。

6）管理简单化原则。分拣作业区域布局要便于对作业全局的管理和监督。

7）人性化原则。分拣作业区域布局要考虑作业者的安全和工作的舒适度，符合人性化的要求。

2．分拣作业系统的布置

仓库的分拣作业系统主要有以下几种布置方法。

（1）储存和拣货区公用托盘货架

这种模式适合体积大、发货量也大的物资。一般托盘货架第一层为拣货区，第二、三层为库存区，当拣货区物资不足时再从库存区向拣货区补货，如图4-38所示。

（2）储存和拣货区公用的零星拣货方式

1）流动货架拣货方式。这种方式适用于进出货量较小，体积不大或外形不规则物资的拣货工作。因为进货、保管、拣货、发货都是单向物流动线，可配合入、出库的输送机作业。让流动货架来实现储存和拣货的动管功能，可达到先入先出的管理效果。流动货架拣货方式如图4-39所示。

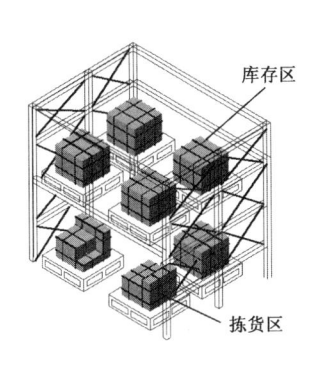

图4-38 储存和拣货区公用托盘货架

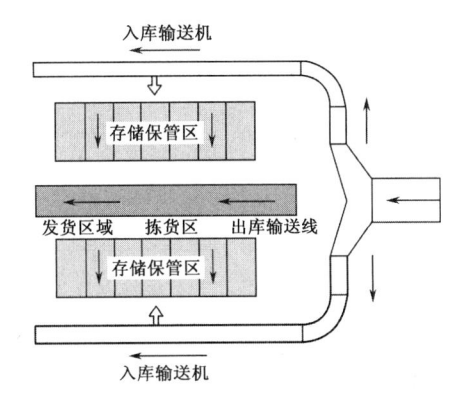

图4-39 流动货架拣货方式

2）一般货架拣货方式。用单面开放式货架进行拣货作业，但入库和出库在同一侧。为此，可公用一条输送机来进行补货和拣货作业。虽然节省空间，但必须注意入库和出库时间要错开，以免造成作业混乱，如图4-40所示。

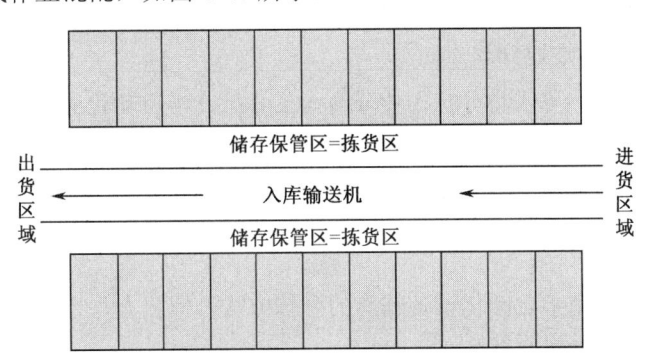

图4-40 单面开放式货架的拣货方式

（3）储存与拣货区分开的零星拣货方式

这种方式中，储存区与拣货区不是同一个货架，通过补货作业把物资由库存区送到拣货区。这种方式适合进出货量中等的情况，如图4-41所示。

（4）分段拣货的少量拣货方式

当拣货区分拣物资项过多时，使得流动货架的拣货路线很长，可考虑接力棒式的分段拣货方式。如果订单品项分布都落在同一分区中，则可跳过其他分区，缩短拣货行走距离，避免绕行整个拣货区，如图4-42所示。

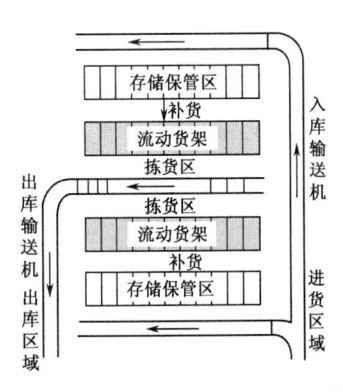

图4-41 存储与拣货区分开的零星拣货方式

（5）U形多品种少批量拣货补货方式

为减少拣货人员或需要兼顾输送机两侧货架的拣取作业时，可采用U形拣货路径和输送机方式，如图4-43所示。

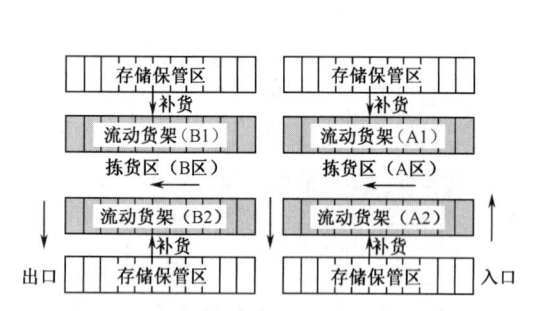

图4-42　分段拣货方式

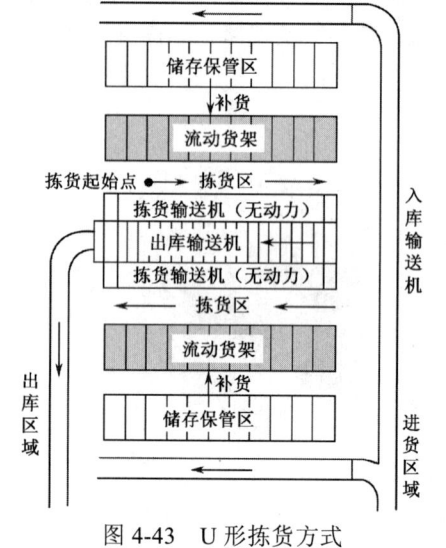

图4-43　U形拣货方式

二、分拣方式的选择

根据仓库的类型及采用的拣货策略不同，应选择相匹配的分拣方式。

1. 按照分拣设备特性划分

按照分拣设备特性，可以将分拣作业分为人工分拣、半自动化分拣和自动分拣三类。

（1）人工分拣

传统仓库的分拣作业完全采用人工方式，没有任何自动化设备的辅助。例如，看单拣货、贴标拣货等。人工分拣效率低、差错率高，不适应高频率的出货要求。

（2）半自动化分拣

现在许多仓库都采用半自动化设备辅助的分拣方式。依照人与设备间的互动关系，可将半自动化分拣方式分为下列两种。

1）人就物：物资固定不动，拣货人员需到物资放置处将物资拣出的作业方式。

2）物就人：拣货作业者只需停驻在固定位置，等待拣货设备将欲拣取的物资运至面前的作业方式。

（3）自动分拣

自动分拣是利用自动化设备进行物资分拣的方式。无须人力直接介入即可完成全部拣货作业。例如，A型自动拣货机、拣货机器人等。

2. 按照订单处理方式划分

根据订单处理方式，可以将分拣作业分为摘取式分拣、播种式分拣和混合式分拣三种。

（1）摘取式分拣（摘果法）

摘取式分拣，也叫订单别拣选，指拣选人员按照客户的订单要求，巡回于储存场所，挑选出每种物资，巡回完毕也就完成了一次配货作业。将配齐的物资放置到发货场所指定的货位,然后进行下一个要货单位的配货。摘取式分拣如图 4-44 所示。

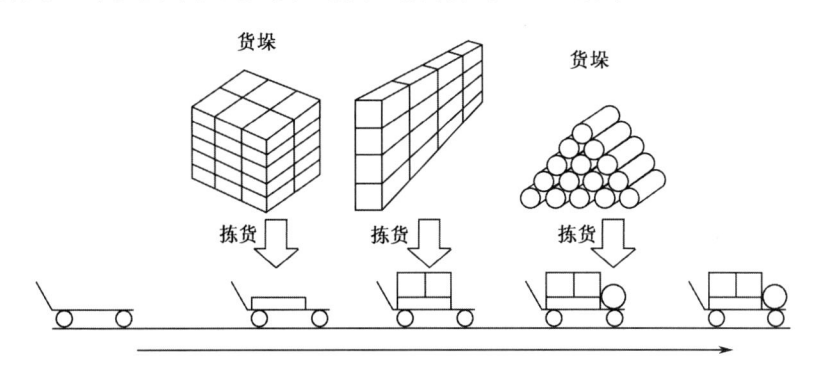

图 4-44　摘取式分拣

摘取式分拣的优点是作业简单,不容易遗漏,无前置时间,在规定的服务时间内对客户的响应较快,责任明确,允许紧急插件。缺点是效率低,少量多批次会造成拣选路径重复,费时。

适用情况：订单数少、货量大；用户不稳定、波动较大；用户之间的需求差异大,需求种类太多；用户配送时间要求不一；有紧急订单,也有限制一定时间的订单等。

（2）播种式分拣（播种法）

播种式分拣是一种分批拣选策略,也叫批量拣货,指将每批订单的同种物资累加起来,从储存区取出总量,集中搬运到理货场,然后将每个要货单位所需的数量取出,分放到待运区域,直至配货完毕。由于播种式分拣按物资类别拣取货物,也称为物资别拣选,如图 4-45 所示。

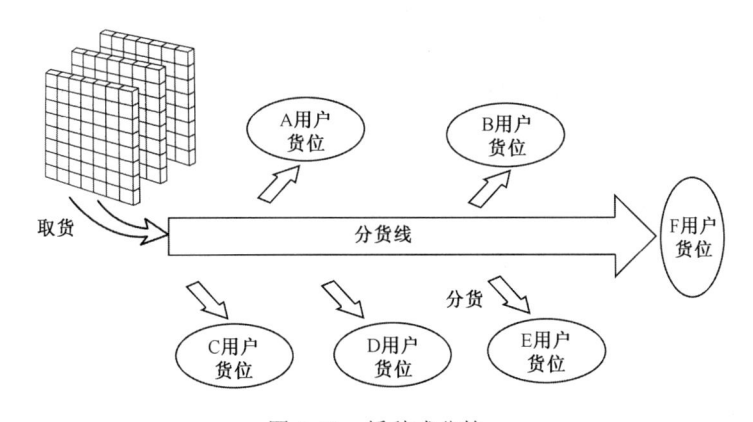

图 4-45　播种式分拣

播种式分拣的优点是可以缩短拣取时的行走、搬运距离,提高单位时间的拣取量。主要缺点是必须等订单达到一定数量才做一次处理,订单处理前置时间长；需要复查,以避免拣选和分拣的错误。

播种式分拣适用于数量大、重量轻、体积小的物资的订货,对于少批量、多批次订货十分有效。适用情况：对象是稳定用户且数量较多,此类用户的需求有很强的共同性,需求的差异较小,种类有限,易于统计,不至于使分货时间太长,用户配送时间的要求没有严格限制等。

（3）混合式分拣

混合式分拣又叫复合拣货，将摘取式分拣和播种式分拣混合运用，先将客户订单的订购品类按系统逻辑进行分割，该批订单中的共性物资采用播种式分拣，非共性物资采用摘取式分拣，再将两种分拣方式拣选出的物资合并，完成该批订单的拣选作业。

三、拣选设备的选用

拣货主要有三种方法，分别是人工拣货方法、半自动化拣货方法和自动化拣货方法。人工拣货方法主要是凭单拣货和贴标拣货，一般会用到拣货篮、拣货小车。半自动化拣货方法主要有人就物拣货方式和物就人拣货方式，人就物拣货方式一般会用到电子标签辅助拣货系统、掌上终端机、拣货台车等设备；而物就人拣货方式主要用到的设备是垂直式旋转货架和水平式旋转货架。自动化分拣设备参照第三章的相关内容。

四、补货

在拣货区的作业过程中，补货是很重要的一个环节，其准确率和及时率直接关系到拣选区的作业状况。

1. 根据补货发生的时机划分

根据补货发生的时机，可将补货分为批次补货、定时补货和随机补货三种类型。

1）批次补货。批次补货是在每天或每批次拣取前，先由计算机（或单据资料）计算物资总拣取量，再查对拣货区的物资量，并于拣取前的特定时点补足物资。批次补货是一次补足的补货原则，适用于一日作业量变化不大、紧急插单不多或每批次拣取量不易事先掌握的情况。

2）定时补货。定时补货是将每天划分为数个时点，补货人员于规定时间内检视拣货区货架上物资的存量，不足时则立即补足。定时补货是定时补足的补货原则，适合分批拣货时间固定且处理紧急插单时间也固定的仓库。

3）随机补货。随机补货指定专门补货人员，随时巡视拣货区的物资存量，不足基本存量则随时补货。随机补货是不定时补足的补货原则，较适用于每批次拣取量不大、紧急插单较多及一日内的作业量不易事先掌握的仓库。

2. 根据补货产生的原因划分

根据补货产生的原因，可将补货分为主动补货、被动补货及紧急补货三种类型。

1）主动补货。主动补货是仓库管理人员依据拣选区的存储现状，对目前库存数量没有达到存储货位上限的货位进行人为的生成补货。主动补货只是为了缓解拣选区被动生成补货导致的出库效率低下问题，因此一般在拣选区不忙的时候进行。

2）被动补货。被动补货指拣选区货位的存货低于系统设置的下限，不够订单要求的出库数量时，由系统自动生成的补货。在全人工管理的仓库里，由拣货员拣货发现库存不足，报补货员进行补货。被动补货的及时性要求很高，在产生被动补货之后必须马上补货，否则会影响下一环节的拣货工作。

3）紧急补货。紧急补货是为了在紧急情况下控制出库节奏，人为生成的补货。紧急补货一般发生在下游环节急需但拣货区库存又不足的情况下。

知识点五　出库作业管理

出库作业管理指仓库按照货主的调拨出库凭证或发货凭证（提货单、调拨单）所注明的物资名称、型号、规格、数量、收货单位、接货方式等条件，进行的核对凭证、备料、复核、点交、发放等一系列作业和业务管理活动。

出库业务是保管工作的结束，既涉及仓库同货主或收货企业及承运部门的经济联系，也涉及仓库各有关业务部门的作业活动。为了能以合理的物流成本保证出库物资按质、按量、及时、安全地发给用户，满足其生产经营的需要，仓库应主动和货主联系，由货主提供出库计划，这是仓库出库作业的依据，特别是供应异地的物资和大批量出库的物资，更应提前发出通知，以便仓库及时办理流量和流向的运输计划，完成出库任务。

仓库必须建立严格的出库和发运程序，严格遵循"先进先出，推陈储新"的原则，尽量一次完成，防止差错，需托运物资的包装还要符合运输部门的要求。

一、出库的依据

出库作业必须由货主的出库通知或请求驱动，仓库一切物资的出库，必须凭有关人员签章的"申请单"或"出货通知单"方可放行。坚决杜绝凭信誉或无正式手续的发货。

出库通知单通常采用四联单：第一联是存根联；第二联由仓库留存；第三联用于财务核算；第四联是提单联，用于提货人提货。

二、出库方式

出库方式指仓库用何种方式将物资交付用户，选用哪种方式出库，要根据具体条件，由供需双方事先商定。

1. 送货

仓库根据货主单位的出库通知或出库请求，通过发货作业把应发物资交由运输部门送达收货单位或使用仓库自有车辆把物资运送到收货地点的发货形式，也就是通常所称的送货制。

仓库实行送货具有多方面的好处：仓库可预先安排作业，缩短发货时间；收货单位可避免因人力、车辆等不便而发生取货困难；在运输上，可合理使用运输工具，减少运费。

送货必须以定额为依据，完善交接手续，分清责任。须由送货人办理发货凭证，一式四份：一份由送货人签收后交给保管员留存并依此核销库存；一份经保管员签章后由送货人留存；一份由送货人、保管员共同签章后交送货单位；一份由送货人、保管员签章后交物资统计员。

送货的组织可采取专人定路线的方式，采用这种方式，可以用集装箱的办法巡回送料。也可采取由保管员每日定时送料的办法，保管员直接送料可以减少交接手续，直接由用料单位签收即可。

在送货过程中及在向用料单位交接物资中，如果发现物资包装损坏、物资受损或物资数量短缺等现象，应由送料人追查处理。

送货人员必须了解运送物资的性质、体积、重量、需要的紧迫性等，以便选择运送工具，组织装卸力量，安排装车的先后顺序，尽量节约运力。装车后，应检查捆绑、加固、苫盖等是否稳妥。卸车后，必须收回苫盖和加固材料。

2. 收货人自提

这种发货形式是由收货人或其代理持取货凭证直接到库取货，仓库凭单发货。仓库发货人与提货人可以在仓库现场划清交接责任，当面交接并办理签收手续。

3. 过户

过户是一种就地划拨的形式，物资实物并未出库，但是所有权已从原货主转移到新货主的账户中。仓库必须根据原货主开出的正式过户凭证办理过户手续。

4. 取样

取样就是货主由于商检或样品陈列等需要，到仓库提取货样（通常要开箱拆包、分割抽取样本）。仓库必须根据正式取样凭证发出样品，并做好账务记载。

5. 转仓

转仓指货主为了业务方便或改变储存条件，将某批库存物资自甲库转移到乙库。仓库必须根据货主单位开出的正式转仓单办理转仓手续。

三、出库准备

出库前要做好两方面的准备工作，一方面是计划工作，即根据货主提出的出库计划或出库请求，预先做好物资出库的各项安排，包括货位、机械设备、工具和工作人员，提高人、财、物的利用率；另一方面是做好出库物资的包装和标志标记。发往异地的物资，需经过长途运输，包装必须符合运输部门的规定，如捆扎包装、容器包装等，成套机械、器材发往异地，事先必须做好物资的清理、装箱和编号工作。在包装上挂签（贴签）、书写编号和发运标记（去向），以免错发和混发。

四、出库作业程序

出库程序包括核单备货、复核、包装、点交、登账、清理等过程。无论哪种出库方式，都应按以下程序做好管理工作。

1. 核单备货

如属自提物资，首先要审核提货凭证的合法性和真实性；其次核对品名、型号、规格、单价、数量、收货单位、有效期等。

出库物资应附有质量证明书或副本、磅码单、装箱单等，机电设备、电子产品等物资，其说明书及合格证应随货同付。备料时应本着"先进先出、推陈储新"的原则，易霉易坏的先出，接近失效期的先出。

备货过程中，凡计重物资，一般以入库验收时标明的重量为准，不再重新计重。需分割或拆捆的，应根据情况进行处理。

2. 复核

为了保证出库物资不出差错，备货后应进行复核。出库的复核形式主要有专职复核、交叉复核和环环复核三种。除此之外，在发货作业的各道环节上都贯穿着复核工作。例如，理货员核对单货，守护员（门卫）凭票放行，账务员（保管会计）核对账单（票）等。这些分散的复核形式，起到分头把关的作用，都十分有助于提高仓库发货业务的工作质量。

复核的内容包括：品名、型号、规格、数量是否同出库单一致；配套是否齐全；技术证件是否齐全；外观质量和包装是否完好。只有加强出库的复核工作，才能防止错发、漏发和重发等事故的发生。

3．包装

出库物资的包装必须完整、牢固，标记必须正确清楚，如有破损、潮湿、捆扎松散等不能保障运输中安全的，应加固整理，破包、破箱的不得出库。各类包装容器上若有水渍、油迹、污损，也不能出库。

出库物资如需托运，包装必须符合运输部门的要求，选用适宜的包装材料，其重量和尺寸要便于装卸和搬运，以保证在途物资的安全。

包装是仓库生产过程的一个组成部分。包装时，严禁将互相影响或性能互相抵触的物资混合包装。包装后，要写明收货单位、到站、发货号、本批总件数、发货单位等。

4．点交

出库物资经过复核和包装后，需要托运和送货的，应由仓库保管机构移交调运机构，属于用户自提的，则由保管机构按出库凭证向提货人当面交清。

5．登账

点交后，保管员应在出库单上填写实发数、发货日期等内容，并签名。然后将出库单连同有关证件资料，及时交货主，以便货主办理货款结算。

6．现场和档案的清理

经过出库的一系列工作程序之后，实物、账目和库存档案等都发生了变化。应彻底清理，使保管工作重新趋于账、物、资金相符的状态。

1）按出库单，核对结存数。

2）如果该批物资全部出库，应查实损耗数量，在规定损耗范围内的，进行核销，超过损耗范围的，查明原因并进行处理。

3）一批物资全部出库后，可根据该批物资入出库的情况、采用的保管方法和损耗数量，总结保管经验。

4）清理现场，收集苫垫材料，妥善保管，以待再用。

5）代运物资发出后，收货单位提出数量不符时，属于重量短少而包装完好且件数不缺的，应由仓库保管机构负责处理；属于件数短少的，应由运输机构负责处理。若发出的物资品种、规格、型号不符，由保管机构负责处理。若发出物资损坏，应根据承运人出具的证明，分别由保管及运输机构处理。

在整个出库过程中，复核和点交是两个最关键的环节。复核是防止差错的重要和必不可少的措施，而点交则是划清仓库和提货方责任的必要手段。

6）由于提货单位任务变更或其他原因要求退货时，可经有关方同意办理退货。退回的物资必须符合原发的数量和质量，要严格验收，重新办理入库手续。当然，未移交的物资则不必检验。

五、物资出库中的问题处理

出库过程中出现的问题是多方面的，应分别对待。

1. 出库凭证（提货单）上的问题

1）凡出库凭证超过提货期限的，用户前来提货，必须先办理手续，按规定缴足逾期仓储保管费，方可发货。任何非正式凭证都不能作为发货凭证。提货时，用户发现规格开错，保管员不得自行调换规格发货。

2）凡发现出库凭证有疑点及出库凭证有假冒、复制、涂改等情况的，应及时与仓库保卫部门及出具出库单的单位或部门联系，妥善处理。

3）物资进库未验收或期货未进库的出库凭证，一般暂缓发货，并通知货主，待货到并验收后再发货，提货期顺延。

4）如客户因各种原因将出库凭证遗失，客户应及时与仓库发货员和账务人员联系挂失；如果挂失时物资已被提走，保管人员不承担责任，但要协助货主单位找回物资；如果物资还没有提走，经保管人员和账务人员查实后，做好挂失登记，将原凭证作废，缓期发货。

2. 提货数与实存数不符

若出现提货数与物资实存数不符的情况，一般是实存数小于提货数。造成这种问题的原因主要有以下几个。

1）物资入库时，由于验收问题，增大了实收物资的签收数量，从而造成账面数大于实存数。

2）仓库保管人员和发货人员在以前的发货过程中因错发、串发等差错而形成实际物资库存量小于账面数。

3）货主单位没有及时核减开出的提货数，造成库存账面数大于实存数，从而开出的提货数量过大。

4）仓储过程中造成了物资的毁损。

当遇到提货数大于实存数时，无论是何种原因造成的，都需要和仓库主管部门及货主单位及时取得联系后再处理。

3. 串发货和错发货

所谓串发货和错发货，主要指发货人员由于对物资种类规格不熟悉，或者由于工作中的疏漏，把错误规格、数量的物资发出库的情况。

如果物资尚未离库，应立即组织人力，重新发货。如果物资已经离开仓库，保管人员应及时向主管部门和货主通报串发和错发货的品名、规格、数量、提货单位等情况，会同货主单位和运输单位共同协商解决。一般在无直接经济损失的情况下由货主单位重新按实际发货数冲单（票）解决。如果形成直接经济损失，应按赔偿损失单据冲转调整保管账。

4. 包装破漏

包装破漏指在发货过程中，物资外包装破损引起的渗漏等问题。这类问题主要是在储存过程中堆垛挤压、发货装卸操作不慎等情况引起的，发货时应整理或更换包装，方可出库，否则造成的损失应由仓储部门承担。

5. 漏记账和错记账

漏记账指在出库作业中，由于没有及时核销明细账而造成账面数量大于或少于实存数的现象。错记账指在物资出库后核销明细账时没有按实际出库的物资名称、数量等登记，从而造成账实不相符的情况。

无论是漏记账还是错记账，一经发现，除及时向有关领导如实汇报情况外，还应根据原出库凭证查明原因，调整保管账，使之与实际库存保持一致。如果由于漏记账和错记账给货主单位、运输单位和仓储部门造成了损失，应予赔偿，同时应追究相关人员的责任。

知识点六　储位管理

现代仓储管理与传统的仓储管理相比，更加注重仓储的时效性，是一种动态的管理，重视物资在拣货出库时的数量位置变化，从而配合其他仓储作业。储位管理就是利用储位来使物资处于"被保管状态"并且能够明确显示所储存的位置，同时，当物资的位置发生变化时，能够准确记录，使管理者能够随时掌握物品的数量、位置及去向。

一、储位管理的目标与原则

1. 储位管理的目标

储位管理的目标主要有以下几个。
1）充分、有效地利用空间。
2）尽可能提高人力资源及设备的利用率。
3）有效地保护好物资的质量和数量。
4）维护良好的储存环境。
5）使所有在储物资处于随存随取状态。

2. 储位管理的基本原则

储位管理与其他管理一样，其管理方法必须遵循一定的原则，其基本原则有以下三个。

（1）储位标识明确

先将储存区域详细划分，并加以编号，让每种预备存储的物资都有位置可以存放。此位置必须是明确的，而且经过储位编码，不可以是边界含糊不清的位置，如走道、楼上、角落或某物资旁等。需要指出的是，仓库的过道不能当成储位来使用，虽然短时间会得到一些方便，但会影响物资的进出，违背了储位管理的基本原则。

（2）物资定位有效

依据物资保管方式的不同，应该为每种物资确定合适的储存单位、储存策略、分配规则，以及其他储存物资要考虑的因素，把物资有效地配置在先前所规划的储位上。例如，冷藏的物资应该放冷藏库，流通速度快的物资应该放置在靠近出口处，香皂不应该和食品放在一起等。

（3）变动更新及时

当物资被有效地配置在规划好的储位上以后，接下来的工作就是储位的维护，也就是说，物资不管是因拣货取出、被淘汰，还是受其他作业的影响，使得物资的位置或数量发生改变时，就必须及时地把变动情形加以记录，以使记录与实物数量完全吻合，如此才能进行管理。由于此项变动登记工作非常烦琐，仓库管理人员在繁忙的工作中会产生惰性，使得这个原则成为储位管理中最困难的部分，这也是目前各仓库储位管理作业成败的关键所在。

二、储位规划

在存储作业中，为有效对物资进行科学管理，必须根据仓库、存储物资的具体情况，实行仓库分区、物资分类和定位保管。

1. 仓库分区

仓库分区就是根据仓库建筑形式、面积大小、库房、货场和库内道路的分布情况，并结合物资分类情况和各类物资的储存量，将仓库划分为若干区域，确定每类物资的储存区域。

2. 储位的确定

储位的确定一般要考虑物资的周转率、相关性、特性、体积及质量、先进先出的原则等因素。

（1）根据物资周转率确定储位

周转率高的物资储存在接近仓库出入口或专用线的位置，周转率低的物资存放在远离仓库出入口处。

（2）根据物资相关性确定储位

相关性大的物资通常被同时采购或同时出仓，这类物资应尽可能规划在同一储区或相近储区。

（3）根据物资特性确定储位

性质相同或所要求保管条件相近的物资应集中存放，并相应地安排在条件适宜的库房或货场。

（4）根据物资体积、重量特性确定储位

重大的物资保管在地面上或货架的下层位置。为了货架的安全并方便人工搬运，人的腰部以下的高度通常宜储放重物或大型物资。

（5）根据物资先进先出的原则确定储位

先入库的物资存放在离仓库出入口较近的位置，后入库的物资存放在离仓库出入口较远的位置。

三、储存要素分析

储位管理的要素有储位空间、物资、人员及储放、搬运设备与资金等。

1. 储位空间

仓库从功能上可分为仓储型仓库和流通型仓库，所以在储位空间的分配上，对于仓储型仓库，主要是仓库保管空间的储位分配；而对于流通型仓库，则为便于拣货及补货的储位分配。在储位分配时，确定储位空间，先考虑空间大小、柱子排列、梁下高度、过道、设备作业半径等基本因素，再结合其他因素，才能合理安排储位空间。

2. 物资

管理放在储位上的物资，要考虑物资本身的影响因素。

1）供应商。物资的供货渠道，是自行生产的还是购入的，有没有行业特点。

2）物资特性。物资的体积大小、质量、单位、包装、周转率、季节性的分布及自然属性，温、湿度的要求，气味的影响等。

3）数量的影响。包括生产量、进货量、库存量、安全库存量等。

4）进货要求。包括采购前置时间、采购作业特殊要求。

5）种类。包括种类类别、规格大小等。

考虑了以上因素后，再决定如何放置，此时应该考虑：存储单位（单个、箱、托盘）、储位策略（定位存储、随机存储、分类存储、分类随机存储，或者其他的分级、分区存储）、储位分配原则、物资特性、补货的方便性、单位在库时间、订购频率等。

物资摆放好后,就要进行有效的在库管理,随时掌握库存状况,了解其种类、数量、位置、入出库状况等资料。

3. 人员

人员包括仓管人员、搬运人员、拣货补货人员等。仓管人员负责管理及盘点作业,拣货人员负责拣货作业,补货人员负责补货作业,搬运人员负责入库、出库作业、翻堆作业(为了物资先进先出、通风、避免气味混合等目的)。

而人员在存取搬运物资时,在仓库的作业中,讲求的是省时、高效,而在照顾员工的条件下,讲求的是省力。因此要达成存取效率高、省时、省力的目的,作业流程方面就要合理化;储位配置及标示要简单、清楚,一目了然;而且要好放、好拿、好找;表单要简单、标准化。

4. 储放、搬运设备与资金

相比储位空间、物资、人员来说,储放搬运设备与资金是关联要素,在选择时,要考虑物资的特性、物资的单位、容器、托盘等因素,以及人员作业时的流程、储位空间的分配等,还要考虑设备成本与人员操作的方便性。各储位统一编码,编码规则必须明了易懂,好操作。资金要有预算,如果超出预算,要看是否能够产生相应的效益。

四、储位管理的方法

储位管理的基本方法就是对储位管理原则的灵活运用,具体方法如下。

1)先了解储位管理的原则,接着应用这些原则来判别物资储放需求。

2)对储放空间进行规划配置,空间规划配置的同时选择储放设备及搬运设备。

3)对这些保管区域与设备进行储位编码和物资编号。

4)储位编码与物资编号完成后,选择用什么分配方式把物资分配到所编好码的储位上,可选择人工分配、计算机辅助分配、计算机全自动分配的方法进行分配。

5)物资分配到储位上后,要对储位进行维护。要做好储位维护工作,除了使用传统的人工表格登记外,还可应用最有效率、最科学的方法来执行。要让维护工作能持续不断地进行,就得借助一些核查与改善的方法来监督与鼓励。

五、储位编码与物资编号

在物资保管过程中,可以根据储位编码对库存物资进行科学、合理的养护,有利于对物资采取相应的保管措施;在物资收发作业过程中,按照储位编码可以迅速、准确、方便地进行查找,不但提高了作业效率,而且减少了差错。

1. 储位编码

在分区、分类和划好储位的基础上,将仓库的库房、货场、货棚及货架等存放物资的场所划分为若干储位,按储存地点和位置的排列,采用统一标记来编列顺序号码,并做出明显的标志,以方便仓库作业,如图4-46所示。

(1)储位编码的要求

储位的编码就像物资在仓库中的住址,必须符合"标志明显易找、编排循规有序"的原则。具体编码时,须符合以下要求。

1)标志设置要适宜。储位编码的标志设置要因地制宜,采用适当的方法,选择适当的地方。无货架的库房内,走道、支道、段位的标志,一般刷置在水泥或木板地坪上;有货架的库房内，储位标志一般设置在货架上，如图4-47所示。

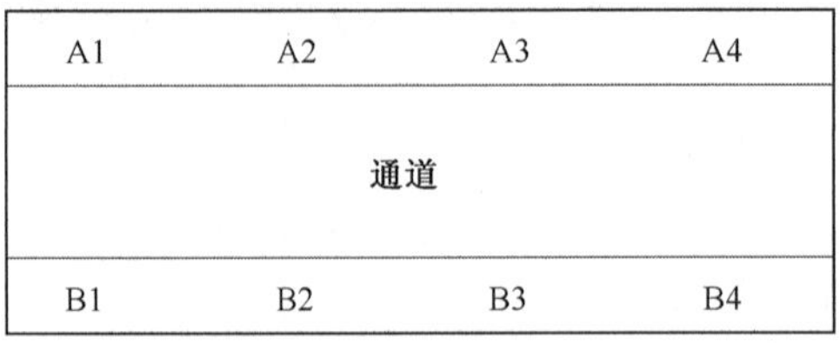

A1	A2	A3	A4
通道			
B1	B2	B3	B4

图4-46 储位编码 　　　　　　　　　图4-47 标志设置

2）标志制作要规范。储位编号的标志如果随心所欲、五花八门，很容易造成单据串库、物品错收、错发等事故。统一使用阿拉伯数字制作标志，就可以避免以上弊病。为了将库房及走道、支道、段位等加以区别，可在字码大小、颜色上进行区分，也可在字码外加上括号、圆圈等符号加以区分。

3）编码顺序要一致。整个仓库范围内的库房、货场内的走道、支道、段位的编码，一般都以进门的方向左单右双或自左向右顺序编号的规则进行。

4）段位间隔要恰当。段位间隔的宽窄取决于货种及批量的大小。

同时应注意的是，走道、支道不宜经常变更位置和编码，因为这样不仅会打乱原来的货位编码，还会使保管员不能迅速收发货。

（2）储位编码的方法

储位编码前必须对整个储存场所进行调查，按地点和位置及统一的编码规则，对仓库进行由大到小、由粗到细的编码工作。

1）整个仓库编号。首先，对整个储存场所中有库房、货棚、货场等不同性质的存放地点的仓库进行统一顺序编号。

① 以进入仓库大门的方向，按左单右双（或左双右单）的顺序排列。

② 以进入仓库大门的方向，按地点远近，自左至右（或自右向左）排列，如图4-48所示。

对多层库房的楼层、仓间还要进一步编号。常采用"三位数编号"与"四位数编号"法。以图4-48中的1号库房为例，假设其为多层库房，其楼梯、仓间采用三位数编号法，如图4-49、图4-50所示。

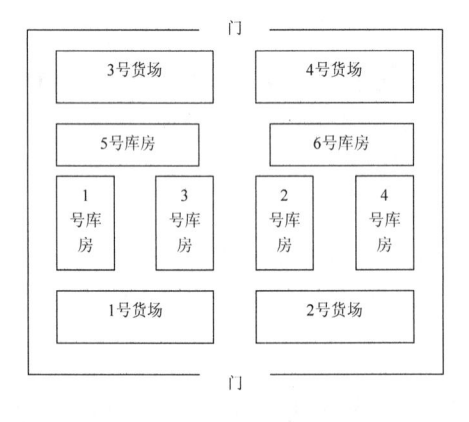

图4-48 某仓库货物编号示意图 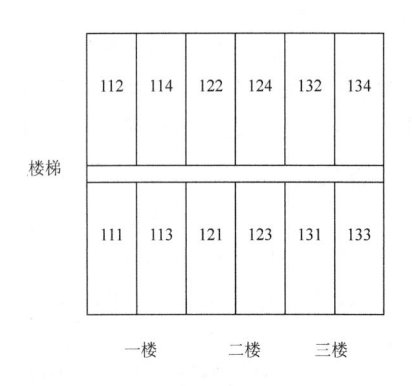　　　　　　　图4-49 1号库房单梯平列仓间编号

"三位数编号"中的第一组数字表示库房编号，第二组数字表示楼层编号，第三组数字表示仓间编号。以"123"为例，表示 1 号库、2 层楼、3 号仓间。在楼层和仓间较多的情况下，每个号可能需要两个字符位来表示，则可用短横"-"隔开各数字，如"1-2-11"表示 1 号库房第 2 层第 11 号仓间。

"四位数编号"就是用四组数字依次表示库房、货架、货层、货格，有时也称为"四号定位"。第一组数字为"库房或货场"编号，用油漆写在库房、货场入口处；第二组数字为"货架或货区"编号，写在货位上方顶梁上或悬挂在顶梁上；第三组数字为"货架层次或货区排次"编号，写在货架或货垛上；第四组数字为"物资具体位置"编号，写在货架的货格上或地面上，或者用标签插在物资的包装上。例如，有一物资存放在第 13 号库房、第 15 号货架、第 2 层、第 26 号储位上，它的储位编号就可写成"13-15-2-26"。

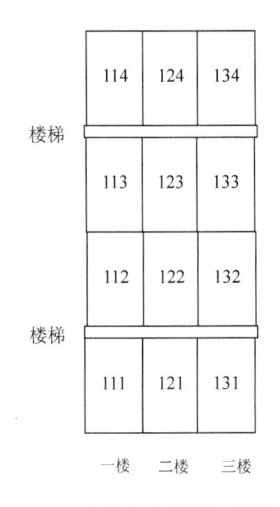

图 4-50　1 号库房多梯排列仓间编号

"三位数编号"和"四位数编号"常常结合在一起使用，以确定一个物资在哪号仓库的哪个具体储位上。

2）货场储位编号。货场储位编号主要有两种方法：一种是按照货位排列，编成排号，再在排号内按顺序编号，如图 4-51 所示；另一种是不编排号，采取自左至右和自前至后的方法，按顺序排号，如图 4-52 所示。

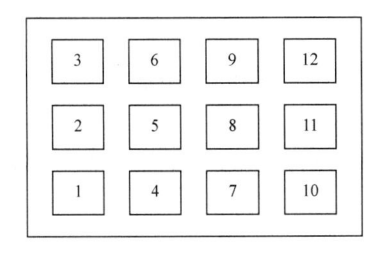

图 4-51　编排号货场储位编号

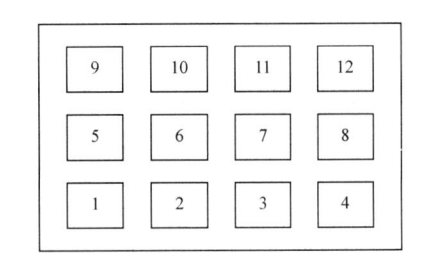

图 4-52　不编排号货场储位编号

3）货架储位编号。货架储位编号一般有三种方法：以排为单位的货架储位编号、以物资编号代替货架储位编号、以品种为单位的货架储位编号。

① 以排为单位的货架储位编号。将库房内的所有货架，以库门进入的方向，按照由前向后、由左到右的方向顺序编号，再对每个货架的格位或夹层按照由左到右、由上到下的顺序编号，如图 4-53 所示。

货架储位编号一般也采用四位编号，第一个字符表示库房号，第二个字符表示货架排号，第三个字符表示货架层号，第四个字符表示格位编号。例如，"02-08-03-02"是指 2 号库房第 8 排货架第 3 层第 2 个格位。

② 以物资编号代替货架货位编号。在储存进出库频繁的零星物资时，可以以物资编号代替货架货位编号，以避免两套编号可能产生的麻烦。

③ 以品种为单位的货架货位编号。将库房内的货架，以物资品种划分储存区域后，再以各品种占用储存区域的大小，在分区编号的基础上进行货架格位编号。

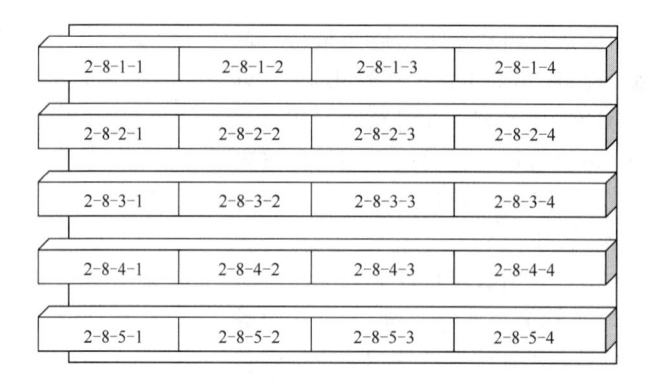

2-8-1-1	2-8-1-2	2-8-1-3	2-8-1-4
2-8-2-1	2-8-2-2	2-8-2-3	2-8-2-4
2-8-3-1	2-8-3-2	2-8-3-3	2-8-3-4
2-8-4-1	2-8-4-2	2-8-4-3	2-8-4-4
2-8-5-1	2-8-5-2	2-8-5-3	2-8-5-4

图 4-53　第 8 排货架上格位的四位编号示意图

4）库房走道、支道及段位编号。一般以进入库门的方向，左单右双排列。对于内外墙相对的走道、支道，其横道应取自左向右的方向，再按左单右双排列。

2．物资编码

物资编码是唯一标识物资的代码，通常用字符串（定长或不定长）或数字表示。物资编码是计算机系统对物资的唯一识别代码。它用一组代码来代表一种物资。物资编码必须是唯一的，也就是说，一种物资不能有多个物资编码，一个物资编码不能代表多种物资。

（1）物资编码的作用

物资编码的作用主要表现在以下六个方面。

1）增强物资资料的正确性。物资的领发、验收、请购、跟催、盘点、储存和记录等一切与物资相关的活动均有物资编码可以查核，物资数据更加精确，一物多名、一名多物或物名错乱的现象不会发生。

2）提高物资管理的工作效率。对物资进行系统的排列，以编码代替文字的记述，物资管理工作将简便省事，效率也会因此提高。

3）有利于计算机处理。物资管理在物资编码体系推行后，可以进一步利用计算机做更有效的数据处理，以达到高效管理的效果。

4）减少物资库存，降低成本。物资编码有利于对物资库存量进行有效控制，同时也有利于防止呆料，并提高物资管理工作的效率，减少资金积压，降低成本。

5）防止物资舞弊事件的发生。物资一经编码后，物资记录正确而迅速，物资储存井然有序，可以减少舞弊事件的发生。

6）便于物资领用。库存物资均有正确、统一的名称及规格编码，使用料部门的领用及物资仓库的发料都十分方便。

（2）物资编码的原则

1）简单性原则。编码的目的在于将物资化繁为简，便于物资管理，因此物资编码在应用文字、符号或数字上应力求简单明了，这样可节省阅读、填写、抄录的时间与手续，并可减少错误的机会。

2）稳定性原则。物资编码要统一而有一贯性，编码时要考虑其变化的可能性，尽可能保持代码系统的稳定性。

3）唯一性原则。一个物资编码只能代表一种物资，同一种物资只能找到一个物资编码。一般地，只要物资的物理性质或化学性质有变化，只要物资要在仓库中存储，就必须为其指定一个编码。

4）标准化原则。编码应提高标准化程度，并尽可能与国际或国家行业标准相吻合。

5）伸缩性原则。物资编码要考虑未来新产品发展及产品规格的变更而发生物资扩展或变动的情形。预留伸缩余地，不能仅就物资的现状进行物资编码的安排，否则待新物资产生时，就会出现新物资无号可编的情况。

（3）物资编码的方法

物资编码的方法比较多，经常用到的有下面几种。

1）流水编码法。先将所有物资依某种方式大致排列，然后自阿拉伯数字 1 起依顺序编排流水号，如表4-10所示。

表4-10　某仓库流水编码法物资编号

编　　号	物 资 名 称
1	香皂
2	肥皂
3	洗涤剂
……	……
N	洗衣粉

2）数字分段法。对数字进行分段，每一小段代表一类物资的共同特性，如表4-11所示。

表4-11　某仓库数字分段法物资编号

编　　号	物 资 名 称
1~4	编号1~4预留给方便面编号使用
1	康师傅方便面
2	统一方便面
3	今麦郎方便面
4	
5~9	编号5~9预留给饼干编号使用
5	达能饼干
6	奥利奥饼干
7	旺旺饼干
8	嘉士利饼干
9	……
……	……

3）分组编码法。依据物资的特性分成若干数字组，每组表示物资的一种特性。例如，"075006110" 所代表的意义如表4-12所示。

表4-12　某仓库分组编码法物资编号

物资编码	类　别	形　状	供应商	尺　寸	意　　义
075006110	07				饮料
		5			圆瓶
			006		统一
				110	100mm×200mm×400mm

4）实际意义编码法。在编码时，用部分或全部编码代表物资的特性。例如，"FO4915B1"

的含义如表 4-13 所示。

表 4-13 某仓库实际意义编码法物资编号

编 码	含 义	
FO4915B1	FO	表示 FOOD，食品类
	4915	表示 4mm×9mm×15mm，尺寸大小
	B	表示 B 区，物资存储区号
	1	表示第一排货架

5）后数位编码法。用编号最后的数字对同类物资进行进一步细分，如表 4-14 所示。

表 4-14 某仓库后数位编码法物资编号

编 号	物 资 名 称
270	服饰
280	女装
281	上衣
281.1	毛衣
281.11	红色

6）暗示编码法。物资编码所代表的物资意义可自编码本身联想出来。主要有字母暗示法、数字暗示法、混合法等三种。

① 字母暗示法。从物资的英文字母当中，择取重要且有代表性的一个或数个英文字母（通常取主要文字的首字母）作为编码的号码，使阅读物资编码者可以从中想象到英文单词，进而从暗示中得知该物资为何物。如英文单词 EP 代表 Ear Phone；汉语拼音 EJ 代表 Er Ji。

② 数字暗示法。直接以物资的数字为物资编码的号码，或者都将物资的数字依一固定规则转换成物资编码的号码，物资编码的阅读者可从物资编码数字的暗示中得知该物品为何物。

③ 混合法。把字母暗示法和数字暗示法结合在一起进行物资的编码。例如，"BY005WB10"的含义如表 4-15 所示。

表 4-15 某仓库混合法物资编号

属 性	物资名称	尺 寸	颜色与形式	供 应 商
编码	BY	005	WB	10
含义	表示自行车（bicycle）	表示大小为 5 号	表示白色 white 表示小孩型 boy's	表示供应商的代号

六、储位指派法

储位指派法主要有人工指派法、计算机辅助指派法、计算机指派法三种指派方法。

1. 人工指派法

人工指派法是指物资的存放位置由人工指定，具有下面三个特点。

1）要求仓储人员必须熟记储位指派原则，并能灵活应用。

2）仓储人员必须按指派单证把物资放在指定储位上，并做好详细记录。

3）实施动态管理，补货或拣货作业时，仓储人员必须做好登记、消除工作，保证账物相符。

人工指派法的优点是计算机等设备投入费用少；缺点是指派效率低、出错率高。

2．计算机辅助指派法

计算机辅助指派法就是利用图形监控系统，收集储位信息，并显示储位的使用情况，把这作为人工指派储位的依据进行储位指派作业。

采用此法需要计算机、扫描仪等硬件设备及储位管理软件系统的支持。

3．计算机指派法

计算机指派法就是利用图形监控储位管理系统和各种现代化信息技术，如条形码自动阅读机、无线电通信设备、网络技术、计算机系统等，收集储位有关信息，通过计算机分析后直接完成储位指派工作。

计算机指派方法的优点是指派迅速、准确；缺点是软/硬件投入较大。

案例分析

从英迈公司仓储管理得到的启示

2000年，英迈公司全部库房只丢了一根电缆。半年一次的盘点，由公证公司作为第三方检验机构，统计结果只差几分钱，陈仓损坏率为0.03%，运作成本不到营业总额的1%……这些都发生在在全国拥有15个仓储中心，每天库存物资上千种，价值可达5亿元人民币的英迈公司身上。这家公司是如何做到的呢？通过参观英迈中国在上海的储运中心，可发现英迈中国运作部具有强烈的成本概念和服务意识。

1. 几个数字

一角二分三厘：英迈库存中所有的物资，在摆放时物资标签一律向外，而且没有一个倒置，这是在进货时就按操作规范统一摆放的，目的是出货和清点库存时查询方便。运作部曾经计算过，如果物资标签向内，一个熟练的仓储管理人员操作，将其恢复至标签向外，需要8分钟，这8分钟的人工成本就是一角二分三厘。

3千克：英迈的每个仓库中都有一本重达3千克的行为规范指导，细到怎样检查销售单、怎样装货、怎样包装、怎样存档、每一步骤在系统上的页面是怎样的，等等，在这本指导书上有流程图和文字说明，任何受过基础教育的员工都可以从规范指导中查询和了解到每个物流环节的操作规范，并遵照执行。在英迈的仓库中，只要有动作就有规范，操作流程清晰的观念为每个员工所熟知。

5分钟：统计和打印出英迈上海仓库或全国各个仓库的劳动力生产指标，包括人均收货多少钱、人均收货多少行（即多少单，其中人均每小时收到或发出多少行订单是仓储系统评估中的一个重要指标），只需要5分钟。在Impulse系统中，劳动力生产指标统计实时在线，随时可调出。如果没有系统支持，这样一个指标的统计至少得一个月的时间。

20分钟：在日常操作中，仓库员工从接到订单到完成取货，规定时间为20分钟。因为仓库对每个货位都标注了货号标志，并输入Impulse系统，Impulse系统会将发货产品自动生成产品货号，货号与仓库中的货位一一对应，仓库员工在发货时就像邮递员寻找邮递对象的门牌号码一样方便。

4小时：有一次，由于库房经理的网卡出现故障，无法使用Impulse系统，结果他在库房中寻找了4小时也没有找到所要的网络工作站。依赖IT系统对库房进行高效管理，已经成为库房员工根深蒂固的观念。

1个月：英迈的库房是根据中国市场的现状和需求而建设的，投入要求恰如其分，目标清楚，能支持现有的经销模式并做好随时扩张的准备。每个地区的仓库经理都能够在1个月之内完成一个新增仓库的考察、配置与实施任务，这都是为了快速地启动物流支持系统。在英迈的观念中，如果人没有准备，有钱也没用。

2. 几件小事

（1）英迈库房中的很多记事本都是收集已打印一次的纸张装订而成，即使经理也不例外。

（2）进出库房须严格按照流程进行，每个环节的责任人都必须明确，即使有总经理的签字也不可以违反操作流程。

（3）货架上的物资号码标识用的都是磁条，采用的原因同样是能降低成本，以往采用的是打印标识纸条，但因为进仓货品经常变化，占据货位的情况不断改变，用纸条标识灵活性差，而且打印成本高，采用磁条后问题得到了根本解决。

（4）英迈要求与其合作的所有货运公司必须在运输车辆的箱壁上安装薄木板，以避免因为板壁不平而使运输物品的包装出现损伤。

（5）在英迈的物流运作中，厂商的包装和特制胶带都不可再次使用，否则视为侵害客户权益。因为包装和胶带代表着公司自身的知识产权，这是法律问题。如有装卸损坏，必须运回原厂，请厂商再次包装。而由英迈自己包装的散件产品，全都统一采用印有其指定国内代理——怡通公司标识的胶带进行包装，以分清责任。

3. 仅仅及格

提起英迈，在分销渠道中都知道其最大优势是运作成本，而这一优势又往往归因于其采用了先进的Impulse系统。但从以上描述中可看出，英迈运作优势的获得并非看似那样简单，而是对每个操作细节不断改进、日积月累而成的。从所有的操作流程看，成本概念和以客户需求为中心的服务观念贯穿始终，这才是英迈竞争力的核心所在。英迈中国的系统能力和后勤服务能力在英迈国际的评估体系中仅被打了62分，刚刚及格。据介绍，在美国专业物流市场中，英迈国际能拿到70~80分。

作为对市场销售的后勤支持部门，英迈运作部认为，真正的物流应是一个集中运作体系，一个公司能不能围绕新的业务，通过一个订单把后勤部门全部调动起来，这是一个核心问题。产品的覆盖面不见得是公司物流能力的覆盖面，物流能力覆盖面的衡量标准是能否经得起公司业务模式的转换，换了一种产品仍然能覆盖原有的区域，解决这个问题的关键是建立一整套物流运作流程和规范体系，这也正是大多数国内IT企业所欠缺的物流服务观念。

资料来源：http://jpkc.zbvc.cn/ckps/kcnr/2008-04-07/157.html

英迈公司的启示：

1. 英迈公司的仓储管理水平很高，每半年一次的盘点中，统计结果只差几分钱。

2. 英迈公司的仓储管理过程严格按照制定的仓储管理办法操作，尽可能为客户着想，在提高作业效率、降低作业成本的同时，提高了客户满意度。

3. 英迈公司正在建立一整套物流运作流程和规范体系，以进一步提高物流运作水平。

重要概念

仓储组织　　入库管理　　装卸搬运　　保管作业　　物资堆码　　垫垛　　苫盖　　盘点
呆料　　废料　　分拣　　补货　　出库作业　　储位管理　　储位编码

本章小结

☑ 仓储组织的概念、划分方法，每种仓储组织的特点及适用范围。
☑ 仓储作业管理包括入库管理、保管作业管理、分拣与补货、出库作业管理、储位管理等几个环节，掌握每个环节的作业流程及方法。

复习思考题

一、填空题

1. 仓储组织按层级不同可划分为（　　　）、（　　　）、（　　　）三种。
2. 物资的数量验收可分为（　　　）、（　　　）、（　　　）三种形式。
3. 装卸搬运应注意（　　　）、（　　　）、（　　　）、（　　　）四方面。
4. 物资储存的码垛方法有（　　　）、（　　　）、（　　　）三种类型。
5. 苫盖一般有（　　　）、（　　　）、（　　　）三种方法。
6. 盘点作业一般要清查物资的（　　　）、（　　　）、（　　　）、（　　　）四项内容。
7. 根据订单处理方式，可以将分拣作业分为（　　　）、（　　　）和（　　　）三种基本的拣选方式。
8. 出库有（　　　）、（　　　）、（　　　）、（　　　）、（　　　）五种方式。
9. "三位数编号"中的第一组数字表示（　　　），第二组数字表示（　　　），第三组数字表示（　　　）。
10. 暗示编码法主要包含（　　　）、（　　　）、（　　　）三种方法。

二、选择题

1. 既具有专业化的优势，又能灵活应对市场的变化，并且管理责任分明的仓储组织结构是（　　　）。
   A. 直线型组织结构形式　　　　B. 直线职能型组织结构形式
   C. 矩阵型组织结构形式　　　　D. 事业部制组织结构形式
2. 人员不多、业务较简单的小型仓储设施适合的仓储组织结构是（　　　）。
   A. 直线型组织结构形式　　　　B. 直线职能型组织结构形式
   C. 矩阵型组织结构形式　　　　D. 事业部制组织结构形式
3. 入库时不需要进行100%数量检验的情况是（　　　）。
   A. 贵重金属材料　　　　　　　B. 定尺钢材检尺率
   C. 有包装的清点件数　　　　　D. 散装物资的检斤率

4. 在物资装卸搬运过程中，物资散放在地面上的状态属于（　　）级。
   A. 0　　　　　B. 1　　　　　C. 2　　　　　D. 3
5. 在物资装卸搬运过程中，物置于托盘上或装入集装箱的状态属于（　　）级。
   A. 0　　　　　B. 1　　　　　C. 2　　　　　D. 3
6. 包装规格单一的大批量物资，以及包装规则的方形箱状物资、大袋物资、规则的软袋成组物资，一般采用（　　）。
   A. 起脊垛　　　B. 梅花形垛　　C. 井形垛　　　D. 平台垛
7. 需要立直存放的大桶装物资，一般采用（　　）。
   A. 起脊垛　　　B. 井形垛　　　C. 梅花形垛　　D. 平台垛
8. 库房编号的方法"四号定位"中，百位的数字表示（　　）。
   A. 库房编号　　B. 货架编号　　C. 货架层次　　D. 商品具体位置
9. 货主为了业务方便或改变储存条件，将某批库存自甲库转移到乙库，这种出库方式是（　　）。
   A. 送货　　　　B. 过户　　　　C. 取样　　　　D. 转仓
10. 分组编码法中，075006110中的"07"表示（　　）。
    A. 类别　　　　B. 形状　　　　C. 供应商　　　D. 尺寸大小

三、判断题

1. 矩阵型仓储组织结构将仓储的横向与纵向关系相结合，有利于协作作业。（　　）
2. 外观检验指通过仪器设备检查物资外观质量的过程。（　　）
3. 消防灭火方法不同的物资，要分开储存货区。（　　）
4. 井形垛适合大桶装物资的堆码。（　　）
5. 就垛苫盖法具有较好的通风条件，但每件苫盖材料都需要固定，操作比较烦琐复杂。（　　）
6. 现货盘点法又称永续盘点法。（　　）
7. 依照人与设备间的互动关系，可将半自动化分拣分为人就物和物就人两种方式。（　　）
8. 出库方式中的过户是一种就地划拨的形式，物资实物并未出库，但是所有权已从原货主转移到新货主的账户中。（　　）
9. "四位数编号"就是用四组数字依次表示仓库号、楼层、仓间、货架。（　　）
10. 实际意义编码法就是在编码时用部分或全部编码代表物品的特性。（　　）

四、简答题

1. 仓储组织有哪几种类型？
2. 简述仓库作业管理流程。
3. 库内接货应注意哪些事项？
4. 简述盘点作业的基本步骤。
5. 仓库的分拣作业系统有哪几种布置方法？
6. 物资出库有哪几种方式？

7. 物资编号有哪几种方法？

五、案例分析

📥 案例1

联华便利物流中心装卸搬运系统分析

联华公司创建于1991年5月，是上海首家发展连锁经营的商业公司。经过十几年的发展，已成为中国最大的连锁商业企业，连续3年位居全国零售业第一。联华公司的快速发展离不开高效、便捷的物流配送中心的大力支持。目前，联华共有4个配送中心，分别是2个常温配送中心、1个便利物流中心、1个生鲜加工配送中心，总面积达7万余平方米。

联华便利物流中心总面积8000平方米，由4层楼的复式结构组成。为实现货物的装卸搬运，配置的主要装卸搬运机械设备为：电动叉车8辆、手动托盘搬运车20辆、垂直升降机2台、笼车1000辆、辊道输送机5条、数字拣选设备2400套。在装卸搬运时，操作过程如下：对来货卸下后，把其装在托盘上，由手动叉车将货物搬运至入库运载处，入库运载装置上升，将货物送上入库输送带。当接到向第一层搬送指示的托盘经过升降机平台时，不再需要上下搬运，直接从当前位置经过一层的入库输送带自动分配到一层入库区等待入库；接到向二至四层搬送指示的托盘，将由托盘垂直升降机自动传输到所需楼层。当升降机到达指定楼层时，由各层的入库输送带自动搬送货物至入库区。货物下平台时，叉车从输送带上取下托盘入库。出库时，根据订单进行拣选配货，拣选后的出库货物用笼车装载，由各层平台通过笼车垂直输送机送至一层的出货区，装入相应的运输车上。

先进实用的装卸搬运系统为联华公司的发展提供了强大的支持，使联华便利物流运作能力和效率大大提高。

信息来源：http://wlgl.wfe.cn/News_View.asp?NewsID=224&zc=177

案例1思考题：

1. 简述联华便利物流中心的作业流程。
2. 根据联华便利物流中心的装卸搬运系统的运行，分析提高物流中心设备的运行效率的关键因素是什么。

📥 案例2

某企业物资出入库管理制度

1. 物资入库有关制度

（1）认真清点所要入库物资的数量，并检查好物资的规格、质量，做到数量、规格、品种准确无误，质量完好，配套齐全，并在接收单上签字。

（2）物资进库根据入库凭证，现场交接接收，必须按物资条款内容、物资质量标准，对物资进行检查验收，并做好入库登记。

（3）物资验收合格后，应及时入库。

（4）物资入库，要按照不同的材质、规格、功能和要求，分类、分区储存。

（5）物资数量准确、价格不串，做到账、卡、物、金相符合。

（6）易燃、易爆、易感染、易腐蚀的物资要隔离或单独存放，并定期检查。

（7）精密、易碎及贵重物资要轻拿轻放，严禁挤压、碰撞、倒置，要做到妥善保存。

（8）做好防火、防盗、防潮、防冻、防鼠工作。

（9）仓库经常开窗通风，保持库室内整洁。

2. 物资出库有关规定

（1）物资出库，保管人员要做好记录，领用人签字。

（2）物资出库实行"先进先出、推陈储新"的原则，做到保管条件差的先出、包装简易的先出、易变质的先出。

（3）本着"厉行节约，杜绝浪费"的原则发放物资，做到专物专用。

（4）相关部门专用物资必须有总经理、使用部门负责人签字方可领取。

（5）领用人不得进入库房，防止出现差错。

（6）保管员要做好出库登记，并定期向主管部门做出入库报告。

资料来源：http://zhidao.baidu.com/question/144288859.html

案例2思考题：

1. 根据本案例的论述，分析物资入库时仓管人员应做好哪些工作。
2. 根据本案例的论述，分析物资出库时仓管人员应做好哪些工作。

第五章 库存物资的保养与维护

学习目标

① 理解库存物资变化的各种形式；危险品的概念及种类；危险品储存场所的要求。
② 掌握库存变化的影响因素；防霉腐、防锈蚀、防虫的方法；冷藏物资的仓储管理。
③ 运用仓库温、湿度的控制方法，危险品的储存管理方法及粮食和油品的储存保养措施于仓储管理实践。

引导案例

仓库中五金制品的养护措施

选择适宜的储藏场所。根据五金制品性能特点的不同要求，设法创造一个适宜五金制品储藏的环境条件。一些体积比较大的金属制品，应储藏在地势高、不积水、比较干燥的货场和货棚，对于比较精密、高档的金属五金制品，应储藏在干燥、地潮较少、便于通风、密封的库内。

严格入库验收和在库检查。五金制品入库和在库储藏期间，均应注意检查五金制品有无水湿、污染和锈蚀现象，并注意包装有无破损、受潮、霉变，特别是雨、露、风、霜发生后，更应认真检查，如发现异状，应查明原因，及时采取有效的防护措施。

加强仓库温、湿度管理。加强温、湿度管理，特别是对湿度要严格控制，采用通风、密封和吸潮相结合的方法，有条件的应酌情配置空气除湿机，要求库内相对湿度控制在五金制品锈蚀的临界相对湿度以下，一般保持在65%~70%。同时也要保持库内温度的稳定，以防因库温的剧烈变化而出现"水淞"现象。

资料来源：http://www.fhjrwj.com/newsd-nid-39.html

思考题

1. 造成金属制品生锈的原因有哪些？
2. 在五金制品的保管中应采取哪些措施？

知识点一 库存物资变化的形式

库存物资如果保管不善，会发生物理机械变化、化学变化、生化变化，造成物资的质量损坏和数量损失，在认识和掌握各种库存物资变化规律的基础上，可采取相应的保管方法，创造适宜的环境条件以有效地抑制各种因素对库存物资的不利影响。

一、物理机械变化

物理变化是指只改变物资本身的外表形态，不改变其本质，没有新物资的生成，并且有可能反复进行的质量变化现象。机械变化是指物资在外力的作用下，发生形态变化。物理机械变化的结果不是数量损失就是质量降低，甚至使物资失去使用价值。常发生的物理机械变化有溶化、熔化、挥发、串味、沉淀、玷污、渗漏、破碎与变形等。

1. 溶化

溶化是指在保管过程中，某些固体物资吸收空气或环境中的水分达到一定程度时，变成液体的现象。易溶性物资必须具有吸湿性和水溶性两种性能。常见的易溶化物资有食糖、食盐、明矾、硼酸、甘草硫浸膏、氯化钙、氯化镁、尿素、硝酸铁、硫酸铵、硝酸锌及硝酸锰等。虽然物资溶化并不会改变其性质，但由于改变了其形态，会给储存、运输及销售部门带来很大的不便。物资溶化与空气温、湿度及堆码高度有密切关系。将易溶化物资分区分类存放在干燥阴凉的库房里，不适合与含水分较大的物资存放在一起。在堆码时要注意底层物资的隔潮和防潮，垫底要高，并采取吸湿和通风相结合的温、湿度管理方法以防止物资吸湿溶化。

2. 熔化

熔化是指低熔点的物资受热后发生软化变为液体的现象。物资的熔化，除受气温高低的影响外，还与物资本身的熔点、物资中的杂质种类和含量密切相关。熔点越低，越易熔化；杂质含量越高，越易熔化。常见易熔化的物资有百货中的香脂、发蜡、蜡烛；文化用品中的复写纸、蜡纸、打字纸、圆珠笔芯；化工用品中的松香、石蜡、粗萘、硝酸锌；医药用品中的油膏、胶囊、糖衣片等。物资熔化，有的会造成物资流失、粘连包装、玷污其他物资，有的因产生熔解热而体积膨胀，致使包装破裂；有的因物资软化而使货垛倒塌。预防物资的熔化，应根据物资熔点的高低，选择阴凉通风的库房储存。在保管过程中，一般可采取密封和隔热措施，加强库房的温度管理，防止日光照射，尽量减小温度的影响。

3. 挥发

挥发是指低沸点的液体物资或经液化的气体物资经汽化而散发到空气中的现象。挥发的速度与气温、空气流动速度、液体表面接触空气面积成正比。常见易挥发的物资有酒精、白酒、香精、花露水、香水、化学试剂中的各种溶剂、医药中的一些试剂、部分化肥农药、杀虫剂、油漆等。液体物资的挥发，不仅会降低物资的有效成分，增加物资损耗，降低物资质量，一些燃点很低的物资还可能引起燃烧或爆炸，造成大气污染，一些物资挥发的蒸气有毒性或麻醉性，会对人体造成伤害。防止物资挥发的主要措施是加强包装的密封性、控制库房的温度。在高温季节，要采取降温措施，在适宜的温度条件下储存物资。

4. 串味

串味是指吸附性较强的物资吸附其他气体、异味，从而改变本来气味的现象。具有吸附性、易串味的物资，其成分中含有胶体，并具有疏松、多孔性的组织结构。常见易被串味的物资有大米、面粉、木耳、食粮、饼干、茶叶、卷烟等。常见的易引起其他物资串味的物资有汽油、煤油、桐油、腌鱼、腌肉、樟脑、肥皂、化妆品及农药等。物资串味，与其表面状况、与异味物资的接触面积、接触时间及环境中异味的浓度有关。要预防物资串味，就应尽量对易被串味的物资采取密封包装，在储存运输中不得与有强烈气味的物资同车、同船混载或同库储藏，同时还要注意运输工具和仓储环境的清洁卫生。

5. 沉淀

沉淀是指含有胶质和易挥发成分的物资，在低温或高温等因素的影响下，部分物资凝固，进而发生沉淀或膏体分离的现象。常见的易沉淀的物资有墨汁、墨水、牙膏、化妆品等。某些饮料、酒在仓储中也会析出纤细絮状的物资而出现混浊、沉淀的现象。预防物资的沉淀，应根据不同物资的特点，防止阳光照射，做好物资冬季保温和夏季降温工作。

6. 玷污

玷污是指物资外表沾有其他物资或染有其他污秽的现象。物资玷污主要是生产、储运中环境卫生条件差及包装不严所致。一些对外观质量要求较高的物资，如绸缎呢绒、针织品、服装等要注意防玷污，精密仪器、仪表类也要特别注意。

7. 渗漏

渗漏主要指液体物资，特别是易挥发的液体物资，由于包装不严密，包装质量不符合物资性能的要求，或者在装卸搬运时因发生碰撞而破坏了包装，使物资发生跑、冒、滴、漏的现象。物资的渗漏，不仅与包装材料性能、包装容器结构及包装技术的优劣有关，还与仓储温度变化有关。例如，包装焊接不严，受潮锈蚀；有些包装耐腐蚀性差；有的液体物资因气温升高，体积膨胀，使包装内部压力增大，胀破包装容器；有的液体物资在严寒季节结冰，也会发生体积膨胀现象，引起包装破裂，从而造成物资损失。因此，对液态物资应加强入库验收和在库物资检查及温、湿度控制和管理。

8. 破碎与变形

破碎与变形是指物资在外力作用下所发生的形态上的改变。物资的破碎主要发生于脆性较大或易变形的物资中，如玻璃、搪瓷制品、铝制品等因包装不良在搬运过程受到碰、撞、挤、压和抛掷而破碎、掉瓷、变形等。物资的变形通常发生于塑性较大的物资中，如铝制品和皮革、塑料、橡胶等制品，由于受到较强的外力撞击或长期重压，易丧失回弹性能，从而发生形态改变。对容易发生破碎和变形的物资，要注意妥善包装，轻拿轻放，在库垛高不能超过一定的限度。

二、化学变化

化学变化与物理变化有着本质的区别，它是构成物资的物质结构发生变化后，不仅改变了物资本身的外观形态，也改变了物资的本质，并有新物资生成，且不能恢复成原状的现象。物资发生化学变化，严重时会使物资完全丧失使用价值。物资常发生的化学变化有化合、氧化、聚合、分解、水解、裂解、老化、风化等。

1. 化合

化合是指物资在外界条件的影响下，两种或两种以上的物资相互作用，而生成一种新物资的反应。化合反应通常不是单一存在于化学反应中的，而是两种反应（分解、化合）依次先后发生。如果不了解这种情况，就会给保管和养护此类物资造成困难。对此类物资应采取妥善包装、防潮、防热、防日照等措施。

2. 氧化

氧化是指物资与空气中的氧气或其他能放出氧气的物资接触，发生的与氧相结合的现象。常见的易氧化的物资有某些化工原料、纤维制品、橡胶制品、油脂类等。棉、麻、丝、毛等纤维制品，长期受阳光照射会发生变色，也是织品中的纤维被氧化的结果。物资发生氧化，不仅会降低物资的质量，有的还会在氧化过程中产生热量，发生自燃，甚至可能导致爆炸事故。所以，此类物资要储存在干燥、通风、散热和低温的库房，这样才能保证安全。

3. 聚合

聚合是指在外界条件的影响下，某些物资中的同种分子相互加成而结合成一种更大分子的现象。例如，由于桐油中含有高度不饱和脂肪酸，在阳光、氧和温度的作用下，能发生聚合反应，生成桐油块，浮在其表面，使桐油失去使用价值。对于此类物资，在储存保管过程中要特别注意日光和储存温度的影响，以防止聚合反应的发生，造成物资质量的降低。

4. 分解

分解是指某些性质不稳定的物资，在光、电、热、酸、碱及潮湿空气的作用下，由一种物资生成两种或两种以上物资的现象。物资发生分解反应后，不仅数量减少、质量降低，有的还会在反应过程中产生一定的热量和可燃气体，从而引发事故。对于这类物资的储存，要注意包装的密封性，保持库房的干燥与通风。

5. 水解

水解是指某些物资在一定条件下，遇水发生分解的现象。不同物资在酸或碱的催化作用下发生的水解情况是不同的。例如，肥皂在酸性溶液中能全部水解，在碱性溶液中却很稳定；蛋白质在碱性溶液中容易水解，在酸性溶液中却比较稳定，所以羊毛等蛋白质纤维怕碱不怕酸。对于易发生水解的物资，在储存和保管过程中要注意包装材料的酸碱性，要清楚哪些物资可以或不能同库储存，以防止物资的人为损失。

6. 裂解

裂解是指高分子有机物（如棉、麻、丝、毛、橡胶、塑料、合成纤维等），在日光、氧、高温条件的作用下，发生了分子链断裂、分子量降低，而使其强度降低，机械性能变差，产生变软、发黏等现象。对于此类物资，在保管过程中要防止受热和日光的直接照射。

7. 老化

老化是指含有高分子有机物成分的物资（如橡胶、塑料、合成纤维等）在储存过程中，受到光、氧、热等因素的影响，出现发鼓、龟裂、变脆、强度下降等性能变坏的现象。对于容易老化的物资，在储存和保管过程中要注意防止日光照射和高温的影响，不能在阳光下暴晒。物资在堆码时不宜过高，以防止底层的物资受压变形。橡胶制品切忌同各种油脂和有机溶剂接触，以防止发生粘连现象。塑料制品要避免各种有色织物接触，以防止串色。

8. 风化

风化是指含结晶水的物资，在一定的温度和干燥空气中，失去结晶水而使晶体崩解，变成非结晶状态的无水物资的现象。对易风化物资应采取密封包装、控温、控湿等措施。

三、生化变化

生化变化是指有生命活动的有机体物资，在生长发育过程中，为了维持其生命，本身所进行的一系列生理变化。这些变化主要有呼吸作用、发芽、后熟、胚胎发育、霉腐、虫蛀等。

1. 呼吸作用

呼吸作用是指有机物资在生命活动过程中，不断进行呼吸，分解体内的有机物质，产生热量，维持其本身的生命活动的现象。呼吸作用可分为有氧呼吸和无氧呼吸两种类型。无论是有氧呼吸还是无氧呼吸，都要消耗营养物质，降低物资的质量。有氧呼吸会产生和积累水分、热量，有利于有害微生物的生长和繁殖，促使食品腐败变质。无氧呼吸则会产生并积累酒精，引起有机体细胞中毒，造成生理病害，缩短储存时间。对于一些鲜活物资，无氧呼吸往往比有氧呼吸消耗更多的营养物质。如果保持正常的呼吸作用，有机体物资本身会具有一定的抗病性和耐储性。因此，应保证鲜活物资正常而最低的呼吸，充分利用它们的生命活性，减少物资损耗，延长储藏时间。

2. 发芽

发芽是指有机体物资在适宜条件下，冲破休眠状态而发生的萌发现象，如图5-1所示。发芽会使有机体物资的营养物质转化为可溶性物质，供给有机体本身，从而降低有机体物资的质量。在发芽萌发过程中，通常伴有发热、发霉等情况，不仅增加损耗，而且降低质量。因此，必须控制这类物资的水分，并加强温、湿度管理，防止发芽、萌发现象的发生。

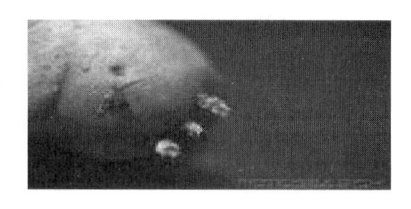

图5-1 发芽

3. 后熟

后熟是指瓜果、蔬菜等食品在脱离母株后继续其成熟过程的现象。瓜果、蔬菜等的后熟作用，能改进色、香、味及硬脆度等食用性能。但当后熟作用完成后，则容易腐烂变质，甚至失去食用价值。对于这类鲜活食品，应在其成熟之前采收，并采取控制储存条件的办法来调节其后熟过程，以达到延长储藏期、均衡上市的目的。

> **小资料**
>
> **后熟作用制约我国水果出口**
>
> 据了解，我国水果总产量已经接近3亿吨，占全球总产量的14%左右。但是出口量只有16万吨，仅占国际总出口量的3%左右，而且价格低廉，出口水果的价格只有美国的40%、日本的20%。检验部门表示，我国每年欲出口的水果大约有100万吨，然而真正能出口的只有一小部分。每年在储藏、运输当中变质的水果占总产量的1/7，由于保鲜设备跟不上，我国虽是水果产量的第一大国，但水果腐烂损失量也居全球之首。

4. 胚胎发育

胚胎发育主要指的是鲜蛋的胚胎发育。在鲜蛋的保管过程中，当温度和供氧条件适宜时，胚胎会发育成血丝蛋、血坏蛋。经过胚胎发育的禽蛋，其新鲜度和食用价值大大降低。为抑制鲜蛋的胚胎发育，应加强温、湿度管理，最好低温储藏或截断供氧条件。

5. 霉腐

霉腐是指物资在霉腐微生物作用下所发生的霉变和腐败现象，如图5-2所示。在气温高、湿度大的季节，如果仓库的温、湿度控制不好，储存的棉织品、皮革制品、鞋帽、纸张及中药材等许多物资就会生霉；肉、鱼、蛋类就会腐败发臭；水果、蔬菜就会腐烂。无论哪种物资，只要发生霉腐，就会受到不同程度的破坏，严重的霉腐可使物资完全丧失使用价值。有些食品在腐败变质后，还会产生有毒物质。对易霉腐的物资，在储存保管时必须严格控制温、湿度，做好防霉和除霉工作。

6. 虫蛀

物资在储存期间，常常会遭到仓库害虫的蛀蚀，如图5-3所示。仓库害虫在蛀蚀物资的过程中，不仅破坏了物资的组织结构，使物资发生破碎和孔洞，而且排泄各种代谢废物，污染物资，影响物资质量和外观，降低物资的使用价值。因此，害虫对物资的危害性也是很大的。凡是含有有机成分的物资，都容易遭受害虫蛀蚀。防止虫蛀的措施就是控制仓库温、湿度，消除害虫生长的环境。

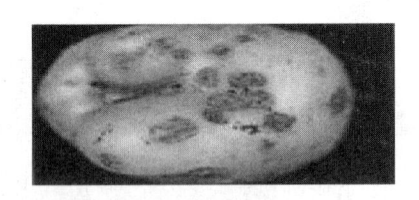

图 5-2　霉腐 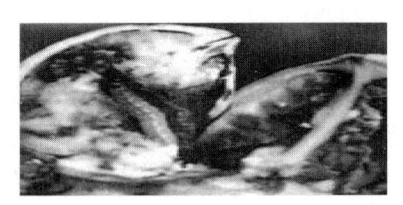　　　　　　　　　　　图 5-3　虫蛀

知识点二　影响库存变化的因素

通常引起物资变化的因素可分为内因和外因两种，内因决定了物资变化的可能性和程度，外因是促进这些变化的条件。

一、影响物资变化的内因

物资本身的组成成分、分子结构及其所具有的性质等，决定了其在储存期发生损耗的可能程度。

1. 物资的物理性质

物资的物理性质主要包括吸湿性、导热性、耐热性、透气性等。

1）吸湿性。吸湿性指物资吸收和放出水分的特性。物资吸湿性的大小、吸湿速度的快慢，直接影响该物资含水量的增减，对物资质量的影响极大，是许多物资在储存期间发生质量变化的重要原因之一。物资的很多质量变化都与其含水的多少和吸水性的大小有直接关系。

2）导热性。导热性指物资传递热能的性质。物资的导热性与其成分和组织结构有密切的关系，物资结构不同，其导热性也不一样。同时物资表面的色泽与其导热性也有一定的关系。

3）耐热性。耐热性指物资耐温度变化而不致被破坏或显著降低强度的性质。物资的耐热性，除与其成分、结构和不均匀性有关外，还与其导热性、热膨胀系数有密切的关系。导热性大而膨胀系数小的物资，耐热性良好，反之则差。

4）透气性。物资能被水蒸气透过的性质称为透气性，物资能被水透过的性质叫透水性。这两种性质在本质上都指水的透过性能，所不同的是前者指气体水分子的透过，后者指液体水的透过。物资透气性、透水性主要取决于物资的组织结构和化学成分。结构松弛、化学成分含有亲水基因的物质，其透气性、透水性都大。

2. 物资的机械性质

物资的机械性质指物资的形态、结构在外力作用下的反应。物资的这种性质与其质量的关系极为密切，是体现适用性、坚固耐久性和外观的重要内容，它包括物资的弹性、可塑性、强力、韧性、脆性等。这些物资的机械性质对物资的外形及结构变化有很大的影响。

3. 物资的化学性质

物资的化学性质指物资的形态、结构及物资在光、热、氧、酸、碱、温度、湿度等作用下，改变物资本质的性质。与物资储存紧密相关的物资的化学性质包括化学稳定性、毒性、腐蚀性、燃烧性、爆炸性等。

1）化学稳定性。化学稳定性指物资受外界因素作用，在一定范围内，不易发生分解、氧化或其他变化的性质。化学稳定性不高的物资容易丧失使用性能。物资的化学稳定性是相对的，稳定性的大小与其成分、结构及外界条件有关。

2）毒性。毒性指某些物资能破坏有机体生理功能的性质。具有毒性的物资，主要是医药、农药及化工物资等。有的物资本身有毒，有的蒸气有毒，有的本身虽无毒，但分解化合后会产生有毒成分等。

3）腐蚀性。腐蚀性指某些物资能对其他物资产生破坏作用的化学性质。具有腐蚀性的物资，本身具有氧化性和吸水性，因此，不能把这类物资与棉、麻、丝、毛织品及纸张、皮革制品等同仓储存，也不能与金属制品同仓储存。盐酸可以与钢铁制品作用，使其遭受破坏；烧碱能腐蚀皮革、纤维制品和人的皮肤；硫酸能吸收动植物物资中的水分，使它们炭化而变黑；漂白粉的氧化性能破坏一些有机物；石灰有强吸水性和发热性，能灼烧皮肤和刺激呼吸器官等。因此在保管时要根据物资的性能选择储存场所，安全保管。

4）燃烧性。燃烧性指有些物资性质活泼，发生剧烈化学反应时常伴有热、光同时发生的性质。具有这一性质的物资称为易燃物资。常见的易燃物资有红磷、火柴、松香、汽油、柴油、乙醇、丙酮等低分子有机物。易燃物资在储存中应特别注意防火。

5）爆炸性。爆炸是物资由一种状态迅速变化为另一种状态，并在瞬息间以机械功的形式放出大量能量的现象。能够发生爆炸的物资要专库储存，并应有严格的管理制度和办法。

4. 化学成分

1）无机成分的物资。无机成分的物资的构成成分中不含碳，但包括碳的氧化物、碳酸及碳酸盐，如化肥、部分农药、搪瓷、玻璃、五金及部分化工品等。无机成分的物资，按其元素的种类及其结合形式，又可以分为单质物资、化合物、混合物三大类。

2）有机成分的物资。有机成分的物资指以含碳的有机化合物为其成分的物资，但不包括碳的氧化物、碳酸与碳酸盐。属于有机成分的物资，其种类相当繁多，如棉、毛、丝、麻及其制品、化纤、塑料、橡胶制品、石油产品、有机农药、有机化肥、皮革、纸张及其制品、蔬菜、水果、食品、副食品等。这类物资成分的结合形式也不相同，有的是化合物，有的是混合物。

单一成分的物资极少，多数物资含杂质，成分绝对纯的物资很罕见。所以，物资成分有主要成分与杂质之分。主要成分决定着物资的性能、用途与质量，而杂质则影响物资的性能、用途与质量，给储存带来不利影响。

5. 结构形态

物资种类繁多，各种物资又有各种不同形态的结构，所以要求用不同的包装。例如，气态物资，分子运动快，间距大，多用钢瓶盛装，其形态随器而变；液态物资，分子运动比气态物资慢，间距比气态物资小，其形态随盛器而变；只有固态物资有一定的外形。

虽然物资形态各异，概括起来，可分为外观形态和内部结构两大类。物资的外观形态多种多样，所以在保管时应根据其体形结构合理安排仓容，科学地进行堆码，以保证物资质量的完好。物资的内部结构即构成物资原材料的成分结构，是人的肉眼看不到的结构，必须借助各种仪器来分析观察。物资的微观结构对物资性质影响极大，有些分子的组成和分子量虽然完全相同，但由于结构不同，性质就有很大差别。

总之，影响物资发生质量变化的因素很多，这些因素主要包括：物资的性质、成分、结构等内在因素，这些因素是相互联系、相互影响的统一整体，在仓储管理工作中不能孤立对待。

二、影响物资变化的外因

物资质量的变化，不仅是物资内部因素作用的结果，还与外部因素的影响有关。影响物资变化的外因主要包括自然因素、人为因素和储存期。

1. 自然因素

自然因素主要指温度、湿度、有害气体、日光、尘土、杂物、虫鼠雀害、自然灾害等。

1）温度对库存物资的影响。除冷库外，仓库的温度直接受外界温度的影响，库存物资的温度也就随天气同步变化。一般来说，绝大多数物资在常温下都能保持正常的状态。大部分物资对温度的适应都有一定的范围。低沸点易挥发的物资，在高温下易挥发；低熔点的物资，温度高时易熔化变形及粘连流失；具有自燃性的物资，在高温下因氧化反应而放出大量的热，当热量聚积不散时，可导致自燃。温度过低也会对某些物资造成损害。

普通仓库的温度控制主要是避免阳光直接照射物资，因为在阳光直接照射的地表，温度要比气温高很多，午间甚至高近一倍。仓库遮阳采用仓库建筑遮阳和苫盖遮阳。不同建筑材料的遮阳效果不同，混凝土结构的遮阳效果最佳。怕热物资要存放在仓库内阳光不能直接照射的货位。

对温度较敏感的物资，在气温高时可以洒水降温，包括直接对物资洒水。对于怕水物资，可以对苫盖、仓库屋顶洒水降温。在傍晚或夜间，将堆场物资的苫盖适当揭开通风，也是对露天堆场物资降温保管的有效方法。

物资自热是物资升温损坏的一个重要原因，对容易自热的物资，应经常检查物资温度，当发现升温时，可以采取加大通风、洒水等方式降温，翻动物资以散热降温，必要时，可以在货垛内存放冰块、释放干冰等。

此外，仓库里的热源也会造成温度升高，应避开热源，或者在高温季节避免使用仓库内的热源。

在严寒季节，气温极低时，可以采用加温设备对物资加温防冻。对突至的寒潮，在寒潮到达前对物资进行保暖苫盖，也具有短期保暖效果。

2）湿度对库存物资的影响。不同的物资对环境湿度（相对湿度）的要求有很大差别。真菌、微生物和蛀虫在适宜的温度和相对湿度高于60%时繁殖迅速，可在短时期内使棉毛丝制品、木材、皮革、食品等霉变、腐朽。具有吸湿性的物资，在湿度较大的环境中会结块。绝大多数金属制品、电线、仪表等在相对湿度达到或超过80%时锈蚀速度会加快。但是某些物资的储存环境却要求保持一定的潮湿度，如木器、竹器及藤制品等，在相对湿度低于50%的环境中会因失水而变形开裂，但是当相对湿度大于80%时又容易霉变。纯净的潮湿空气对物资的影响不大，尤其是对金属材料及制品，但如果空气中含有有害气体，即使相对湿度刚达到60%，金属材料及制品也会迅速锈蚀。

3）大气中的有害气体对库存物资的影响。大气中的有害气体主要来自燃料，如煤、石油、天然气、煤气等燃料放出的烟尘及工业生产过程中的粉尘、废气。对空气的污染，主要是二氧化碳、二氧化硫、硫化氢、氯化氢和氮等气体。物资储存在有害气体浓度大的环境中，其质量变化明显。例如，二氧化硫气体溶解度很大，溶于水后能生成亚硫酸，当它遇到含水量较大的物资时，能强烈地腐蚀物资中的有机物。在金属电化学腐蚀中，二氧化硫也是构成腐蚀电池的重要介质之一。空气中含有0.01%的二氧化硫，就能使金属锈蚀速度增加几十倍，使皮革、纸张、纤维制品脆化。特别是金属物资，必须远离二氧化硫。目前，主要从改进和维护物资包装或在物资表面涂油、涂蜡等方法，减少有害气体对物资质量的影响。

4）日光、尘土、杂物、虫鼠雀等对库存物资的影响。适当的日光可以去除物资表面或体内多余的水分，也可抑制微生物等的生长。但长时间在日光下暴晒会使物资或包装物出现开裂、变形、变色、褪色、失去弹性等现象。尘土、杂物能加速金属锈蚀，影响精密仪器仪表和机电设备的精密度和灵敏度；虫鼠雀不仅能毁坏物品和仓库建筑，还会污染物资。

5）自然灾害。自然灾害主要有雷击、暴雨、洪水、地震、台风等。

2．人为因素

人为因素是指人们未按物资自身特性的要求或未认真按有关规定和要求作业，甚至违反操作规程而使物资受到损害和损失的情况。

1）保管场所选择不合理。由于物资自身的理化性质决定了不同库存物在储存期要求的保管条件不同，因此，对不同库存物资，应结合当地的自然条件选择合理的保管场所。一般条件下，普通的黑色金属材料、大部分建筑材料和集装箱可在露天货场储存；怕雨雪侵蚀、阳光照射的物资放在普通库房及货棚中储存；要求一定温、湿度条件的物资应相应地存放在冷藏、冷冻、恒温、恒温恒湿库房中；易燃、易爆、有毒、有腐蚀性、危险的物资必须存放在特种仓库中。

2）包装不合理。为了防止物资在储运过程中受到可能的冲击、压缩等外力而被破坏，应对库存物资进行适当的捆扎和包装，如果未捆扎或捆扎不牢，将会造成倒垛、散包，使物资丢失和损坏。某些包装材料或形式选择不当不仅不能起到保护作用，还会加速库存物受潮变质或受污染霉烂。

3）装卸搬运不合理。装卸搬运活动贯穿于仓储作业过程的始终，是一项技术性很强的工作。各种物资的装卸搬运均有严格规定，如平板玻璃必须立放挤紧捆牵，大件设备必须在重心吊装，胶合板不可直接用钢丝绳吊装等。实际工作表明，装卸搬运不合理，不仅会给储存物造成不同程度的损害，还会给劳动者的生命安全带来威胁。

4）堆码苫垫不合理。垛形选择不当、堆码超高超重、不同物资混码、需苫盖而没有苫盖或苫盖方式不对，都会导致库存物资损坏变质。

5）违章作业。在库内或库区违章明火作业、烧荒、吸烟，则会引起火灾，造成更大的损失，带来更大的危害。

3．储存期

物资在仓库中停留的时间越长，受外界因素影响而发生变化的可能性就越大，而且发生变化的程度也越深。

物资储存期的长短主要受采购计划、供应计划、市场供求变动、技术更新等因素的影响，因此仓库应坚持先进先出的发货原则，定期盘点，将接近保存期限的物资及时处理，对于落后产品或接近淘汰的产品，应限制入库或随进随出。

知识点三　库存物资保管保养措施

库存物资的保管与养护工作应坚持"以防为主，防治结合"的方针，制定必要的管理制度和操作规则并严格执行。要特别重视物资损害的预防，及时发现和消除事故隐患，防止损害事故的发生。

一、概述

要做好物资保管与养护，必须采取以下措施。

1．严格验收入库物资

要防止物资在储存期间发生各种不应有的变化，首先在物资入库时要严格验收，弄清物资及其包装的质量状况。对吸湿性物资要检测其含水量是否超过安全水平，对其他有异常情况的物资要查清原因，针对具体情况进行处理和采取救治措施，做到防微杜渐。

2．适当安排储存场所

由于不同物资性能不同，对保管条件的要求也不同，分区分类、合理安排存储场所是物资养护的一个重要环节。怕潮湿和易霉变、易生锈的物资，应存放在较干燥的库房里；易溶化、易发黏、易挥发、易变质或易燃烧、易爆炸的物资，应存放在温度较低的阴凉场所；一些既怕热又怕冻，且需要较大湿度的物资，应存放在冬暖夏凉的楼下库房或地窖里。此外，性能相互抵触或易串味的物资不能在同一库房混存，以免相互产生不良影响。对于化学危险品，要严格按照有关部门的规定，分区分类安排储存地点。

3．对物资进行妥善堆码与苫垫

阳光、雨雪、地面潮气对物资质量影响很大，要切实做好货垛苫盖和垛下衬垫隔潮工作，如利用石块、枕木、垫板、苇席、油毡或采用其他防潮措施。存放在货场的物资，货区四周要有排水沟，以防积水流入垛下，货垛周围要遮盖严密，以防雨淋日晒。货垛的垛形与高度，应根据各种物资的性能和包装材料，结合季节气候等情况妥善堆码。含水率较高的易霉物资，热天应码通风垛。容易渗漏的物资，应码间隔式的行列垛。此外，库内物资堆码应留出适当的距离。对易燃物资还应留出适当的防火距离。

4．控制好仓库的温度与湿度

应根据库存物资的保管保养要求，适时采取密封、通风、吸潮和其他控制措施，以及调节温、湿度的办法，力求把仓库温、湿度保持在适应物资储存的范围内。

5．认真做好物资的在库检查

由于仓库中保管的物资性质各异，品种繁多，规格型号复杂，进出库业务活动频繁，而每次物资进出库业务都要检斤计量或清点件数，加之物资受周围环境因素的影响，使物资可能发生数量或质量上的损失，所以对库存物资进行定期或不定期的盘点和检查非常必要。

6．搞好仓库清洁卫生

储存环境不清洁，易引起微生物、虫类寄生繁殖，危害物资。因此，对仓库内外应经常清扫，彻底铲除仓库周围的杂草、垃圾等，必要时使用药剂杀灭微生物和潜伏的害虫。对容易遭受虫蛀、鼠咬的物资，要根据物资性能和虫、鼠生活习性及危害途径，及时采取有效的防治措施。

二、仓库温、湿度控制方法

1．仓库温、湿度的含义

温度和湿度是影响物资质量变化的重要因素，物资在储存保管期间要有适宜的温、湿度。仓库里常用的温度有几种：库房外的温度叫气温；库房内的温度叫库温；储存物资的温度叫垛温。空气湿度是指空气中水蒸气含量的程度，一般以绝对湿度、相对湿度和饱和湿度来表示。绝对湿度是指在一定温度时，每单位容积的气体所含水分的重量；饱和湿度表示在一定温度下，单位容积空气中所能容纳的水汽的最大限度。在仓库的湿度管理中，检查库房的湿度，主要是观测相对湿度的大小。相对湿度可以通过如下公式计算：

$$相对湿度=绝对湿度/饱和湿度×100\%$$

引起金属生锈的相对湿度的范围称为金属生锈的临界湿度，铁的临界湿度为65%～70%，钢的临界湿度为70%～80%。因此不管采取什么防潮措施，都应使库房内的相对湿度降到金属的临界湿度以下。

部分物资安全水分与相对湿度要求参考数据如表5-1所示。

表 5-1 部分物资安全水分与相对湿度要求参考数据

物资名称	安全水分（%）	相对湿度（%）	物资名称	安全水分（%）	相对湿度（%）
棉花	11～12	85以下	皮鞋、皮箱	14～18	60～75
棉布	9～10	50～80	茶叶	10以下	50以下
针棉织品	8以下	50～80	木耳	12～14	65～80
毛织品	9～10	50～80	机制白砂糖	0.1～1	80以下

2．仓库温、湿度的控制和调节方法

要观测和掌握温、湿度的变化，就要在库内外适当的地点设置必要的温、湿度仪器（温湿度计如图5-4所示），并建立管理制度。库内一般将仪器悬挂在库房的中央，库外应放在百叶箱内，而且要坐南朝北，离地面2米以上。控制物资储存环境的温度对防止物资变质、膨胀爆炸或自燃等有着积极的作用。一般来说，降低温度的措施有：加强物资通风（如翻仓、倒垛等）；避免物资受到日光直射；对物资或货垛覆盖物进行洒水降温；在货垛内放置冰块、释放干冰；注意仓库热源的使用等。在严寒季节，可以采用保暖苦盖与加温设备对物资进行防冻处理。几种物资的温、湿度要求如表5-2所示。

图 5-4 温湿度计

表 5-2　几种物资的温、湿度要求

种　类	温度（℃）	相对湿度（%）	种　类	温度（℃）	相对湿度（%）
金属及制品	5～30	≤75	重质油、润滑油	5～35	≤75
碎末合金	0～30	≤75	轮胎	5～35	45～65
塑料制品	5～30	50～70	布电线	0～30	45～60
压层纤维塑料	0～35	45～75	工具	10～25	50～60
树脂、油漆	0～30	≤75	仪表、电器	10～30	70
汽油、煤油、轻质油	≤30	≤75	轴承、钢珠、滚针	5～35	60

控制和调节库房温、湿度的一般方法有通风、密封、吸潮等。

（1）通风

通风是根据空气的自然流动规律，有计划地组织库内外的空气交换，以达到库内温、湿度所要求的范围。仓库通风可分为自然通风（利用自然风压、空气温差、密度差等对库房内进行通风的方式）和强迫通风（如安装排气扇和空气调节器）两种方式。

为达到通风的目的和避免不合理的通风给储存物资带来不利影响，通风除湿应注意以下几点。

1）应尽量在晴天进行，风力不要超过 5 级，库外温度高于库内温度，但一般不能超过 3℃。

2）必须注意储存物资本身的温、湿度和空气温、湿度变化的关系，避免通风中造成物资表面结露。

3）通风时要不断观察通风效果和天气的变化。另外，在大风、雾天、雨雪天尽量不要通风。

4）在一般情况下，应尽可能利用自然通风。

（2）密封

密封就是采用一定的方法，将储存物资尽可能严密地封闭起来，以防止和减弱外界空气对物资的影响，如图 5-5 所示。密封与通风和吸潮结合起来，可以达到防霉、防潮、防锈、防虫的作用。一般密封的材料必须干燥、清洁、无异味，通常可以选择塑料薄膜、防潮纸、油毡纸、芦席等。密封储存应选择在相对湿度较低的时节进行，同时注意做好密封前的检查工作，对于质量有问题（如生霉、生虫）和含水量超标的物资，不宜密封。

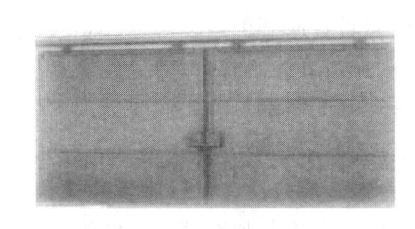

图 5-5　密封

仓库常用的密封方法有以下几种。

1）货架密封。将货架用塑料薄膜等密封起来，防止外界空气的影响和结尘。该方法适用于出入频繁、怕潮、易锈、易霉的小件物资。

2）货垛密封。用油毡等密封材料，将货垛上下和四周封闭起来。该方法适用于露天货场和仓库内一些要求保管条件高的物资。

3）库内小室密封。在仓库内选择适当的地方，用密闭的材料围成临时的密封小屋以保管一些贵重、怕潮的物资。

4）整库密封。将库房全部密封起来。对储量大、整进整出的物资可采用此方法。

上述方法可以单独使用，也可以结合使用。注意物资密封后要加强管理，定期检查，观察和记录密封内的温、湿度情况。

> **小资料**
>
> **几种特殊物资的密封时间选择**
>
> 易潮易霉的物资：应在梅雨季节到来之前密封。
> 易化易熔的物资：应在较阴凉的季节进行密封。
> 易冻物资：应在气温较高时进行密封。
> 怕干裂的物资：应在温度较高、干燥期到来之前进行密封。

（3）吸潮

用吸湿剂或除湿机去湿是降低仓库内空气湿度的有效方法。吸湿剂去潮是仓库常用的方法，吸湿剂一般有生石灰、氯化钙、硅胶、木炭、炉灰等。

1）生石灰：氧化钙。吸湿性较强，速度较快。使用时捣成小块，放在小木箱中，不要装满，以免膨化后溢出，最好在吸湿后还没有变成粉末前换掉，生石灰不要直接接触保管物品。

2）氯化钙。一种白色多孔的颗粒固体，吸湿效果显著。分无水（含水3%）和有水（含水23%）两种。氯化钙吸湿到饱和状态后变为液体，吸湿后的溶液加热蒸发水分后仍可使用。

3）硅胶。又叫矽酸，是一种白色多孔的颗粒固体，性能与氯化钙基本相同，但颗粒小一些，也可反复使用。

各种吸湿剂的吸湿性能如表5-3所示。

表5-3 各种吸湿剂的吸湿性能

吸 湿 剂	投放量（千克/立方米）	吸湿率（%） 47h	吸湿率（%） 70h
生石灰	0.2~0.25	13	25
无水氯化钙	1.2	49	54
有水氯化钙	0.8	14	40
硅胶	0.4~0.7	87	93

除湿机的工作原理：由风扇将潮湿空气抽入机体内，空气经过蒸发器（压缩机在制冷状态），此时空气中的水分冷凝成水珠流到水箱，原空气变成干燥及低温的空气，干燥及低温的空气再通过冷凝器，被冷凝器加热后排出机体外，如此循环，实现除湿。

在高温、干燥的季节，可以采取洒水、喷水雾等方式增加库房的空气湿度，以减少湿度过低可能对物资造成的不利影响。

> **小资料**
>
> **某公司仓库温、湿度控制管理内容**
>
> 1. 公司的仓库划分为常温库、暖库、阴凉库、冷柜（库）。常温库包括原料库、辅料库、包装材料库、成品库、危险品库；暖库包括净料库。
> 2. 各仓库温、湿度要求。
> 1）对常温库的温、湿度要求如下：温度为10℃~30℃，相对湿度为40%~65%。
> 2）对暖库的温、湿度要求如下：温度为18℃~30℃，相对湿度为40%~65%。
> 3）阴凉库的温、湿度要求如下：温度为2℃~10℃，相对湿度为40%~65%。

> 4）对冷柜（库）的温、湿度要求如下：温度为2℃～-10℃；相对湿度为30%～65%。
>
> 3. 仓库温、湿度的监控。
>
> 1）仓库保管员应在每个工作日对本库的温、湿度进行监控。一天两次，一般在早8:00和下午4:00，用温、湿度表进行测量并将结果记录，如表5-4所示。
>
> 2）仓库温、湿度记录由保管员保存，按月汇报并于月底交给生产设备部审核后存档。
>
> 3）当发现库区温、湿度范围超过规定数值时，应立即汇报质检人员。当天气不正常时，应加大监控力度，并做好记录和各项防范措施。
>
> 4. 采取措施
>
> 1）当温度过高时，应采取通风降温措施。
>
> 2）当湿度过高时，应采取通风措施来降低湿度。

仓库的温、湿度应用专门的温、湿度记录表进行记录，仓库温、湿度记录表如表5-4所示。

表5-4 仓库温、湿度记录表

序号：　　　　主要物资：　　　　仓号：　　　　年　月

检查时间			检查情况				气候	检查人
日	时	分	干表温度	湿表温度	绝对湿度	相对湿度		
1								
2								
⋮								
30								
31								

月温度最高　　　℃；最低　　　℃；平均　　　℃。
相对湿度最高　　　%；最低　　　%。
气候：晴天"〇"，雨天"川"，阴天"●"，风天"≈"；雪天"△"。

三、防霉腐

真菌是一种微生物，如果环境适宜，其繁殖速度惊人，对橡胶制品、纤维制品的危害很大。而虫害不仅侵害仓库的物资，还会对仓库本身造成损坏。库存物资并不是在什么条件下都会发生霉变，水分是微生物繁殖的必要条件。工作中，经常把相对湿度75%称为物资霉变的临界湿度，低于75%时，多数物资不会霉变。温度是微生物生长的另一个重要条件。微生物在温度10℃以下不易生存，40℃以上停止活动，80℃时多数微生物死亡，在25℃～35℃生长最好。日光对多数微生物的影响也很大，日光直射1～4小时，大部分微生物会死亡。防止物资霉变，主要是采取预防措施，具体方法有以下几种。

1）仓库管理。物资入库时要严格检查有无霉变现象，入库后容易霉变的物资应分库存放，注意通风，降温防湿，把相对湿度控制在75%以下。

2）用药剂防范霉变。把抑制和杀灭微生物的化学药剂放洒在容易霉变的物资上，主要药剂有五氯酚钠、水杨酰苯胺、多聚甲醛等。

3）气体防霉。改变空气成分，用二氧化碳或氮气密封包装和密封库房，物资上的真菌就失去了生存的条件。

4）低温防霉。低温防霉一般具有良好的效果，主要是因为低温能够减低生物体内酶的活性。但是不同的物资对温度的要求不同，如鲜鸡蛋最好在-1℃的条件下保管；果蔬的温度要求在0℃～10℃之间，鱼、肉等易采用速冻方法，在-16℃～-28℃之间可以保存较长时间。

5）物资霉变的救治。霉变后如果及早发现，是可以救治的，主要采用的方法有晾晒、高温烘烤、药剂熏蒸、紫外线杀菌等。若物资已经出现霉腐现象，应立即采取救治措施，如进行翻垛挑选，将霉腐物资与正常物资进行隔离，并根据霉腐情况、物资性质、设备条件等，采取熏蒸、晾晒、烘烤、加热消毒或紫外线灭菌等方式进行处理。

四、防锈蚀

防止金属锈蚀及金属除锈是保管技术中一项重要的内容。在金属物资中，最容易被锈蚀的是以钢铁为原料的制品。金属锈蚀，可以分为大气锈蚀、海水锈蚀、土壤锈蚀、接触锈蚀等，其根本原因有化学原因、电化学原因，其中以电化学原因最为严重。

1. 金属的防锈

防止金属物资发生锈蚀，首先要保持库房和金属物资表面干燥，还要做好物资的"密封包装"工作，也就是在金属物资表面连续、均匀地涂封油脂薄膜、油漆、可剥性塑料或使用气相缓蚀剂来隔离空气中的氧气、水，避免其与金属物资直接接触而发生化学反应。

（1）涂防锈油

金属物资在储存过程中，基本的防锈方法是：防止和破坏产生化学和电化学腐蚀的条件。最经济、有效的办法是严格按照其保管要求进行存储，杜绝使金属锈蚀的一切因素，如空气的相对湿度低于65%，则不管在什么气温下，金属都不会锈蚀。金属防锈的主要方法是涂防锈油，使水汽不能达到金属表面，这种方法也叫"油封"。防锈油分硬膜和软膜两种。硬膜防锈油使用前呈稠液状，覆盖在金属上很快会干，看似一层清漆，防锈性能好，但油膜不易除掉，所以主要用于待加工的金属材料防锈。软膜防锈油多为稀释型，溶剂挥发后，金属表面会形成油膜，使用方便，无须加热就可以涂刷掉。

（2）气相防锈法

气相防锈法是利用气相缓蚀剂，在密封的包装和容器内对金属零配件进行防锈的方法。气相缓蚀剂在常温下具有一定的挥发性能，在很短的时间内，它的气体就能充满包装和容器内的每个角落，对形状和结构复杂的零配件具有良好的防锈效果。通常将气相缓蚀剂溶于水或有机溶液中，然后涂在纸上，晾干后得到"气相防锈纸"，用这种纸包装的零配件可长期封存。使用气相缓蚀剂需要注意：必须弄清气相缓蚀剂的特性及其对金属的适应性，气相缓蚀剂包装内的相对湿度一般不要超过85%，不能与水分长期接触；防止电和光的作用；防止与酸碱接触；使用前必须对金属物资进行清洗。

（3）金属的清洗

碱的水溶液可以洗去金属表面的油污，因此是清洗金属常用的方法。单一品种的碱，不容易取得良好的清洗效果，因此在实际应用中经常配合使用。碱洗的方法有如下两种。

1）浸洗法。在加热的碱液中清洗油脂的方法。用具有加热装置的铁器，将洗液加热，一般在60℃～100℃之间，将制品浸入，并加以震荡，按照脏污的程度，时间一般为5～30分钟。浸洗后要进行彻底的水洗，然后迅速烘干。

2）电解法。将被洗制品浸在热碱液中，通过电流电解产生大量气体，从而破坏油膜而达到清洗目的的办法。

2. 金属的除锈

若金属物资已发生锈蚀，应尽快除锈，以防止物资继续锈蚀而造成更大的损失。目前除锈的方法有物理除锈和化学除锈两种。物理除锈方法又可以分为人工除锈和机械除锈两种，化学除锈分为利用无机酸等溶剂溶解锈蚀物的化学除锈和电化学除锈。

（1）人工除锈

人工除锈是指只使用简单的除锈工具，主要通过手工擦、刷、磨的方式去除金属的锈蚀。可以采用的工具主要有刮刀、砂纸、钢丝刷、木屑等。

（2）机械除锈

1）抛光法。用软质的棉布、帆布等制成抛光轮，由电动机带动，在高速旋转下把锈蚀除去，如果在抛光轮上涂抹抛光膏，效果更好。

2）钢丝轮除锈。用金属制成轮刷，在机械的带动下，高速旋转去锈。

3）喷射法。将沙粒等强力喷射到金属表面，利用其强大的冲击与摩擦力的作用除锈。

（3）化学除锈

金属的锈蚀物主要是金属氧化物，化学除锈就是使酸溶液与这些氧化物发生反应，使其溶解在酸溶液中，达到除锈的目的。化学除锈主要采用硼酸、盐酸和磷酸，多用于齿轮、轴承、量具、刃具及中小型部件的除锈。进行化学除锈时要注意以下几点。

1）一般除锈溶液都有较强的腐蚀性，所以尽可能不要使用化学除锈，即使使用，也要严格按照工艺操作，以免造成更大的损失。

2）操作时要注意安全保护。

3）除锈、清洗、中和、防锈处理必须连续、紧凑地进行，清洗中和要彻底，否则影响除锈效果，而且有可能造成进一步破坏。

4）除锈液由于水分蒸发会影响除锈效果，要按照说明随时化验、调整。

5）经热溶液处理的零件要先用热水清洗，在室温下清洗的零件要先在凉水中清洗，再在热水中清洗。

6）在除锈后将零件置于140℃～160℃下保温1～1.5小时，可以消除产生氢胺的现象。

7）除锈化学药品要严格按照化学药品保管办法保管，以免发生事故。

8）除锈场地要远离库房及仪器设备，以尽可能减少或避免产生污染。

（4）电化学除锈

将需要除锈的金属制品放入电解液中，接通电源后利用电化作用去除锈蚀，主要用于形体较大的金属制品。电化学除锈主要采用阴极法，即以金属为阴极，通电后在阴极上产生氢气还原氧化铁，并利用氢气的机械作用剥离锈蚀。

五、防虫

原材料物资的防虫，可采取沸水烫煮、汽蒸、火烤等方法，如竹、木；对某些易遭虫蛀的物资，可在其包装或货架内投放药剂，如天然樟脑或合成樟脑等。此外，还可以使用各种化学杀虫剂，通过喂毒、触杀或熏蒸等杀灭害虫，这也是当前防治仓库害虫的主要措施。

1）清洁卫生防治法。库内保持清洁，孔洞缝隙密封，库外不留杂草、污水、垃圾，适时喷洒防虫药剂。

2）物理机械防治法。以自然或人为的高、低温作用于害虫的方法。温度必须超过害虫生命极限；对鼠的防治可采用捕鼠机械。

3）化学药剂防治法。利用化学药剂预防和杀灭仓库害虫。目前经常用于仓库防治虫害的药剂主要有林丹、敌百虫、磷化铝、磷化锌、马拉硫磷、溴甲烷等。

知识点四　特种物资储存

特种物资应采取相应的养护保管措施，减少因保管不善带来的损失和安全事故，对特种物资的管理也是仓储管理的重点之一。常见的特种物资主要有危险品、冷藏食品、粮食、油品等。

一、危险品的储存

危险品又称危险化学品、危险物资，指具有爆炸、易燃、毒害、腐蚀、放射性等特性，在运输、装卸和储存过程中，容易造成人身伤亡和财产毁损而需要特别防护的物资，如汽油、炸药、强酸、强碱、苯、萘、赛璐珞、过氧化物等。

1. 危险品的种类

危险品共分如下9类。

（1）爆炸品

爆炸品指在外界作用下（如受热、受压、撞击等），能发生剧烈的化学反应，瞬时产生大量的气体和热量，使周围压力急剧上升，发生爆炸，对周围环境造成破坏的物资，也包括无整体爆炸危险，但具有燃烧、抛射及较小爆炸危险，或者仅产生热、光、声响或烟雾等一种或几种现象的烟火物资。此类物资按危险性分为五项。

1）具有整体爆炸危险的物资，如硝酸甘油。
2）具有抛射危险，但无整体爆炸危险的物资。
3）具有燃烧危险、较小爆炸或较小抛射危险或两者兼有，但无整体爆炸危险的物资。
4）无重大危险的爆炸物资，本项物资危险性较小，万一被点燃或引燃，其危险作用大部分局限在包装件内部，而对包装件外部无重大危险。
5）非常不敏感的爆炸物资，性质比较稳定，在着火试验中不会爆炸，如硝酸铵。

爆炸品的危险特性主要有爆炸性、毒性等。

爆炸性是一切爆炸品的主要特性。爆炸性物资具有化学不稳定性，在一定外界因素的作用下，会发生猛烈的化学反应，爆炸能量在极短时间内放出，因此具有巨大的破坏力。爆炸时产生大量的热，产生大量气体，造成高压，形成的冲击波对周围建筑物有很大的破坏性。

爆炸品对撞击、摩擦、温度等非常敏感，有的爆炸品还有一定的毒性，如三硝基甲苯、硝酸甘油、雷汞等。

此外，爆炸品易与酸、碱、盐、金属发生反应。有些爆炸品与某些化学品如酸、碱、盐发生化学反应，而反应的生成物是更容易爆炸的化学品。例如，苦味酸遇某些碳酸盐能反应生成更易爆炸的苦味酸盐；苦味酸受铜、铁等金属撞击，立即发生爆炸。

爆炸品在储运中要避免摩擦、撞击、颠簸、震荡，严禁与氧化剂、酸、碱、盐、金属粉末和钢材料器具等混储混运。

（2）压缩气体和液化气体

压缩气体和液化气体指压缩、液化或加压溶解的气体，并应符合下述两种情况之一者：临界温度不大于 50℃时，其蒸气压力大于 294kPa 的压缩或液化气体；温度在 21.1℃时气体的绝对压力大于 275kPa，温度在 54.4℃时气体的绝对压力大于 715kPa 的压缩气体，温度在 37.8℃时雷德蒸气压大于 275kPa。

本类危险品分为三项。

1）易燃气体。此类气体极易燃烧，与空气混合能形成爆炸性混合物。在常温常压下遇明火、高温即会发生燃烧或爆炸，如甲烷、乙炔。

2）不燃气体。指无毒、不燃气体、包括助燃气体，但浓度高时有窒息作用。助燃气体有强烈的氧化作用，遇油脂能燃烧或爆炸，如氧气、二氧化氮。

3）有毒气体。该类气体有毒，对人畜有强烈的毒害、窒息、灼伤、刺激作用。其中有些还具有易燃、氧化、腐蚀等性质，如硫化氢、氯气。

所有压缩气体都有危害性，因为在高压之下，有些气体具有易燃、易爆、助燃、剧毒等性质，在受热、撞击等情况下，易引起燃烧爆炸或中毒事故。

（3）易燃液体

易燃液体指易燃的液体、液体混合物或含有固体物质的液体，但不包括由于其危险特性列入其他类别的液体。易燃液体具有以下特点。

1）高度易燃性。易燃液体的主要特性是具有高度易燃性，遇火、受热及和氧化剂接触时都有燃烧的危险，其危险性的大小与液体的闪点、自燃点有关，闪点和自燃点越低，燃烧的危险越大。

2）易爆性。由于易燃液体沸点低，挥发出来的蒸气与空气混合后，浓度易达到爆炸极限，遇火源往往发生爆炸。

3）高度流动扩散性。易燃液体的黏度一般都很小，不仅本身极易流动，还因渗透、浸润及毛细现象等作用，即使容器只有极细微的裂纹，易燃液体也会渗到容器壁外。泄漏后很容易蒸发，形成的易燃蒸气比空气重，能在坑洼地带积聚，从而增加了燃烧爆炸的危险性。

4）易积聚电荷性。部分易燃液体，如苯、甲苯、汽油等，电阻率都很大，很容易积聚静电而产生静电火花，造成火灾事故。

5）受热膨胀性。易燃液体的膨胀系数比较大，受热后体积容易膨胀，同时其蒸气压也随之升高，从而使密封容器中内部压力增大，造成"鼓桶"，甚至爆裂，在容器爆裂时会产生火花，从而引起燃烧或爆炸。因此，易燃液体应避热存放；灌装时，容器内应留有 5% 以上的空隙。

6）毒性。大多数易燃液体及其蒸气均有不同程度的毒性。因此在操作过程中，应做好保护工作。

7）易燃性是易燃液体的主要特性，在使用时应严禁烟火，远离火种、热源；同时禁止使用易发生火花的铁制工具及穿带铁钉的鞋。

（4）易燃固体、易燃物资和遇湿易燃物资

本类危险品分为以下三项。

1）易燃固体。易燃固体指燃点低，对热、撞击、摩擦敏感，易被外部火源点燃，燃烧迅速，并可能散发有毒烟雾或有毒气体的固体，但不包括已列入爆炸品的物资，如红磷、硫黄、镁粉。

易燃固体的主要特性是容易被氧化，受热易分解或升华，遇明火常会引起强烈、连续的燃烧；与氧化剂、酸类等接触，反应剧烈而发生爆炸；对摩擦、撞击、震动也很敏感；许多易燃固体有毒，或者燃烧产物有毒或腐蚀性；对于易燃固体，应特别注意粉尘爆炸。

2）自燃物资。自燃物资指自燃点低，在空气中易发生氧化反应，放出热量，而自行燃烧的物资，如白磷。

燃烧性是自燃物资的主要特性。自燃物资在化学结构上无规律性，因此自燃物资有各自不同的自燃特性。黄磷性质活泼，极易氧化，燃点又特别低，一经暴露在空气中，很快就会自燃。但黄磷不和水发生化学反应，所以通常放置在水中保存。另外，黄磷本身极毒，其燃烧的产物五氧化二磷也为有毒物质，遇水还能生成剧毒的偏磷酸。所以遇有磷燃烧时，在扑救的过程中应注意防止中毒。

二乙基锌、三乙基铝等有机金属化合物，不但在空气中能自燃，遇水还会强烈分解，产生易燃的氢气，引起燃烧爆炸。因此，储存和运输时必须用充有惰性气体的容器或特定的容器包装，失火时也不可用水扑救。

3）遇湿易燃物资。遇湿易燃物资指遇水或受潮时，发生剧烈的化学反应，放出大量的易燃气体和热量的物资，有些不需明火即能燃烧或爆炸，如钾、钠、铯、锂、碳化钙、磷化镁、磷化钙、硅化镁。

遇湿易燃物资除遇水会发生反应外，遇到酸或氧化剂也能发生反应，而且比遇到水发生的反应更为强烈，危险性也更大。因此，储存、运输和使用时，注意防水、防潮，严禁火种接近，与其他性质相抵触的物资应隔离存放。遇湿易燃物资起火时，严禁用水、酸碱泡沫、化学泡沫扑救。

（5）氧化剂和有机过氧化剂

1）氧化剂。氧化剂指处于高氧化态，具有强氧化性，易分解并放出氧和热量的物资，包括含有过氧基的有机物，其本身不一定可燃，但能导致可燃物的燃烧，与松软的粉末状可燃物能组成爆炸性混合物，对热、震动或摩擦较为敏感，如氯酸钾、高锰酸钾、高氯酸、过硫酸钠。

2）有机过氧化剂。有机过氧化剂指分子组成中含有过氧基的有机物，其本身易燃易爆、极易分解，对热、震动和摩擦极为敏感，如过氧乙醚。

氧化剂具有较强的获得电子能力，有较强的氧化性，遇酸碱、高温、震动、摩擦、撞击、受潮或与易燃物资、还原剂等接触能迅速分解，有引起燃烧、爆炸的危险。

（6）毒害品和感染性物资

1）毒害品。毒害品指进入肌体后，累积达到一定的量，能与体液和组织发生生物化学作用或生物物理学变化，扰乱或破坏肌体的正常生理功能，引起暂时性或持久性的病理状态，甚至危及生命的物资，如苯酚、甲醇等。

2）感染性物资。感染性物资含有致病的微生物，是能引起病态，甚至死亡的物资。

（7）放射性物资

放射性物资如镭、铀、钴-60、硝酸钍、二氧化铟、乙酸铀酰锌、铟片。放射性物质放出的射线可分为四种：α射线，也叫甲种射线；β射线，也叫乙种射线；γ射线，也叫丙种射线；中子流。各种射线对人体的危害都很大，许多放射性物资的毒性很大。

目前无法用化学方法中和使其不放出射线，只能设法把放射性物质清除或用适当的材料予以吸收和屏蔽。

（8）腐蚀品

腐蚀品指能灼伤人体组织并对金属等物品造成损坏的固体或液体，即与皮肤接触后，在4小时内可见坏死现象，或者温度在55℃时对20号钢的表面均匀年腐蚀超过6.25mm的固体或液体。

1）本类危险品按化学性质分为三项。

①酸性腐蚀品，如硫酸、盐酸、硝酸、氢碘酸、高氯酸、五氧化二磷、五氯化磷。

②碱性腐蚀品，如氢氧化钠、甲基锂、氢化锂铝、硼氢化钠。

③其他腐蚀品，如乙酸铀酰锌、氰化钾。

2）本类危险品的特点如下。

①强烈的腐蚀性。在化学危险物品中，腐蚀品的化学性质比较活泼，能和很多金属、有机化合物、动植物机体等发生化学反应。这类物质能灼伤人体组织，对金属、动植物机体、纤维制品等具有强烈的腐蚀作用。

②多数腐蚀品有不同程度的毒性，有的还是剧毒品。

③易燃性。许多有机腐蚀物品都具有易燃性，如甲酸、冰醋酸、苯甲酰氯、丙烯酸等。

④氧化性。如硝酸、硫酸、高氯酸、溴素等，当这些物品接触木屑、食糖、纱布等可燃物时，会发生氧化反应，引起燃烧。

（9）杂类

杂类物资指在运输过程中呈现的危险性质不包括在上述八类危险性中的物资。杂类物资分为两项。

1）磁性物资。磁性物资指航空运输时，其包件表面任何一点距 2.1 米处的磁场强度 $H \geq 0.159 \text{A/m}$。

2）另行规定的物资。另行规定的物资指具有麻醉、毒害或其他类似性质，能造成飞行机组人员情绪烦躁或不适，以致影响飞行任务的正确执行，危及飞行安全的物资。

各类危险物资的标志图如图 5-6 所示。

(a) 爆炸品　　(b) 压缩气体和液化气体　　(c) 易燃液体

(d) 易燃固体、易燃物品和遇湿易燃物品　　(e) 氧化剂和有机过氧化剂　　(f) 毒害品和感染性物品

(g) 放射性物品　　(h) 腐蚀品　　(i) 杂类

图 5-6　各类危险物资的标志图

2. 危险品的储存

（1）危险品储存的基本要求

危险品储存应满足以下要求。

1）储存危险品必须遵照国家法律、法规和其他有关的规定。

2）危险品必须储存在经公安部门批准设置的专门的危险品仓库中，经销部门自管仓库储存危险品及储存数量必须经公安部门批准。未经批准不得随意设置危险品储存仓库。

3）危险品露天堆放，应符合防火、防爆的安全要求，爆炸物品、一级易燃物资、遇湿燃烧物品、剧毒物资不得露天堆放。

4）储存危险品的仓库必须配备有专业知识的技术人员，其库房及场所应设专人管理，管理人员必须配备可靠的个人安全防护用品。

（2）危险品储存场所的要求

储存危险品的建筑物不得有地下室或其他地下建筑，其耐火等级、层数、占地面积、安全疏散和防火间距应符合国家有关规定。

储存地点及建筑结构的设置，除了应符合国家的有关规定外，还应考虑对周围环境和居民的影响。

1）储存场所的电气安装。

① 危险品储存建筑物、场所消防用电设备应能充分满足消防用电的需要；并符合 GBJ16 第十章第一节的有关规定。

② 危险品储存区域或建筑物内输配电线路、灯具、火灾事故照明和疏散指示标志，都应符合安全要求。

③ 储存易燃、易爆危险品的建筑，必须安装避雷设备。

2）储存场所的通风或温度调节。

① 储存危险品的建筑必须安装通风设备，并注意设备的防护措施。

② 储存危险品的建筑通排风系统应设有导除静电的接地装置。

③ 通风管应采用非燃烧材料制作。

④ 通风管道不宜穿过防火墙等防火分隔物，必须穿过时应用非燃烧材料分隔。

⑤ 储存危险品建筑采暖的热媒温度不应过高，热水采暖不应超过 80℃，不得使用蒸气采暖和机械采暖。

⑥ 采暖管道和设备的保温材料必须采用非燃烧材料。

（3）储存方式

根据危险品性能分区、分类、分库储存。各类危险品不得与禁忌物资混合储存。储存化学危险品的建筑物、区域内严禁吸烟和使用明火。化学危险品储存方式分为三种。

1）隔离储存在同一房间或同一区域内，不同的物资之间有一定的距离，非禁忌物资间用通道保持空间的储存方式。

2）隔开储存在同一建筑或同一区域内，用隔板或墙将其与禁忌物资分离开的储存方式。

3）分离储存在不同的建筑物或远离所有建筑的外部区域内的储存方式。

（4）储存安排及储存量限制

化学危险品的储存安排取决于化学危险品分类、分项、容器类型、储存方式和消防的要求。危险品的储存量及储存安排如表 5-5 所示。

表 5-5　危险品的储存量及储存安排

储存要求 \ 储存类别	露天储存	隔离储存	隔开储存	分离储存
平均单位面积储存量（吨/平方米）	1.0~1.5	0.5	0.7	0.7
单一储存区最大储量（吨）	2000~2400	200~300	200~300	400~600
垛距限制（米）	2	0.3~0.5	0.3~0.5	0.3~0.5
通道宽度（米）	4~6	1~2	1~2	5
墙距宽度（米）	2	0.3~0.5	0.3~0.5	0.3~0.5
与禁忌品距离（米）	10	不得同库储存	不得同库储存	7~10

遇火、遇热、遇潮能引起燃烧、爆炸或发生化学反应、产生有毒气体的化学危险品不得在露天或在潮湿、积水的建筑物中储存。

受日光照射能发生化学反应引起燃烧、爆炸、分解、化合或能产生有毒气体的化学危险品应储存在一级建筑物中。其包装应采取避光措施。

爆炸物资不准和其他类物品同储，必须单独隔离限量储存，仓库不准建在城镇，还应与周围建筑、交通干道、输电线路保持一定的安全距离。

压缩气体和液化气体必须与爆炸物资、氧化剂、易燃物资、自燃物资、腐蚀性物资隔离储存。易燃气体不得与助燃气体、剧毒气体同储；氧气不得与油脂混合储存，盛装液化气体的容器属压力容器的，必须有压力表、安全阀、紧急切断装置，并定期检查，不得超装。

易燃液体、遇湿易燃物资、易燃固体不得与氧化剂混合储存，具有还原性的氧化剂应单独存放。

有毒物资应储存在阴凉、通风、干燥的场所，不要露天存放，不要接近酸类物资。

腐蚀性物资，包装必须严密，不允许泄漏，严禁与液化气体和其他物资共存。

（5）化学危险品的养护

化学危险品入库时，应严格检验物资的质量、数量、包装情况、有无泄漏。

化学危险品入库后应采取适当的养护措施，在储存期内，定期检查，若发现其品质变化、包装破损、渗漏、稳定剂短缺等，应及时处理。

库房温度、湿度应严格控制，经常检查，发现变化后及时调整。

（6）化学危险品出入库管理

储存化学危险品的仓库，必须建立严格的出入库管理制度。化学危险品出入库前均应按合同进行检查验收、登记，验收内容包括：数量、包装、危险标志，经核对后方可入库、出库，物资性质未弄清时不得入库。

进入化学危险品储存区域的人员、机动车辆和作业车辆，必须采取防火措施。

装卸、搬运化学危险品时应按有关规定进行，做到轻装、轻卸，严禁摔、碰、撞、击、拖拉、倾倒和滚动。

装卸对人身有毒害及有腐蚀性的物资时，操作人员应根据危险性，穿戴相应的防护用品。

不得用同一车辆运输互为禁忌的物资。

修补、换装、清扫、装卸易燃、易爆物资时，应使用不产生火花的铜制、合金制或其他工具。

（7）消防措施

根据危险品特性和仓库条件，必须配置相应的消防设备、设施和灭火药剂，并配备经过培训的兼职和专职的消防人员。

储存化学危险品建筑物内应根据仓库条件安装自动监测和火灾报警系统。

储存化学危险品的建筑物内，如条件允许，应安装灭火喷淋系统（遇水燃烧化学危险品，不可用水扑救的火灾除外）。

（8）废弃物处理

禁止在化学危险品储存区域内堆积可燃废弃物资。

泄漏或渗漏危险品的包装容器应迅速移至安全区域。

按化学危险品的特性，用化学的或物理的方法处理废弃物资，不得任意抛弃、污染环境。

（9）人员培训

仓库工作人员应进行培训，经考核合格后持证上岗。

对化学危险品装卸人员进行必要的教育，使其按照有关规定进行操作。

仓库的消防人员除了具有一般消防知识之外，还应进行在危险品库工作的专门培训，使其熟悉各区域储存的化学危险品的种类、特性、储存地点、事故的处理程序及方法。

二、冷藏仓储管理

1. 食品低温储藏的原理

冷藏是指在保持低温的条件下储存物资的方法。由于在低温环境中能够延长有机体的保鲜时间，因而对鱼肉食品、水果、蔬菜及其他易腐烂物资都采用冷藏的方式储藏。对于在低温时能凝固的液体流质品，采取冷藏的方式有利于运输、作业和销售，因此也采用冷藏的方式储藏。此外，在低温环境中一些混合物的化学反应速度降低，也采用冷藏方式储藏。

（1）低温储藏、保鲜应遵守的原则

为了保持食品的质量，在冷库内储藏食品时，应遵守以下原则。

1）食品入库前必须经过严格检验，适合冷冻、冷藏的食品才能入库。

2）严格按照食品储存要求的温度条件进行储存。温、湿度要求不相同的食品，不能存放在一起。

3）有挥发性和有异味的食品应分别储藏，否则会造成串味并影响食品质量。

4）食品严格按照先进先出的原则进行管理。

（2）食品的低温储藏原理

把食品进行冷冻处理和储存，食品的生化反应速度会大大减慢，这样就可以使食品储存较长时间而不变质，这就是低温储藏食品的基本原理。

1）动物性食品低温储藏原理。动物性食品变质的主要元凶是微生物和酶。对一般的腐败菌和病原菌，温度10℃以下它们的发育就显著地被抑制了。在冻结时，酶的反应受到严重抑制，生物体内的化学变化就会变慢，食品可以较长时间储藏。

2）植物性食品低温储藏原理。低温一方面能够减弱果蔬类食品的呼吸作用，有助于延长储藏期限；但另一方面，温度过低会引起植物性食品的生理病害，甚至冻死。例如，香蕉储藏温度在12℃～13℃，如果降到12℃以下，香蕉就会变黑。

2. 冷库仓储管理

（1）冷库库房的管理

冷库是用隔热材料建筑的低温密封性库房，具有怕潮、怕水、怕风、怕热交换等特性。因此，在使用库房时，应注意以下问题。

1）冷库门要保持常闭状态，物资出入库时，要随时关门。要尽量减少冷热空气的对流，经常出入库物资的门要安装空气幕、塑料隔温帘或快速门等装置。要保持库门的灵活，并尽可能安装电动门，使库门随时保持关闭。

2）冷库内各处（包括地面、墙面和顶棚）应无水、霜、冰，库内的排管和冷风机要定期除霜、化霜。

3）没有经过冻结的温度过高的货品不能入库。这是因为较高温度的物资会造成库内温度急速回升，使库温波动过大。

4）冷库库房必须按规定用途使用，高、低温库不能混淆使用。在没有物资存库时，也应保持一定的温度。

5）冷库的地板有隔热层，所以有严格的承重要求和保温要求。不能将物资直接铺放在库房地板上冻结；拆垛时，不能用倒垛的方法；不能在地坪上摔击。

6）要安装自然通风或强制通风装置。要保持地下通风畅通，并定期检查地下通风道内有无结霜、堵塞和积水现象，检查回风温度是否符合要求，地下通风道周围严禁堆放物资。

7）冷库货品的堆放要与墙、顶、灯、排管有一定距离，以便于检查、盘点等作业。

8）冷库内要有合理的走道，方便操作、运输，并保证安全。

（2）冷库物资的管理

冷库中储存的物资一般是处于产成品阶段的物资。冷库的物资管理一般应注意以下几方面。

1）严格控制库房温度、湿度。一般情况下，冷库的平均温度升降幅度一昼夜不得超过10℃，高温库房的温度一昼夜升降幅度不得超过0.5℃。为了保证冷库的温度稳定，食品的入库温度一般不高于冷库设定温度3℃以上，即在-18℃的库房中，物资的入库温度要达到-15℃较为合适。

2）降低物资干耗。食品在冷加工与储藏过程中，水分会蒸发，即食品的干耗。防止物资干耗的措施有降低储藏温度，改进包装，控制库房湿度，用冰衣覆盖货品，对冻肉、鱼类物资可以采取喷水加冰衣的方法。

3）合理堆放冷库中的物资。堆放要尽量紧密，以提高库房利用率。不同类别的物资放在不同的地方，没有包装的物资不要和有包装的物资存放在一起，味道差异比较大的物资不要放在一起。物资尽量不要放在风机、蒸发器下面，以免水滴在物资上。

4）定期检查冷库中的物资。要经常检查物资是否按照出入库要求先进先出，是否因存放时间过长而发生质量变化，物资表面是否结冰、结霜等。

5）减少物资搬动次数。可以采用整板出货、整层出货的方法减少人工搬动物资的机会。

一些主要水果冷藏储存时冷库内二氧化碳含量控制情况如表5-6所示。

表5-6 主要水果冷藏二氧化碳含量控制情况

品　　名	梨	香蕉	柑橘	苹果	柿子	西红柿
二氧化碳容积百分比（%）	0.2～2	1.6	2～3	8～10	5～10	5～10

（3）冷库人员的管理

冷库中的作业环境与其他作业环境有相当大的差别，所以对冷库中的作业人员管理也要引起足够的重视，以下几点需注意。

1）加强防护，避免冻伤。冷库作业人员必须穿符合要求的保温工作服、保温鞋，戴手套。一般冷库中连续作业不能超过 30 分钟。作业人员身体的裸露部位不得接触冷库内的物品，包括物资、排管、货架、作业工具等。

2）防止人员缺氧窒息。人员在进入库房前，尤其是长期封闭的库房，需先进行通风，以避免由于氧气不足而造成人员伤亡。

3）避免人员被困库内。库门应设专人开关，限制无关人员进库。人员入库，应在门外悬挂告示牌。冷库门在关闭之前一定要确认库内没有人员滞留。冷库应有逃逸门，并且要保持正常使用状态。

4）加强培训，安全作业。对冷库作业人员要加强培训，使每个作业人员都了解冷库的操作特点和要求。

5）妥善使用设备。冷库中所使用的设备和仪器必须有低温运行性能。入冷库叉车是特殊用途的叉车，冷库的灯也要用专用灯，托盘必须用耐低温的专用托盘。

三、粮食储存

1. 粮食的仓储特性

（1）呼吸性和自热性

粮食具有植物的新陈代谢功能，能够吸收氧气和释放二氧化碳，通过呼吸作用，能产生和散放热量，当粮食大量堆积时，释放的二氧化碳会降低空气中的氧气含量，产生的大量热量得不到散发，会使粮堆内部温度升高。另外，粮食中滋生的微生物也具有呼吸和发热的能力。

（2）吸湿性和散湿性

粮食本身含有一定的水分，当空气干燥时，水分向外散发；当空气湿润时，粮食又会吸收水分。在水分充足时还会发芽，导致粮食发霉。由于具有吸湿性，粮食在吸收水分后不容易干燥，储存在干燥环境中的粮食也会因为散湿而致霉。

几种粮食含水量标准如表 5-7 所示。

表 5-7 粮食含水量标准

粮食种类	含水量	粮食种类	含水量
大米	15%以下	赤豆	16%以下
小麦	14%以下	蚕豆	15%以下
玉米	16%以下	花生	8.5%以下
大豆	15%以下	花生果	10%以下

（3）吸附性

粮食具有吸湿、呼吸的能力，能将外界环境中的气味、有害气体、液体等吸附到内部，不能去除。一旦受到异味玷污，粮食就会因无法去除异味而损毁。

（4）易受虫害

粮食是众多昆虫幼虫和老鼠的食物。未经杀虫处理的粮食中含有大量的昆虫、虫卵和细菌，当温度、湿度适宜时就会大量繁殖，形成虫害。

（5）散落流动性

散装粮食因为颗粒小，颗粒之间不会粘连，具有自动松散流动、散落的特性，当倾斜角度足够大时就会形成流动性。根据粮食的散落流动性，可以采用流动的方式作业。

（6）扬尘爆炸性

干燥粮食的麸壳、粉碎的粮食粉末等在流动和作业时会产生扬尘，伤害人的呼吸系统。当能燃烧的有机质粮食的扬尘达到一定浓度时（一般为50～65克/立方米），遇火源会发生爆炸。

2．粮食仓储管理

（1）粮仓干净无污染

粮仓必须保持清洁、干净。要尽可能使用专用的粮筒仓储存粮食。通用仓库拟用于粮食仓库，应是封闭的，仓内地面、墙面要进行硬化处理，不起灰扬尘，不脱落剥离，作业通道要进行防尘铺垫，确保无污染物、无异味时才能使用。

在粮食入库前，应对粮仓进行彻底清洁，清除异物、异味。对不合要求的地面，应用帆布、胶合板等严密铺垫。使用兼用仓库时，同一仓库内不能储存非粮食的其他货物。

（2）保持干燥，控制水分

保持干燥是粮食仓储的基本要求。粮仓内禁止安装日用水源，消防水源应妥善关闭，洗仓水源应与仓库保持一定的距离，并置于排水沟的下方。仓库旁边的排水沟应保持通畅、无堵塞，防止粮食散漏入沟。

随时监控粮仓内的湿度，把它控制在合适的范围内。仓内湿度升高时，要检查粮食的含水量，若含水量超标，要及时采取除湿措施。粮仓通风时，要避免将空气中的水分带入仓内。

（3）控制温度，防止火源

夏季要控制粮仓温度，采取降湿措施。每天要测试粮食温度，特别是内层温度。发现粮食自热升温时，须及时降温。降温时，采用机械方式进行货垛内层通风，或者内层放干冰，必要时进行翻仓、倒堆散热。

粮仓防火工作的要求很高。在进行粮食出入库、翻仓作业时，要避免一切火源，注意消除设备运转的静电、粮食与设备摩擦静电，排除扬尘。

（4）防霉变

要严把入库关，防止已霉变的粮食入库；控制好仓库的温、湿度，保持低温和干燥；经常清洁仓库，消除随空气飞扬入库的真菌；清洁仓库外环境，清除真菌源。

经常检查仓库，发现霉变后，立即清除霉变的粮食，采取除霉措施。充分利用现代防霉技术和设备，如使用过滤空气通风法、紫外线杀菌法、施放食用防霉药物等。

（5）防虫鼠害

粮仓中虫鼠害的主要表现是对粮食的直接损耗、虫鼠排泄物和尸体对粮食的污染、携带外界污染物入仓、破坏粮食设备等。危害粮仓的昆虫种类很多，有甲虫、蜘蛛、米虫、白蚁等。

粮仓防虫鼠害的方法很多，首先要保持良好的仓库状态，对建筑破损、孔洞、裂痕及时封堵，保持隔储安好、门窗密封，经常检查，及时发现虫鼠痕迹。化学灭杀使用高效、低毒的药物，防止污染粮食。物理灭杀可采用诱杀灯、高压电灭杀等方法。

> **小资料**
>
> 如表5-8所示为硬稻谷质量指标。

表 5-8　硬稻谷质量指标

等　级	出糙率（%）	整精米率（%）	杂质（%）	水分（%）	色泽、气味
1	≥81	≥60			
2	≥79	≥60			
3	≥77	≥60	≤1	≤14.5	正常
4	≥75	≥60			
5	≥73	≥60			

1. 各类稻谷以 3 等为中等标准，低于 5 等属等外稻谷。
2. 稻谷中混有其他类稻谷不超过 5.0%。
3. 各类稻谷中黄粒米不超过 1.0%。
4. 各类稻谷中谷外糙米不超过 2.0%。
5. 卫生检验和植物检疫按国家有关标准和规定执行。

四、油品管理

1. 油品的仓储特性

油品是指原油、成品油（汽油、柴油、煤油等）和液化石油气等。油品的特点是易燃烧、易爆炸、易蒸发、易带电、易膨胀、易流动、易渗透、易漂浮等。油品的这些特性决定了其物理性质很不稳定，从而给油品的储存和运输带来了诸多不安全因素。

油库是储存油品的仓库，属于危险品仓库。保证油品在收、发、储、运中的安全，是油库运行管理的重要任务。

2. 油品的保管

罐装油品储存保管时，每个油罐都要分户立账。油罐储存不得超过安全容量。不同品种、规格的油品，要实行专罐储存。油罐改储其他品种油品时，要按规定进行清洗。

桶装油品储存保管时，要贯彻先进先出的原则，避免长期存放。对不同规格、品种、包装油品，要实行分类堆码。滑润油和润滑脂应当入库保管，不得露天存放。库内堆垛时，油桶应立放，桶口向外，宜双行并列，桶身紧靠。桶装油露天堆垛时，堆放场地要坚实平整，高出地面 0.5 米，四周有排水设施。

案例分析

原料储存不当致仓库失火

2001 年 7 月 12 日 23 时左右，某公司值班人员发现原料仓库冒出烟雾，值班人员判断可能是原料仓库里面堆放的硫黄起火，于是立刻向公司总调度室报告，同时也向公司领导做了报告。公司领导接到报告后立即组织人员进行扑救。据了解，该仓库存放 400 吨硫黄、31 吨氯酸钾，在仓库的一角还堆放有 100 吨水泥。由于燃烧物是硫黄和氯酸钾，遇高温时就变成液态，绿色的火苗随着液化的化学物质流动，火苗高时竟蹿起 1 尺多高。

7 月 13 日 1 时许，消防队到达起火地点参与扑救。采取的灭火办法一是降温扑救，二是用编织袋装上泥土在仓库东、南、西面砌起矮墙，防止液态的硫黄外流。直到 5 时左右，火势才得到初步控制，10 时 40 分，经过 11 小时的奋战，大火才被完全扑灭。值得庆幸的是，整个起火爆炸过程中并无人员伤亡。

事后人们才知道，在爆炸现场东面 120 米处有一个液化气站，西面 80 米处有 1 个 5 000 升的煤气储存罐，南面 80 米处是化工厂的一个煤气储存罐，如果大火蔓延到这三处地方，很可能会引发特大爆炸，后果将更加严重。

原因分析：

这起事故的起因，是化学品的自燃。就化学品的存放而言，把硫黄和氯酸钾堆放在一个仓库内是极不科学的。氯酸钾是强氧化性物质，如果与强还原性物质混合，就易发生燃烧或爆炸，而硫、磷都是强还原性物质。氯酸钾遇明火或高温都有可能燃烧，严重的还能发生爆炸。

防范措施：

1. 规范安全管理，对管理人员和仓库保管人员进行相关的化学品知识培训，使他们掌握基本的常识。

2. 优化仓库布局，仓库附近设有液化气站、煤气储存罐，距离分别只有 80 米和 120 米，原料仓库的火灾很可能引发液化气站、煤气储存罐爆炸，仓库布局时要全面考虑这些因素。

3. 从本次事故中吸取教训，据了解，该厂过去也因为同样的原因发生过事故，但由于火势较小，很快就被扑灭，管理人员并没有重视、把隐患消除。所以这次有关领导一定不能忽略，要从中吸取教训，避免再次发生类似事故。

资料来源 http://www.zh-hz.com/html/c60

原料储存不当致仓库失火的启示：

1. 强氧化性物质与强还原性物质混合易发生燃烧或爆炸。
2. 仓库布局要合理。
3. 根据燃烧物的特性选择正确的灭火方法。
4. 仓库管理人员要重视库存物资的保养与维护。

重要概念

溶化　挥发　吸潮　气相防锈　危险品　隔离储存　隔开储存　分离储存　冷藏

本章小结

- 库存物资变化的形式有物理机械变化、化学变化、生化变化及其他生物引起的变化。影响库存物资发生变化的内在因素有化学成分、结构形态、物理机械性质、生物化学性质；外在因素包括自然因素、人为因素、储存期等。
- 库存物资的保管与养护措施包括验收入库、安排场所、科学堆码等通用方法，也包括仓库温湿度的控制、防霉腐、防锈蚀、防虫。特种物资储存包括危险品的储存、冷藏仓储管理、粮食储存及油品储存管理。

复习思考题

一、填空题

1. 物资常发生的化学变化有（　　）、（　　）、（　　）、（　　）、（　　）、

（　　　）、（　　　）、（　　　）等几种类型。
2. 影响物资变化的内因有（　　　）、（　　　）、（　　　）、（　　　）四个因素。
3. 影响物资变化的外因有（　　　）、（　　　）、（　　　）三个因素。
4. 控制和调节库房温、湿度的一般方法有（　　　）、（　　　）、（　　　）三种。
5. 仓库常用的密封方法有（　　　）、（　　　）、（　　　）、（　　　）四种。
6. 金属的除锈方法有（　　　）、（　　　）、（　　　）、（　　　）四种。
7. 化学危险品储存方式分为（　　　）、（　　　）、（　　　）三种。

二、选择题

1. 蜡烛在高温下变成液体的现象称为（　　　）。
　　A．溶化　　　　　B．熔化　　　　　C．挥发　　　　　D．沉淀
2. 下列物资中易被串味的是（　　　）。
　　A．汽油　　　　　B．腌肉　　　　　C．樟脑　　　　　D．茶叶
3. 某些物资中的同种分子相互加成而结合成一种更大分子的现象称为（　　　）。
　　A．化合　　　　　B．分解　　　　　C．聚合　　　　　D．氧化
4. 下列属于引起物资变化的内因的是（　　　）。
　　A．结构形态　　　B．温度　　　　　C．日光　　　　　D．储存期
5. 铁的临界湿度为（　　　）。
　　A．55%～60%　　　B．60%～65%　　　C．65%～70%　　　D．70%～75%
6. 通风除湿时，库外温度高于库内温度一般不能超过（　　　）。
　　A．1℃　　　　　　B．2℃　　　　　　C．3℃　　　　　　D．4℃
7. 经常把相对湿度（　　　）称为物资霉变的临界湿度。
　　A．70%　　　　　　B．75%　　　　　　C．80%　　　　　　D．85%
8. 危险品共分为（　　　）大类。
　　A．7　　　　　　　B．8　　　　　　　C．9　　　　　　　D．10

三、判断题

1. 化学变化只改变物资本身的外表形态，不改变其本质。（　　　）
2. 风化指含结晶水的物资，在一定温度和干燥空气中，失去结晶水而使晶体崩解，变成非结晶状态的无水物资的现象。（　　　）
3. 所有物资对环境湿度的要求都是一样的。（　　　）
4. 在任何情况下，库房的湿度都是越低越好。（　　　）
5. 水分是微生物繁殖的必要条件。（　　　）
6. 爆炸品对撞击、摩擦、温度等非常敏感。（　　　）
7. 采用冷藏方式储存的食品无须按照先进先出的原则进行管理。（　　　）
8. 油品在储存、输送中需要做好防静电措施。（　　　）

四、简答题

1. 库存物资的变化都有哪些形式？
2. 简述生化变化的概念及其种类。
3. 影响物资变化的内因是什么？
4. 简述仓库温度、湿度的控制和调节方法。

5. 什么是危险品？包括哪几类？

五、案例分析

案例1

因保管人过错致使仓储物资变质

原告：某副食品公司。

被告：Z市冷冻加工厂。

Z市冷冻加工厂与Z市副食品公司于1989年3月达成协议，由冷冻加工厂为副食品公司加工、仓储猪肉。从1989年3月5日开始，副食品公司组织收购了价值44 880元的毛猪肉16 000斤交给冷冻加工厂。冷冻加工厂将猪肉加工成精肉12 000斤，杂肉3 800余斤，副食品公司为此支出了加工费3 750元。同年4月5日，冷冻加工厂将加工好的猪肉存入第7号冷库储存。同年5月24日，冷冻加工厂要扩建仓库通道，通道暂时阻塞，便打开7号冷库前后门，时间长达两个小时。冷冻加工厂发现冷库温度超标准过了多时才关闭前后门强行降温，但5月25日副食品公司查看猪肉时发现包装纸箱上有水珠，猪肉表面有黄斑点，于是将猪肉取样送Z市卫生防疫站化验，结果表明肉质软化，缺乏光泽，微黏，有酸味，肉质严重下降。冷冻加工厂为了避免纠纷，同意减少仓库储存费1 290元，并以每吨6 050元的价格买下全部猪肉，由冷冻加工厂负责处理。副食品公司为了从速处理冻肉，防止继续变质，同意了这种处理办法，收回货款38 630元，但仍造成副食品公司经济损失8 045元。猪肉处理完毕后，副食品公司要求冷冻加工厂赔偿损失，双方为此发生了纠纷。

冷冻加工厂声称，该厂已收购了副食品公司的猪肉，避免了副食品公司的猪肉全部变质，冷冻加工厂因此承担了大部分损失，问题已经解决，副食品公司再要求赔偿无道理。副食品公司则认为，将猪肉卖给冷冻加工厂是防止损失继续扩大的办法，冷冻加工厂违约责任没有解除，对方也没有放弃要求继续赔偿损失的权利。双方经过协商没能解决争议，副食品公司诉至Z市人民法院。

法院受案后认定了上述事实，法院认为，冷冻加工厂按照双方达成的协议，仓储副食品公司的猪肉，在储存期间违反冷库的操作规程，将冷库的前后门打开长达两小时之久，致使冷库温度突然升高，冰冻溶化，使猪肉质量下降，属严重违约行为，造成副食品公司的经济损失，理应足额赔偿。冷冻加工厂对猪肉做出处理后拒绝继续赔偿没有法律根据。法院于1989年9月15日判决由冷冻加工厂赔偿副食品公司经济损失8 045元。

资料来源：http://www.51labour.com/labour-law/show-12778.html

案例1思考题：

1. 造成案例中猪肉质量下降的原因是什么？
2. 结合案例谈谈冷库仓储管理的措施。

案例2

某公司食品储存管理制度

1. 储存环境

（1）仓库要求通风、干燥、明亮、清洁、通畅。

（2）仓库区严禁烟火，配置适量的消防器材。

（3）仓库应有防鼠、防潮、防霉变措施。

2. 存放与保管

（1）能上架的物资最好上架储存，一般应上轻下重，以保持货架稳固。

（2）不能上架的物资，在规定的区域堆放。

（3）货架分区、分类排放整齐。

（4）外观相似的产品避免相邻摆放，摆放要便于清点和搬运。

（5）仓库堆放的物资，其堆放高度以不损伤物资、不使货架变形为宜。

（6）储存品应分类别、入库日期进行必要的隔离和标识，以便先进先出。

（7）易损物资、危险物品设专区摆放并给予醒目标识。危险化学品要严格管理，专区存放。

（8）有储存期要求的物资，须有必要的标识，并坚持先进先出的原则。

（9）按物资的分类建立台账。账、卡、物应一致。

（10）仓库仓管员应经常查看库存物资，并做好产品的定期盘点工作。盘点或日常检查中发现物资有异常时（如超过储存期限或变质），应予隔离、标识、评审处置。

资料来源：http://wenku.baidu.com/view/2175bfea5ef7ba0d4a733bee.html

案例2思考题：

1. 食品储存中对储存环境有什么要求？
2. 食品仓储保管中有哪些注意事项？

第六章 仓库安全管理

学习目标

① 理解仓库治安保卫管理的内容、管理组织、管理制度及内容，仓库安全作业的基本要求和安全生产管理的内容。

② 掌握仓库火灾的知识，以及防火、灭火的方法；仓库防台风、防雷、防雨汛等安全防护措施。

③ 能够使用常见的灭火器及其他消防设备。

引导案例

漯河棉麻公司仓库火灾事故案

1991年11月中旬，河南省漯河市棉麻公司租赁一机部漯河仓库存放棉花。经双方商定并签订了协议，库房内的消防器材和安全由棉麻公司负责，库房外的安全工作由一机部仓库负责。11月中旬至12月下旬棉麻公司先后调入棉花1 200件，共960吨，由仓库保管员张某负责管理。

1992年3月13日上午，张某骑自行车去仓库检查，未发现异常情况，约10分钟后离去，以后未再去检查。3月15日下午4时，该仓库的一名搬运工人发现存放棉花的4号库房有浓烟，并从玻璃窗看到库房内有火苗，当即报警。后经消防队员经过数小时扑救将大火扑灭。经核查，烧毁棉花10批，5 000件，部分烧毁棉花198件，烧毁库房5间，共778平方米，烧毁双梁吊车和轨道滑线等物品。直接经济损失达359.36万余元。

经有关部门现场勘查并请有关单位鉴定，证实这场火灾的原因是库房内电缆导线与螺钉连接处接触不良，局部过热，长时间阴燃造成的。

张某身为仓库保管员，工作不负责任，违反了公安部《仓库防火安全规则》的有关规定，违反了本单位规章制度，对存放易燃物资的仓库不按规定进行经常性检查，擅离职守，致使国家财产遭受巨大损失。其行为触犯了《中华人民共和国刑法》第187条的规定，构成玩忽职守罪。

资料来源：http://www.gdmzsafety.gov.cn/xjpx/alfx/xfhz/2009-06-27/1246073175d3187.html

思考题

1. 漯河棉麻公司仓库火灾事故的原因有哪些？
2. 结合案例谈谈仓库安全管理工作的重要性。

知识点一　库区的治安与保卫

仓库是保管物资的场所，通常都存有大量的物资，保证仓库物资的财产安全是仓库管理的重要任务之一。治安保卫管理是仓库管理的重要组成部分，它不仅涉及财产安全、人身安全，执行国家的治安保卫管理法规和政策，也涉及仓库能否按照合同如约履行各项义务，降低和防止经营风险等。

一、治安保卫管理的内容

仓库治安保卫管理是仓库为了防范、制止恶性侵权行为的发生，防止意外事故对仓库及仓储财产造成破坏和侵害，维护稳定、安全的仓库环境，保证仓储生产经营的顺利开展所进行的管理工作。

仓库的治安保卫管理和治安保卫工作的具体内容，包括执行国家治安保卫规章制度，防盗、防抢、防破坏、防骗及防止财产被侵害，防火，维持仓库内秩序，防止意外事故等仓库治安灾难事故，协调仓库与外部的治安保卫关系，保证库内人员生命安全与物资安全等。仓库治安保卫管理的原则是：坚持预防为主、严格管理、确保重点、保障安全和主管负责制。

二、治安保卫管理组织

仓库的法定代表人或主要负责人为仓库的治安保卫责任人，为治安保卫管理工作的领导，同时还要由仓库最高层领导中的一员分管负责，由其领导建立起仓库治安保卫的完整组织。治安保卫的管理机构由仓库的整个管理机构组成，高层领导对整个仓库的安全负全责；各部门、机构的领导是本部门的治安责任人，负责本部门的治安保卫管理工作，对本部门的治安保卫工作负责；治安保卫的职能机构协助领导的管理工作，指导各部门，领导其执行机构。仓库治安保卫执行机构采用由专职保卫机构和兼职安全员相结合的组织方式。

专职保卫机构既是仓库治安保卫的执行机构，也是治安保卫管理的职能机构。根据仓库规模的大小、人员的多少、任务的繁重程度、仓库所在地的社会环境，确定机构设置、人员配备，一般可设置保卫部、保卫队或门卫队等。专职保卫机构协助仓库主管领导，制定仓库治安保卫规章制度、工作计划；督促各部门领导的治安保卫工作，组织全员的治安保卫学习和宣传，协调对外的治安保卫工作；与当地公安部门保持密切联系，协助公安部门在仓库内的治安管理活动，管理治安保卫器具，管理专职保卫员工。

治安保卫的兼职制度是实行治安保卫群众管理制度的体现。选择部分责任心强、所从事的岗位对治安保卫敏感，具有一定的精力和体力的员工兼任安全员。兼职安全员主要承担所在部门和组织的治安保卫工作，协助部门领导的管理工作，督促部门执行仓库治安保卫管理制度，组织治安保卫教育学习，组织各项检查预防工作。

> **小资料**
>
> 某仓库治安保卫管理组织的工作方式与主要任务如表 6-1 所示。

表 6-1　某仓库治安保卫组织的工作方式与主要任务

组　织	工　作　方　式	主　要　任　务
保卫组织	业务上受到当地公安机关和上级保卫部门的指导	保卫机构要与公安、劳动、防汛、供电等部门加强联系，接受这些部门的指导；对警卫守护人员进行业务教育；对员工进行安全方面的讲座和业务技术训练；不定期地举行安全操作表演；调查、登记、上报有关案件等
警卫组织	工作的重点是负责仓库日常的警戒防卫	掌握出入仓库的人员情况；禁止携带易燃、易爆等危险物资入库；核对出库物资；日夜轮流守卫，谨防盗窃与破坏等事件的发生；在仓库发生人为或自然灾害事故时，要负责仓库的防护、警戒工作
群众性治安保卫组织	仓库党政领导及保卫部门指导下的治安保卫委员会或治安保卫小组，其成员既有仓库领导，又有职工群众，并在各班、组设立安全保卫员	利用各种方式对仓库职工和邻近居民进行治安保卫宣传教育，协同警卫人员做好保卫和防火工作，协助维护单位的秩序和安全，劝阻和制止违反治安管理法规的行为

三、治安保卫管理制度

治安保卫工作是长期性的工作，需要采取制度性的管理措施。仓库应通过规章制度明确工作要求、工作行为规范、岗位责任；通过制度建立管理系统，及时、顺畅地交流信息，随时堵塞保卫漏洞，确保工作及时、有效地进行。

仓库治安保卫规章制度既有独立的规章制度，如安全防火责任制度、安全设施设备保管使用制度、门卫值班制度、人员和车辆进出库管理制度、保卫人员值班巡查制度等，也有含在其他制度之中的治安保卫制度，如仓库管理员职责、办公室管理制度、车间作业制度、设备管理制度等规定的治安保卫事项。

为了使治安保卫规章制度得以有效执行，规章制度需要有相对的稳定性，使每位员工都清楚，以便依照规章制度行事。随着形势的发展、技术的革新、环境的变化，规章制度也要适应新的需要进行相应的修改，使之更符合新形势下的仓库治安保卫工作的需要。规章制度的修改，意味着新一轮的制度学习和宣传贯彻的开始。

仓库需要依据国家法律、法规，结合仓库治安保卫的实际需要，以保证仓库生产高效率地进行、确保仓库安全、防止治安事故的发生为目的，科学地制定治安保卫规章制度。仓库的规章制度不得违反法律规定，不能侵害公民人身权或其他合法权益，避免或最大限度地减少治安事故对社会秩序造成的影响。

四、治安保卫工作的内容

仓库的治安保卫工作主要有防盗、防火、防抢、防破坏、防骗及员工人身安全保护、保密等工作。治安保卫工作不仅有专职保安员承担的工作（如门卫管理、治安巡查、安全值班等），还有大量可由在岗的员工负责的治安工作（如办公室防火防盗、财务防骗、商务保密、仓库防火、锁门关窗等）。主要的仓库治安保卫工作及要求如下所述。

1. 守卫大门和要害部门

仓库需要通过围墙或其他物理设施隔离，设置一至两个大门。仓库大门是仓库与外界的连接点，是仓库地域范围的象征，也是仓库承担物资保管责任的分界线。大门守卫是维持仓库治安的第一道防线。大门守卫除了负责开关大门、限制无关人员、接待入库办事人员，并及时审核身份与登记以外，还要检查入库人员是否携带火源、易燃易爆物资，检查入库车辆的防火条件，指挥车辆安全行驶、停放，登记、检查出库车辆，核对出库物资和放行条内容是否相符，收留放行条，查问和登记出库人员随身携带的物资，特殊情况下有权检查当事者物资、封闭大门。危险品仓、贵重品仓、特殊品仓等要害部位，需要安排专职守卫看守，限制无关人员接近，防止危害、破坏和失窃。

2．治安检查

治安责任人应经常检查治安保卫工作，督促照章办事。治安检查实行定期检查与不定期检查相结合的制度。班组每日检查、部门每周检查、仓库每月检查，及时发现治安保卫漏洞、安全隐患，通过有效手段消除各种隐患。

3．巡逻检查

由专职安保员不定时、不定线、经常地巡视整个库区每个位置的安全保卫工作。巡逻检查一般由两名安保员共同执行，安保员携带保安器械和强力手电筒。安保员应查问可疑人员，检查各部门的防卫工作，关闭无人办公的办公室，关好仓库门窗，关闭电源，禁止挪用消防器材，检查仓库内有无异常现象、停留在仓库内过夜的车辆是否符合规定等。巡逻检查中如果发现不符合治安保卫制度要求的情况，应采取相应的措施处理或告知主管部门处理。

4．防盗设施、设备的使用

仓库的防盗设施大至围墙、大门、防盗门，小到门锁、窗。仓库应该根据法规和治安保管的需要设置和安装。承担安全设施操作的仓库员工应该按照制度要求，有效使用配置的防盗设施。仓库使用的防盗设备除了专职保安员的警戒外，还有视频监控设备、自动警报设备、人工报警设备。仓库应按照规定合理利用配置的设备，派专人负责操作和管理，确保其有效运作。

5．治安应急

治安应急指仓库发生治安事件时，采取紧急措施，防止和减少事件造成损失的制度。治安应急需要通过制订应急方案，明确应急人员的职责，规定发生事件时的信息（信号）发布和传递方法。这些应急方案要经常进行演习。

知识点二　库区的消防管理

从仓库不安全因素的危害程度来看，火灾造成的损失最大，它可以在很短的时间内使整个仓库变成一片废墟，对国家财产和人民生命安全造成极大的损失。对于火灾要防患于未然。仓库必须认真贯彻"预防为主，防消结合"的消防方针，坚决执行《消防法》和公安部制定的《仓库防火安全管理规则》。

一、仓库火灾知识

1．火灾的危害

仓库存储大量的物资，物资存放密集，机械、电气设备大量使用，具有发生火灾的系统性缺陷。仓库火灾是仓库的灾难性事故，不仅会造成仓储物资的损害，而且会损毁仓库设施，燃烧和燃烧产生的有毒气体还直接危及人身安全。火灾可以在极短的时间内使整个仓库及其周围建筑变成废墟。由此造成的损失不仅表现为直接财产等的损失和人员的伤亡，更将影响仓库各项工作的实施，这种间接损失有时要比直接损失大得多。因此，各类型的仓库都要把仓库防火和消防放在重要的位置上。仓库消防的重点在于预防火灾的发生，同时要做好消防的准备及通过投保火灾险来减少损失。

2. 火灾的条件

（1）燃烧三要素

燃烧是一种剧烈的氧化反应。燃烧具有放热、发光和生成新物质三个特征。火灾的发生，必须同时具备三个条件：可燃物、助燃物、着火源。

1）可燃物指在常温条件下能燃烧的物资，包括火柴、草料、棉花、纸张、油品等。

2）助燃物一般指空气中的氧气、释放氧离子的氧化剂。

3）着火源指能引起可燃物质燃烧的热能源，如明火、电器火、摩擦冲击产生的火花、静电产生的火花、雷电产生的火花、化学反应等。

以上三个条件必须同时具备，并相互作用，燃烧才能发生。其中火源是引起火灾的罪魁祸首，是仓库防火管理的核心。

（2）火源

引起仓库火灾的火源很多，主要分为两大类：直接火源和间接火源。

1）直接火源指直接产生火花的火源，主要有以下几种。

① 明火：生产、生活使用的炉火、灯火、焊接火花及未灭的烟头等。

② 电火花：电线短路、用电超负荷、漏电、电气设备产生的电火花、电气设备升温等引起的自燃。

③ 雷电与静电：雷电指瞬间产生的高压放电引起的可燃物资的燃烧；静电则是因为摩擦、感应使物资表面的电子大量聚集，向外以电弧的方式传导的现象，这同样能引起可燃物资的燃烧。

2）间接火源，主要包括热源加热和物资自燃两种情况。

① 热源加热引起燃烧。例如，把火柴、草料、棉花、纸张、油品等易燃物资存放在电热设备附近引起的火灾。

② 物资自燃起火。某些物资由于自身具有较强的易燃性，在既无明火又无外来热源的条件下，由于存储条件不当而自行燃烧。

3. 火灾的种类

对火灾进行分类是为了有效地防止火灾的发生和有针对性地灭火。防火工作重视按火源进行分类，可分为直接火源和间接火源，如明火源、电火源、化学火源、自燃等。从灭火方法的角度又要重视可燃物的不同，需要采用不同的灭火方法。

（1）普通火

普通火指普通可燃固体燃烧所引起的火灾，如棉花、化纤、煤炭等。普通火虽然燃烧扩散较慢，但燃烧较深入，货堆内部都在燃烧，因而灭火后重燃的可能性极高。普通火较适合用水扑灭。

（2）油类火

油类火指各种油类、油脂发生燃烧所引起的火灾。油类属于易燃物资，还具有流动性。

着火的油流动，会迅速扩大着火范围。油类轻于水，会漂浮在水面上，随水流动，因此不能用水灭火，只能采用泡沫灭火器、干粉灭火器等灭火。

（3）电气火

电气火指电器、供电系统漏电所引起的火灾，以及在供电的仓库发生的火灾。其特征是火场中有供电存在，有人员触电的危险；另外，由于供电系统的传导，还会在电路的其他地方产生电火源。因而发生火灾后，要迅速切断供电，采用其他安全方式照明。

（4）爆炸性火灾

爆炸性火灾指具有爆炸性的物资发生的火灾，或指火场内存在爆炸性物资，如易发生爆炸的危险品、会发生物理爆炸的密闭容器等。爆炸不仅会加剧火势、扩大燃烧范围，更危险的是会对人的生命造成伤害。发生这类火灾后，首要的工作是保证人身安全，迅速撤离人员。

二、防火与灭火方法

1．防火方法

（1）控制可燃物

控制可燃物的基本原理是限制燃烧的基础或缩小可能燃烧的范围，具体方法如下。

1）以难燃烧或不燃烧的材料代替易燃或可燃材料（如用不燃材料或难燃材料作为建筑结构、装修材料）。

2）加强通风，降低可燃气体浓度，可燃烧或爆炸的物资采取分开存放、隔离等措施。

3）用防火涂料浸涂可燃材料，改变其燃烧性能。

4）对性质上相互作用能发生燃烧或爆炸的物资采取分开存放、隔离等措施。

（2）隔绝助燃物

隔绝助燃物的原理是限制燃烧的助燃条件，具体方法如下。

1）密闭有易燃、易爆物资的房间、容器和设备。

2）对有异常危险的物品的生产，要充装惰性气体（如对乙炔、甲醇氧化等的生产充装氮气保护）。

3）隔绝空气储存，如将二硫化碳、磷储存于水中，将金属钾、钠存于煤油中。

（3）消除着火源

消除着火源的原理是消除或控制燃烧的火源，具体方法如下。

1）在危险场所，禁止吸烟、动用明火、穿钉子鞋。

2）采用防爆电气设备，安避雷针，装接地线。

3）进行烘烤、熬炼、热处理作业时，严格控制温度，不超过可燃物资的自燃点。

4）经常润滑机器轴承，防止摩擦产生高温。

5）用电设备应安装熔断器，防止因电线短路或超负荷而起火。

6）存放化学易燃物资的仓库，应遮挡阳光。

7）装运化学易燃物资时，铁质装卸、搬运工具应套上胶皮或衬上铜片、铝片。

8）对火车、汽车、拖拉机的排烟气系统，安装防火帽或火星熄灭器等。

（4）阻止火势蔓延

阻止火势蔓延的原理是不使新的燃烧条件形成，防止或限制火灾扩大，具体方法如下。

1）建、构筑物及储罐、堆场等之间留足防火间距，设置防火墙，划分防火分区。

2）在可燃气体管道上安装阻火器及水封等。

3）在能形成爆炸介质（可燃气体、可燃蒸气和粉尘）的厂房设置泄压门窗、轻质屋盖、轻质墙体等。

4）在有压力的容器上安装防爆膜和安全阀。

2．灭火方法

（1）常规的灭火方法

火灾是物资燃烧的过程，破坏燃烧的三个条件之一，就能达到灭火的目的。根据这一原理，常见的灭火方法有以下几种。

1）冷却法。冷却法是在灭火过程中，把燃烧物的温度降低到其燃点以下，使之不能燃烧。如水、酸碱灭火器、二氧化碳灭火器等均有一定的冷却作用，同时还能够隔绝空气。

2）窒息法。窒息法是使燃烧物周围的氧气含量迅速减少，使火熄灭的方法。水、黄沙、湿棉被、四氯化碳灭火器、泡沫灭火器等，都是用窒息方法灭火的器具。

3）隔绝法。隔绝法是在灭火过程中，为避免火势蔓延和扩大，采取拆除部分建筑或及时疏散火场周围的可燃物，孤立火源，从而达到灭火目的的方法。

4）分散法。分散法是将集中的物资迅速分散，孤立火源，以达到灭火目的的方法，一般用于露天仓库。

5）化学抑制法。化学抑制法是通过多种化学物质在燃烧物上的化学反应，产生降温、绝氧等效果，进而消除燃烧。

6）综合灭火法。综合灭火法是采取各种可采取的灭火方式共同进行。

（2）特殊物资的扑救方法

存有特殊物资的仓库在消防上有其特殊的要求，其火灾的扑救工作也有其特殊的方法。

1）爆炸品引起的火灾一般用水扑救，氧化剂引起的火灾大多可用雾状水扑救，也可以用二氧化碳灭火器、泡沫灭火器和沙等进行扑救。

2）易燃固体引起的火灾一般可以用水、沙土和泡沫灭火器、二氧化碳灭火器等进行扑救。

3）易燃液体引起的火灾用泡沫灭火器进行扑救最有效，也可以用干粉灭火器、沙土、二氧化碳灭火器等进行扑救。由于绝大多数易燃液体都比水轻，且不溶于水，故不能用水扑救。

4）有毒物资失火，一般可以用大量的水扑救。液体有毒物资失火宜用雾状水、沙土、二氧化碳灭火器等进行扑救。但氰化物着火，绝不能用酸碱灭火器和泡沫灭火器，因为酸与氰化物作用可产生剧毒的氰化氢气体，危害极大。

5）腐蚀性物资、酸类和碱类的水溶液着火可用雾状水扑救；但遇水分解的多卤化合物、氯磺酸等，绝不能用水扑救，只能用干沙和二氧化碳灭火器扑救。

另外，遇水燃烧的物资只能用干沙和二氧化碳灭火器灭火。自燃性物资起火，可用大量水或其他灭火器扑救。压缩气体起火，可用干沙、二氧化碳灭火器、泡沫灭火器扑救。放射性物资着火，可用大量的水或其他灭火剂扑救。

三、消防设施与灭火器

1．消防设施

（1）仓库建筑的防火规范

仓库必须依据《消防法》、国家标准《建筑设计防火规范》来设计和建设，仓库的拟定用途要合乎规范的耐火等级、层数和占地面积、库房容积和防火间距。这些在仓库建设后不得改变。

仓库应按照国家有关防雷设计规范的规定设置防雷装置，需要定期检查，防止损害，保证有效。防雷装置接地电阻不大于10欧姆，接闪器圆钢直径不小于8毫米，扁钢、角钢厚度不小于4毫米。

仓库区内必须设置消防通道，消防通道宽度不小于4米。

（2）消防水系统

库房内应设室内消防给水，同一库房内应用统一规格的消火栓、水枪和水带，水带长度不应超过25米，超过四层的库房应设置消防水泵接合器。对于面积超过1000平方米的纤维及其制品仓库，应设置闭式自动喷水灭火系统。消防水可以由水管网、消防水池、天然水源供给，但必须有足够的压力和供水量。在寒冷季节，要采取必要的防冻措施以防止消防水系统损坏。

（3）防火墙

防火墙是在建造仓库库房时设计的。防火墙直接建筑在房屋的基础上，设计其厚度时一般要考虑发生火灾时的烘烤时间，其高度应超出屋顶。如果顶棚是采用可燃材料构建的，则防火墙高出顶棚的高度应不少于70厘米，若顶棚是难燃材料或不燃材料构建的，则防火墙只需高出顶棚40厘米。

（4）防火隔离带

仓库的防火隔离有时是在建筑时就要考虑的，如在用可燃材料构建的屋顶中间，建筑宽度不小于5米的有耐火屋顶的地段，其高度略高出屋顶即可。

（5）防火门

防火门是用耐火材料制成的，万一库房起火，扑救不及，可以关闭防火门，以阻止火势蔓延到另一间库房。

2．灭火剂和灭火器

（1）灭火剂

1）水。水是最常用的灭火剂，能起到降温冷却、隔绝空气、冲击火焰的灭火作用。但水不能用于对反应剧烈的化学危险品，如电石、金属钾、保险粉等的灭火，也不能用于比水轻、不溶于水的易燃液体，如汽油、苯类物资的灭火。

2）泡沫。泡沫又分为化学泡沫和空气泡沫。由于泡沫较轻，能覆盖在可燃物表面，阻隔空气，从而使燃烧终止。泡沫主要用于油类火灾的灭火，也可以用于普通火灾的灭火。

3）二氧化碳。利用液态的二氧化碳汽化时大量吸热造成降温，以及二氧化碳本身的窒息作用灭火。二氧化碳最适用于电气设备、气体，以及办公地点、封闭仓库的灭火。二氧化碳会及时汽化，不留痕迹，不会损坏未燃烧的物资。但二氧化碳对人体同样具有窒息作用，在使用时要注意防冻和防窒息。

4）干粉。干粉主要指如碳酸氢钠粉等干燥、易流动、不燃、不结块的粉末，主要起覆盖窒息的作用，还能减少燃烧液体的流动。干粉在使用后容易清洁，不污染燃烧物。

5）卤代烷1211。"1211"即二氟一氯一溴甲烷，是一种无色透明的不燃绝缘液体，通过氮气高压存储在高压钢瓶内。灭火时对着着火物释放，通过降温、隔绝空气、形成不燃覆盖层灭火。其灭火效率极高，比二氧化碳高3~4倍，适于扑灭油类火灾、电气火灾。由于1211在高温中会产生有毒气体，已被逐步限制使用，它将逐步被新的化合物替代，如1301等。

6）沙土。沙土可用于扑救电气设备及液体燃料的初起火灾，也可用于扑灭酸碱性物资的火灾和过氧化剂及遇水燃烧的液体和化学危险品的初起火灾。因此，仓库中应备有沙箱。

但须注意的是，爆炸性物资（如硫酸铵等）不可用砂土灭火，而应用冷却法灭火，可将水浸湿的旧棉絮、旧麻袋覆盖在燃烧物上。

（2）灭火器及其使用

灭火器是内装灭火剂的轻便容器。发生火灾时，利用灭火器内的灭火剂扑灭火源。灭火器应放置在仓库的各个出入口附近，是应急灭火的最重要的灭火器材。

常用的灭火器主要有干粉灭火器、二氧化碳灭火器、卤代烷灭火器、泡沫灭火器和1211灭火器等。不同的灭火器的使用范围不同，有针对性地使用灭火器，才能达到安全灭火的目的。

1）干粉灭火器。在距离燃烧处上风向3米处，握住灭火器，一手紧握喷枪，另一手拔开气瓶把手上的保险销，提起提环或压下把手或拧开手轮（气瓶结构不同），随即提起灭火器。当干粉喷出后，对准火焰的根部扫射，逐步前移。扫射移动速度不应太快，不能对着火焰中心喷射，以免火焰扩散。

2）二氧化碳灭火器。二氧化碳灭火器的操作方法与干粉灭火器相同（均为储压式气瓶）。应顺风在火焰侧面从上朝下喷射，保持一定的角度。使用干冰（液化二氧化碳）灭火器时，手只能持喇叭筒上的把手，不能直接持软管和喇叭筒，以免冻伤。

3）1211灭火器。利用装在筒内的氮气压力将1211灭火剂喷射出灭火，它属于储压式灭火器，是我国目前生产和使用最广的一种卤代烷灭火剂，以液态罐装在钢瓶内。使用时，首先拔掉安全销，然后握紧压把进行喷射。

4）泡沫灭火器。在距离燃烧物3米外，拔除手把上的保险销，一手持泡沫喷嘴，另一手握紧开启把手，打开密封或刺穿储气瓶密封片，空气泡沫即可从喷嘴喷出。传统使用的酸碱泡沫灭火器，则是在到达灭火位置时，双手将灭火器颠倒摇动，使泡沫从喷口喷出。泡沫是不能直接喷射在燃烧的液体表面的，应经一定缓冲后（容器内壁等），流动堆积在燃烧液体表面。

5）清水灭火器。清水灭火器的筒体中装的是清洁的水，所以称为清水灭火器。它主要用于扑救固体物资火灾，如木材、棉麻、纺织品等的初起火灾。使用时将清水灭火器提至火场，在距燃烧物大约10米处，将灭火器直立放稳，摘下保险帽，用手掌拍击开启杆顶端的凸头，这时，清水便从喷嘴喷出。灭火器不能放在离燃烧物太远处，这是因为清水灭火器的有效喷射距离在10米左右，否则，清水灭火器水喷不到燃烧物上。

6）消防水桶及沙箱。平时可以备一只水桶，水桶经济实惠，装上水，一旦发生火灾可得到及时、有效的扑救，减少火灾损失。消防沙箱一般用于加油站、油库。

常见灭火器的种类及使用范围如表6-2所示。

表6-2　常见灭火器的种类及使用范围

灭火器的种类	使 用 范 围
干粉灭火器	用于扑救易燃液体、有机溶剂、可燃气体、固体和电气设备的初起火灾，不能扑轻金属引起的火灾（不要逆风喷）
二氧化碳灭火器	用于扑灭贵重仪器、图书档案、电气设备及其他忌水物资的初起火灾，以及电器和油类火灾，不能扑救钾、钠、镁、铝等火灾
1211灭火器（二氟一氯一溴甲烷）	用于扑救可燃气体、可燃液体、带电设备及一般物资的初起火灾，特别适用于扑救精品仪器、电子设备、文物档案等火灾
泡沫灭火器	最适于扑救液体、油的火灾，不能扑救水溶性可燃、易燃液体的火灾和电器火灾
清水灭火器	扑救一般固体火灾（如竹木、纺织品等）
消防水桶及沙箱	消防桶：用于扑救一般初起的火灾，不能用于电气设备、易燃液体、遇水急剧氧化的火灾。沙箱：用于电气设备、液体燃烧的火灾

四、仓库消防管理措施

仓库消防管理的方针是"预防为主、防治结合"。仓库的消防管理工作包括仓库建设时的消防规划、消防管理组织、岗位消防责任、消防工作计划、消防设备配置和管理、消防检查和监督、消防日常管理、消防应急、消防演习等。

严格按照《仓库防火安全管理规则》布置仓库建筑和配置消防设备,并通过当地消防管理部门的验收。在任何情况下仓库的消防场地和设施都不得改作其他用途。要与当地消防管理部门商定仓库消防管理的责任区域,确定保持联系的方法。

仓库的消防管理是仓库安全管理的重要组成部分,由仓库的法定代表人或最高领导人担当管理责任人,各部门、各组织的主要领导人担任部门防火管理责任人,每位员工都是其工作岗位的防火责任人。形成仓库领导、中层领导、基层员工的消防组织体系,实行专职和兼职相结合的制度,使消防管理工作覆盖到仓库的每个角落。

仓库根据需要可以组织专职消防机构和消防队伍,承担仓库消防工作的管理支持、检查和督促、应急消防、员工消防培训、消防值班、公共场所的消防管理、仓库消防设备管理和维护工作。同时组织兼职消防队伍,承担各工作部门的消防工作,检查所在部门的消防工作,及时消除消防隐患。

消防工作采用严格的责任制,采取"谁主管谁负责,谁在岗谁负责"的制度。明确确定每个岗位、每个员工的消防责任,并采取有效的措施督促执行。仓库需订立严格和科学的消防规章制度,制定电源、火源、易燃易爆物资的安全管理和值班巡逻制度,确保各项规章制度的严格执行。制定合适的奖惩制度,激励员工做好消防工作。

仓库内的工作人员需要经过消防培训,考核合格后方可上岗。仓库还需要定期组织员工进行消防培训,并结合消防演习,确保每位仓库员工熟悉岗位消防职责。经常开展防火宣传,保持员工的高度防火警惕性。

仓库的消防设备要有专人负责管理,坚决制止挪用或损坏消防设备。根据各类消防设备的特性,定期保养和检查、充装。定期检查防雷系统,保证其处于有效状态。

仓库消防管理的具体措施如下。

1. 普及防火知识

坚持经常性的防火宣传教育,普及消防知识,不断提高全体仓库职工对火灾的警惕性,让每个职工都学会基本的防火、灭火方法。

2. 遵守"建筑设计防火规范"

新建、改建的仓库要严格遵照"建筑设计防火规范"的规定,不得擅自搭建违章建筑,也不得随意改变建筑物的使用性质。仓库的防火间距内不得堆放可燃物资,不得破坏建筑物内已有的消防安全设施、消防通道、安全门、疏散楼梯、走道,要始终保持畅通。

3. 易燃、易爆的危险品仓库必须符合防火、防爆要求

凡是储存易燃、易爆物资的危险品仓库,进出的车辆和人员必须严禁烟火;危险品应专库专储,性能相抵触的物资必须分开储存和运输,专库须由专人管理,防止剧烈震动和撞击。易燃、易爆危险品仓库内,应选用不会产生电火花的开关。

4. 电气设备应始终符合规范的要求

仓库中的电气设备不仅安装时要符合规定要求,而且要经常检查,一旦发现绝缘损坏要

及时更换，不应超负荷，不应使用不合规格的保险装置。电气设备附近不能堆放可燃物资，工作结束后应及时切断电源。

5．明火作业须先经消防部门批准

若需电焊、气割、烘烤取暖、安装锅炉等，必须经有关的消防部门批准，才能动火工作。

6．配备适量的消防设备和火灾报警装置

根据仓库的规模、性质、特点，配备一定数量的防火、灭火设备及火灾报警器，按防火灭火的要求，分别布置在明显和便于使用的地点，并定期进行维护和保养，使之始终保持完好状态。

7．遇火警或爆炸应立即报警

如遇仓库发生火情或爆炸事故，必须立即向当地的公安消防部门报警。

五、仓库防火

仓库防火，要做到以下几个方面。

1．严格把关，严禁把火种带入仓库

仓库内严禁吸烟、严禁用明火炉取暖。存货仓库内严禁明火作业。

2．严格管理库区明火

库房外使用明火作业时必须按章进行，在消除可能发生火灾的条件下，经主管批准，在专人监督下进行，明火作业后要彻底消除明火残迹。库区及周围 50 米范围内，严禁燃放烟花爆竹。

3．电气设备防火

库区内的供电系统和电气设备应经常检查，发现老化、损害、绝缘不良时，及时更换。

4．作业机械防火

进入库区的内燃机械必须安装防火罩，电动车要装设防火星溅出装置。作业设备会产生火花的部位要设置防护罩。

5．入库作业防火

装卸搬运作业时，作业人员不得违章采用滚动、滑动、翻滚、撬动的方式作业，不使用容易产生火花的工具，避免跌落、撞击物资。

6．安全选择货位

物资要分类、分垛储存。根据物资的消防特性选择合适的货位，如低温位置、通风位置、光照位置、方便检查位置、干燥位置、少作业位置等。

7．保留足够的安全间距

货垛大小合适，间距符合要求。堆场堆垛应当分类、分堆、分组和分垛，按照防火规范要求的防火距离保留间距。

8．物资防火保管

仓库管理人员要经常检查仓库内的防火情况，按防火规程实施防火作业。经常检查易自燃物资的温度，做好仓库通风工作，时常掀开货场存放较久的物资的部分苫盖以通风除湿。

9. 及时处理易燃杂物

对于仓库作业中使用过的油污棉纱、油手套、油污垫料等沾油纤维、可燃包装、残料等，应当存放在库外的安全地点，如封闭铁桶、铁箱内，并定期处理。

知识点三　仓库安全生产

仓库的日常工作包括物资的进出库、堆垛等作业，在这些作业过程中，会涉及人力或机械作业，通过制定作业标准、规章制度等措施来保障生产的安全进行，是仓库安全生产的重要任务。

一、仓库安全生产措施

仓储作业安全管理是经济效益管理的组成部分。作业安全涉及物资的安全、作业人员人身安全、作业设备和仓库设施的安全。仓库安全生产措施应包括以下内容。

1. 安全作业管理制度化

安全作业管理应成为仓库日常管理的重要项目。通过制度化的管理保证管理的效果，制定科学合理的各种作业安全制度、操作规程和安全责任制度，并通过严格的监督，确保管理制度得以有效的执行。

2. 加强劳动安全保护

劳动安全保护包括直接和间接施加于员工人身安全的保护措施。仓库要遵守《劳动法》的劳动时间和休息规定，每日8小时、每周不超过44小时，依法安排加班，保证员工有足够的休息时间，包括合适的工间休息。提供合适和足够的劳动防护用品，如高强度工作鞋、安全帽、手套、工作服等，并督促作业人员使用和穿戴具有较高安全系数的作业设备、作业机械，作业工具应适合作业要求，作业场地必须具有通风、照明、防滑、保暖等适合作业的条件。不进行冒险作业和不安全环境的作业，大风、雨雪影响作业时要暂缓作业。避免人员带伤病作业。

3. 重视作业人员的资质管理、业务培训和安全教育

对于新参加仓库工作和转岗的员工，应进行仓库安全作业教育，对所从事的作业进行安全作业和操作培训，确保熟练掌握岗位的安全作业技能和规范。从事特种作业的员工必须经过专门培训并取得特种作业资格，方可进行作业，且仅能从事其资格证书限定的作业项目操作，不能混岗作业。安全作业宣传和教育是仓库的长期性工作，作业安全检查是仓库安全作业管理的日常工作。通过不断宣传和严格检查，严厉地对有违章和忽视安全行为的人员进行惩罚，强化作业人员的安全责任心。

二、仓库安全生产的基本要求

1. 人力作业安全

1）人力作业仅限于轻负荷的作业。男工人力搬举物资每件不超过80千克，距离不大于60米；集体搬运时每个人负荷不超过40千克，女工不超过25千克。

2）尽可能采用人力机械作业。人力机械承重也应在限定的范围内，如人力滑车、拖车、手推车等承重不超过500千克。

3）只在适合作业的安全环境里进行作业。作业前应使作业员工清楚作业要求，让员工了解作业环境，指明危险因素和危险位置。

4）作业人员按要求穿戴相应的安全防护用具，使用合适的作业工具进行作业，采用安全的作业方法，不采用自然滑动和滚动、推倒垛、挖角、挖井、超高等不安全作业，在滚动物资的侧面作业。注意人员与操作机械的配合，在机械移动作业时人员需避开。

5）合理安排工间休息。每作业2小时至少有10分钟休息时间，每4小时有1小时休息时间。

6）必须有专人在现场指挥和安全指导，严格按照安全规范进行作业指挥。人员避开不稳定货垛的正面、塌陷和散落的位置、运行设备的下方等不安全位置作业；在作业设备调位时暂停作业；发现安全隐患时及时停止作业，消除安全隐患后方可恢复作业。

2．机械作业安全

1）使用合适的机械设备进行作业。尽可能采用专用设备，或者使用专用工具作业。使用通用设备，必须满足作业需要，并进行必要的防护，如物资绑扎、限位等。

2）所使用的设备应无损坏。设备不得带"病"作业，特别是设备的承重机件，更应无损坏，符合使用要求。应在设备的许用负荷范围内进行作业，决不超负荷运行。危险品作业时还需降低负荷25%。

3）设备作业要有专人指挥。采用规定的指挥信号，按作业规范进行作业指挥。

4）汽车装卸时，注意保持安全间距。汽车与堆物距离不得小于2米，与滚动物资距离不得小于3米。多辆汽车同时进行装卸时，直线停放的前后车距不得小于2米，并排停放的两车侧板距离不得小于1.5米。汽车装载应固定妥当、绑扎牢固。

5）移动吊车必须在停放稳定后方可作业。叉车不得直接叉运压力容器和未包装物资；移动设备载货时需控制行驶速度，不可高速行驶。物资不能超出车辆两侧0.2米，禁止两车共载一物。

6）载货移动设备上不得载人运行。除了连续运转设备如自动输送线外，其他设备需停稳后方可作业，不得在运行中作业。

3．安全技术

（1）装卸搬运机械的作业安全

1）要经常定期地对职工进行安全技术教育，从思想认识上提高其对安全技术的认识。

2）组织职工不断学习仓储作业技术知识。

3）各项安全操作规程是防止事故的有效方法。

（2）仓库储备物资保管、保养作业的安全

1）作业前要做好准备工作，检查所用工具是否完好。

2）作业人员应根据危险特性的不同，穿戴相应的防护服装。

3）作业时要轻吊稳放，防止撞击、摩擦和震动，不得饮食和吸烟。

4）工作完毕后要根据危险品的性质和工作情况，及时洗手、洗脸、漱口或淋浴。

（3）仓库电气设备的安全

1）电气设备在使用过程中应有熔断器和自动开关。

2）电动工具必须有良好的绝缘装置，使用前必须采用保护性接地。

3）高压线经过的地方，必须有安全措施和警告标志。
4）电工操作时，必须严格遵守安全操作规程。
5）高大建筑物和危险品库房，要有避雷装置。
（4）仓库建筑物和其他设施的安全

对于装有起重行车的大型库房及储备化工材料和危险物品的库房，要经常检查维护，各种建筑物都得有防火的安全设施，并按国家规定的建筑安全标准和防火间距严格执行。

三、劳动保护制度

劳动保护是为了改善劳动条件，提高生产的安全性，保护劳动者的身心健康，减轻劳动强度所采取的相应措施和有关规定，劳动安全保护包括直接和间接施于员工人身的保护措施。仓库要遵守《中华人民共和国劳动法》的劳动时间和休息规定，依法安排加班，保证员工有足够的休息时间。提供合适和足够的劳动防护用品，如安全帽、手套、工作服、高强度工作鞋等，并督促作业人员使用和穿戴。

1）要批判"事故难免论"的错误思想。重要的是要提高各级领导干部的安全思想认识、安全技术知识及各班组安全员的责任心，使其认识到不安全因素是可以被认识的，事故是可以控制的，只要思想重视，实现安全作业是完全可能的。

2）建立和健全劳动保护机构和规章制度。专业管理与群众管理相结合，把安全工作贯穿到仓库作业的各个环节，对一些有害、有毒工种要建立保健制度，实行专人、专事、专责管理，推行安全生产责任制。建立群众性的安全生产网，大家管安全，使劳动保护收到良好的效果。

3）结合仓库业务和中心工作，开展劳保活动。要根据上级指示和仓库具体情况，制定有效的预防措施。做到年度有规划、季度有安排、每月有纲要，使长计划与短安排相结合。同时还要经常检查，防止事故的发生。仓库要经常开展安全检查，清查潜在的不安全因素，及时消除事故的隐患，防患于未然。

4）经常组织仓库职工开展文体活动，丰富职工的精神生活，增强体质，改善居住条件等，这些都将对劳动保护起到重要的作用。

除此之外，采用具有较高安全系数的作业设备、作业机械，作业工具应适合作业要求，作业场地必须具有合适的通风、照明、防滑、保暖等适合作业的条件。不进行冒险作业和不安全环境的作业，在大风、雨雪影响作业时暂缓作业，避免人员带伤病作业。

四、库区的安全管理

库区的安全管理可以划分成几个环节，即仓储技术区、库房、物资保管、物资收发、物资装卸与搬运、物资运输、技术检查、修理和废弃物的处理等。其中，重点是以下几个环节。

1. 仓储技术区的安全管理

仓储技术区是库区重地，应严格安全管理。技术区周围设置高度大于 2 米的围墙，上置钢丝网，高 1.7 米以上，并设置电网或其他屏障。技术区内的道路、桥梁、隧道等通道应畅通、平整。

技术区出入口设置日夜值班的门卫，对进出人员和车辆进行检查和登记，严禁将易燃、易爆物品和火源带入。

技术区内严禁危及物资安全的活动（如吸烟、鸣枪、烧荒、爆破等），未经上级部门批准，不准在技术区内进行参观、摄影、录像或测绘。

2．库房的安全管理

经常检查库房的结构情况，对于地面裂缝、地基沉降、结构损坏，以及周围山体滑坡、塌方或防水、防潮层和排水沟堵塞等情况，应及时维修和排除。

此外，库房钥匙应妥善保管，实行多方控制，严格遵守钥匙领取手续。对于存放易燃、易爆、贵重物资的库房，要严格执行两人分别掌管钥匙和两人同时进库的规定。有条件的库房，应安装安全监控装置，并认真使用和管理。

3．物资装卸与搬运中的安全管理

仓库机械应实行专人专机，建立岗位责任制，防止丢失和损坏，操作手应做到"会操作、会保养、会检查、会排除一般故障"。

根据物资的尺寸、重量、形状来选用合理的装卸、搬运设备，严禁超高、超宽、超重、超速及其他不规范操作。不能在库房内检修机械设备。在狭小通道、出入库房或接近物资时应减速鸣笛。

> **小资料**
>
> **仓库工作是事故发生率最高的领域**
>
> 根据美国劳动署的统计资料，货车及仓库运输作业是全美工业事故发生率最高的领域。快速移动的叉车载运重负荷货物并在狭小的区域操作，很容易引起事故的不断发生。每年平均每个装卸平台大约 100 000 次通过，因此发生事故的概率很大。当事故发生时，将导致员工永久致残或更恶劣的结果。在美国，一个 30 岁的员工在因工伤导致残废后所需承担的费用可能达 100 万美元。

知识点四　仓库的其他安全管理

仓库还应注意防台风、防雨湿、防雷、防震、防静电等安全内容。台风、雷雨、静电等危害虽然不会频繁发生，但如果出现也会给仓库带来非常大的损失，所以有必要针对这些情况制定相应的安全管理措施。

一、防台风

1．台风的危害

台风实际上是一种强热带气旋。我国对发生在北太平洋西部和南海的热带气旋，根据国际惯例，依据其中心最大风力分为以下几种。

1）热带低压，最大风速 6～7 级（10.8～17.1 米/秒）。
2）热带风暴，最大风速 8～9 级（17.2～24.4 米/秒）。
3）强热带风暴，最大风速 10～11 级（24.5～32.6 米/秒）。
4）台风，最大风速 12～13 级（32.7～41.4 米/秒）。
5）强台风，最大风速 14～15 级（41.5～50.9 米/秒）。
6）超强台风，最大风速≥16 级（≥51.0 米/秒）。

台风发生的规律及其特点主要有以下几个。

1）有季节性。台风（包括热带风暴）一般发生在夏秋之间，最早发生在 5 月初，最迟发生在 11 月。

2）台风中心登陆地点难以准确预报。台风的风向时有变化，常出人预料。

3）台风具有旋转性。其登陆时的风向一般先北后南。

4）损毁性严重。对不坚固的建筑物、架空的各种线路、树木、海上船只，以及海上网箱养鱼、海边农作物等破坏性很大。

5）强台风发生时常伴有大暴雨、大海潮、大海啸。

6）强台风发生时，人力不可抗拒，易造成人员伤亡。

我国濒临的西北太平洋是热带气旋生成最多的地区。年平均约有 30 个，其中 7～10 月份最多，其他月份较少，因而我国将此段时间称为台风季节。在我国登陆的地点主要集中在华南、华东地区，华北、东北极少。西北路径的台风经常在华东登陆后又回到东海，这种台风的危害较大。

2．防台风工作管理组织

华南、华东沿海地区的仓库经常受到台风的危害。处在这些地区的仓库要高度重视防台风工作，避免台风对仓储造成严重的危害。仓库应设置专门的防台风办公室或专门人员，负责研究仓库的防台风工作。制订防范工作计划，接收天气预报和台风警报，与当地气象部门保持联系，组织防台风检查，管理相关文件，承担台汛期间的防台风联络工作。

仓库主要领导亲自承担仓库防台风工作的领导指挥责任，主要部门的负责人为防台风指挥部成员。在台汛期到来之前，防台风指挥部要组织检查仓库的防台风准备工作，对仓库的抗台风隐患及时予以消除或制定消除措施，督促各部门准备各种防台风工具、制定抗台风措施，组织购买抗台风物资并落实保管责任。

在台汛期间，建立通信联络、物资供应、紧急抢救、机修、排水、堵漏、消防等临时专业小组。

3．防台风、抗台风工作

对于台风，应采取以下几方面的措施。

（1）积极防范

防台风工作是一项防患未然、有备无患的工作。仓库要对员工，特别是领导干部进行防台风宣传和教育，以保持警惕、不麻痹。防台风办公室应与当地气象部门保持密切联系，及时掌握台风动向。在中央气象台发布台风消息时（当台风进入 150°以西或在此区域生成时都发布消息），密切跟踪台风动向，收集各类资料，根据专业部门预测的台风路径，判定是否会对本地区和本仓库造成影响，随时向仓库领导和各主要部门通报消息。当台风进入仓库抗台风警戒区时（一般为 300 千米），启动仓库抗台风应急程序，抗台风指挥部开始运作。当确定台风将在本地区登陆，或者会对仓库造成影响时，仓库立即转入抗台风工作。

（2）全员参与

防台风、抗台风工作是所有员工的工作，需要全员参与。抗台工作是在台风到达之前，将可能被狂风暴雨、积水、落物造成损害的财产进行妥善的处理、转移、加固、保护，疏通排水、堵塞仓库入水口、道等。在台风到达时，切断非必要的电源，人员转入安全场所庇护，避免受到伤害。

（3）不断改善仓库条件

为了使防台风、抗台风取得胜利，需要有较好的硬件设施和条件，提高仓库设施设备的抗风、防雨、排水防水浸的能力；减少使用简易建筑，及时拆除危房、危建，及时维修、加固老旧建筑、围墙；提高仓库、货场的排水能力，注意协调仓库外围，避免对排水的阻碍；购置和妥善维修水泵等排水设备，备置堵水物资；牢固设置仓库、场地的绑扎固定绳桩。

（4）仓库抗台风

仓库在得到抗台风指挥部的抗台风通知后，应迅速将工作中心转移到抗台风上。动员和召集员工，分工协作地开展抗台风准备。

1）全面检查仓库和物资，确定抗台风准备方案。仓库管理者召集各班组长、专岗人员，对仓库设施、仓储物资、场地等进行全面检查，按照抗台风指挥部的要求、仓库抗台风的制度和实际需要制定抗台风措施，并迅速组织执行。

2）将存放在可能被风、雨水损害的位置的物资、设备转移到安全位置。将散放的物资及时堆垛收存。将简易建筑、移动式苫盖棚中的怕水货物移到合适的仓库中，临江、河、水沟的物资内移。

3）加固仓库的门窗、屋顶、雨棚等，防止漏水和被风吹落，必要时对使用的仓库建筑本身进行加固，收遮雨棚或遮阳棚。

4）对会被风吹动、雨淋湿的物资、设备、设施进行苫盖、固定绑扎，并与地面固定绳桩系牢靠。将不使用的设备收妥，如吊杆等放下、固定好。

5）对仓库、建筑、场地、下水道等排水系统进行疏通，确保畅通。清理泄水口附近的物资、杂物，防止散落堵塞泄水口。对于年久失修或一时无法疏通的排水通道，应采用临时措施确保排水。

6）台风到来时，应及时关闭仓库门窗、拴锁妥当，关闭迎风开口，必要时顶固封闭，关闭非必要电源，关闭仓库内的一切火源、热源，将排水泵等所有应急设备启动运行，停止作业，收整固定作业设备。

7）在风力达到 8 级以上时，或者抗台风指挥部发出通知时，所有人员按照安排进入预定的安全场所躲避，进行人员清点登记。选择的安全场所要避开树木旁、电缆下、高空设备下、临水处、挡土墙旁，不能躲在货垛旁、集装箱内、车辆及车旁，同时要避免单人随处躲避，注意保持与外界的联系。

8）确定风力减弱时，在保证人员安全的前提下，以两人及以上为一小组，迅速进行排水，检查和加固封闭仓库门窗；检查和加固物资苫盖，稳固会倒塌的物资。风力加强时，迅速返回安全处所。

9）台风过后或台风警报解除后，仓库人员迅速返回工作岗位，及时排除仓库、货场的积水；详细检查物资情况，将物资受损情况进行详细记录；发现损失严重时，通报商务部门摄影取证；视天气情况进行通风散热、除湿保管作业，尽快消除台风的影响，恢复正常的仓储生产。

二、防雨湿

下雨水湿是造成仓储物资损害的一个重要原因，在我国南方地区、长江流域，雨水较为充沛，洪水也主要发生在长江水系、珠江水系，防雨水危害是一项长年的安全工作。华北地区和东北地区雨水较少，发生水灾的次数也较少，但也不能放松对雨水危害的预防，北方地区正因为雨水少，防水能力差，所以水灾的危害更大。

仓库防雨湿工作主要有以下几个方面。

1．建立组织，积极防范，加强联系

在汛期到来之前，要成立临时性的短期工作机构，在仓库领导者的领导下，具体组织防汛工作。平时要加强宣传教育，提高职工对自然灾害的认识；在汛期，职工轮流守库。职能机构定员驻库值班，领导现场坐镇，以便在必要时统一指挥，积极组织抢救。仓库防汛组织要主动争取上级主管部门的领导，并与气象电台联系，了解汛情动态，预见汛情发展，克服盲目性，增强主动性。

2．建设足够的防雨建筑

仓库规划建设时，要根据仓库经营的定位、预计储存物资的防雨需要，建设足够的货棚、室内仓库等防雨建筑，保证怕水湿物资都能在室内仓储。除此之外，还要注意对陈旧的仓库改造排水设施，提高货位，新建仓库应考虑历年汛情的影响，使库场设施能抵御雨汛的影响。

3．仓库应具有良好的排水能力

仓库建筑、货场场地要能及时排水，不会积水。整个库区有良好的、有足够能力的排水沟渠网络，能保证具有一定数量的正常排水需要。加强日常管理，随时保证排水沟渠不淤积、不堵塞；暗渠入水口的一定范围内不能码放物资和杂物。

4．做好货垛衬垫

货场堆放物资、低洼地的仓库或地面较低的仓库室内，雨季时仓库入口的货位，都要采用防水湿垫垛。防水湿垫垛要有足够的高度，场地垫垛30～50厘米，仓库垫垛10～30厘米。尽可能将货场建设成高出地面30～50厘米的平台货位。

5．及时苫盖物资

如果仓储的物资需要防湿，在入库作业一开始就要在现场准备好苫盖物资。作业过程中，在下雨和天气不稳定时的停工、休息、作业人员离开的情况下，都要用苫盖材料盖好物资；天气不好时，已堆好的货垛端头也要及时苫盖；货垛堆好后，堆垛作业人员离开前，必须苫盖妥当。无论天气怎样，怕水湿物资都不能露天过夜。

三、防雷

雷电是大自然中雷云之间或雷云对地的大规模放电现象，这种迅猛的放电过程产生强烈的闪光并伴随巨大的声音。雷云放电会产生雷电流，雷电流除具有电流的一般特性外，还有发生时间短、幅值高的特点，所以雷电流的瞬间功率是巨大的。雷击可以把建筑物劈裂，使架空的电线短路，引起森林大火，还会造成人员的直接伤亡。了解雷电基本知识，有利于搞好仓库防雷工作。

1．雷电的分布特点

我国地域辽阔，从南到北约30多个纬度，大部分地区位于北温带和亚热带，都处于雷雨区，只是受高度等不同因素的影响，雷暴日不同（雷暴日指一年中听到雷声的天数）。我国各地区雷雨季节相差较大，南方约从2月开始，长江流域一般从3月开始，华北和东北地区迟至4月开始，西北可延至5月开始。总体上，雷电活动呈现以下基本规律。

1）热而潮湿的地区比冷而干燥的地区雷暴多。

2）从纬度看，雷暴总是由北向南增加，到赤道最高，以后又向南递减。在我国，递减的顺序大致是：华南、西南、长江流域、华北、东北、西北。

3）从地域看，山区大于平原，平原大于沙漠；陆地大于湖海。

4）从时间看，雷暴高峰月都在 7~8 月，活动时间大都在 14：00~22：00，各地区雷暴的极大值和极小值多数出现在相同的年份。

2. 防雷装置

仓库建筑物和电气设施都应设置防雷装置。常见的防雷装置有避雷针、避雷线、避雷网、避雷带、避雷器等，不同类型的防雷装置有不同的保护对象。

1）避雷针主要用于保护建筑物、构筑物和变配电设备。

2）避雷线主要用于保护电力线路。

3）避雷网和避雷带主要用于保护建筑物。

4）避雷器是并联在被保护的电力设备或设施上的防雷装置，用以防止雷电流通过输电线路传入建筑物和用电设备而造成危害。

仓库建筑物防雷大都采用避雷针，部分仓库建筑物也采用避雷网或避雷带，仓库的电气设备防雷主要采用避雷器。

3. 防雷装置的检测与管理

仓储企业应在每年雷雨季节来临之前，对防雷装置进行全面检查。主要应检查的方面有以下几个。

1）检查建筑物维修或改建后的变形，是否使防雷装置的保护情况发生改变。

2）有无因挖土方、敷设管线或种植树木而挖断接地装置。

3）检查各处明装导体有无开焊、锈蚀后截面积减小过大、机械损伤或折断的情况。

4）检查接闪器有无因受雷击而熔化或折断的情况。

5）检查避雷器磁套有无裂纹、碰伤、污染、烧伤痕迹。

6）检查引下线距地 2 米一段的绝缘保护处理有无破坏情况。

7）检查支持物是否牢固，有无歪斜、松动，引下线与支持物固定得是否可靠。

8）检查断接卡子有无接触不良的情况。

9）检查木结构接闪器支柱或支架有无腐朽现象。

10）检查接地装置周围的土壤有无沉陷情况。

11）测量全部接地装置的流散电阻。

12）发现接地装置的电阻有很大变化时，应将接地装置挖开检查。

四、防震

为搞好仓库防震，在仓库建筑上，要以储存物资的价值大小为依据。审视建筑物的结构、质量状况，从保存物资的实际需要出发，合理使用物力、财力，进行相应的加固。新建的仓库，特别是多层建筑、现代化立体仓库，更要结合当地地质结构类型，预见地震的可能性，在投资上予以考虑，做到有所准备。在情报信息上，要密切注视毗邻地区及地震部门的预测和预报资料。在组织抢救上，要充分准备，当接到有关部门地震预报时，要建立必要的值班制度和相应的组织机构，当进入临震时，仓库领导要通盘考虑、全面安排、合理分工、各负其责，做好宣传教育工作，动员职工全力以赴，做好防震工作。

在地震高发区修建仓库，一定要考虑防震的措施，如设置抗震构件、抗震墙及防震缝，使发生地震时对仓库储存物资的损害降到最低。防震货棚如图 6-1 所示。

图 6-1 防震货棚

五、防静电

在仓储活动的各个环节中，静电的产生是不可避免的，若产生的静电没有得到及时的泄放，便可能积聚起来。积聚的静电荷构成的电场对周围空间有电场力的作用，可吸引周围微粒，进而引起灰尘堆积、纤维纠结等。静电放电时还可对人体造成瞬间冲击性电击，使人产生不恰当反应而导致严重的二次事故或妨碍作业。当然，静电积聚最大的危害是可产生火花放电，导致火灾、爆炸等事故。

1. 形成静电危害的条件

静电危害的形成必须具备一定的条件。

（1）存在引发火灾、爆炸事故的危险物资

仓储物资中，炸药、油料、化工危险品等都是对静电敏感、易发生静电火灾与爆炸事故的危险物资。油料及酒精、二甲苯等挥发性物资容易散发蒸气，这些蒸气在空气中的浓度达到一定比例时，一旦产生静电火花，则可能引发爆炸事故。表 6-3 为几种常见易挥发物资的爆炸极限。

表 6-3 几种常见易挥发物资的爆炸极限

名 称	爆炸极限（%）	
	下 限	上 限
车用汽油	1.7	7.2
航空汽油	1.0	6.0
灯用煤油	1.4	7.5
航空煤油（大庆 2 号）	0.5	7.2
航空煤油（胜利 1 号）	0.5	7.8
苯	1.5	9.5
乙炔	2.5	8.2

（2）有静电产生的条件

在仓储活动的各个环节中，物资在装卸、输送过程中容易因摩擦而产生静电，油品在收、发、输送过程中也要产生静电，粉体、灰尘飞扬可产生静电，人员在作业中的操作、行走也会产生静电。

（3）有静电积聚的条件

对于任何材料，静电的积聚和泄漏是同时进行的，只有当静电起电率大于静电泄漏率，并有一定量的积累时，才能使带电体形成高电位，产生火花放电而构成危害。

（4）静电放电的火花能量大于最小静电点火能

虽然仓储活动极易产生静电，但是，只有当产生的静电积聚起来，在一次放电中所释放的能量大于或等于危险物资最小静电点火能时，才会引发火灾、爆炸事故。

2．静电的检测

必须选用输入阻抗极高的静电测量专用仪表。常规的静电测量仪表分直接接触式和非直接接触式两种，测量石油、化工工业中一些可燃性液体的电位时，多采用非直接接触式仪表进行测量。

六、入侵防范系统和门禁控制系统

随着科学技术的飞速发展，越来越多的新技术应用到仓库的安全管理中，如入侵防范系统和门禁系统，有效地防止了犯罪分子对仓库的入侵，强化了对进出库人员的监控管理。

1．入侵防范系统

入侵防范指防止犯罪分子非法侵入仓库某一区域、建筑。它有两种防范形式：①由保安人员防范入侵形式，是较原始的措施，但效果并不理想；②以电子技术、传感器技术和计算机技术为基础的技术手段，该方式一旦安装调试完毕，只要维护保养得当，则极少有疏漏现象发生，而且一次投入长年受益，维护保养费用很低。正因为如此，技术防入侵方式已经取得了飞速发展，并得到越来越广泛的推广和使用。

安装入侵防范系统首先会对犯罪分子产生一种威慑作用，使其不敢轻易作案。其次，一旦出现了入侵、盗窃等犯罪活动，入侵防范系统能及时发现、及时报警，并能启动电视监控系统，自动记录下犯罪现场及犯罪分子的犯罪过程，为及时破案提供可靠的证据，从而节省大量的人力、物力和财力。重要单位、要害部门安装多功能、多层次的入侵防范系统后，大大减少了巡逻值班人员，既提高了入侵防范的可靠性，又可减少开支。

入侵防范系统的构成如图6-2所示，通常由探测器、传输通道和报警控制器三部分构成。

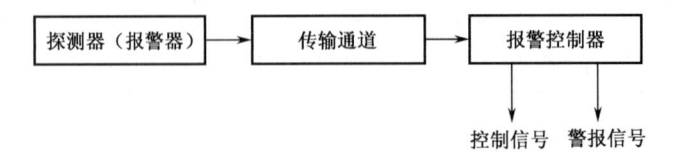

图6-2 入侵防范系统的构成

2．门禁控制系统

门禁控制系统可对仓库建筑物内外正常的出入通道进行管理，既可控制人员的出入，又可控制人员在楼内及其相关区域的行动，它代替了保安人员、门锁和围墙的作用，可以避免人员的疏忽、钥匙的丢失、被盗和复制。门禁控制系统在重要场所的入口处安装磁卡识别器或密码键盘，机要部位甚至采用指纹识别、眼纹识别、声音识别等唯一身份标识识别系统，只有被授权的人才能进入,而其他人则不得入内。该系统可以将每天进入人员的身份、时间及活动记录下来,以备事后分析,而且不需要门卫值班人员,只需很少的人在控制中心就可以控制整个建筑内的所有出入口,减少了人员,提高了效率,也增强了保安效果。

门禁控制系统一般分为卡片门禁控制系统和人体生物特征识别门禁控制系统两大类。

(1)卡片式门禁控制系统

卡片式门禁控制系统主要由读卡机、打印机、中央控制器、卡片和附加的报警监控系统组成。卡片的种类很多,如磁卡、灵巧卡、激光卡、感应卡,使用最多的是感应卡(非接触式 IC 卡)。卡片式门禁控制系统结构如图 6-3 所示。

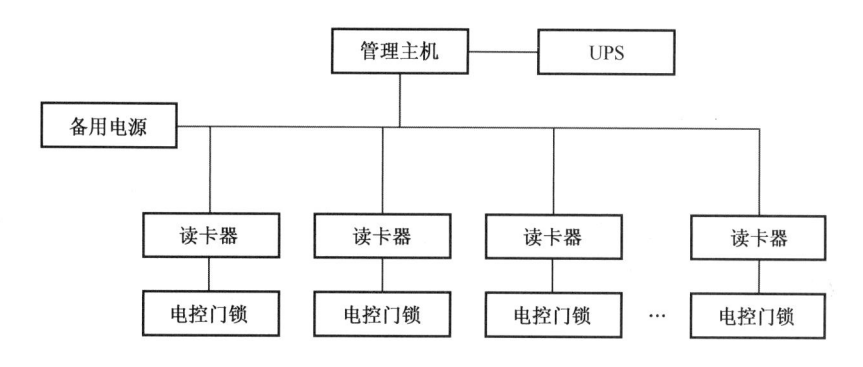

图 6-3 卡片式门禁控制系统结构

(2)人体生物特征识别门禁控制系统

按人体生物特征的非同性(如指纹、掌纹、眼纹、声音、视网膜)来辨别人的身份是最安全、可靠的方法。其中人体指纹具有独特的单一性和排他性,以指纹识别替代传统个人身份鉴别方式,不会遗忘,不可伪造,不会损坏,不易被盗用,永不丢失,因此它具有极高的安全性,得到了广泛应用。

案例分析

某企业仓库安全管理制度

为保证仓库管理工作的正常化,促进生产发展,保障职工的身体健康和公司财产物资的安全,特制定本制度。

第一节 通则

第一条 仓库管理人员应熟悉本仓库所存放物资的性质、保管办法及注意事项,并会正确地使用本仓库的安全设施及消防器材。

第二条 仓库负责人应经常向管理人员进行安全技术管理方面的教育。

第三条 各仓库的结构必须符合要求,不得任意修改,门窗一律向外开。

第四条 库内存放的物资要按规定排列整齐,不得紊乱。入库时按产品日期分别挂牌标明,决不允许因保管不善造成意外事故和损失。

第五条 库内产品不得擅自堆积太高,应规定库内安全容量。

第六条 库内应保持良好的通风,必要时可安装通风设备。

第七条 同一库内不得乱放互相起作用或互相影响的物资,应放置性质相同的物资。

第八条 各库的照明系统,须按时联系有关部门及时做好技术检查、检修,以免失效。

第九条　仓库用的一切防火设备要经常检查，保证完整好用，其数量按规定配备。

第十条　仓库内部和周围严禁烟火。

第十一条　仓库保管员每天上下班时，对库内外要巡视一次，检查门窗是否牢固、是否有其他异状发生，如有可疑情况应及时向有关部门报告以便追查处理。

第十二条　仓库周围和内部不得有垃圾或易燃物品积存，以免引起火灾。

第十三条　外来人员未经仓库主管领导批准不得擅自进入仓库，安全检查人员凭证件可进入检查。

第十四条　处罚：

（1）对本规定执行不力的当班人员、管理人员分别处100元、200元罚款，造成事故的，根据事故轻重和损失大小处200～1000元罚款，特别严重的解除劳动合同。

（2）对违反规定在仓库抽烟动火的人员处100元罚款，并责令其参加安全教育。当班人员不及时制止的，处100元罚款。

第二节　油类仓库安全管理制度

第十五条　油库管理人员必须精通仓库各种油类安全存放的知识及有关注意事项，并会正确使用该油库的安全设施及消防器材。

第十六条　油库主管负责人经常对油库人员进行业务培训、有关安全及消防知识的教育，并进行考试。

第十七条　各油库的建筑及设备必须适合各种油类储存。

第十八条　油库内严禁烟火，库内外应保持清洁整齐，不得有破布、木屑垃圾等易燃物，仓库附近道路必须畅通，不得有碍消防车通过。

第十九条　各种油库必须设有充足、合格的消防设备和黄沙，并经常进行检查。

第二十条　油库照明必须是防爆灯，电线要有保护管，禁止使用明电线或破电线。

第二十一条　各类油物要分开保管，不得混放一起，以免领取时出现错误。

第二十二条　搬动油桶时不得乱撞、乱摔，要轻拿、轻放，防止发生事故。

第二十三条　仓库应有良好的通风条件，以保持室内温度适宜，如果室温达到32℃，应尽量避免搬运发放。

第二十四条　开启油桶时，禁止用铁器敲打，必须使用铜质或铝质工具。

第二十五条　非油库工作人员未经允许不得随意入内，严禁穿铁钉鞋、带火柴及其他引火物入内。

第二十六条　处罚：

（1）对本规定执行不力的当班人员、管理人员分别处100元、200元罚款，造成事故的，根据事故轻重和损失大小处200～1000元罚款，特别严重的解除劳动合同。

（2）对违反规定在油类仓库抽烟动火的人员处100元罚款，并责令其参加安全教育。当班人员不及时制止的，处100元罚款。

第三节　药品试剂仓库安全管理制度

第二十七条　仓库管理人员必须对所有存放药品试剂的性质、保管办法及安全注意事项精通熟悉，并会正确地使用本库的安全及消防设施。

第二十八条　仓库主管领导须经常对仓库管理员进行业务、安全及消防知识教育，并定期进行考试。

第二十九条　仓库周围要保持清洁、不得存放易燃易爆物品，道路要保持畅通无阻。

第三十条　仓库的电气设备及照明必须是防爆型的，并定期检查，保证完整无损。

第三十一条　仓库存放的药品、试剂，要排列整齐、分类保管，不得将性质不同的和有抵触的药品、试剂混放在一起。

第三十二条　仓库存放的药品、试剂必须贴有明显的品名标号，以防领错。

第三十三条　搬动药品、试剂时，必须轻拿轻放，禁止摔打和撞击，包装有破损的应立即处理。

第三十四条　库内严禁烟火及携带引火物。

第三十五条　非本库人员不得随意入库，因工作需要必须入库时，应在登记簿上登记，经仓库主管领导同意后方可进入。

第三十六条　处罚：

（1）对本规定执行不力的当班人员、管理人员分别处100元、200元罚款，造成事故的，根据事故轻重和损失大小处200~1000元罚款，特别严重的解除劳动合同。

（2）对违反规定在药品试剂仓库抽烟动火的人员处100元罚款，并责令其参加安全教育。当班人员不及时制止的，处100元罚款。

资料来源：http://www.SAFEHOO.com/Manage/System/Common/201109/199542.shtml

某企业仓库安全管理制度的启示：

仓库安全管理制度必须包含以下内容。
1. 明确制定仓库安全管理制度的目的。
2. 确定仓库管理人员岗位职责和工作要求。
3. 重点物资（如油料、药品试剂）的安全管理制度。
4. 一定要明确处罚办法。

重要概念

可燃物　　着火源　　明火　　普通火　　冷却法　　窒息法　　隔绝法　　分散法

本章小结

☑ 仓库的安全管理包括库区的治安保卫工作、库区的消防管理、仓库的安全生产和其他安全管理。

☑ 仓库的治安保卫包括组织机构的设置、规章制度的制定。消防管理首先要了解仓库火灾的基本知识，如燃烧的三要素、火灾的种类等，要掌握防火、灭火方法，熟悉各种消防设施和设备，能使用常见的灭火器。仓库安全生产包括人力作业安全和机械作业安全。仓库的其他安全管理有防台风、防雨湿、防雷、防震、防静电、入侵防范和门禁控制系统。

复习思考题

一、填空题

1. 仓库治安保卫管理的原则是（　　）、（　　）、（　　）、（　　）、（　　）。
2. 仓库的治安保卫工作主要有（　　）、（　　）、防抢、（　　）、（　　）及（　　）、保密等工作。

3. 仓库必须认真贯彻"（　　）"的消防方针，坚决执行（　　）和公安部制定的（　　）。
4. 火灾的发生，必须同时具备三个条件：（　　）、（　　）、（　　）。
5. 直接火源指直接产生火花的火源，主要有（　　）、（　　）、（　　）三种。
6. 防火方法包括（　　）、（　　）、（　　）、（　　）四种。
7. 直接雷的破坏作用主要是（　　）、（　　）、（　　）三方面。
8. 常见的灭火方法包括（　　）、（　　）、（　　）、（　　）、（　　）、（　　）六种。

二、选择题

1. 在常温条件下能燃烧的物质是（　　）。
   A. 火　　　　　　B. 助燃物　　　　C. 可燃物　　　　D. 着火源
2. 不属于直接火源的是（　　）。
   A. 灯火　　　　　　　　　　　　　B. 未灭的烟头
   C. 电热设备附近的火柴　　　　　　D. 雷电产生的高压放电
3. 磷储存于水中的措施属于（　　）。
   A. 控制可燃物　　　　　　　　　　B. 控制助燃物
   C. 消除着火源　　　　　　　　　　D. 阻止火势蔓延
4. 拆除部分建筑是灭火方法中的（　　）。
   A. 冷却法　　　　　　　　　　　　B. 窒息法
   C. 隔绝法　　　　　　　　　　　　D. 分散法
5. 仓库内必须设置消防通道，消防通道宽度不小于（　　）米。
   A. 3　　　　　　　B. 4　　　　　　C. 5　　　　　　D. 6
6. 男工人力搬举货物每件不超过（　　）千克。
   A. 60　　　　　　B. 70　　　　　　C. 80　　　　　　D. 90
7. 危险品作业时还需降低负荷（　　）作业。
   A. 10%　　　　　　B. 15%　　　　　C. 20%　　　　　D. 25%
8. 使用黄沙进行灭火，依据的灭火方法是（　　）。
   A. 冷却法　　　　　B. 窒息法　　　　C. 隔绝法　　　　D. 分散法

三、判断题

1. 仓库的法定代表人或主要负责人为仓库的治安保卫责任人。（　　）
2. 治安保卫工作是专职保安员的工作，与其他员工无关。（　　）
3. 火灾的发生，必须同时具备三个条件：可燃物、助燃物及着火源。（　　）
4. 氧化物着火，可以用酸碱灭火剂和泡沫灭火器灭火。（　　）
5. 仓库内必须设置消防通道，消防通道宽度不小于 4 米。（　　）
6. 若顶棚是采用可燃材料构建的，则防火墙高出顶棚的高度应不少于 40 厘米。（　　）
7. 消防工作采用严格的责任制，采取"谁主管谁负责，谁在岗谁负责"的制度。（　　）
8. 防台风、抗台风工作是所有员工的工作，需要全员参与。（　　）

四、简答题

1. 治安保卫工作有哪些内容？
2. 举例说明仓库火灾的危害性。
3. 常规的灭火方法有哪些？

4. 仓库消防管理的具体措施有哪些？
5. 简述仓库安全作业管理的内容。

五、案例分析

案例1

天津汉沟仓库火灾重大责任事故案

1988年12月9日23时，天津市化工轻工业公司汉沟仓库发生特大火灾。烧毁精萘、纯碱等化工原料、引进设备及库房三座，造成直接经济损失1 347万元。

1988年12月9日18时至19时50分，天津市北辰区双街乡小街村装卸队在市化工轻工业公司汉沟仓库内，为该库往火车皮内装纯碱。装车任务完成后，装卸工陈某站在库区老罩棚西侧的第一个精萘（易燃化工原料）垛的东北角吸烟，而后在给火车皮盖苫布过程中，陈某又站在该原料垛垛顶吸烟，并遗留下火种。当晚23时许，陈遗留在垛顶的火种在苫布上长时间阴燃后，燃到苫布簇拥处时热量积聚，随之出现明火，迅速将精萘引燃，导致特大火灾事故。烧毁库房三栋（建筑面积6 000余平方米），以及精萘、纯碱、橡胶、树脂等化工轻工原料，天津市渤海啤酒厂代存在该库的引进啤酒灌装生产线也被烧毁，给国家造成直接经济损失1 347万元。

装卸工陈某违章在库区吸烟，是造成这起事故的直接原因，陈某应对此负有直接责任。该矿领导对职工、民工忽视安全教育，是导致发生重大火灾事故的重要原因，侯某、魏某、刘某、王某负有重要责任。

陈某明知仓库区域内禁止吸烟的规定，却随意在禁烟区内吸烟，违反危险物品管理规定，酿成特大火灾事故，其行为触犯《刑法》第115条的规定，构成违反危险物品管理规定重大事故罪。

侯某身为仓库主任兼安委会主任，对安全防火工作不重视，在贯彻仓库安全防火细则工作中，仅在会上布置，未进一步检查落实，以致有些职工不清楚防火细则，在工作中未尽安全防火职责，尤其在民工管理工作上漏洞较大，对装卸队民工在库区内吸烟的问题，始终没有采取有效措施加以制止，以致造成民工吸烟而酿成特大火灾事故。其行为触犯《刑法》第187条的规定，构成玩忽职守罪。

魏某身为仓库业务股副股长，对安全防火工作不重视，特别是在贯彻该仓库制定的安全防火岗位制细则工作中，违背领导关于将该细则传达到全体职工的要求，未向股内全体人员传达，使职工对防火安全细则不清楚，致使有的值班人员忽视安全防火工作。其行为触犯《刑法》第187条的规定，构成玩忽职守罪。

刘某、王某身为仓库巡逻、门卫值班人员，在值班时违反规定，擅离职守，不履行职责，在当晚20时至23时三个多小时时间内，未进行巡逻检查，以致未能发现火情隐患。其行为触犯《刑法》187条的规定，构成玩忽职守罪。

天津市北辰区人民检察院经审查，依法决定对侯某、魏某、刘某、王某以玩忽职守罪免予起诉。陈某以违反危险物品管理规定重大事故罪提起公诉。北辰区人民法院依法判处陈某有期徒刑六年。

资料来源：http://www.safeman.cc/jy_html/industry/industry_title_3_675.htm

案例1思考题：

1. 简述该起火灾事故发生的原因。

2. 结合案例谈谈如何有效地实施仓库安全管理。

案例 2

一起化学品仓库特大火灾爆炸事故

事故概况：1993年8月5日13时26分，深圳市清水河化学危险品仓库发生特大爆炸事故，爆炸引起大火，1小时后着火区又发生第二次强烈爆炸，造成更大范围的破坏和火灾。据统计，在这次事故中共有15人死亡，重伤25人，事故造成的直接经济损失超过2亿元。据查，出事单位是中国对外贸易开发集团公司下属的储运公司与深圳市危险品服务中心联营的安贸危险品储运联合公司。爆炸地点是清水河仓库区清六平仓，其中6个仓（2~7号仓）被彻底摧毁，现场留下两个深7米的大爆坑，1号仓和8号仓遭到严重破坏。

事故性质和责任如下。

1. 干杂仓库被违章改作化学危险品仓库使用。该仓库启用后，未报有关部门批准，擅自将干杂仓库改作化学危险品仓库使用。

2. 火险隐患没有整改。1991年2月13日，深圳市公安局消防支队对安贸危险物资储运公司的仓库进行防火安全检查，发现重大火险隐患，给该公司发出深圳市公安局火险隐患整改通知书，安贸危险物资储运公司接到火险隐患整改通知书后，没有整改。深圳市公安局也未进行有效监督，致使重大事故隐患没有得到解决，造成了严重后果。

3. 平仓混装严重。在实际使用中，严重混装，把不相容的物资同库存放、相邻存放。同时还存在灭火方法不同的化学危险品同库存放的现象。如金属粉、丙烯酸甲酯、保险粉等遇水或吸潮后易发热，引起燃烧，甚至爆炸。

由于将干杂货仓库违章改作危险品仓库使用，化学危险物资混装严重，管理混乱，从业人员业务素质低，因此，发生事故是必然的。

资料来源：http://www.esafety.cn/Category_2148/Index.aspx

案例2思考题：

1. 谈谈该事故案例带给我们哪些启示。
2. 查阅相关资料，结合案例分析相关责任人都违反了哪些法律法规。

第七章 仓储成本与库存控制

学习目标

① 理解仓储成本的概念、构成、分析的意义；库存的概念、分类、功能、消极作用，库存控制的概念、内容；零库存、MRP 技术、供应商管理库存、联合管理库存的概念及内容。

② 掌握降低仓储成本的措施、降低库存的策略、库存合理化措施、定量订货法与定期订货法的原理、实现零库存的措施、MRP 运行的步骤、VMI 与 JMI 的实施。

③ 运用定量订货法、定期订货法、MRP 解决仓储管理中的实际问题。

引导案例

戴尔库存战略

"IT 企业应是物流管理效率最高的整体。但迄今，戴尔以外的 IT 企业客户，除了在我们这里存放有托管原料外，还要在自己的工厂中存放 2~4 天的安全库存。"作为戴尔原料的提供商，柏灵顿公司的孙炳坤经理说，"唯有戴尔，在工厂中没有安全库存，完全是真正的零库存概念，这是近 30 年来在全球 123 个国家遇到的第一个真正的零库存的企业。"

如果计算从工厂生产和发货到客户桌面之前的时间，戴尔的平均库存周期是 4 天，传统企业的库存周期维持在 30~60 天很正常，4 天的库存周期已经等于零库存的底线。

当产品最终投放市场时，物流配送优势（物流效率）就可转变成 2%~3%的产品优势，竞争力的强弱不言而喻。

戴尔产品 90%的零部件是通过网络采购的，在最近的几年里，生产流程中的工艺已经削减了一半，以信息代替存货，即要求供应商提供准确、充分、迅速的信息，从而努力减少存货。

资料来源：http://kuaiji.51yanxiu.com/changshi/gaoji/zhanlue/kuaiji_457273.html

思考题

1. 简述戴尔的库存战略。
2. 戴尔如何实现零库存？

知识点一　仓储成本分析

仓储成本指仓储企业或企业的仓储部门在开展仓储业务活动中各种要素投入的以货币计算的总和。仓储成本是物流成本的重要组成部分，对物流成本有直接影响，大多数仓储成本不随存货水平变动而变动，而是随存储地点的多少而变。

一、仓储成本的构成

仓储成本主要包括物资保管的各种支出，其中一部分为仓储设施和设备的投资；另一部分则为仓储保管作业中的活劳动或物化劳动的消耗，主要包括工资和能源消耗等。根据企业类型的不同，可以从两个方面来分析仓储成本的构成。

1. 专业仓储企业仓储成本的构成

专业仓储企业仓储成本主要由保管费、仓库管理人员的工资和福利费、折旧费及租赁费、修理费、装卸搬运费、管理费用、仓储损失等组成。

（1）保管费

保管费为存储物资所产生的物资养护、保管等费用，包括用于物资保管的货架、货柜的费用开支、仓库场地的房地产税等。

（2）仓库管理人员的工资和福利费

仓库管理人员的工资一般包括固定工资、奖金和各种生活补贴；福利费可按标准提取，一般包括养老保险、医疗保险、住房公积金等。

（3）折旧费及租赁费

折旧费指按固定资产额及其折旧年限，计算出的每年应分摊的费用。仓库自有的固定资产每年需要提取折旧费，按折旧期分年提取，主要包括库房、堆场等基础设施的折旧和机械设备的折旧等。

而仓库租赁的固定资产每年需要支付租赁费，租赁费一般根据租赁固定资产的价值、数量、时间来确定。

（4）修理费

修理费主要是仓库用于设备、设施和运输工具的定期大修理而耗费的资金，每年可以按设备、设施和运输工具投资额的一定比例提取。

（5）装卸搬运费

装卸搬运费指物资入库、堆码和出库等环节发生的装卸搬运费用，包括搬运设备的运行费用和搬运工人的费用。

（6）管理费用

管理费用指仓储企业为管理仓储活动或开展仓储业务而发生的各种间接费用，主要包括仓库设备的保险费、办公费、人员培训费、差旅费、招待费、营销费、水电费等。

（7）仓储损失

仓储损失指保管过程中因物资损坏而需要仓储企业赔付的费用。造成物资损失的原因一般包括仓库本身的保管条件，管理人员的人为因素，物资本身的物理、化学性能，搬运过程中的机械损坏等，实际操作中应根据具体情况，按照企业的制度标准，分清责任，合理计入成本。

2. 生产型和销售型企业仓储成本的构成

生产型和销售型企业的仓储成本主要包括仓储持有成本、订货或生产准备成本、缺货成本、在途库存成本等。

（1）仓储持有成本

仓储持有成本是为保持适当的库存而发生的成本，分为固定成本和变动成本。

1）固定成本。固定成本指不随出入库物资量变化的成本，包括仓储设备折旧、仓储设备的维护费用、仓储职工工资。

2）变动成本。变动成本指与出入库物资量有关的成本，包括资金成本、仓储维护成本、仓储运作成本、仓储风险成本。

① 资金成本也称利息费用或机会成本，是仓储成本的隐含费用。资金成本反映存货占用资金所失去的赢利能力，如果把资金投入其他方面，就会要求取得投资回报，因此资金成本就是这种尚未获得的回报的费用。

② 仓储维护成本。仓储维护成本指与仓库有关的租赁、取暖、照明、设备折旧、保险费用和税金等费用。

③ 仓储运作成本。仓储运作成本指与仓库中的各类作业活动有关，包括保管成本、盘点成本、分拣成本、装卸搬运成本等。

④ 仓储风险成本。仓储风险成本指由于企业无法控制的原因，造成的库存物品贬值、损坏、丢失、变质等损失。

仓储持有成本与库存水平成正比关系，即仓储持有成本与仓储平均存货数量成正比。

（2）订货或生产准备成本

订货或生产准备成本指企业向外部的供应商发出采购订单的成本，或指企业内部自己生产加工而产生的生产准备成本。

1）订货成本。订货成本指企业为了实现一次订货而进行的各种活动的费用，包括处理订货的差旅费、办公费等。

2）生产准备成本。生产准备成本指当库存的某些产品不由外部供应而是由企业自己生产时，企业为生产一批产品而进行准备的各项费用，如更换模具、增添专用设备或增加材料和人工的费用。

（3）缺货成本

缺货成本指由于库存供应中断而造成的损失，包括原材料供应中断造成的停工损失、产成品库存缺货造成的延迟发货损失、丧失销售机会的损失等。

1）保险库存的持有成本。为防止因市场变化或供应不及时而发生存货短缺的现象，企业会考虑保持一定数量的安全库存及缓冲库存。但有两个方面的问题应该注意：一方面是保险存货的风险比较大，另一方面是保险存货水平的决策涉及概率分析。

2）延期交货及其成本。一种是缺货物资可以在下次规则订货时得到补充；另一种是利用快速延期交货。如果顾客愿意等到下一个周期订货，则对企业没有任何损失，如果顾客不愿意等到下一个周期，则企业必须快速延期交货，那么就会发生特殊订单处理和额外运输费用，从而提高物流成本。

3）失销成本。由于不能及时供应，有一些用户会转向其他供应商，缺货导致失去销售机会，对企业而言，直接损失就是这种物资的利润损失。

4）失去客户的成本。由于缺货失去客户，也就是客户永远转向另一个供应商。除了利润损失，还有由于缺货造成的商誉损失。

企业必须分析缺货可能产生的后果，从而确定发生缺货所造成的损失，如果增加库存的成本少于一次缺货的损失，那么就应该增加库存以避免缺货。

（4）在途库存成本

在途物资在交给客户之前属于企业所有，即仍然是销售方的库存，因此企业应该对运输成本与在途存货持有成本进行分析。

在途库存成本包含下列三层含义。

1）在途库存的资金成本一般等于仓库中库存的资金成本。

2）仓储运作成本、仓储维护成本一般与在途库存不相关，但对保险费用要加以考虑。

3）由于运输服务具有短暂性，物资过时或变质的风险要小一些，因此仓库风险成本较低。

一般来说，在途库存持有成本要比仓库持有成本低。

二、仓储成本分析的意义

仓储成本分析无论是对专业的仓储企业，还是对企业的仓储部门而言，意义都是非常大的，其意义主要表现在以下几个方面。

1．仓储成本分析为企业制订仓储经营管理计划提供依据

仓储经营管理计划是仓储企业为适应经营环境变化，通过决策程序和方案选择，对仓储经营活动的内容、方法和步骤明确化、具体化的设想和安排。在制订经营管理计划时，必须考虑自身的经营能力，仓储成本正是仓储经营能力的重要指标，因此对仓储成本的分析能帮助企业对不同经营方案进行比较，选择成本最低、收益最大的方案制订经营计划，开展经营。

2．仓储成本分析为仓储产品定价提供依据

仓储企业的根本目的依然是追求利润最大化。仓储企业在为社会提供仓储产品（服务）时，需要有明确的产品价格，即仓储费。从长远看，必须保证仓储费高于仓储成本，才能保证仓储企业的生存与发展。因此仓储成本是制定仓储费的主要依据。

3．仓储成本分析有利于加速仓储企业或企业仓储部门的现代化建设

仓储成本分析有利于推动仓储技术革新，充分挖掘仓库的潜力，为仓储设施设备改造提供依据。仓储企业要提高仓储能力和仓储效率必然要进行技术革新，改造设施和设备，但是设施设备的投入必须获得相应的产出回报，这在准确的成本核算和预测的基础上才能得到保证。

4．仓储成本分析为仓储企业或企业仓储部门的劳动管理提供依据

劳动力成本本身就是仓储成本的重要组成部分，但是劳动力成本与其他成本之间可能存在替代关系，也可能有互补关系，因而确定劳动量的使用的决定性因素是收益，以能够获得总成本最低或总收入增加为原则来确定劳动力的使用量。同时，成本因素也是劳动考核、岗位设置的依据和决定劳动报酬的参考依据。

总之，仓储成本分析有利于提高仓储企业或企业仓储部门的经济效益，减少仓储生产经营中的各种浪费，同时也可以将企业的经济利益与职工的经济利益紧密联系起来，提高企业经营者的自觉性，从而提高仓储经营管理水平和经济效益。

三、降低仓储成本的措施

仓储成本管理是仓储企业或企业仓储部门管理的基础，对提高整体管理水平、提高经济效益有重要意义，但是由于仓储成本与物流成本的其他构成要素，如运输成本、配送成本，以及服务质量和水平之间存在二律背反的现象，因此，降低仓储成本要在保证物流总成本最低、不降低企业的总体服务质量和目标水平的前提下进行，常见的措施有如下几项。

1. 采用"先进先出"方式，减少仓储物资的保管风险

"先进先出"是储存管理的准则之一，它能保证每个仓储物的储存期不致过长，减少仓储物的保管风险。有效的先进先出方式主要有三种。

（1）重力式货架系统

利用货架的每层形成贯通的通道，从一端存入物资，从另一端取出物资，物资在通道中自行按先后顺序排队，不会出现越位等现象。重力式货架系统能非常有效地保证先进先出。

（2）"双仓法"储存

给每种被储物都准备两个仓位或货位，轮换进行存取，再配以必须在一个货位中出清后才可以补充的规定，则可以保证实现"先进先出"。

（3）计算机存取系统

采用计算机管理，在存货时向计算机输入时间记录，编入一个简单的按时间顺序输出的程序，取货时计算机就能按时间给予指示，以保证"先进先出"。这种计算机存取系统还能将"先进先出"以保证不做超长时间的储存和快进快出结合起来，即在保证一定先进先出的前提下，将周转快的物资随机存放在便于存储之处，以加快周转、减少劳动消耗。

2. 提高储存密度，提高仓容利用率

这样做的主要目的是减少储存设施的投资，提高单位存储面积的利用率，以降低成本、减少土地占用。具体有下列三种方法。

（1）采取高垛的方法，增加储存的高度

具体方法有采用高层货架仓库、集装箱等，都可比一般堆存方法大大增加储存高度。

（2）缩小库内通道宽度以增加有效储存面积

具体方法有采用窄巷道式通道，配以轨道式装卸车辆，以减少车辆运行宽度要求，采用侧面叉车、自由转臂式叉车，以减小叉车转弯所需的宽度。

（3）减少库内通道数量以增加有效储存面积

具体方法有采用密集型货架，采用不依靠通道的可进车的可卸式货架，采用各种贯通式货架，采用不依靠通道的桥式起重机装卸技术等。

3. 采用有效的储存定位系统，提高仓储作业效率

储存定位就是被储存物位置的确定。如果定位系统有效，能大大节约查找、存放、取出的时间，减少物化劳动及活劳动，而且能防止差错，便于清点及实行订货点等管理方式。

储存定位可采取先进的计算机管理，也可采取一般人工管理。行之有效的方式主要有以下几种。

（1）"四号定位"方式

"四号定位"是用一组四位数字来确定存取位置的固定货位方法，这四个号码是：库号、架号、层号、位号。这就使每个货位都有一个组号，在物资入库时，按规划要求，对物资编号，记录在账卡上，提货时按四位数字的指示，很容易将物资拣选出来。这种定位方式可对

仓库存货区事先做出规划，并能快速存取物资，有利于提高速度、减少差错。

（2）计算机定位系统

计算机定位系统利用计算机储存容量大、检索迅速的优势，在入库时，将存放货位输入计算机，出库时向计算机发出指令，并按计算机的指示人工或自动寻址，找到存放货的位置。一般采取自由货位方式，计算机指示入库物资存放在就近易于存取之处，或者根据入库物资的存放时间和特点，指示合适的货位，取货时也可就近就便。这种方式可以充分利用每个货位，而不需要专位待货，有利于提高仓库的储存能力，当吞吐量相同时，可比一般仓库的建筑面积小些。

4. 采用有效的监测清点方式，提高仓储作业的准确程度

对储存物资数量和质量的监测有利于掌握仓储的基本情况，也有利于科学控制库存。在实际工作中，稍有差错就会使账物不符，所以，必须及时且准确地掌握实际储存情况，经常与账卡核对，确保仓储物资完好无损，这是人工管理或计算机管理必不可少的。此外，经常监测也是掌握被存物资数量和状况的重要工作。监测清点的有效方式主要有以下几种。

（1）"五五化"堆码

储存物堆垛时，以五为基本计数单位，堆成总量为五的倍数的垛形，如梅花五、重叠五等。堆码后，有经验者可过目成数，大大加快了人工点数的速度，而且很少出现差错。

（2）光电识别系统

在货位上设置光电识别装置，通过该装置对被存物的条形码或其他识别装置（如芯片等）扫描，并将准确数目自动显示出来。这种方式不需要人工清点就能准确掌握库存的实有数量。

（3）计算机监控系统

用计算机指示存取，可以避免人工存取容易出现差错的弊端，如果在储存物上采用条形码技术，使识别计数和计算机联结，每次存、取一件物资时，识别装置自动识别条形码并将其输入计算机，计算机会自动做出存取记录。这样只需向计算机查询，就可了解所存物资的准确情况，因而无须再建立一套对仓储物实有数的监测系统，减少查货、清点工作。

5. 加速周转，提高单位仓容产出

储存现代化的重要课题是将静态储存变为动态储存，周转速度一快，会带来一系列的好处：资金周转快、资本效益高、货损货差小、仓库吞吐能力增加、成本下降等。具体做法有采用单元集装存储，建立快速分拣系统，都有利于实现快进快出、大进大出。

6. 采取多种经营，盘活资产

仓储设施和设备的巨大投入，只有在充分利用的情况下才能获得收益，如果不能投入使用或只是低效率使用，只会造成成本的提高。仓储企业或企业的仓储部门应及时决策，采取出租、借用、出售等多种经营方式盘活这些资产，提高资产和设备的利用率。

7. 加强劳动管理

工资是仓储成本的重要组成部分，劳动力的合理使用是控制人员工资的基本原则。我国是具有劳动力优势的国家，工资较为低廉，较多地使用劳动力是合理的选择。但是对劳动力进行有效管理，避免人浮于事、出工不出力或效率低下也是成本管理的重要方面。

8. 降低经营管理成本

经营管理成本指企业经营活动和管理活动的费用和成本支出，包括管理费、业务费、交易成本等。加强该类成本管理，减少不必要的支出，也能实现成本的降低。当然，经营管理成本费用的支出时常不能产生直接的收益和回报，但也不能取消，加强管理是很有必要的。

知识点二　库存与库存合理化

库存指在仓库中处于暂时停滞状态、用于未来的、有经济价值的物资。广义的库存还包括处于制造加工状态和运输状态的物资。人、财、物、信息各方面的资源都有库存问题。

一、库存的分类

库存按不同的标准有不同的划分方法。

1. 按经济用途分类

库存按经济用途可分为商品库存、制造业库存、其他库存三类。

1）商品库存。商品库存指企业购进后供转售的商品。在转售之前必须保持商品原有实物形态。

2）制造业库存。制造业库存指购进后直接用于生产制造的物资。具体分为材料、在制品、半成品、产成品四类。

3）其他库存。其他库存指除了以上库存外，供企业一般耗用的物资和为生产经营服务的辅助性物资。其主要特点是满足企业的各种消耗性需要，而不是为了将其直接转售或加工制成产品后再出售。

2. 按存放地点分类

库存按存放地点可分为库存存货、在途库存、委托加工库存和委托代销库存四类。

1）库存存货。库存存货指已经运到企业，并已验收入库的各种材料和商品，以及已验收入库的半成品和制成品。

2）在途库存。在途库存指包括运入在途库存和运出在途库存。运入在途库存指正在运输途中的各种外购库存；运出在途库存指按照合同规定已经发出或送出，但尚未变更所有权，也未确认销售收入的库存。

3）委托加工库存。委托加工库存指企业委托外单位加工，但尚未加工完成的各种库存。

4）委托代销库存。委托代销库存指企业已经委托外单位代销，但按合同规定尚未办理代销货款结算的库存。

3. 按库存来源分类

库存按其来源可分为外购库存和自制库存两类。

1）外购库存。外购库存指企业从外部购入的库存，如外购材料等。

2）自制库存。自制库存指由企业内部制造的库存，如在制品、制成品等。

4. 从生产过程的角度分类

库存从生产过程的角度可分为原材料库存、零部件及半成品库存、成品库存三类。

1）原材料库存。原材料库存指用来制造成品中组件的钢铁、面粉、木料、布料或其他物资。

2）零部件及半成品库存。零部件及半成品库存指准备投入产品总装的零件或子装配件。

3）成品库存。成品库存指备货生产工厂里库存中所持有的已完工物资或订货生产工厂里准备按某一订单发货给客户的完工物资。

5. 从物资所处的状态分类

库存根据物资所处的状态可分为静态库存和动态库存两类。

1）静态库存。静态库存指长期或暂时处于储存状态的库存，也是一般意义上人们所认识的库存的概念。

2）动态库存。动态库存指处于制造加工状态或运输状态的库存。

6. 从经营过程的角度分类

库存从经营过程的角度可分为经常库存、安全库存、生产加工和运输过程的库存、季节性库存、促销库存、投机库存、沉淀库存或积压库存等七类。

1）经常库存。经常库存也可称为周转库存，这种库存是为满足客户日常的需求而产生的。保持经常库存的目的是衔接供需，缓冲供需之间在时间上的矛盾，保障供需双方的经营活动都能正常进行。这种库存的补充是按照一定的数量界限或时间间隔进行的。

2）安全库存。安全库存指为了防止由于不确定因素（如突发性大量订货或供应商延期交货）准备的缓冲库存。有资料表明，安全库存约占零售业库存的1/3。

3）生产加工和运输过程的库存。生产加工和运输过程的库存指处于流通加工或等待加工而暂时被存储的零部件、半成品或制成品。而处于运输状态（在途）或为了运输（待运）而暂时处于储存状态的物资叫运输过程库存。

4）季节性库存。季节性库存指为了满足在一定的季节中出现的特殊需求而建立的库存，或者指对在特定季节生产的物资、在产成的季节大量收存所建立的库存。

5）促销库存。促销库存指为了与企业的促销活动相配合而产生的预期销售增加所建立的库存。

6）投机库存。投机库存指为了避免物资价格上涨给企业带来亏损，或者为了从物资价格上涨中得到利益而建立的库存。

7）沉淀库存或积压库存。沉淀库存或积压库存指因物资品质出现问题或发生损坏，或者因没有市场而滞销的物资库存，超额储存的库存也是其中的一部分。

二、库存的功能

库存主要有以下一些功能。

1）防止断档。缩短从接受订单到送达物资的时间，以保证优质服务，同时又要防止脱销。

2）保证适当的库存量，节约库存费用。

3）降低物流成本。用适当的时间间隔补充与需求量相适应的合理的物资量以降低物流成本，消除或避免销售波动的影响。

4）保证生产的计划性、平稳性以消除或避免销售波动的影响。

5）展示功能。向客户展示仓库的管理水平及库存物品，借以提高仓库的声誉并扩大市场范围。

6）储备功能。在价格下降时大量储存，减少损失，以应不时之需。

三、库存的消极作用

库存的消极作用表现在以下三个方面。

1）占用大量的流动资金。库存一般占用40%的流动资金。

2）提高了企业的产品成本与管理成本。对库存物资要支付保管费用，从而提高了产品成本，同时对物资进行管理需要人员、机械设备、软件等，提高了管理成本。

3）掩盖了企业众多的管理问题。库存会掩盖企业决策缓慢、订单处理延迟、在制品堆积等一系列问题，造成企业不能及时发现并改进，管理水平不能有效提高。

四、减少库存的策略

减少库存的策略是针对具体的库存类别采取不同的措施，下面根据周转库存、安全库存、调节库存、在途库存这四类来进行分析。

1．周转库存

由于平均周转库存等于经济订货批量的二分之一，所以周转库存的基本策略很简单，即减小经济订货批量。现在有一些日本企业可以做到周转库存只相当于几小时的需求量，而对大多数企业来说，至少是几周，甚至几个月。但是，单纯地减小经济订货批量而不在其他方面做相应的变化是很危险的，有可能带来严重的后果。例如，订货成本或作业交换成本有可能急剧上升。因此，必须采取一些具体措施，寻找使订货成本或作业交换成本降低的方法。在这方面，日本企业有很多成功的经验，如"快速换模法"等。利用一人多机、成组技术或柔性制造技术，即尽量利用"相似性"来加大生产批量、减少作业交换。此外，还可尽量采用通用零件等。

2．安全库存

减少安全库存可以采取订货时间尽量接近需求时间、订货量尽量接近需求量等措施。但是与此同时，由于意外情况而导致供应中断、生产中断的危险也随之加大，从而影响为顾客服务，除非有可能使需求的不确定性和供应的不确定性抵消或减到最小限度。有四种具体措施可以考虑使用。

1）改善需求预测。预测越准，意外需求发生的可能性就越小。还可以采取一些方法鼓励用户提前订货。

2）缩短订货周期与生产周期，这一周期越短，在该期间内发生意外的可能性越小。

3）减小供应的不稳定性。可以采取三条途径。

① 让供应商知道企业的生产计划，以便能够及早做出安排。

② 改善现场管理，减少废品或返修品的数量，从而减少由于这种原因造成的不能按时按量供应。

③ 加强设备的预防维修，以减少由于设备故障而引发的供应中断或延迟。

4）增加设备、人员的柔性。通过生产运作能力的缓冲、培养多面手人员等方法来实现。这种方法更多地用于非制造业，因为对非制造业来说，服务无法预先储存。

3．调节库存

调节库存包括季节性库存、促销库存、投机库存，调节库存的基本策略是尽量使生产速度与需求变化吻合。一种思路是想办法把需求的波动尽量"拉平"，有针对性地开发出新产品，使不同产品之间的需求"峰"、"谷"错开，相互补偿。又如，在需求淡季通过价格折扣等促销活动转移需求。

4．在途库存

影响在途库存的变量有两个：需求和生产-配送周期。由于企业难以控制需求，因此减少在途库存的基本策略是缩短生产-配送周期。可采取的具体措施有：①标准品库存前置；②选择更可靠的供应商和运输商，以尽量缩短不同存放地点之间的运输和存储时间；③利用计算机管理信息系统来减少信息传递上的延误，以及由此引起的在途时间的增加；④可以通过减小经济订货批量来减少在途库存，因为经济订货批量越小，生产周期越短。

五、库存合理化

库存合理化指以最经济的方法和手段从事库存活动，并发挥其作用的一种库存状态及其运行趋势。库存合理化主要体现在库存量合理、库存结构合理、库存时间合理及库存空间合理四个方面。

1．库存量合理

库存量合理指保障销售、符合经济核算原则，使物资库存量满足销售需要。

库存量合理的控制方法主要是制定物资库存定额，主要包括以下两种方法。

1）物资库存定额（库存物资的数量定额）：在一定时期内对某种物资所规定的平均库存量。通常用于单位价值高的物资及单位价值不高但不能缺货物资的库存控制。

2）物资资金定额（库存物资的价值定额）：在一定时期内对某种物资平均库存资金占用的规定。仓库可以采用总额控制的方式对单位价值不高的物资进行库存量控制。

2．库存结构合理

库存结构合理指库存物资总额中，各类物资所占的比例，同类物资高、中、低档物资之间的比例，以及同种物资不同规格、不同花色之间库存量的比例都适应销售的需要。

库存结构合理的控制方法主要包括三方面。

（1）物资质量结构控制

这是指库存物资自身的质量（不良品、废品、质次价高物资，以及紧俏物资、适销物资、过季物资、积压物资）及物资适应当地市场需求的品种结构情况。保持高质量的库存物资，主要措施如下。

1）把握市场行情，按需组织货源。

2）根据供求变化适时、适量采购。

3）加强物资入库验收，防止伪劣物资进入储存环节。

4）对库存物资实行库存定额管理。

（2）物资层次结构的确定

物资层次结构指库存物资满足不同水平消费需求的结构状况。物资层次结构确定的主要任务是除满足主要层次消费者需求外，兼顾其他层次消费者需求，编制"必备物资目录"，并确定各档次物资在全部物资中所占比例。

（3）物资销售结构分析

通过物资销售结构（一定时期内各种物资销售额在全部物资销售额中所占比例）分析，确定经营中的主要品种、次要品种和一般品种，从而有区别地加以管理。

具体措施如下。

1）主要品种，按品种甚至规格指定库存定额，实行保本保利库存期管理。

2）次要品种，分大类进行库存定额管理。
3）一般品种，只控制总金额，实行一般管理。

3．库存时间合理

库存时间合理指所有库存物资的库存期（物资进入库存环节后停留的时间）适应供求变化。

库存时间合理可以通过对物资保本库存期（物资从购进到销售出去，不发生亏损的最长库存期限）和物资保利库存期（能够实现经营利润的最长库存期限）的控制来实现。

物资保本保利期控制就是运用量本利分析和目标管理的原理，通过对物资保本、保利期的预测，对物资购、存、销全过程进行系统的价值管理的过程。

4．库存空间合理

库存空间合理指物资在生产过程中，结合市场需要，物资储存在各个环节、各个空间位置上的合理性。

库存空间合理可以通过对库存物资的数量统计、每件物资的体积计算、仓库储存面积的分析，确定仓库能够储存物资的最大数量、每种物资应该存放的位置、堆码的高度，最终的目的是充分利用仓库空间，提高仓容利用率。

知识点三　库存控制的方法

库存控制是仓储管理的一项重要内容，是在满足顾客服务要求的前提下通过对库存水平进行控制，力求尽可能降低库存水平，提高物流系统的效率。库存控制的方法有许多，仓库必须根据自身的实际情况，采取最合适的方法。

一、库存控制概述

库存控制指用尽量少的人力、物力、财力等资源，将库存物资控制在保障供应的最合理的数量范围内所进行的有效管理措施。

1．库存控制的内容

库存控制的内容主要包含以下三个方面。

（1）确定物资的储存数量与储存结构

每种物资的储存的最小数量要满足市场的需要。储存结构就是库存物资的种类分布要合理。

（2）订货批量和订货周期

订货批量指每次订货的数量。订货周期指从向供应商发出订单到物资送到仓库的时间间隔。

（3）库存动态调整

库存物资的种类和数量不会一成不变，应根据市场的需要和供应商的生产情况进行调整，目的是库存的物资的种类和数量尽量满足市场的需要，获得最大的利润。

2．库存控制有效性的制约因素

1）需求的不确定性，偶发的大批量需求会使库存管理受到挑战。
2）订货周期，其波动会制约库存控制。

3）运输。
4）资金。
5）管理水平，是库存控制的直接约束条件。

3．库存控制的作用

库存控制的作用主要表现在以下三方面。

（1）平衡供需关系，维持生产稳定

使库存物资的种类及数量满足生产的需要，使生产能够正常进行。

（2）降低库存成本

使库存物资的数量保持在合理的水平，将管理库存物资的费用控制在合理的数值。

（3）规避风险

防止库存物资数量过多，超出了市场或生产需要的上限，导致物资积压甚至过期损坏或失去原有价值，造成企业的经济损失。

4．库存控制的参数与类型

（1）库存控制的参数

库存控制涉及一系列相关因素，直接有关的参数有四个。

1）订货点：发出订货要求时的库存量。
2）订货批量：每次订货的物资数量。
3）订货周期：相邻两次订货的时间间隔。
4）进货周期：相邻两次进货的时间间隔。

（2）库存控制的类型

库存控制主要有定量控制和定期控制两种基本类型。

1）定量控制：强调指定固定订购批量。
2）定期控制：强调选择固定订货周期。

二、定量订货法

定量订货法是指当库存量下降到预定的最低库存量（订货点）时，按规定数量（一般以经济订货批量为标准）进行订货补充的一种库存控制方法。如图 7-1 所示，Q^* 表示经济订货批量，Q_K 表示订货点，Q_S 表示安全库存量。

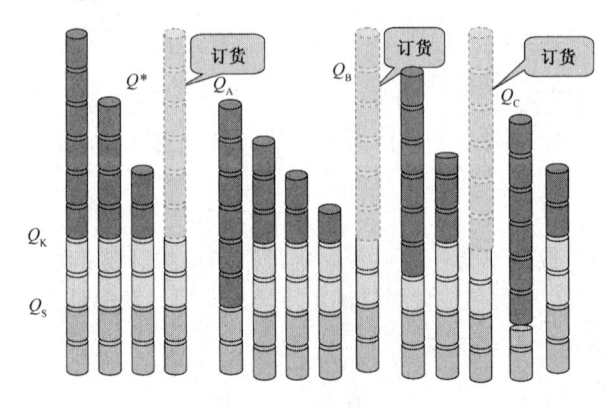

图 7-1　定量订货

1．定量订货法的原理

根据客户需求及订货周期，预先确定企业的最低库存量（订货点 Q_K），随时检查库存，当库存下降到 Q_K 时，立即发出订货通知，订货数量则为经济订货批量 Q^*。该方法主要靠控制订货点 Q_K 和订货量（即经济订货批量 Q^*）两个参数来控制订货，达到既最好地满足库存需求，又使总费用最低的目的。

2．基本经济订货批量

（1）基本经济订货批量的含义

基本经济订货批量（Economic Order Quantity，EOQ）是一种简单、理想的状态，通过平衡采购进货成本和保管仓储成本核算，以实现总库存成本最低的最佳订货量。当企业按照基本经济订货批量来订货时，可实现订货成本和储存成本之和最小。

（2）假设条件

基本经济订货批量必须满足下列假设条件。

1）企业能够及时补充存货，即需要订货时便可立即取得存货。
2）能集中到货，而不是陆续入库。
3）不允许缺货，即无缺货成本。
4）需求量稳定，并且能预测，即存货年需求量为已知常量。
5）存货单价不变，不考虑现金折扣，即单价为已知量。
6）企业现金充足，不会因现金短缺影响进货。
7）所需存货市场供应充足，不会因买不到需要的存货而影响其他方面。

（3）模型

基本经济订货批量的模型的计算公式如下：

$$Q^* = \sqrt{\frac{2D \times C}{H}}$$

式中　D——年需求总量；
　　　C——每次订货费用；
　　　H——单位物资年保管费。

订货批量 Q 依据 EOQ 的方法来确定，即总库存成本最小时的每次订货数量。通常，年总库存成本的计算公式为：

年总库存成本=年购置成本+年订货成本+年保管成本+缺货成本

在不允许缺货的条件下：

年总库存成本=年购置成本+年订货成本+年保管成本

即：
$$T_C = DP + DC/Q + QH/2$$

式中　T_C——年总库存成本；
　　　D——年需求总量；
　　　P——单位物资的购置成本；
　　　C——每次订货成本（元/次）；
　　　H——单位物资年保管成本（元/年）；
　　　$H=PF$，F 为年仓储保管费用率；
　　　Q——批量或订货量。

因此，经济订货批量的计算公式也可写为：

$$EOQ=\sqrt{\frac{2CD}{PF}}$$

此时的最低年总库存成本为：$T_C=DP+HQ^*=DP+\sqrt{2DCPF}$；

年订货次数为：$N=D/EOQ=\sqrt{\frac{DH}{2C}}$；

平均订货间隔周期为 $T=365/N=365\times EOQ/D$。

例 7-1 甲仓库 A 物资年需求量为 30 000 个，单位物资的购买价格为 20 元，每次订货成本为 240 元，单位物资的年保管费为 10 元，求该类物资的 EOQ、每年的订货次数、平均订货间隔周期及年总库存成本。

解：

$$EOQ=\sqrt{\frac{2\times 240\times 30\ 000}{10}}=1\ 200（个）$$

每年的订货次数 $N=30\ 000/1\ 200=25$（次）

平均订货间隔周期 $T=365/25=14.6$（天）

年总库存成本 $T_C=25\times 10\times \frac{1\ 200+0}{2}=150\ 000$（元）

3．批量折扣购货的订货批量

供应商为了吸引顾客一次购买更多的物资，往往会采用批量折扣购货的方法，即对于一次购买数量达到或超过某一数量标准时给予价格上的优惠。这个事先规定的数量标准称为折扣点。在批量折扣的条件下，由于折扣之前购买的价格与折扣之后购买的价格不同，因此需要对原经济批量模型做必要的修正。

在多重折扣点的情况下，先依据确定条件下的经济批量模型，计算最佳订货批量（Q^*），然后分析并找出多重折扣点条件下的经济批量，如表 7-1 所示。

表 7-1 多重折扣价格表

折扣区间	0	1	…	t	…	n
折扣点	Q_0	Q_1	…	Q_t	…	Q_n
折扣价格	P_0	P_1	…	P_t	…	P_n

其计算步骤如下。

1）用确定型经济批量的方法，计算出最后折扣区间（第 n 个折扣点）的经济批量 Q_n^* 与第 n 个折扣点的 Q_n 比较，如果 $Q_n^*\geq Q_n$，则取最佳订购量 Q_n^*；如果 $Q_n^*<Q_n$，就转入下一步骤。

2）计算第 t 个折扣区间的经济批量 Q_t^*。

若 $Q_t\leq Q_t^*<Q_t+1$，则计算经济批量 Q_t^* 和折扣点 Q_t+1 对应的总库存成本 T_{Ct}^* 和 $T_{Ct}+1$，并比较它们的大小，若 $T_{Ct}^*\geq T_{Ct}+1$，则令 $Q_t^*=Q_t+1$，否则就令 $Q_t^*=Q_t$。

如果 $Q_t^*<Q_t$，则令 $t=t+1$ 再重复步骤 2），直到 $t=0$，其中：$Q_0=0$。

在例 7-1 的基础上，分析例 7-2。

例 7-2 A 物资供应商为了促销，采取以下折扣策略：一次购买 1 000 个以上打 9 折；一次购买 1 500 个以上打 8 折。若单位物资的仓储保管成本为单价的一半，求在这样的批量折扣条件下，甲仓库的最佳经济订货批量应为多少？（根据例 7-1 的资料：$D=30\ 000$ 个，$P=20$ 元，

C=240 元，H=10 元，$F=H/P$=10/20=0.5，其他数据见表 7-2。）

表 7-2 价格折扣表

折 扣 区 间	0	1	2
折扣点（个）	0	1 000	1 500
折扣价格（元/个）	20	18	16

解：根据题意列出下式。

（1）计算折扣区间（1 500，+∞）的经济批量：

$$Q_2^* = \sqrt{\frac{2CD}{PF}} = \sqrt{\frac{2 \times 240 \times 30\,000}{16 \times 0.5}} = 1\,342（个）$$

因为 1 342<1 500，所以不符合要求。

（2）计算折扣区间（1 000，1 500）的经济批量：

$$Q_1^* = \sqrt{\frac{2CD}{PF}} = \sqrt{\frac{2 \times 240 \times 30\,000}{18 \times 0.5}} = 1\,265（个）$$

因为 1 000<1 265<1 500，所以符合要求。

（3）计算折扣区间（0，1 000）的经济批量：

$$Q_0^* = \sqrt{\frac{2CD}{PF}} = \sqrt{\frac{2 \times 240 \times 30000}{20 \times 0.5}} = 1\,200（个）$$

因为 1 200＞1 000，所以不符合要求。

因此，最佳经济订货批量为 1 265 个。

4．分批连续进货的进货批量

在连续补充库存的过程中，有时不可能在瞬间完成大量进货，而是分批、连续进货，甚至是边补充库存边供货，直到库存量最高，这时不再继续进货，而只是向需求者供货，直到库存量降至安全库存量，又开始新一轮的库存周期循环。分批连续进货的经济批量，仍然是使存货总成本最低的经济订购批量，其模型如图 7-2 所示。

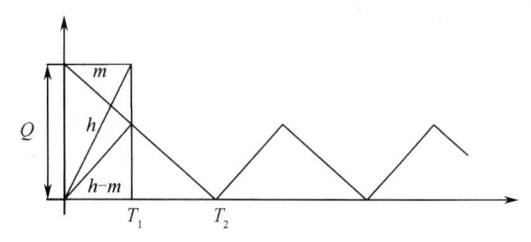

图 7-2 分批连续进货模型

设一次订购量为 Q，物资分批进货率为 h（千克/天），库存物资耗用率为 m（千克/天），并且 $h>m$。一次连续补充库存直至最高库存量需要的时间为 t_1，该次停止进货并不断耗用物资直至最低库存量的时间为 t_2。

由此可以计算出以下指标：

$t_1=Q/h$；

在 t_1 时间内的最高库存量为 $(h-m)t_1$；

在一个库存周期 (t_1+t_2) 内的平均库存量为 $(h-m)t_1/2$；

仓库的平均保管费用为 $[(h-m)/2]\cdot[Q/h](PF)$；

经济批量 $Q^*=\sqrt{\dfrac{2CD}{PF(1-\dfrac{m}{h})}}$；

在按经济批量 Q^* 进行订货的情况下，每年最小总库存成本 T_C^* 为 $DP+\sqrt{2CDPF(1-\dfrac{m}{h})}$；

每年订购次数 $N=D/Q^*$；

订货间隔周期 $T=365/N=365Q^*/D$。

例 7-3 甲仓库 B 种物资年需要量为 5000 千克，一次订购成本为 100 元，B 种物资的单位价格为 25 元，年单位物资的保管费率为单价的 20%，每天进货量 h 为 100 千克，每天耗用量 m 为 20 千克，要求计算物资分批连续进货条件下的经济批量、每年的库存总成本、每年订货的次数和订货间隔周期。

解： 经济批量 $Q^*=\sqrt{\dfrac{2CD}{PF(1-\dfrac{m}{h})}}=\sqrt{\dfrac{2\times5000\times100}{0.2\times25\times(1-\dfrac{20}{100})}}=500$（千克）

每年的库存总成本为

$T_C^*=DP+\sqrt{2CDPF(1-\dfrac{m}{h})}=5000\times25+\sqrt{2\times5000\times100\times0.2\times25\times\left(1-\dfrac{20}{100}\right)}=127000$（元）

每年订货次数 $N=D/Q^*=5000/500=10$（次）

订货间隔周期 $T=365/N=365/10=36.5$（天）

5. 订货点的确定

确定订货点的制约因素有三个：订货提前期、需求速率、安全库存量。根据这三个因素可以确定订货点，订货点的确定有需求确定的订货点、需求和订货提前期都随机的订货点两种类型。下面介绍三种具体的方法。

（1）确定型定量订货

需求确定的订货点即在需求和订货提前期均确定的情况下，不需要设置安全库存，订货点的计算公式如下：

订货点=订货提前期（天）×全年需求量/360

例 7-4 某公司每年出库物资业务量为 36 000 箱，订货提前期为 10 天，求订货点。

解： 订货点=订货提前期（天）×全年需求量/360=10×36 000/360=1 000（箱）

所以，订货点为 1 000 箱。

（2）随机型定量订货

在需求不确定的情况下，为保证生产的连续性，满足客户需求，需要设置安全库存以确定订货点。

订货点=（平均需求量×订货提前期）+安全库存量

安全库存量=（预计日最大需求量-日正常需求量）×订货提前期（天）

企业应根据不同物资的类型及要求，允许一定程度的缺货现象存在，将缺货维持在适当的范围内。

例 7-5 某企业某种材料经济订货批量为 500 千克，订货提前期为 12 天，平均每天正常耗用量为 10 千克，每天最大耗用量为 16 千克，求订货点。

解：安全库存量=（预计日最大需求量-日正常需求量）×订货提前期（天）
=（16-10）×12=72（千克）

订货点=（平均需求量×订货提前期）+安全库存量=10×12+72=192（千克）

所以，订货点库存量是 192 千克。

（3）概率型定量订货

概率型定量订货指订货提前期和需求期都不确定的情况。使用前提是订货提前期的需求量是一个随机变量，并且受需求速度(R)和订货提前期长度(T_k)的影响。

1）需求速率(R)指单位时间的需求量，即库存下降的速率或每天（也可以周、月、年等为单位）仓库物资的出库消耗量。

2）订货提前期长度（T_k）由于受人员、车辆、运力、路况、天气等具体情况变化的影响，也可能是时长时短的。

通过上面的分析可知，安全库存需要根据概率论统计方法求出，公式为：

$$安全库存=安全系数×\sqrt{最大订货提前期}×需求变动值$$

其中，安全系数可根据缺货概率查安全系数表得到；最大订货提前期根据以往数据得到。

在统计资料期数较少时，需求变动值可用下列方法求得：

$$需求变动值=\sqrt{\frac{\sum(y_i-\bar{y})^2}{n}}$$

式中　y_i——各期需求量实际值；
　　　$\bar{y}$——各期需求量实际均值。

在统计资料期数较多时，需求变动值可用下列方法求得：

$$需求变动值=R/d_2$$

式中　R——资料中最大需求量与最小需求量的差；
　　　d_2——随统计资料期数（样本大小）而变动的常数，如表 7-3 所示。

表 7-3　随统计资料期数而变动的 d_2 值

n	2	3	4	5	6	7	8	9
d_2	1.128	1.693	2.059	2.326	2.534	2.704	2.847	2.970
$1/d_2$	0.8865	0.5907	0.4857	0.4299	0.3946	0.3098	0.3512	0.3367
n	10	11	12	13	14	15	16	17
d_2	3.078	3.173	3.258	3.336	3.407	3.472	3.532	3.588
$1/d_2$	0.3249	0.3152	0.3069	0.2998	0.2935	0.2880	0.2831	0.2787
n	18	19	20	21	22	23	24	—
d_2	3.640	3.689	3.735	3.778	3.820	3.858	3.896	—
$1/d_2$	0.2747	0.2711	0.2677	0.2647	0.2618	0.2592	0.2567	—

例 7-6　某商品在过去三个月中的实际需求量分别为：1 月 126 箱，2 月 110 箱，3 月 127 箱。最大订货提前期为两个月，缺货概率根据经验统计为 5%，求该商品的订货点。

解：平均月需求量=（126+110+127）/3=121（箱），缺货概率为 5%，查表得：安全系数=1.65。

$$需求变动值=\sqrt{\frac{\sum(y_i-\bar{y})}{n}}=\sqrt{\frac{(126-121)^2+(110-121)^2+(127-121)^2}{3}}$$
$$=7.79（箱）$$
$$安全库存=安全系数\times\sqrt{最大订货提前期}\times需求变动值$$
$$=1.65\times\sqrt{2}\times7.79\approx18（箱）$$
$$订货点=（平均需求量\times订货提前期）+安全库存量=121\times2+18=260（箱）$$

例 7-7 某仓库中某种物资去年各月需求量实际值如表 7-4 所示，最大订货提前期为两个月，缺货概率据经验统计为 5%，求该物资的订货点。

表 7-4 需求量

月　份	1	2	3	4	5	6	7	8	9	10	11	12	合　计
需求量（箱）	162	173	167	180	190	172	170	168	174	168	163	165	2052

解：平均月需求量=总需求量/总月份=2052/12=171（箱）

缺货概率为 5%，得到的安全系数为 1.65。

$$R=190-162=28（箱）$$

d_2 对应的 n 为 12，查表 7-3 得：

$$1/d_2=0.3069$$
$$需求变动值=R/d_2=8.593（箱）$$
$$订货提前期内的消耗量=171\times2=342（箱）$$
$$安全库存=安全系数\times\sqrt{最大订货提前期}\times需求变动值$$
$$=1.65\times\sqrt{2}\times8.593\approx20（箱）$$
$$订货点=（平均需求量\times订货提前期）+安全库存量=342+20=362（箱）$$

所以，该物资的库存量下降到 362 箱时就应该订货。

6．定量订货法的优缺点

定量订货法的优点和缺点如下。

1）优点：能经常掌握库存储备动态，及时提出订购，不易出现缺货；保险储备量较少；每次订购量固定，因而能用采购经济订购批量模型，便于包装运输及保管作业。

2）缺点：必须不断检查仓库的库存量，订购时间不稳定，不利于编制严密的采购计划，难以享受合并订购的好处。

三、定期订货法

定期订货法就是按预先确定的订货时间间隔进行订货，以补充库存的一种库存控制方法。

1．定期订货法的原理

定期订货法的原理是每隔一个固定的时间检查库存项目的储备量。根据盘点结果与预定的目标库存水平的差额确定每次订购批量。这里假设需求为随机变化的，因此，每次盘点时的储备量都是不相等的，为达到目标库存水平 Q_0 而需要补充的数量也随之变化。这样，这类系统的决策变量应是：检查时间周期 T、目标库存水平 Q_0。这种库存控制系统的储备量变化情况如图 7-3 所示。

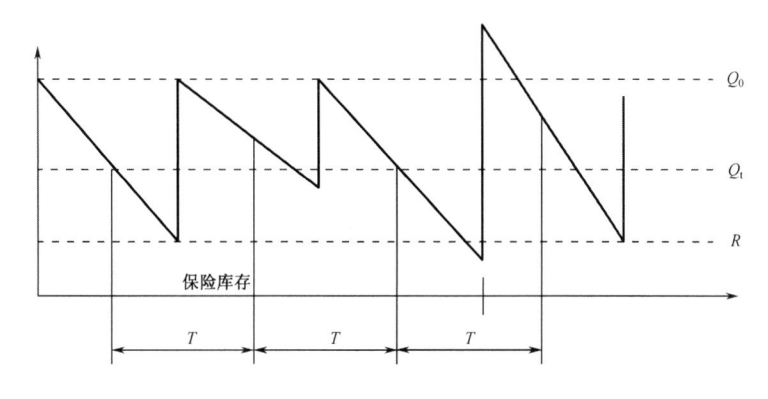

图 7-3　定期订货法

2．目标库存水平的确定

目标库存水平是满足订货周期加上提前期的时间内的需求量。它包括两部分：一部分是订货周期加提前期内的平均需求量，另一部分是根据服务水平保证供货概率的保险储备量。

$$Q_0=(T+L)r+ZS_2$$

式中，T 为订货周期；L 为订货提前期；r 为平均日需求量；Z 为服务水平保证的供货概率查正态分布表对应的 t 值；S 是订货周期加提前期内的需求变动的标准差。若给出需求的日变动标准 S_0，则 $S_2=S_0\sqrt{T+L}$。

依据目标库存水平可得到每次检查库存后提出的订购批量：

$$Q=Q_0-Q_t$$

式中，Q_t 为在第 t 期检查时的实有库存量。

例 7-8　某种物资的需求率服从正态分布，其日均需求量为 200 件，标准差为 25 件，订购的提前期为 5 天，要求的服务水平为 95%，每次订购成本为 450 元，年保管费率为 20%，物资单价为 1 元，企业全年工作 250 天，本次盘存量为 500 件，经济订货周期为 24 天。计算目标库存水平与本次订购批量。

解：

（1）$(T+L)$ 期内的平均需求量 $=(T+L)r=(24+5)\times 200=5\,800$（件）

（2）$(T+L)$ 期内的需求变动标准差 $=S_0\sqrt{T+L}=25\times\sqrt{24+5}=25\times 5.385=135$（件）

（3）查表知，当要求的服务水平为 95% 时，安全系数为 1.65。

目标库存水平 $Q_0=(T+L)r+ZS_2=5\,800+1.65\times 135=6\,023$（件）

（4）订购批量 $Q=6\,023-500=5\,523$（件）

从例 7-8 的计算结果可以看出，在同样的服务水平下，固定订货期系统的保险储备量和订购批量都要比固定订货量系统的保险储备量和订购批量大得多。这是由于在固定订货期系统中需满足订货周期加提前期内的需求量和防止在上述期间发生缺货所需的保险储备量。这就是一些关键物资、价格高的物资不用固定订货期法，而用固定订货量法的原因。

3．确定型定期订货

在确定型定期订货模型中，首先应明确使用条件。

1）单位物资的价格固定。

2）订货周期为 T（单位为年）。

3）库存需求速率 d 是固定的。
4）年需求量为 D。
5）订购成本 S 固定。
6）不允许发生缺货，所订产品瞬时到货。
7）存储成本 H 以平均库存为计算依据。
8）订货提前期 L 是固定的。
9）年总成本 T_C，年采购成本 D_C，年运输成本 K_D。

采用经济订货周期的方法来确定订货周期 T，其公式如下：

$$T^* = \sqrt{\frac{2C}{DH}}$$

式中，T^* 为经济订货周期；C 为单位订货成本；R 为单位时间内库存物资需求量（销售量）。

由于物资需求速率的单位是件/年，因此最高库存量为：$Q_{max}=(L+T)D$，又由于订货周期和订货提前期的单位为日，一年内的工作日为 N，则此时的最高库存量为：

$$Q_{max} = \frac{L+T}{N}D$$

产品的订货提前期和需求速率是固定不变的，因此不需要设置安全库存，即 $Q_S=0$。

例 7-9 某制造公司每年以单位为 10 元的价格购进 8000 单位的某种物资，每次订货的订购成本为 24 元，每单位每年的储存成本为 3 元。如果订货提前期为 10 天，一年有 250 个工作日，求经济订货周期和最高库存量。

解：$T^* = \sqrt{\frac{2C}{DH}} = \sqrt{\frac{2 \times 24}{8\,000 \times 3}} = \sqrt{0.002} = 0.045$（年）

$$Q_{max} = \frac{L+T}{N}D = \frac{10 + 250 \times \sqrt{0.002}}{250} \times 8\,000 = 680 \text{（单位）}$$

所以，该公司的经济订货周期为 0.045 年，最大库存量为 680 单位。

4．概率型定期订货

概率型定期订货模型更符合实际情况。因为现实中产品的订货提前期和需求速率随着企业生产状况和市场变化而变化，每次订货的批量发生变化的可能性较大，尽管其他假设不变，订货周期仍然必须根据具体情况来定。

在概率型定期订货模型中，假设订货周期是一定的，这为利用确定性定期订货模型中的经济订货周期公式来处理这类计算提供了依据，即：

$$T^* = \sqrt{\frac{2C}{DH}}$$

定期订货法的最高库存是为了满足订货提前期和订货周期的总需求，在概率型定期订货模型中还要设置安全库存，因为产品需求速率是不断变化的，因此在该模型中，此时的最大库存则为：

$$Q_{max} = Q_S + (L+T)d$$

其订货量为：$Q_t = \sum_{i=1}^{T} d_i$。

例 7-10 某百货公司对 A 类物资去年的年需求量为 2 000 件，预测今年的年需求量为 2 500 件，每年的订货成本为 700 元，每件的年储存成本为 7 元。百货公司的工作日计 360 天。订货提前期为一周，根据经验缺货概率为 3.6%。预测未来一年的需求量见表 7-5，求经济订货周期、安全库存、最大库存及订货量。

表 7-5 预测需求量

月 份	1	2	3	4	5	6	7	8	9	10	11	12	合计
需求量（件）	200	211	205	218	220	210	208	205	212	206	201	203	2500

解：经济订货周期 $T^* = \sqrt{\dfrac{2C}{DH}} = \sqrt{\dfrac{2 \times 700}{2\,500 \times 7}} = 0.283$（年）；

查表，得到需求变动值 $= R/d_2 = (220-200)/3.258 = 6.138$（件）；

查表，得到安全库存 $Q_S = 1.8 \times \sqrt{7/30} \times 6.138 = 5.34$（件）；

最大库存 $Q_{\max} = Q_S + (L+T)d = 5.34 + \dfrac{7 + 0.283 \times 360}{30} \times \dfrac{2500}{12} = 756$（件）。

由于经济订货周期近似等于 3 个月，则第一个周期的订货量为前 3 个月的需求量，即 200+211+205=616（件），并依此推算出第二个周期、第三个周期的订货量。

5. 多品种联合订货

多品种联合订货是一种定期订货采购战略，以各种经济订货周期为基础，将各种订货周期都化为某个标准周期的简单倍数，然后以标准周期为单位进行周期运行，在不同的运行周期中实现多品种的联合订购。

设各品种的共同订货费为 S_{00}，各自的订货费为 S_i，保管费为 H_i，单位价格为 P_i，年总需求量 D_i，年储存成本率为 F。

（1）先求出各自的订货周期 T_i：

$$T_i = \sqrt{\dfrac{2 \times S_i}{D_i \times H_i}}$$

（2）取 T_i 中最小的作为基准周期，其余都转化为其整数倍：

$$T_0 = \min\{T_i\}$$
$$T_i = [a_i] T_0$$

其中，$a_i = T_i/T_0$，$[a_i]$ 为不大于 a_i 的整数。

（3）求基准周期 T_0：

$$C(T_0) = \sum_{i=1}^{n} D_i \times P_i + S_{00}/T_0 + \sum_{i=1}^{n} S_i/T_i + \dfrac{1}{2} \sum_{i=1}^{n} D_i \times H_i \times T_i$$

令 $\partial C(T_0)/\partial T_0 = 0$，得 $T_0 = \sqrt{\dfrac{2S_{00} + \sum_{i=1}^{n} \dfrac{S_i}{[a_i]}}{\sum_{i=1}^{n} D_i \times H_i [a_i]}}$

特别地，当 S_i 都等于 S_0 时，则 $T_0 = \sqrt{\dfrac{2(S_{00}+nS_0)}{\sum_{i=1}^{n}D_i \times H_i}}$。

例 7-11 某企业从同一供应商处订购 5 种物资，每种物资的单价和年需求量如表 7-6 所示，假如订购成本为每份订单 2 元，平均每一品种 0.4 元，储存成本率为 40%，如果前置时间为 7 天，求经济订货间隔时间和每种物资的年最大库存量。

表 7-6 某企业订购需求表

品　　种	年需求量（件）	单　价（元/件）	购进成本（元）
A	200	1	200
B	400	0.5	200
C	150	2	300
D	100	4	400
E	70	5	350
合计	920	—	1450

解：根据公式有：

$$T_0 = \sqrt{\dfrac{2(S_{00}+nS_0)}{\sum_{i=1}^{n}D_i \times H_i}} = \sqrt{\dfrac{2(2+5\times 0.4)}{0.4\times 920}} \approx 0.15\text{（年）} \approx 55\text{（天）}$$

各种物资的最大库存量可由下式求得：

第 i 种物资的年购进成本（订货间隔时间+前置时间）= $R_i \times (55+7)/365 = 0.17 R_i$

具体计算结果如表 7-7 所示。

表 7-7 某企业各品种需求表

品　　种	年最大库存量（件）
A	34
B	34
C	51
D	68
E	59

6. 经济批量的调整

当根据标准经济批量模型确定了经济批量之后，这一理论上的经济批量往往会与现实情况存在矛盾。

例如，供应商提供的单位包装不能拆包；运输工具的装载量有限或理论上确定的经济批量为非整数而实际产品数量必须是整数等。此时，就需要对经济批量进行调整。特别是如果所订购的是高价值的产品，如汽车、黄金饰品等，企业更要十分谨慎。

比较订货量取不同整数时的总可变库存成本，总可变库存成本较小者即为最合理的订货数量。

设订货量为 Q' 的年可变库存总成本为 T'_C，订货量为 $Q'+1$ 时年可变库存总成本为 T''_C，则：

$$T'_C = R_C/Q' + Q'H/2$$

$$T_C'' = R_C/(Q'+1) + (Q'+1)H/2$$

设 $T_C' \leqslant T_C''$，则：

$$R_C/Q' + Q'H/2 \leqslant R_C/(Q'+1) + (Q'+1)H/2$$

化简不等式，得出：

$$Q'(Q'+1) \geqslant Q_0^2$$

由此归纳出，当经济订货批量为非整数时，确定订货数量的步骤如下。

1）运用经济批量公式计算出经济批量 Q_0。
2）确定经济批量 Q_0 两旁的两个整数 Q' 和 $(Q'+1)$。
3）计算 $Q'(Q'+1)$ 的值和 Q_0^2 的值。
4）比较数值的大小，如果 $Q'(Q'+1) \geqslant Q_0^2$，则订货量为 Q'，如果 $Q'(Q'+1) \leqslant Q_0^2$，则订货量为 $Q'+1$。

例 7-12 某粮店每年销售面粉 2000 袋，每次订货的购货成本是 10 元，面粉的年库存持有成本是每袋 2 元。该粮店最佳订货批量应如何确定？如果这个订货数量不是整数，那么，把它向上近似与向下近似的整数的差别有多大？

解：根据案例可知：$R=2000$（袋/年），$c=10$（元/次），$H=2$（元/袋年），则经济订货批量为：

$$Q_0 = \sqrt{\frac{2 \times 2000 \times 10}{2}} \approx 141.42 \text{（袋）}$$

显然，该粮店不可能订购 141.42 袋面粉，其选择是 141 袋或 142 袋。
依题意，设 $Q'=141$ 袋，$Q'+1=142$ 袋，则

$$Q'(Q'+1) = 141 \times 142 = 20\ 022$$
$$Q_0^2 = 141.42^2 = 19\ 999.62$$

因为 $Q'(Q'+1) > Q_0^2$，所以订货数量应为 141 袋。

7. 定期订货法的优缺点

定期订货法能实现企业的库存控制目标，同时也存在一些缺点。

（1）优点

1）降低订货成本。
2）周期盘点比较彻底、精确，减少了定量订货法每日盘存的烦琐工作量，提高了工作效率。
3）库存管理的计划性强，有利于准确、有效地实施工作计划，实现计划管理。

（2）缺点

1）安全库存量较高，增加了库存成本。定期订货法以固定的周期进行订货和盘查存货，因此设置了较大的安全库存量。
2）订货的批量具有随机性，无法确定经济订货批量，设施与设备的使用不稳定，因此运营成本较高，经济性较差。
3）仅适合于 ABC 物资分类中的 A 类物资，即库存控制中的重点物资。

四、定期订货法与定量订货法的区别

定期订货法与定量订货法的区别如表 7-8 所示。

表 7-8 定期订货法与定量订货法的区别

订货方法	定期订货法	定量订货法
订货数量	变化（每次订货量不同）	固定（每次订货量相同）
订货时间	定期（订货间隔相同）	随机（库存量降到订货点时）
库存检查	在订货期到来时检查库存	每次出入库都需记录
订货成本	较低	较高
订货种类	各品种统一进行订货	每种物资单独进行订货作业
订货对象	A 类物资、有时 B 类物资也可以采用	B 类和 C 类物资
适用范围	价值高、需求稳定的 A 类物资	价值低、需求稳定的 B 和 C 类物资

五、ABC 库存管理法

仓库的库存物资种类繁多，对全部库存物资进行管理是一项复杂而繁重的工作。如果管理者对所有库存物资进行同样的管理，必然使其有限的精力过于分散，只能进行粗放式的库存管理，使管理的效率低下。因此，在库存控制中，应加强重点管理的原则，把管理的重心放在重点物品上，以提高管理的效率。ABC 分析法便是库存控制中常用的一种重点控制法。

1. ABC 库存管理法的基本原理

ABC 库存管理法又称为 ABC 分析法、重点管理法，它是"关键的少数和次要的多数"的帕累托原理在仓储管理中的应用。ABC 库存管理法就是强调对物资进行分类管理，根据库存物资的不同价值而采取不同的管理方法。

ABC 库存分类法的基本原理是：由于各种库存品的需求量和单价各不相同，其年耗用金额也各不相同。那些年耗用金额大的库存品，由于其占用企业的资金较多，对企业经营的影响也较大，因此需要特别重视和管理。ABC 库存分类法根据库存物资的年耗用金额的大小，把库存物资划分为 A、B、C 三类。A 类库存物资的年库存耗用金额占总库存金额的 75%～80%，品种数只占总库存数的 5%～15%；B 类库存物资的年库存耗用金额占总库存金额的 10%～15%，其品种数占库存品种数的 20%～30%；C 类库存物资的年库存耗用金额占总库存金额的 5%～10%，其品种数却占总库存品种数的 60%～80%，如图 7-4 所示。

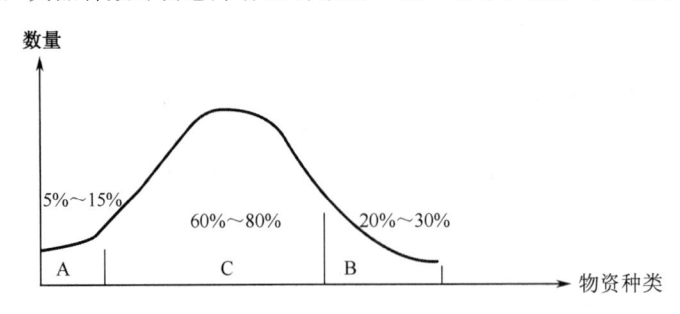

图 7-4 ABC 库存分类法的基本原理

2. ABC 分析的一般步骤

（1）收集数据

按分析对象和分析内容，收集有关数据。例如，打算分析库存品成本，则应收集库存品成本因素、库存品成本构成等方面的数据；打算分析针对某一系统的价值工程，则应收集系统中各局部功能、各局部成本等数据。

（2）处理数据

利用收集到的年需求量、单价，计算出各种库存品的年库存耗用金额。

（3）编制 ABC 分析表

根据已计算出的各种库存品的年库存耗用金额，把库存品按照年库存耗用金额从大到小进行排列，并计算累计百分比，如表 7-9 所示。

表 7-9 ABC 分析表

产品序号	数量	单价（元）	占用资金（元）	占用资金百分比（%）	累计百分比（%）	占产品项的百分比（%）	占产品项的累计百分比（%）	分类
1	10	680	6800	68.0	68.0	5.5	5.5	A
2	12	100	1200	12.0	80.0	6.6	12.1	A
3	25	20	500	5.0	85.0	13.7	25.8	B
4	20	20	400	4.0	89.0	11	36.8	B
5	20	10	200	2.0	91.0	11	47.8	C
6	20	10	200	2.0	93.0	11	58.8	C
7	10	20	200	2.0	95.0	5.5	64.3	C
8	20	10	200	2.0	97.0	11	75.3	C
9	15	10	150	1.5	98.5	8.2	83.5	C
10	30	5	150	1.5	100	16.5	100	C
合计	182	—	10 000	100	—	100	—	—

（4）根据 ABC 分析表确定分类

根据已计算的年耗用金额的累计百分比，按照 ABC 分类的基本原理，对 A、B、C 三类库存物资进行分类。

1、2 类物资累计百分比为 12.1%，平均资金占用额累计百分比为 80%，因此应划为 A 类。

3、4 类物资累计百分比为 24.7%，平均资金占用额累计百分比为 9%，因此应划为 B 类。

5~10 类物资累计百分比为 63.2%，平均资金占用额累计百分比为 11%，因此应划为 C 类。

（5）绘制 ABC 分析图

以库存品种数百分比为横坐标，以累计耗用金额百分比为纵坐标，在坐标图上取点，并联结各点，则绘成如图 7-5 所示的 ABC 曲线。按 ABC 分析曲线对应的数据，以 ABC 分析表确定 A、B、C 三个类别的方法，在图上标明 A、B、C 三类，则制成 ABC 分析图。

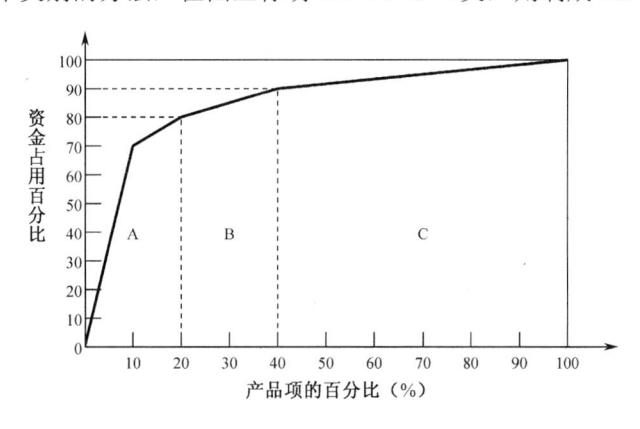

图 7-5 ABC 分析图

3. ABC 分析在库存控制中的应用

ABC 分析的结果，只是理顺了复杂事物，搞清了各局部的地位，明确了重点。但是，ABC 分析的主要目的在于解决困难，它是一种解决困难的技巧，因此，在分析的基础上必须提出解决的办法，才能真正达到 ABC 分析的目的。目前，许多企业为了应付验收检查，形式上搞了 ABC 分析，虽对了解家底有一些作用，但并未真正掌握这种方法的用意，未能将分析转化为效益，这是应避免的。按 ABC 分析结果，权衡管理力量与经济效果，对三类库存物资进行有区别的管理，具体方法如表 7-10 所示。

表 7-10 不同库存的管理策略

库 存 类 型	特点（按货币量占用）	管 理 方 法
A	品种数占 15%～20%，年库存耗用金额占总库存金额的 75%～80%	进行重点管理。应严格控制其库存储备量、订货数量、订货时间。在保证需求的前提下，尽可能减少库存和流动资金。现场管理要更加严格，应放在更安全的地方；为了保持库存记录的准确性，要经常进行检查和盘点；预测时要更加精细
B	品种数占总库存品种数的 20%～25%，年库存耗用金额占总库存金额的 10%～15%	进行次重点管理。现场管理不必投入比 A 类更多的精力；库存检查和盘点的周期可以比 A 类长一些
C	品种数占总库存品种数的 60%～65%，年库存耗用金额占总库存金额的 5%～10%	只进行一般管理。现场管理可以更粗放一些；但是由于品种多，差错出现的可能性比较大，因此也必须定期进行库存检查和盘点，周期可以比 B 类长一些

ABC 库存分类管理法并非尽善尽美，在实际生产中，库存物资的价值并不等同于其在生产中所起的实际作用。有的物资虽然价值比较低，但在生产中起关键性的作用；有的物资价值很高，却不是生产中的关键因素，起到的作用很一般。因此，根据库存物资在生产中的关键因素来进行评估和管理是另一种比较有效的库存管理方法。

六、关键因素分析法

关键因素分析法（Critical Value Analysis，CVA）根据库存物资在生产经营中所具关键性的大小，把它们划分为四个级别，分别是最高优先级、较高优先级、中等优先级、较低优先级。不同的级别采用不同的管理方法，如表 7-11 所示。

表 7-11 关键因素分析法

库 存 类 型	特　　点	管 理 措 施
最高优先级	生产经营管理中的关键物资，或 A 类重点客户的存货	不许缺货
较高优先级	生产经营管理中的基础性物资，或 B 类客户的存货	允许偶尔缺货
中等优先级	生产经营管理中比较重要的物资，或 C 类客户的存货	允许在合理范围内缺货
较低优先级	生产经营中需要，但可替代的物资	允许缺货

关键因素分析法的管理要点：最高优先级物资不允许缺货，因为它是生产中的关键物资或重要客户的存货，偶尔的缺货会导致生产不能正常进行或影响重要客户的满意度。为了保证供应，一般和此类物资供应商签订长期合同，结为战略合作伙伴。较高优先级物资允许偶尔缺货，因为基础性的物资在市场上有较多的供应商，可以很容易并快速地做出选择。中等优先级的物资，在生产中比较重要，但不是关键因素，因此它的缺货不会给生产带来决定性的影响。另外，C 类客户也就是一般客户，他们对企业的重要性不如 A 类和 B 类客户，所以

可以在合理范围内缺货，其需求可根据生产进度计划进行计算，这也是降低库存管理成本的一种方式。较低优先级的物资虽然生产中也需要，但在市场上有许多的替代品，可以随时根据需要在市场上购买，因此可以允许这类物资在仓库中缺货，但并不会影响生产或需求。

关键因素分析法较适用于生产性企业。对于销售型企业，如家乐福、沃尔玛，进行关键因素分析就需要做出必要的调整，可以根据商品的月销售天数（即这种商品一个月中的多少天有销售量）作为划分的依据。

> **小资料**
>
> **超市对 CVA 管理法的运用**
>
> 超市是流通性行业，与生产型企业差别很大，在使用 CVA 管理法时一般根据商品在一个月内销售的天数来进行分类，如一个月 31 天，如果 24 天以上都有销售，就划分为最高优先级，其他级别依次类推，如表 7-12 所示。
>
> 表 7-12 划分优先级
>
> | 项目/级别 | 最高优先级 | 较高优先级 | 中等优先级 | 较低优先级 |
> | --- | --- | --- | --- | --- |
> | 月使用天数 | 24～31 天 | 16～23 天 | 8～15 天 | 1～7 天 |

ABC 库存分类管理法和关键因素分析法都是用一个因素来对库存物资进行划分。事实上，只用一个因素并不能完全客观地反映出库存物资生产或价值方面的作用。如有的 C 类物资尽管价格较低，但是，如果这种物资的缺货风险大，市场上不容易采购，仍进行一般的管理控制，可能会造成误判而不能及时供应，给生产经营带来影响。

因此，如果能用两个指标对库存物资进行划分，并在此基础上进行管理，可以取得更好的效果。

七、供应细分法

用两个因素对库存物资进行分类：一是成本/价值，作为横坐标；二是生产中的关键性，也就是这种物资在生产中所起的作用大小，作为纵坐标。这样，可以把库存物资划分为四类，如图 7-6 所示。

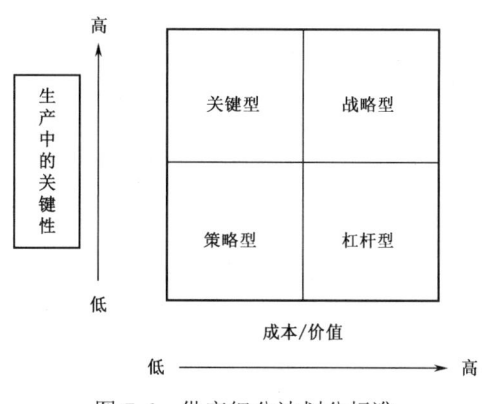

图 7-6 供应细分法划分标准

1）价值比较低、在生产中所起的作用比较低的物资划为策略型物资。管理重点主要放在管理成本控制上，需关注交易过程的管理，侧重整个采购过程成本的下降。

2）价值比较高、在生产中所起的作用比较低的物资划为杠杆型物资。杠杆型物资价值高，但在生产中的作用不大，对产品价值的提升比较小，库存成本大，因此，管理重点应放在库存成本的控制上，可以考虑在不影响供应的基础上，以各种方法有效地降低直接采购成本，和供应商签订短期合约，以便能不断寻求、转向成本更低的资源。

3）价值较低而在生产中所起的作用比较高的物资应划为关键型或瓶颈型物资。关键型物资价值较低，但对产品价值的贡献较大。在库存策略上，此类物资需设置较高的安全库存，并和垄断性的生产商或供应商建立稳定的供应关系。

4）价值和在生产中所起的作用这两个指标都比较高的物资，属于战略型物资。战略型物资能保障公司产品在市场上的竞争力和竞争优势，是库存管理的重点。此类物资的供应管理策略是与信誉好、综合能力强的供应商建立一种长期的战略合作伙伴关系，签订长期协议，保障供应。另外，企业要根据生产进度计划，合理制订物资需求计划，设置一定量的安全库存，并进行严格的库存控制，降低库存成本和风险。

供应细分法弥补了 ABC 库存分类管理法和关键因素分析法的缺陷，能够对库存物资进行更有效的管理。这种管理方法便于企业在各种供应市场和环境中综合运用所需的战略和战术。

知识点四　现代库存控制技术

目前企业间的竞争已逐渐转变为企业物流供应链之间的竞争，尤其是企业的仓库管理与库存控制，成为企业降低成本、寻求改善的切入点。然而，随着市场竞争加剧，越来越多的企业面临客户需求多变、订单提前期短、采购周期长、库存控制困难等问题。为了适应现代物流技术的发展，实现更有效率的库存管理，掌握现代库存管理技术就显得更加必要。

一、零库存技术

"零库存"概念可以追溯到 20 世纪 60 年代，日本丰田汽车公司实施全新的生产模式——准时制（Just In Time, JIT）生产方式。此后"零库存"的概念逐渐延伸到更广的领域，成为企业降低库存成本的最佳策略。如今，网络市场销售下的零库存管理已从最初的一种减少库存水平的方法发展成为内涵丰富，包括特定知识、技术、方法的管理哲学。

零库存技术就是在生产与流通领域按照准时制组织物资供应，使整个过程中库存最小化的技术的总称。零库存技术并非单纯地在数量上使得库存为零。由于物流系统中广泛存在着"二律背反"现象，单纯降低企业的库存，可能会引起企业运输成本的大幅增加，二者不可能同时降低到最小值。但是物流对于企业的意义，并不是某一方面或环节的成本压缩，而是整体资源的最优化，因此明智的做法是在运输成本和库存成本之间找到一个平衡点，而非盲目地压缩库存。所以，零库存技术只是一种理念，并不是把企业库存绝对地降低为零，而是相对尽可能地降低。零库存技术也不是把企业的库存推到企业之外去完成，其最终目的是在整个供应链中实现零库存。这样才能使企业在现代竞争中的总成本最低。

1．实施零库存技术的方法

有了零库存理念，零库存的技术就容易掌握了。企业可以根据自身实际，采取有效降低库存的方法。

（1）借助 JIT 生产的零库存技术

来源于丰田汽车公司的 JIT 生产，由于使用了需求拉动的思想，采用"看板供应"技术，使企业的供应链上一环节的物资数量、品种和时间由下一环节的物资数量、品种和时间决定。保证在供应链的每一环节都不会出现物资的过多生产和库存。

看板一般分为取货看板和生产看板两种，分别如图 7-7 和图 7-8 所示。

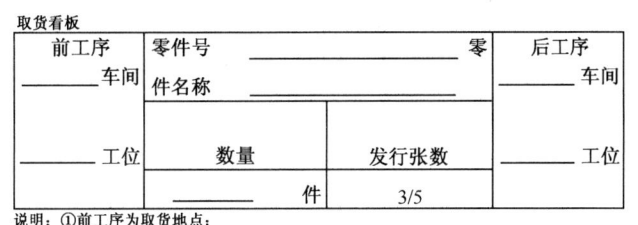

```
取货看板
前工序____  零件号_____     零   后工序____
车间       件名称_____          车间
_____工位  数量____  发行张数____  _____工位
                    件   3/5
说明：①前工序为取货地点
     ②发行张数：3/5指共有5张看板，此为第3张。
```

图 7-7　取货看板

```
生产看板
送：_____
_____车间    零件号_____
               零件名称_____
_____机床    生产数量_____
```

图 7-8　生产看板

生产企业推行 JIT 生产方式，实行精细管理，在库存控制方面，就要降低甚至取消前置缓冲量。要求物流部门加强与供应商的协调与联系，准确把握生产现场的物流时间与物流量的变化趋势，准确、及时地将物品送到生产现场。

实际上，把需求拉动的思想应用于企业的生产和库存管理中，就可以使库存尽可能地降低。戴尔公司就是一个很好的范例。戴尔公司根据客户的订单进行生产，使企业的零部件、产成品在各个环节都降到尽可能低的程度，企业在低成本下运作，提高了竞争力。

（2）虚拟库存

虚拟库存不是实实在在的库存，而是充分利用信息系统，掌握市场动态和社会生产与物流状况，把握形势，把外界可利用的生产能力及库存物资当成企业的库存。利用这种库存方法，可以使企业避免库存风险，降低物流成本，提高企业效益和效率。

例如，鸡西矿业集团虚拟库存管理就是这样。鸡西矿业集团的信息化建设使企业得到了实实在在的好处，在原材料管理中，借助信息化建设，2003 年鸡西矿业集团物资供应公司完成了与 12 个煤矿材料科的连网，形成了鸡西矿业集团物资供应系统的局域网，实现了物资供应业务数据的共享。鸡西矿业集团号称"百里矿区"，最远的煤矿离鸡西市有三四十公里，局域网建成后，大量的报表、申请单都在网上传递，备受矿工欢迎。2004 年，物资供应公司又实施了信息化二期工程，按照寻价、采购、签订合同、审核、入库、质检、付款、出库等物流路径设计信息平台程序，并根据工作流进行串联与分解，环环相扣，实现了物资采购、仓储、供应、管理现代物流的全程监督，变"买了再用"为"用了再买"，彻底改变了传统的煤矿物资供应管理模式。

（3）越库供应

传统仓库进行物资供应时，一般经历的过程是：采购进货—入库储存—分拣备货—配装送货，物资必须在本企业的仓库中转，才能实现供应目标。越库供应是一套高效的供应运作体系，它打破了这一传统的运作方式，所采购的物资不经过本企业的仓库，直接供应给下一个环节，即采购——送货。这样，供应环节减少了，仓库面积减少了，仓库的运作效率提高了，储存、分拣次数减少了，库存周转率加快了。如果物资每日进出量很大，越库作业对于库存成本的降低是很可观的。

越库作业就是实现物资从收到发的直接转移，通过很少或几乎没有的库存占用实现物资交付。越库作业最明显的特征就是具有非常短的运输仓储提前期，将物资的收货环节和发货环节高度整合到一起，体现的是配送环节的 JIT。而快速消费品因其周转快、批量大、物资价值低和对物资新鲜度要求高等特性，使得越库作业技术在快速消费品行业中被广泛应用。

当然，要实施大批量越库作业，必须满足特定的集装箱化要求，还必须进行足够的信息沟通。首先，每个集装箱和每件物资都必须配有条形码或射频标签，以便被自动识别出来。其次，供应商必须将装货时间预先通知仓库，以便物资被自动分配到卸货地点。再次，用于越库处理的入库货盘或容器应该只包含一个单独的存货单位，或者根据目的地的情况进行预先装配，从而将分类的需求降到最小。

越库作业并不是所有物资都 100%不经过仓库，而是把能够直接发运的物资越库供应，其他物资仍然按常规入库供应。

2．实现零库存的条件

零库存是一种理念，绝对的零库存是不存在的。但是，仓库可以利用这一理念，尽量减少库存，保证供应。

实施零库存技术需要相关各方的密切配合，一般应具备以下条件。

（1）需求拉动的思想

管理者要清醒地认识到，降低库存必须以最终需求为起点，由供应链的下一环节的物资需求决定上一环节的物资需求，并且要求对最终需求的预测要准确。

（2）与供应商建立战略伙伴关系

实施及时管理方式，要求供应商提供的物资品质优良、稳定，企业省去对物资的检验时间。这样，供应商能够对企业订货的变化做出及时、迅速的反应。

（3）小批量的配送

零库存要求供应商及时、迅速地配送，这样才能做到对客户的需求快速反应，以适应不断变化的顾客需求，实现对顾客的有效服务。

（4）先进的物流条件

要求供应商及时、迅速、小批量地配送，就必须拥有先进的物流设备、设施。零库存的关键是管理，为了降低小批量配送成本，需要各供应商相互配合、联合配送。因此，采用先进的物流信息技术是必不可少的。

（5）全员参与

零库存管理方式的实施需要企业的高层管理者树立零库存管理理念，积极支持和推广相关技术；要求企业全体员工在各自岗位上认真参与和履行。

二、MRP 技术

物资需求计划（Material Requirement Planning, MRP），是库存控制方法中在库存管理的订货点基础上提出来的一种工业制造企业内的物资计划管理模式。它根据产品结构层次、产品的从属和数量关系，以每个产品为计划对象，以完工日期为时间基准倒排计划，按提前期长短区别各个产品下达计划时间的先后顺序，以此来减少库存量，降低劳动力成本，提高按时发货率。

1. MRP 系统的组成

MRP 系统由 MRP 的输入与 MRP 的输出两大部分组成。

（1）MRP 的输入

1）主生产进度计划（Master Production Schedule, MPS）。主生产计划确定最终产品在每个具体时间生产的产品数量，在一般情况下具体时间的单位为周，也可以是日、旬、月。主生产计划一般处理的是最终物料，优先处理的是主要的部件。

2）主产品结构文件（Bill Of Material, BOM），也称产品结构表，表示产品组成结构和组成单位产品的原物料和零部件的数量，反映一个完整的生产产品的描述，这一描述一般用产品结构树来反映。

3）库存文件（Inwentory Status Records, ISR），也称库存状态文件，反映的是企业有什么，是对企业的原材料、零部件、在制品等库存状态的一种反映，主要包含总需求量、预计入库量、现有库存量、净需求量、已分配量、计划订货量、计划下达量等内容。

（2）MRP 的输出

MRP 的输出包含三个方面。

1）净需求量：指系统需要外界在给定的时间内提供的给定的物资的数量。

2）计划接受订货量：指为满足净需求量的要求，应该计划从外界接受订货的数量和时间。一般情况下，计划接受订货量等于净需求量。

3）计划发出订货量：指发出采购订货单进行采购或发出生产任务单进行生产的数量和时间，在数量上等于计划接受订货量，在时间上比计划接受订货量提前一个提前期。

2. MRP 系统的实施步骤

1）根据市场预测、客户订单及企业生产规模，编制完整、准确的主生产计划、生产作业计划和物资清单，详细记录每个时间段各种物资的总需求数量和时间。

2）准确掌握各种物资的实际库存量。

3）编制流水线工作指示图表和各种物资的用料明细表，确定各工序所需的时间、订货批量及指令发出时间。

4）根据各种物资的订货提前期确定订货的时间、订货的周期及收货时间，确定物资需求计划。

5）根据物资需求计划发出订货生产指令。

MRP 系统的实施步骤如图 7-9 所示。

3. MRP 的计算方法

（1）产品结构与零件分解

1）产品结构：将组成最终产品的组件、部件、零件，按组装成品顺序合理地分解为若干个等级层次，从而构成产品的完整系统。

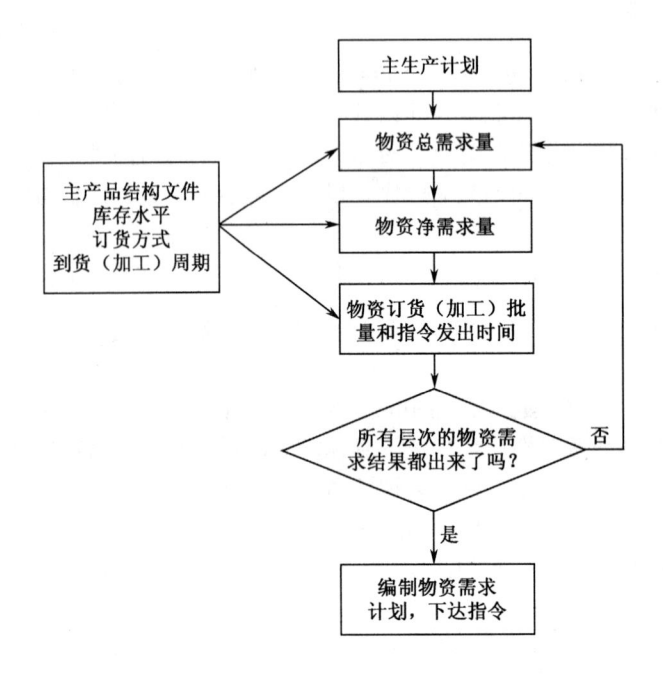

图 7-9 MRP 系统的实施步骤

2）零件分解：根据企业在规定时期内应生产的产品种类和数量，分析计算这些产品所需各种零部件的种类和数量，并计算出每种零部件所需的准备、加工及采购的全部时间。

（2）零部件需要量的计算方法

已知 U 为最终产品，属于独立需求，其需求量为 100 个，其他零部件都属于相关需求，其需求量受 U 产品的数量影响，根据所有产品及零部件的库存量，可以计算出它们的实际需求量。产品 U 的结构树状关系如图 7-10 所示。

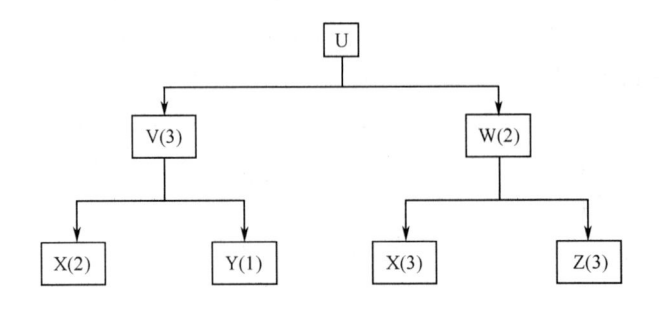

图 7-10 产品 U 的结构树状关系

计算结果如下。

1）部件 V=3×U 的数目=3×100=300（个）。

2）部件 W=2×U 的数目=2×100=200（个）。

3）部件 X=2×V 的数目+3×W 的数目=2×300+3×200=1200（个）。

4）部件 Y=1×V 的数目=1×300=300（个）。

5）部件 Z=3×W 的数目=3×200=600（个）。

4．MRP 的适用性

MRP 适用于加工装配型企业，尤其是生产由成千上万个零部件组成的结构复杂的产品的企业。其适用前提有如下几个。

1）产品装配提前期较长。

2）原材料、零部件的备货提前期较长。

3）原材料、零部件的备货提前期是可靠的，而不是臆测的。

4）有一个稳定的生产主进度表。

5）批量的大小变动较小。

5．MRP 运行实例

生产木制百叶窗和书架的某厂商收到两份百叶窗订单：一份要 100 个，另一份要 150 个。在当前时间进度安排中，100 单位的订单应于第四周开始时运送，150 单位的订单则于第八周开始运送。每个百叶窗包括 4 个木制板条部分和 2 个框架。木制板条部分是工厂自制的，制作过程耗时 1 周。框架需要订购，生产提前期是 2 周。组装百叶窗需要 1 周。第 1 周（即初始时）的已在途的订货数量是 70 个木制板条部分。为使送货满足如下条件，求解计划发出订货的订货规模与订货时间：配套批量订货（即订货批量等于净需求）；订货批量为 320 单位框架与 70 单位木制板条部分的进货批量订货。

解：

①制作主生产进度计划，如表 7-13 所示。

表 7-13　百叶窗进度安排

周数	1	2	3	4	5	6	7	8
数量（个）				100				150

②制作产品结构树，如图 7-11 所示。

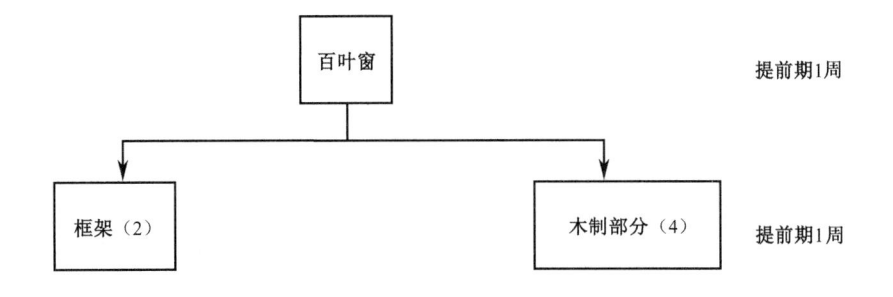

图 7-11　百叶窗产品树形结构

③设计 MRP 表，如表 7-14、表 7-15 所示。

表 7-14　百叶窗 MRP 表 I

百叶窗的时间进化总表	时间（周）	1	2	3	4	5	6	7	8
	数量（个）				100				150

百叶窗提前期：1周	总需求（个）				100				150
	已在途订货（个）								
	计划持有量（个）								
	净需求（个）				100				150
	计划收到订货（个）				100				150
	计划发出订货（个）			100				150	

2 倍　　　　　　　　　　2 倍

框架提前期：2周	总需求（个）			200				300	
	已在途订货（个）								
	计划持有量（个）								
	净需求（个）			200				300	
	计划收到订货（个）			200				300	
	计划发出订货（个）	200				300			

4 倍　　　　　　　　　　4 倍

木制板条部分提前期：1周	总需求（个）			400				600	
	已在途订货（个）	70							
	计划持有量（个）	70	70	70					
	净需求（个）			330				600	
	计划收到订货（个）			330				600	
	计划发出订货（个）		330				600		

表 7-15　百叶窗 MRP 表 II

百叶窗的时间进化总表	时间（周）	1	2	3	4	5	6	7	8
	数量（个）				100				150

百叶窗提前期：1周	总需求（个）								
	已在途订货（个）								
	计划持有量（个）								
	净需求（个）				100				150
	计划收到订货（个）				100				150
	计划发出订货（个）			100				150	

2 倍　　　　　　　　　　2 倍

框架提前期：2周	总需求（个）			200				300	
	已在途订货（个）								
	计划持有量（个）				120	120	120	120	140
	净需求（个）			200				180	
	计划收到订货（个）			320				320	

续表

	计划发出订货（个）	320				320		
				4 倍			4 倍	
木制板条部分提前期：1 周	总需求（个）			400			600	
	已在途订货（个）	70						
	计划持有量（个）	70	70	70	20	20	20	20	50
	净需求（个）			330			580	
	计划收到订货（个）			350			630	
	计划发出订货（个）		350			630		

小资料

制造资源计划（MRPII）

MRPII 是从整体最优的角度出发，运用科学的方法，对企业的各种制度资源和企业生产经营各环节实行合理、有效的计划、组织、控制和协调，达到既能连续均衡生产，又能最大限度地降低各种物资的库存量，进而提高企业经济效益的管理方法。

三、VMI 技术

供应商管理库存（Vendor Managed Inventory, VMI），指供应商等上游企业基于其下游客户的生产经营、库存信息，对下游客户的库存进行管理与控制。这是一种用户和供应商之间的合作性策略，供应商为中心，以双方最低成本为目标，在一个双方同意的目标框架下由供应商管理库存，这样的目标框架被经常性地监督和修正，以产生一种连续改进的环境。

1. VMI 技术实施的原则

VMI 力求最大限度地优化供应结构，根据实际供应关系和影响运行效率的环节，寻求解决问题的办法。一般来说，要想成功地实施 VMI，必须遵循以下基本原则。

1）合作性原则。在实施该策略时，相互信任和信息透明是很重要的，供应商和用户都要有较好的合作精神，才能相互保持较好的合作。

2）互惠原则。供应商管理库存不是关于成本如何分配或谁来支付的问题，而是关于降低成本的问题，通过该策略使双方成本最低。

3）目标一致性原则。双方都明白各自的职责，在观念上达成一致的目标。如库存存放在哪里、什么时候支付、是否需要管理费用等问题都要回答，并且体现在框架协议中。

4）持续改进原则。使得供求双方能够共享利益和消除浪费。

2. VMI 的优点

与传统库存相比，VMI 具有以下优点。

1）缩减成本。供应商通过网络共享用户信息，削弱了"牛鞭效应"，缓和了需求的不确定性，削减了用户的库存管理成本，供应商也可根据用户信息编制补货计划，减少了非增值活动和浪费。

2）提高服务水平。在 VMI 中，多用户补货订单、递送间的协调大大改善了服务水平，可以优先完成重要的递送业务，更有利于产品的更新。

3. 实施 VMI 的内容

实施 VMI 的具体内容采用 VMI 管理策略，要求建立企业战略联盟，并从组织上促进企业间的信息共享，在信息、物流和库存等方面进行系统管理。实施 VMI 的主要内容包括如下几项。

1）建立供应方和需求方合作协议。供应方和需求方本着节约资源的原则共同实施 VMI 策略。为了保证 VMI 的正常运行，双方应共同协商制定合作协议，确定订单的业务流程及库存控制的有关参数，如最低库存水平、安全库存水平、货物所有权、付款方式、信息传递方式等。

2）权力转让和机构调整。在制定好合作协议之后，供需双方都要进行一定的机构调整以适应 VMI 的实施。供应商要扩大管理范围，或者说将库存管理流程延伸到需求方，对本企业的库存和需求方的库存进行集成管理。需求方可撤销库存管理机构，并将库存管理权转让给供应商。在具体的实施中，根据双方制定的合作协议，需求方库存中的货物所有权可能归属于供应方，也可能归属于需求方。

3）构建信息系统。充分利用信息技术实现供应链上的信息集成，共享订货、库存状态、缺货状况、生产计划、运输安排、在途库存、资金结算等信息。按照所商定的协议将订单、提单、送货单、入库单等商业文件标准化和格式化，在贸易伙伴的计算机网络系统间进行数据交换和自动处理。

4）建立完备的物流系统。建立完备的物流系统，实现对仓储、分销和运输货物的综合管理，使自动化系统、分销系统、仓储系统和运输系统同步实现数字化管理。迅速反馈各个环节的信息，组织进货，指导仓储，为经营决策提供信息依据，有效地降低物流成本。

5）为最终客户建档。为了有效地对库存进行管理，必须能够获得最终客户的有关信息。通过建立客户的信息库，跟踪客户购货行为，可掌握不同地区、不同时段、不同年龄、不同职业的客户需求变化的有关情况。供需双方应共建、共享最终客户信息并共同对市场需求进行预测。

6）建立监督机制。VMI 是一个动态发展的过程，不同的伙伴在 VMI 处理策略实施中会遇到不同的问题。统一合作伙伴间的 VMI 在不同的时期也会遇到不同的挑战。为了保证 VMI 策略的顺利展开，有必要建立一个监督机制，对 VMI 的实施进行监督。例如，在顺境中，监督机构对供应商缺乏责任心或从本身利益出发滥用权力等行为进行监督，并按规定实施处罚；在逆境中，监督机构促进需求方和供应方一起出谋划策，共渡难关。监督机制能使 VMI 在发展中不断得到完善。

4. VMI 的方式

VMI 的方式主要有四种，如图 7-12 所示。

5. 实施 VMI 的难点

实施 VMI 的难点主要表现在以下几个方面。

1）必须做好仓储人员的工作。

2）拟订一份粗略的存货品种和补充计划。

3）供应商使用什么样的工具交货？在哪里建立仓库？其面积能否保证产品的进出和不断增长的产品需求？

4）谁将代表供应商管理存货？

5）供应商将如何满足所有参与者的送货要求？供应商送货时交接细节和有关文件如何处理？

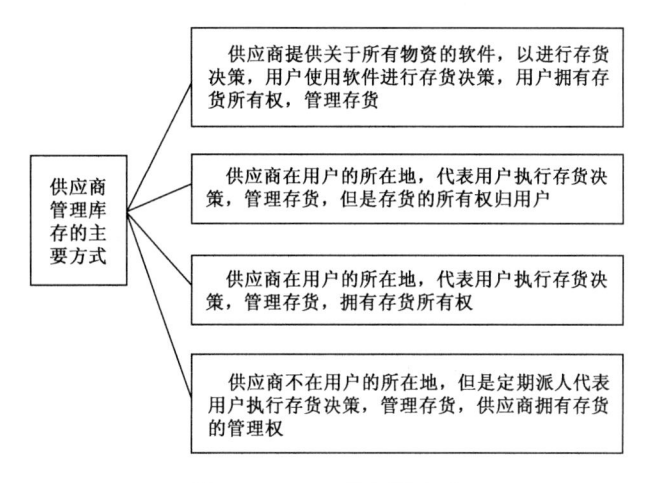

图 7-12　VMI 的主要方式

6）关于单位库存量、规格、存货进出流程，如何从 VMI 中剔除产品或改变单位送货规格？单位库存产品的所有权归谁？

7）建立适合评价 VMI 的评估体系。

8）参与 VMI 的供应商资格标准，潜在的符合条件的供应商列表，供应商培训和退出计划。

9）退货条款的拟订。

10）例外条款的拟订。

11）付款条款的拟订。

12）罚款条款的拟订。

四、JMI 技术

联合库存管理（Jointly Managed Inventory，JMI），是为了规避传统库存控制中的"牛鞭效应"，在 VMI 的基础上发展起来的上游企业和下游企业权力责任平衡和风险共担的库存管理模式，其基本思想如图 7-13 所示。

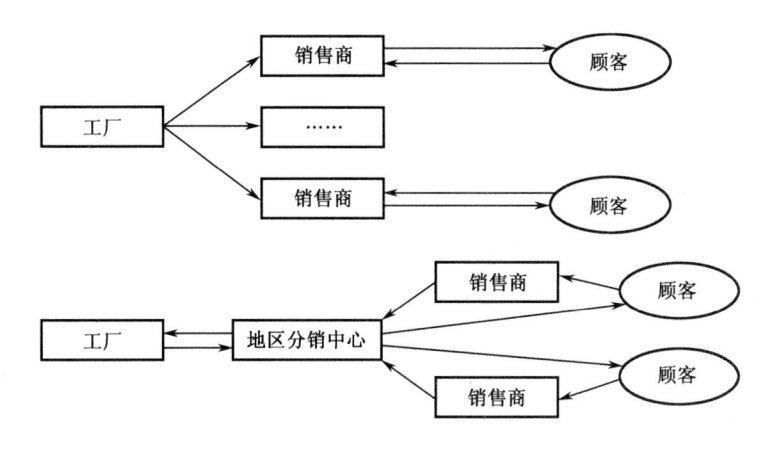

图 7-13　JMI 的基本思想

1. JMI 有效运作的前提

1）建立清晰而有效的责任与风险分摊机制，明确各个企业、各级供应商的库存责任，并达成具体的风险承担条款，建立公平的利益分配制度，增加协作性和协调性。

2）建立有效的沟通机制或系统，提高整个供应链需求信息的一致性。

2. JMI 的实施策略

（1）建立供应链协调管理机制

建立供应链协调管理机制，需从以下四个方面着手。

1）建立 JMI 模式的共同合作目标。首先供需双方必须本着互惠互利的原则，建立共同的合作目标。为此，要理解供需双方在市场目标中的共同之处和冲突点，通过协商达到共同的目标，如用户满意度、利润的共同增长和风险的减少等。

2）建立 JMI 的协调控制方法。联合管理库存中心担负着协调供需双方利益的角色，起协调控制器的作用，因此需要对库存优化的方法进行明确确定。这些内容包括库存如何在多个用户之间调节与分配，库存的最大量和最低库存水平、安全库存的确定，需求的预测等。

3）建立一种信息沟通的渠道或系统信息共享。为了提高整个供应链的需求信息的一致性和稳定性，减少由多重预测导致的需求信息扭曲，应增加合作各方对需求信息获得的及时性和透明性。为此应建立一种信息沟通的渠道或系统，以保证需求信息在合作各方中的畅通和准确性。要将条形码技术、扫描技术、销售终端系统和电子数据交换集成起来，并且要充分利用互联网的优势，在供需双方之间建立一个畅通的信息沟通桥梁和联系纽带。

4）建立利益的分配、激励机制。要有效运行基于协调中心的库存管理，必须建立一种公平的利益分配制度，并对参与协调管理库存中心的各个企业（供应商、制造商、分销商或批发商）进行有效的激励，防止机会主义行为，增加协作性和协调性。

（2）发挥两种资源计划系统的作用

为了发挥 JMI 的作用，在供应链库存管理中应充分利用目前比较成熟的两种资源管理系统：MRPII 和分销资源计划（Distribution Resource Planning, DRP）。

在原材料库存协调管理中应用制造资源计划系统 MRPII，在产品联合库存协调管理中则应用物资资源配送计划 DRP。

小资料

分销资源计划

DRP 是管理企业的分销网络的系统，目的是使企业对订单和供货具有快速反应和持续补充库存的能力。

通过互联网将供应商与经销商有机地联系在一起，DRP 为企业的业务经营及与贸易伙伴的合作提供了一种全新的模式。供应商和经销商之间可以实时提交订单、查询产品供应和库存状况，并获得市场、销售信息及客户支持，实现了供应商与经销商之间端到端的供应链管理，有效地缩短了供应链。

（3）建立快速响应系统

快速响应系统是一种有效的供应链管理策略，目的是最大限度地提高供应链的运作效率。实施快速响应系统后 JMI 的效率大有提高：缺货大大减少，通过供应商与零售商的联合协作保证 24 小时供货；库存周转速度提高 1~2 倍；通过敏捷制造技术，企业的产品中有 20%~30%是根据用户的需求制造的。快速响应系统需要供需双方的密切合作，因此联合库存管理中心的建立为快速响应系统发挥更大的作用创造了有利条件。

（4）发挥第三方物流公司的作用

第三方物流公司是供应链集成的一种技术手段，它也被称为物流服务提供者，可以为委托物流服务的企业提供各种服务，如产品运输、订单选择、库存管理等。第三方物流公司是由一些大的公共仓储公司通过提供更多的附加服务演变而来的，或者由一些制造企业的运输和分销部门演变而来。把库存管理的部分功能代理给第三方物流企业管理，可使委托企业获得诸多好处，如图 7-14 所示。

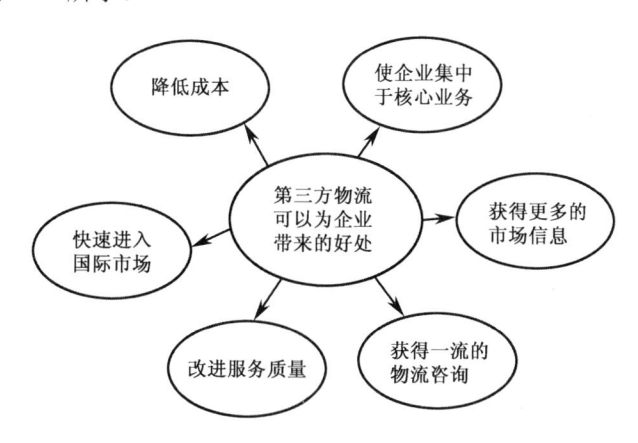

图 7-14 第三方物流企业可以为企业带来的好处

3．JMI 的优点

JMI 的优点主要表现在以下四个方面。

1）由于 JMI 将传统的多级别、多库存点的库存管理模式转化成对核心制造企业的库存管理，核心企业通过对各种原材料和产成品实施有效控制，就能达到对整个供应链库存的优化管理，简化了供应链库存管理的运作程序。

2）JMI 在减少物流环节、降低物流成本的同时，提高了供应链的整体工作效率。联合库存可使供应链库存层次简化并使运输路线得到优化。

3）联合库存管理系统把供应链系统管理进一步集成为上游和下游两个协调管理中心，从而部分消除了由供应链环节之间的不确定性和需求信息扭曲现象导致的库存波动。通过协调管理中心，供需双方共享需求信息，因而增强了供应链的稳定性；从供应链整体来看，联合库存管理减少了库存点和和相应的库存设立费及仓储作业费，从而降低了供应链系统总的库存费用；供应商的库存直接存放在核心企业的仓库中，不但保障核心企业原材料、零部件供应、取用方便，而且核心企业可以统一调度，统一管理，统一进行库存控制，为核心企业快速高效地生产运作提供了强有力的保障条件。

4）JMI 系统也为其他科学的供应链物流管理（如连续补充货物、快速反应、准时化供货等）创造了条件。

五、库存管理模式的比较

传统库存管理、VMI 库存管理、JIM 库存管理有各自的优点、缺点、适用范围、适用技术、实施策略，其比较如表 7-16 所示。

表 7-16 传统库存管理、VMI 库存管理、JMI 库存管理的比较

类别	传统库存管理	VMI 库存管理	JMI 库存管理
管理实体	各节点企业	供应商	核心企业
主要思想	各企业独立管理自有库存，寻求减小自身的缺货、需求不确定等风险的方法	各节点共同帮助供应商制订库存计划，要求供应商参与管理客户的库存	各节点共同参与库存计划管理，共同制订统一的生产计划与销售计划
主要优点	减小缺货、需求不确定性等风险及对外部交易商的依赖	减少库存，降低成本，改善缺货，提高服务水平，提高需求预测的精确度，配送佳	共享库存信息，改善供应链的运作效率、降低成本与风险，改善客户服务水平
主要缺点	库存量过高，存在严重的牛鞭效应，库存管理各自为政	缺乏系统集成，对供应商依存度较高，决策缺乏足够的协商	建立和协调成本较高，企业合作联盟的建立较困难
适用范围	传统的库存各自分离，协作信任程度较弱，对风险较保守	上游厂商实力雄厚，下游企业没有实力有效管理库存	供应链节点企业有良好的沟通与信任基础
支持技术	MRP/MRPII、订货点技术	电子数据交换条码技术、连续补货系统、企业信息系统	企业内部大型 ERP、SCM、CRM 系统，网络技术
实施策略	确定独立需求库存、订货库存策略、安全库存量	建立顾客信息和销售网络系统，建立合作框架协议	建立供需协调机制，建立快速响应系统，利用第三方物流

案例分析

Spices 无限公司改善库存控制

Spices 是美国一家已有 110 年历史的中等规模的调味品、提取物、蛋糕材料、沙司材料及色拉调料生产商，其产品销售渠道有超级市场、杂货店、食品外卖店等。公司在印第安纳州波利斯市有一个工厂，专门从事制造工作，产品经过波利斯市和丹佛市的两间库房中转销往 10 个州。

1. 改善库存控制的背景

Spices 之所以要对库存控制进行改善，是基于以下因素的考虑。

（1）采购费用的增加是改善库存的直接原因

过去一段时间，Spices 耐用品的采购费用已经增加了 20 万美元。无论就采购人员的观念，还是出于公司保持最小库存的目标，这个数字都太大了，必须对采购费用进行削减。

（2）销售和营销部门的提前期与供应商的提前期之间的矛盾是改善库存控制的内在原因

在 Spices 公司中，销售与营销部门给采购部门下新耐用品订单时，提前期通常是 2 周，这当然不符合供应商所需的 4～8 周的提前期。尽管采购人员每周都检查耐用品的库存水平，但分销仓库不予通知的缺货现象仍然经常发生。

（3）陈列品库存量太多与有效库存不足的矛盾是改善库存控制的重要原因

Spices 的采购人员还发现，无论何时，持有库存差不多价值 20 万美元，理想的库存价值应该比较接近 8 万美元。同时，即使库存水平很高，采购人员也会因为各种细项经常性的缺货而受到管理层的质问。

2. 可以改善库存控制的几个方面

（1）在营销与销售方面进行控制

营销部门负责产品开发、包装及各种备用陈列品的设计。陈列品属于耐用品，免费提供给零售商，用于 Spices 产品的商品展示。陈列品订单通过采购部门发放。销售代表对自己所属区域的销售与服务负责。

（2）在分销方面的控制

目前尽管分销仓库只有两个，但明尼阿波利斯地区销售经理的车库里还有价值 5 万美元的库存。在印第安纳的波利斯市和丹佛市，销售代表的采购订单是唯一的库存记录，没有人计算库存的日损耗数。分销仓库和采购部门之间的信息沟通不是很顺畅，因此，采购部门总是不知道库房里究竟还有多少陈列品库存。另外，销售代表们一般也在自己的地下室或车库里维持一定数量的库存，当然，没有任何记录。

（3）进行采购上的控制

采购部门负责所有的原材料、产品、包装物、易耗品、耐用品采购与库存控制。在 6 月份结束的上一财政年度中，耐用品采购价值 50 万美元。在所有的物品采购中，一名员工一个财政年度负责采购的价值总额就高达 2000 万美元。

（4）进行库房检查

所有的库房每年都进行两次检查，采用实地计数的方式。同时，工作人员每周五去波利斯市的库房，检查耐用品的库存情况，然后为各种细项计算相应的再订货点。再订货点记录在卡片上，同时记录的还有产品与供应商信息。如果某细项达到了再订货点，订单就会发放出去。10 个月前，订单每月发放一次。

（5）确定耐用品的库存

耐用品库存包括 75 种不同型号的陈列品，有木制的、金属的、塑料的。产品与陈列品的迅速变化意味着库存中既有最近设计的新样品，又有出于替换目的的旧样品。供应商们的提前期一般是：金属产品 8 周，木制或塑料产品 4 周。

3. 改善库存控制的具体措施

1）提高耐用品库存的再订货点水平。提高耐用品库存的再订货点水平虽然会使总库存增加，但同时也消除了缺货。

2）加强销售代表与分销部门之间的信息流通。由于度量单位不统一，订单数目往往被表示成箱、个或其他单位，极易引起混淆。因此，必须更正错误的数字表达方式，同时要求分销部门准确理解销售代表发出的陈列品的订单信息。

3）采购经理决定视丹佛市和明尼阿波利斯市的仓库为"外部顾客"，只对波利斯市的库存水平进行集中管理。这样，采购经理便加强了对波利斯市的仓库的库存控制，有利于库存水平的下降。

所有这些措施还只是初步的改善，因为仅在耐用品库存等较少的方面进行了控制，还有如处理销售代表抱怨的缺货等问题，有待进一步解决，以便真正做到对库存控制的改善。

资料来源：http://jpkc.hnuc.edu.cn/qywl/Course/Content.asp?c=112&a=183&todo=show

Spices 公司的启示：

1. 采购费用的增加、销售和营销部门的提前期与供应商的提前期之间的矛盾、陈列品库存量太多与有效库存不足的矛盾成为 Spices 公司改善库存控制的重要原因。

2. 可从营销与销售、分销、采购、库房检查、耐用品库存等几个方面入手改善库存控制。

3. 具体措施：一是提高耐用品库存的再订货点水平，二是加强销售代表与分销部门之间的信息流通，三是只对一个地区的库存水平进行集中管理。

重要概念

仓储成本　库存　库存合理化　库存控制　定量订货法　定期订货法　ABC 库存管理法
关键因素分析法　供应细分法　零库存技术　供应商管理库存　联合管理库存

本章小结

☑ 仓储成本的概念、构成，仓储成本分析的意义，降低仓储成本的措施。
☑ 库存的概念、分类、功能、消极作用，降低库存的策略，库存合理化的内涵。
☑ 库存控制的概念、内容、作用，定量订货法与定期订货法的内涵与计算，ABC 库存管理法、关键因素分析法、供应细分法。
☑ 零库存技术的内涵及实施方法，MRP 技术的内涵、组成、实施方法，VMI 技术及 JMI 技术的实施策略。

复习思考题

一、填空题

1. 仓储成本主要指物资保管的各种支出，其中一部分为（　　　），另一部分则为（　　），主要包括工资和能源消耗等。

2. 有效的先进先出方式主要有（　　）、（　　）、（　　）。

3. 库存按存放地点可分为（　　）、（　　）、（　　）、（　　）四种类型。

4. 库存合理化主要体现在（　　）、（　　）、（　　）、（　　）四方面。

5. 库存控制的内容主要包含（　　）、（　　）、（　　）三方面。

6. ABC 分析一般包括（　　）、（　　）、（　　）、（　　）、（　　）五个步骤。

7. 实施零库存技术的方法主要有（　　）、（　　）、（　　）三种。

8. MRP 的输出包含（　　）、（　　）、（　　）三方面。

二、选择题

1. （　　）属于仓储固定成本。
　　A．仓储运作成本　　　　　　　　B．仓储维护成本
　　C．仓储风险成本　　　　　　　　D．仓储设备折旧

2. 为了防止不确定因素准备的缓冲库存是（　　）。
　　A．经常库存　　B．安全库存　　C．投机库存　　D．沉淀库存

3. 为了避免因货物价格上涨造成损失或为了从商品价格上涨中获利而建立的库存是（　　）。

A．经常库存　　　　B．安全库存　　　　C．投机库存　　　　D．季节性库存
4．对库存物资进行ABC分类管理，是对物资储存（　　）的合理化。
A．结构　　　　　　B．质量　　　　　　C．数量　　　　　　D．分布
5．对库存进行ABC分类之后，必须定时进行盘点，详细记录并经常检查分析物资使用、存量增减、品质维持等信息，加强进货、发货管理和运送管理的是（　　）。
A．A类　　　　　　B．B类　　　　　　C．C类　　　　　　D．以上都可以
6．关键因素分析法允许偶尔缺货的物资指的是属于（　　）的物资。
A．最高优先级　　　　　　　　　　　B．较高优先级
C．中等优先级　　　　　　　　　　　D．较低优先级
7．供应细分法中，成本/价值比较高，风险和不确定性也比较高的物资属于（　　）物资。
A．策略型　　　　　B．杠杆型　　　　　C．关键型　　　　　D．战略型
8．供应细分法中，成本/价值比较低，风险和不确定性比较高的物资，属于（　　）物资。
A．策略型　　　　　B．杠杆型　　　　　C．关键型　　　　　D．战略型
9．库存状态记录用字母（　　）表示。
A．MRP　　　　　B．BOM　　　　　C．MPS　　　　　D．ISR
10．供应商管理库存用字母（　　）表示。
A．JMI　　　　　B．VMI　　　　　C．ERP　　　　　D．DDP

三、判断题

1．仓储损失指保管过程中物资损坏而需要仓储企业赔付的费用。（　　）
2．光电识别系统能保证仓库物资的先进先出。（　　）
3．投机库存指为了与企业的促销活动相配合而产生的预期销售增加所建立的库存。（　　）
4．库存结构合理指库存物资总额中，各类物资所占的比例，同类物资中高、中、低档物资之间的比例，以及同种物资不同规格、不同花色之间库存量的比例都适应销售的需要。（　　）
5．定量订货法不必不断地检查仓库的库存量，订购时间稳定。（　　）
6．定期订货法有利于降低订货成本，库存管理的计划性强，有利于准确、有效地实施工作计划，实现计划管理。（　　）
7．ABC库存管理法和CVA库存管理法的相同点是：都根据一个因素来对库存物资进行划分。（　　）
8．需求拉动的思想是实现零库存的一个条件。（　　）
9．MRP适用于产品装配提前期较短长、原材料及零部件的备货提前期较短的情况。（　　）
10．JMI表示供应商管理库存。（　　）

四、简答题

1．降低仓储成本的措施有哪些？
2．库存有哪些功能？
3．定期订货法与定量订货法有哪些区别？
4．实现零库存的条件有哪些？
5．联合库存管理有哪些优点？

五、案例分析

案例 1

安科公司的库存管理

安科公司是一家专门经营进口医疗用品的贸易公司，因为进口产品交货期较长，库存占用资金大，因此，库存管理显得尤为重要。

安科公司按销售额的大小，将其经营的 26 个产品排序，划分为 ABC 三类。排序在前 3 位的产品占总销售额的 97%，因此归为 A 类产品；第 4~7 种产品每种的销售额为 0.1%~0.5% 之间，归为 B 类；其余的 21 种产品（共占总销售额的 1%），归为 C 类。

对于 A 类的 3 种产品，安科公司实行了连续性检查策略，每天检查库存情况，随时掌握准确的库存信息，进行严格的控制，在满足客户需要的前提下维持尽可能低的经常量和安全库存量，通过与国外供应商协商，并且对运输时间做认真分析，算出了该类产品的订货前置期为两个月（也就是从下订单到货物从安科公司的仓库发运出去，需要两个月的时间）。由于该公司产品的月销售量不稳定，因此，每次订货的数量就不同，要按照实际的预测数量进行订货。为了预防预测的不准确和工厂交货的不准确，还要保持一定的安全库存，安全库存是下一个月预测销售数量的 1/3。如果实际的存货数量加上在途的产品数量等于下两个月的销售预测数量加上安全库存，就下订单订货，订货数量为第三个月的预测数量。因其实际的销售量可能大于或小于预测值，所以每次订货的间隔时间也不相同。这样进行管理后，这三种 A 类产品库存的状况基本达到了预期的效果。

对于 B 类产品的库存管理，该公司采用周期性检查策略。每个月检查库存并订货一次，目标是每月检查时应有以后两个月的销售数量在库里（其中一个月的用量视为安全库存），另外在途中还有一个月的预测量。每月订货时，根据当时剩余的实际库存数量决定需订货的数量。这样就会使 B 类产品的库存周转率低于 A 类。

对于 C 类产品，该公司采用了定量订货的方式。根据历史销售数据，得到产品的半年销售量为该产品的最大库存量，并将其两个月的销售量作为最小库存量。一旦库存达到最低就订货，将其补充到最大库存量，这种方法比前两种更省时间，但库存周转率更低。

该公司实行了产品库存的 ABC 管理以后，虽然 A 类产品占用了最多的时间、精力，但得到了满意的库存周转率。而 B 和 C 类产品，虽然库存的周转率较低，但相对于其很低的资金占用和很少的人力支出来说，这种管理也是个好方法。

资料来源：http://www.doc88.com/p-042804545674.html

案例 1 思考题：

1. 安科公司将产品分为哪几类进行管理？
2. 安科公司怎样对 A、B、C 三类产品进行库存控制？

案例 2

美的的供应商库存管理

据业内统计数据，全国厂商估计有 700 万台空调库存。长期以来，美的空调一直自认成绩不错，但是依然有最少 5~7 天的零部件库存和几十万台的成品库存。

美的在 2002 销售年度开始导入供应商库存管理。美的作为供应链中的核心企业。供应商则追求 JIT 供货。

美的较为稳定的供应商共有300多家，零配件（出口、内销产品）加起来一共有三万多种。但是，60%的供应商在美的总部顺德周围，还有部分供应商在车程三天以内的地方，如广东的清远一带。因此，只有15%的供应商距离美的较远。在这个现有的供应链之上，美的实现VMI的难度并不大。

对于这15%的远程供应商，美的在顺德总部（美的的出口机型都在顺德生产）建立了很多仓库，然后把仓库分成很多片区。运输距离长（运货时间为3~5天的）的外地供应商一般都在美的的这个仓库里租赁一片区（仓库所有权归美的），并把零配件放到片区里面储备。

在美的需要用到这些零配件的时候，就会通知供应商，然后进行资金划拨、取货等工作。这时，零配件的产权才由供应商转移到美的手上——在此之前，所有的库存成本都由供应商承担。

此外，美的在Oracle的ERP基础上与供应商建立了直接的交货平台。

供应商在自己的办公地点就能看到美的的订单内容：品种、型号、数量和交货时间等。供应商不用安装一整套Oracle的ERP系统，而是通过互联网，登录美的公司的页面。

原来供应商与美的每次采购交易，要签订的协议非常多。而现在进行了大量的简化：美的在每年年初时确定供货商，以价格确定供货商，并签下总协议。当价格确定下来以后，美的就在网上发布采购信息，然后由供应商确认信息，采购订单就这样确定了。

实施VMI后，供应商不需要像以前一样疲于应付美的的订单，保持一些适当的库存即可。美的有比较强的ERP系统，可以提前预告供货情况，告诉供应商需要的品种和数量。供应商不用备很多货，一般满足三天的需求即可。美的零部件库存周转率在2007年上升到每年100次。

零部件库存由原来平均的5~7天存货水平大幅降低为3天左右，而且这3天的库存也由供应商管理并承担相应成本。

库存周转率提高后，资金占用量减少，资金使用效率提高，资金风险下降，库存成本直线下降。因此美的的材料成本大幅下降。

资料来源：http://wenku.baidu.com/view/ed67bfd433d4b14e852468f0.html

案例2思考题：

1. 美的如何实现供应商管理库存？
2. 供应商库存管理给美的带来了哪些利益？

第八章 仓储经营管理

学习目标

① 理解仓储多种经营的概念、特点和条件，保管仓储、混藏仓储、消费仓储、仓库租赁、流通加工的概念、特点，仓储合同的定义、种类、格式、生效与无效，仓单的概念。

② 掌握仓储合同的订立原则、订立程序及条款内容，仓单的内容。

③ 能够结合实际签订仓储合同和签发仓单。

引导案例

没有交付验收，仓储合同就无效

某服装公司与某仓储公司签订了《冷藏库房仓储合同》，服装公司按约定将大批毛皮分别装进仓储公司的1、2号冷库内，并支付了相关费用。6月初，服装公司对两个冷库的毛皮进行了翻动，以使冷库内的毛皮温度一致。因毛皮在冬季不需要冷库保存，11月初服装公司转移毛皮时发现1号冷库中存放的毛皮全烂了。服装公司要求仓储公司赔偿，仓储公司称服装公司自行存放毛皮，未经仓储公司验收，其翻动毛皮也未让仓储公司知晓，仓储合同无效，仓储公司没有赔偿责任。

服装公司与仓储公司争论的重点是：验收是否是仓储合同的重点？根据《合同法》第三百八十四条的规定，仓储合同是保管人储存存货人交付的仓储物，存货人交付仓储费，并对经验收后的仓储物的数量、品种、质量发生变化造成的损失，由保管人承担损害赔偿责任的合同。可见，"交付验收"应是仓储合同成立的重要特征，如果合同双方在储存时没有验收，对于仓储损害，保管人可以不承担责任。服装公司与仓储公司签订《冷藏库房仓储合同》，服装公司将毛皮放入1号冷藏库，并未通过仓储公司的质量检查、数量确认，仓储公司也未向服装公司出具收货凭证或仓单。储存期间，服装公司对1、2号冷库内的毛皮进行翻动，以使温度一致，应当视为对毛皮实施了事实上的管理，故双方的法律关系不符合仓储合同特征，应为库房租赁合同。服装公司在使用租用的冷库时使用方式不当，造成毛皮损害，仓储公司对此不承担责任。

资料来源：http://book.ifeng.com/lianzai/detail_2011_04/17/5793759_74.shtml

思考题

1. 什么是无效仓储合同？
2. 仓储合同包括哪些条款？

知识点一 仓储经营方法

随着企业购、销、存经营活动连续不断地进行，物资的仓储数量和仓储结构也在不断变化，为了保证物资的仓储趋向合理化，必须采用一些科学的方法，对物资的仓储及仓储经营进行有效的动态控制。如何确定科学的、先进的、有效的仓储经营方法，使仓储资源得以充分利用是仓储企业搞好经营管理的关键。现代仓储经营方法主要包括保管仓储经营、混藏仓储经营、消费仓储经营、仓库租赁经营、流通加工经营等。

一、保管仓储经营

保管仓储经营是由仓储经营人提供完善的仓储条件，接受存货人的仓储物进行保管，在保管期届满，将原收保的仓储物原样交还给存货人，存货人支付仓储费的一种仓储经营方法。

在保管仓储经营中，仓储经营人一方面需要尽可能多地吸引仓储，获得大量的仓储委托，求得仓储保管费收入的最大化；另一方面还需在仓储保管中尽量降低保管成本，来获取经营成果。仓储保管费取决于仓储物的数量、仓储时间及仓储费率。其计算公式为：

$$C = QTK$$

式中　C——仓储保管费；
　　　Q——存货数量；
　　　T——存货时间；
　　　K——仓储费率。

仓储总收入可按下式计算：

$$仓储总收入 = 总库容量 \times 仓容利用率 \times 平均费率$$

当多种类物资、不同费率储存时，计算方法为：

$$C = \sum Q_i T_i K_i$$

式中，$i=1,2,3\cdots$

1. 保管仓储的特点

1）保管仓储的目的在于保持仓储物原状。也就是说，货主将自己的物资存入仓储企业，仓储企业必须对仓储物实施必要的保管，从而达到最终维持保管物原状的目的，一定要确保原物形状。仓储企业与存货企业是一种提供劳务的关系，所以在仓储过程中，仓储物的所有权不转移到仓储过程中，仓储企业没有处分仓储物的权力。

2）仓储物一般都是数量多、体积大、质量高的大宗物资，如粮食、工业制品、水产品等，要求"仓储物只能是动产，不动产不可能是仓储物"。

3）保管仓储活动是有偿的，保管人为存货人提供仓储服务，存货人必须支付仓储费。仓储费是保管人提供仓储服务的价值表现形式，也是仓储企业利润的来源。

4）仓储保管经营的整个仓储过程均由保管人进行操作，仓储经营企业需要有一定的投入，为了使仓储物资质量保持完好，需要加强仓储的管理工作。

2. 保管仓储经营的任务

保管仓储经营的主要任务是仓储企业展开市场调研，积极开展市场营销，及时掌握仓储物资信息，并依据企业的仓储条件制订仓储经营计划，合理组织人、财、物，并根据仓储物的性能和特点为存储企业提供合适的仓储设施和和保管条件,确保仓储物的质量和数量的正确、完好,为仓储企业创造良好的经济效益和积极的社会效益。

（1）展开市场调研和市场营销

进行广泛的市场宣传和市场开发,促使仓储服务被用户广泛接受,塑造企业的良好形象。有效地开展市场调查和市场营销,合理地制定服务标准,提供有针对性的服务。

（2）制定科学的仓储规划

仓储规划是在现有各类仓储设施条件下,根据仓储任务,对不同种类的物资的储存作业全面规划,如保管场所的选择、布置、保管方式、保管物资的堆码和苫垫等。

（3）及时掌握仓储物的相关信息

仓储管理的任务或功能之一是提供物资信息,各类物资库存量情况和质量情况是通过物资的保管取得的。物资保管员在负责物资保管的同时,还负责料账、料卡、各种单据报表、技术证件等的填写、整理、使用、保存、分析与运用等任务。

（4）为仓储物提供适宜的保管环境

不同种类的物资要有不同的保管环境与保管条件,保管保养的任务之一就是采取相应的、行之有效的措施和方法,为物资提供适宜的保管环境和条件,并防止各种有害因素的影响,如仓库湿度控制、金属防锈、防虫、防霉等。

3. 保管仓储的管理

要使仓储物资质量保持完好,就要加强仓储管理工作。首先,要加强仓储技术的科学研究,根据物资的性能和特点提供适宜的保管环境和保管条件,保证仓储物数量正确,质量完好。其次,要不断提高仓储员工的业务水平,培养一支训练有素的员工队伍,在养护、保管工作中发挥应有的作用。最后,要建立和健全仓储管理制度,加强市场调查和预测,搞好客户关系,组织好物资的收、发、保管保养工作,掌握库存动态,保证仓储经营活动的正常运行。

二、混藏仓储经营

混藏仓储经营是存货人将一定品质、数量的储存物交付保管人,保管人将不同存货人的同样的仓储物混合保存,存期届满时,保管人只需以相同种类、相同品质、相同数量的替代物返还给存储人,保管人收取仓储费的一种仓储经营方法。

1. 混藏仓储的特点

（1）混藏仓储的对象是种类物

混藏仓储的目的并不完全在于对原物的保管,有时寄存人仅仅需要实现对物的价值的保管即可,保管人以相同种类、相同品质、相同数量的替代物返还,并不需要返还原物。因此当寄存人基于物的价值保管的目的而免去保管人返还原物的义务时,保管人就减轻了义务负担,也扩大了保管物的范围,种类物成为保管合同中的保管物。保管人以种类物为保管物,在保存方式上失去将各保管物特定化的必要,所以将所有同种类、同品质的保管物混合仓储保存。

（2）混藏仓储的保管物并不随交付而转移所有权

混藏保管人只需为寄存人提供保管服务,而保管物的转移只是物的占有权转移,与所有权的转移毫无关系,保管人无权处理存货的所有权。例如,农民将玉米交付给仓储企业保管,仓储企业可以混藏玉米,仓储企业将所有收存的玉米混合储存于相同品种的玉米仓库,形成一种保管物为混合物（所有权的混合）的状况,玉米的所有权并未交给仓储企业,各寄存人对该混合保管物按交付保管时的份额各自享有所有权。在农民需要时，仓储企业从仓库中取出相应数量的玉米存货交还给农民。

（3）混藏仓储是一种特殊的仓储方式

混藏仓储与保管仓储着一定的联系，也有一定的区别。相同之处是都对寄存人寄存的储存物进行保管；不同之处是保管仓储的对象是特定物，而混藏仓储的对象是种类物。

（4）混藏仓储的储存费率比较低

混藏仓储的储存费率往往比保管仓储的费率低。与保管仓储相比，混藏仓储的仓容利用率相对较高，因而对单位仓储物保管的费用相对较低。

2. 混藏仓储的经营收入来源

混藏仓储经营人的主要收入依然来自仓储物的保管费，因而在混藏仓储经营中应尽可能开展少品种、大批量的混藏经营服务。

3. 混藏仓储的作用

混藏仓储在物流活动中发挥着重要作用，在提倡物尽其用、发展高效物流的今天，赋予了混藏仓储更新的功能，配合以先进先出的运作方式，使得仓储物资的流通加快，有利于减小耗损和过期变质等风险。另外，混藏方式能使仓储设备投入量最少、仓储空间利用率最高。存货品种增加会使仓储成本增加，所以在混藏仓储经营中应尽可能开展少品种、大批量的混藏经营。因此，混藏仓储主要适用于建筑施工材料、粮食、五金材料等品质无差别、可以准确计量的物资。

三、消费仓储

消费仓储是存货人在存放储存物时，同时将储存物的所有权也转到了保管人处，在合同期届满时，保管人以相同种类、相同品质、相同数量的替代品返还给存货人，并由存货人支付仓储费的一种仓储方法。

1. 消费仓储的特点

消费仓储是一种特殊的仓储形式，具有与保管仓储相同的基本性质。消费仓储保管的目的是对保管物的保管，主要是为寄存人的利益而设定的，原物虽然可以消耗使用，但其价值得以保存。寄存人交付保管物于保管人，只求自己在需要时仍然能够得到等同于原样的物资。

消费仓储以种类物作为保管对象。在消费仓储中，寄存人将保管物寄存于保管人处，保管人以所有人的身份自由处理保管物，保管人在所接收的保管物转移时便取得了该保管物的所有权，这是消费仓储最显著的特征。在保管物返还时，保管人只需以相同种类、相同品质、相同数量的物资代替原物返还即可。

消费仓储以物的价值保管为目的，不仅转移保管物的所有权，而且必须允许保管人使用、处分保管物或获得收益。即将保管物的所有权转移给保管人，保管人无须返还原物，而仅以同种类、品质、数量的物资返还，以保存保管物的价值即可。保管人通过经营仓储物获得经济利益，通过在高价时消费仓储物，低价时购回（如建筑仓储经营人直接将委托仓储的水泥用于建筑生产，在保管到期前从市场上购回相同的水泥归还存货人），或者通过仓储物市场价格的波动进行高卖、低买，获得差价收益。当然，保管人最终需要买回仓储物归还存货人。

2. 消费仓储的经营

消费仓储经营有两种主要模式。

1) 仓储保管人直接使用仓储物进行生产、加工。例如，建筑仓储经营人直接将委托仓储的水泥用于建筑生产，在保管到期前从市场上购回相同的水泥归还存货人。

2) 仓储经营人在仓储物的价格升高时将仓储物出售，在价格降低时购回。

3. 消费仓储的意义

消费仓储经营人的收益主要来自对仓储物消费的收入，当该消费的收入大于返还仓储物时的购买价格时，仓储经营人获得了经营利润；当消费收益小于返还仓储物时的购买价格时，就不会对仓储物进行消费，依然原物返还。在消费仓储中，仓储费收入是次要收入，有时甚至采取无收费仓储。

可见消费仓储中，仓储经营人利用仓储物停滞在仓库期间的价值进行经营，追求利用仓储财产经营的收益。消费仓储的开展使得仓储财产的价值得到充分利用，提高了社会资源的利用率。消费仓储可以在任何仓储物中开展，但对仓储经营人的经营水平有极高的要求。

保管仓储、混藏仓储、消费仓储在仓储对象、仓储物的所有权、仓储费率等方面存在着不同，如表8-1所示。

表8-1 保管仓储、混藏仓储、消费仓储三者比较

仓储方式	仓储对象	仓储物的所有权	仓储费率	仓储经营人的收益	适用范围
保管仓储	特定物	不发生转移	最高	主要来源于仓储费	数量多、体积大、对保管要求较高的大宗物资，如农副产品等
混藏仓储	种类物	不发生转移	较高	主要来源于仓储费	品质无差别、可以准确计量的物资
消费仓储	种类物	发生转移	最低（甚至为零）	主要来源于对仓储物消费的收益，仓储费只是收入的一部分	主要在期货仓储中开展

四、仓库租赁经营

仓库租赁经营，也称"仓库租赁制"或"仓库抵押承包"，指在不改变仓库所有制性质的条件下，实行所有权与经营权分离，国家或出租人通过签订承租合同，将仓库有限期地租赁给承租人经营，承租人向出租人交付租金，并按合同规定对仓库进行自主经营的一种方式。

仓库租赁经营形式有个人承租、集体承租、全员承租和仓库承租等类型。仓库租赁经营一般通过租赁招标方式进行。

1. 仓库租赁经营的内容

仓库租赁经营是通过出租仓库、场地，出租仓库设备，由存货人自行保管物资的仓库经营方式。进行仓库租赁经营时，最主要的一项工作是签订仓库租赁合同，在法律条款的约束下进行租赁经营，取得经营收入。

仓库租赁经营中，租用人的权利是对租用的仓库及仓库设备享有使用权，并保护仓储设备设施，按约定的方式支付租金。出租人的权利是对出租的仓库及设备设施拥有所有权，并享有收回租金的权利，同时必须承认租用人对所租用仓库及设备设施的符合约定的使用权，

并保证仓库及设备设施的完好性能。

仓储租赁经营可以是整体性的出租,也可以采用部分出租、货位出租等分散方式。在分散出租形式下,仓库所有人需要承担更多的仓库管理工作,如环境管理、保安管理等。

目前正迅速发展的箱柜委托租赁保管业务就属于仓库租赁经营。

小资料

仓库租赁经营成因

仓库出租的原因:一是仓库所有人为更好地经营自己的核心主业,放弃仓库保管经营业务;二是仓库经营人不善于经营仓储保管,致使保管成本无法降低,企业的利润较低;三是仓库经营人不具有特殊商品的保管能力和服务水平。

仓库承租的原因:对仓库租用者而言,主要是因为具有特殊的保管能力、作业能力及企业管理的需要,采取租用仓库方式自行开展仓储保管更有利于企业的发展。

---

2. 租赁双方当事人间的关系

仓库租赁经营中,租赁双方不是一般意义上的买卖双方的关系,而是出租人和租用人两个关系人之间的约束;两者之间的关系不是买卖合同的关系,而是租赁合同的关系,两者的权利和义务也不同于买卖关系。租用人的权利是对租用的仓库及仓库设备享有使用权(不是所有权);义务是按约定支付租金,保护设备的使用性能和仓库的完整。出租人的权利是按时收取租金、对出租的仓库及设备拥有所有权;义务是按协议的要求提供仓库及仓库设备,并保证仓库及仓库设备的性能完好。

3. 仓库租赁的经营特点

(1)承租人具有特殊物资的保管能力和服务水平

采取出租仓库经营方式的前提条件为:出租的收益所得高于自身经营收益所得。一般以下式为计算依据:

$$租金收入 > 仓储保管费 - 保管成本 - 服务成本$$

(2)以合同的方式确定租赁双方的权利和义务

出租人的权利是对出租的仓库及设备拥有所有权,并按合同收取租金。同时必须承认承租人对所租用仓库及仓库设备的使用权,并保证仓库及仓库设备的性能完好。承租人的权利是对租用的仓库及仓库设备享有使用权(不是所有权),并有保护设备及按约定支付租金的义务。

(3)分散出租方式,增加管理工作量

若采用部分出租、货位出租等分散出租方式,出租人需要承担更多的仓库管理工作,如环境管理、安保管理等。但采用整体性的出租方式,虽然减少了管理工作量,却也放弃了所有自主经营的权利,不利于仓储业务的开拓和对经营活动的控制。

4. 箱柜委托租赁保管业务

目前,箱柜委托租赁保管业务在许多国家发展较快。在日本,从事箱柜委托租赁保管业务的企业数目和仓库营业面积在迅速上升。

箱柜委托租赁保管业务是仓库业务者以一般城市居民和企业为服务对象,向他们出租体积较小的箱柜来保管非交易物资的一种仓储业务。对一般居民家庭的贵重物资,如金银首饰、高级衣料、高级皮毛制品、古董、艺术品等,提供保管服务。对企业的法律或规章制度等规定必须保存一定时间的文书资料、磁带记录资料等提供保管服务。箱柜委托租赁保管业务强调安全性和保密性，为居住面积较小的城市居民和办公面积较小的企业提供了一种便利的保管服务。箱柜委托租赁保管业务是一种城市型仓库保管业务。许多从事箱柜委托租赁保管业务的仓库经营人专门向企业提供这种业务，它们根据保管物资、文书资料和磁带记录资料的特点建立专门的仓库，这种仓库一般有三个特点。

1）注重保管物资的保密性，因为保管的企业资料中有许多涉及企业的商业秘密，所以仓库有责任保护企业秘密，防止被保管的企业资料流失到社会上去。

2）注重保管物资的安全性，防止保管物资损坏变质。因为企业的这些资料如账目发票、交易合同、会议记录、产品设计资料、个人档案等需要保管比较长的时间，在长时间的保管过程中必须防止发生保管物资损坏变质的情况。

3）注重快速服务反应。当企业需要调用或查询保管资料时，仓库经营人能迅速、准确地调出所要资料并及时地送达企业。箱柜委托租赁保管业务作为一种城市型的保管业务，具有较大的发展潜力。

五、流通加工经营

流通加工是物资从生产地到使用地的过程中，根据需要施加包装、分割、计量、分拣、刷标志、拴标签、组装等简单作业的总称。

根据不同的目的，仓库流通加工具有不同的类型。

1．为适应多样化需要的流通加工

例如，对钢材卷板的舒展、剪切加工；平板玻璃按需要规格开片加工；木材改制成枕木、板材、方材等。

2．为方便消费的流通加工

例如，根据需要将钢材定尺、定型，按要求下料；将木材制成可直接投入使用的各种型材；将水泥制成混凝土拌和料，使用时只需稍加搅拌即可。

3．为保护产品所进行的流通加工

例如，对水产品、肉类、蛋类进行保鲜、保质的冷冻加工、防腐加工等。

4．为弥补生产领域加工不足的流通加工

例如，木材在生产领域只能加工到圆木、板、方材的程度，进一步的下料、切裁、处理等加工则由流通加工完成。

5．为促进销售的流通加工

例如，将过大的包装或散装物分装成适合一次销售的小包装的分装加工；将蔬菜、肉类洗净切块以满足消费者要求等。

6．为提高加工效率的流通加工

流通加工以集中加工的形式解决了单个企业加工效率不高的弊病。

7．为提高物流效率、降低物流损失的流通加工

例如，造纸用的木材磨成木屑的流通加工，可以极大地提高运输工具的装载效率。

8．为衔接不同运输方式、使物流更加合理的流通加工

例如，散装水泥中转仓库把散装水泥装袋、将大规模散装水泥转化为小规模散装水泥的流通加工，就衔接了水泥厂大批量运输和工地小批量装运的需要。

9．生产—流通一体化的流通加工

依靠生产企业和流通企业的联合，或者生产企业涉足流通，或者流通企业涉足生产，对生产和流通加工进行合理分工、合理规划、合理组织，统筹进行生产与流通加工的安排。

10．为实施配送进行的流通加工

例如，混凝土搅拌车可以根据客户的要求，把沙子、水泥、石子、水等各种不同材料按比例要求装入可旋转的罐中。

知识点二　仓储多种经营

面对日益激烈的竞争和消费者价值取向多重化，仓储经营者已发现，加强仓储的多种经营、改进为顾客服务的方式是创造持久的竞争优势的有效手段。

一、仓储多种经营的概念及特点

仓储多种经营指仓储企业为了实现经营目标，采用多种经营方式。例如，在开展仓储业务的同时，还开展运输中介、商品交易、配载与配送、仓储增值服务等。仓储企业为增加企业的利润增长点，必须依据自身条件因地制宜地开展仓储多种经营。

仓储多种经营具有以下优点。
1）能适应瞬息万变的物流市场。
2）能更好地避免和减少风险。
3）是实现仓储企业经营目标的需要。

二、仓储多种经营的条件

仓储企业要开展多种经营必须具备一定的条件。

1）要能适应瞬息万变的物流市场。消费者需求受市场环境等多种不可控因素的影响，环境因素在不断变化，市场需求也在不断变化。这时企业采用的多种经营必须能适应市场需求的变化。

2）能更好地减少风险。任何一个企业的经营活动都存在风险，问题在于如何减少风险、分散风险和增强抗风险的能力。多元化经营能分散风险，但经营项目选择不当会带来风险。

实施仓储经营多样化，可使仓储的经营范围更广，把资金分散经营，其前提条件就是这些项目是企业的优势项目，可以减少风险，确保企业的正常经营。

三、仓储增值服务

随着物流业的快速发展，仓储企业充分利用其联系面广、仓储手段先进等有利条件，向多功能的物流服务中心方向发展，开展加工、配送、包装、贴标签等多项增值服务，增加仓

储利润。仓储可提供以下增值服务。

1）托盘化：即将产品转化为一个独立托盘的作业过程。

2）包装：产品的包装环节由仓储企业独自或和企业的仓储部门共同完成，并且把仓储的规划与相关的包装业务结合起来综合考虑，有利于物流效益的提高。

3）贴标签：在仓储过程中完成在商品上或商品包装上贴标签的工序。

4）产品配套、组装：当某产品需要由一些组件或配件组装配套而成时，就有可能通过仓储企业或部门的配套组装增值服务来提高整个供应链的效率。在仓储过程中，这些配件不出仓库就直接由装配工人完成配装，提高了物流的效率，降低了供应链成本，不但使得存储企业的竞争力增强、效率提高，同时也使得生产部门和企业的压力减轻。

5）简单的加工生产。一些简单的加工生产业务本来在生产过程中是作为一道单独的工序完成的。把这些简单加工过程放到仓储环节来进行，可以从整体上节约物流流程，降低加工成本，并使生产企业能够专心于主要的生产经营活动。例如，把对商品的涂油漆过程放到仓储环节来进行，可以缩短物流流程，降低物流成本，提高仓储企业的效率。

6）退货和调换服务。当产品销售之后，产品出现质量问题或出现纠纷，需要实施退货或货物调换业务时，由仓储企业来帮助办理有关事项。

7）订货决策支持。由于仓储过程中掌握了每种货物的消耗过程和库存变化情况，这就有可能对每种货物的需求情况做出统计分析，从而为客户提供订货及库存控制的决策支持，甚至帮助客户做出相关的决策。

知识点三　仓储合同管理

合同是市场经济主体之间期望发生民事关系的手段。通过订立合同，两个独立的经济主体发生了债权债务关系。需要仓储服务的存货人与经营仓储的保管人通过订立仓储合同发生货物保管和被保管的经济关系，并通过仓储合同调整双方关于仓储的权利和义务。

一、仓储合同

1. 仓储合同概述

仓储保管合同也称仓储合同。《中华人民共和国合同法》（以下简称《合同法》）第三百八十一条规定："仓储合同是保管人储存存货人交付的仓储物，存货人支付仓储费的合同。"第三百九十五条规定："本章没有规定的，适用保管合同的有关规定。"仓储合同是仓储保管人接受存货人交付的仓储物，并进行妥善保管，在仓储期满将仓储物完好地交还存货人，保管人收取保管费的协议。

（1）仓储合同的当事人

仓储合同的双方当事人分别是存货人和保管人。

存货人指将仓储物交付仓储的一方。存货人必须是具有将仓储物交付仓储的处分权的人，可以是仓储物的所有人，也可以是只有仓储权利的占有人，如承运人，或者是受让仓储物但未实际占有仓储物的准所有人（拟似所有人），或者有权处分人，如法院、行政机关等。

保管人是对仓储物进行仓储保管的一方。保管人必须具有仓储设备和专门从事仓储保管业务的资格。也就是说，保管人必须拥有仓储保管设备和设施，具有仓库、场地、货架、装卸搬运设施、安全、消防等基本条件，取得公安、消防部门的许可。从事特殊保管的，还要有特殊保管的条件。

（2）仓储合同的标的和标的物

合同标的指合同关系指向的对象，也就是当事人权利和义务指向的对象。仓储合同的标的是仓储保管行为，包括仓储空间、仓储时间和保管要求，存货人为使用保管人的仓储行为支付仓储费。所以仓储合同实质上是一种行为合同，是一种当事人双方都需要行为的双务合同。

标的物是标的的载体和表现，仓储合同的标的物就是存货人交存的仓储物。仓储物必须是动产，能够移动到仓储地进行仓储保管，且有具体的物理形状。不动产不能成为仓储物，货币、知识产权、数据信息、文化等无形资产和精神产品也不能作为仓储物。例如，唱片可以作为仓储物，但唱片的著作权不能作为仓储物。

（3）仓储合同的种类

仓储合同主要分为以下四种。

1）一般仓储合同。一般仓储合同是仓储服务提供者提供完善的仓储条件，接受存货人的仓储物进行保管，在保管期满，将原先收保的仓储物原样交还给存货人而订立的仓储合同。这类仓储合同的仓储物为确定物，保管人必须原样返还。这类合同非常重视仓储物的特定化，保管人严格承担归还原物的责任。

2）混藏式仓储合同。这类合同的标的物为确定种类的物资，对仓储物的种类、品质、数量等基本属性需要有非常明确的认定，并在合同中完整地描述。

3）消费式仓储合同。消费式仓储合同与前两类仓储合同的不同之处在于：消费式仓储合同涉及仓储物所有权的转移，保管人的收益由约定的仓储费收益和消费仓储物与到期购回仓储物所带来的差价收益两部分组成。在这类合同的执行过程中，存货人将仓储物的所有权也转移给了保管人，保管人可以对仓储物行使所有权（即进行消费）。保管期满，保管人只需将相同种类、品质、数量的替代物（可通过市场购买等方式获得）归还存货人。加油站的油料仓储、面粉厂的小麦仓储常采用这种合同形式。

4）仓库租赁合同。仓储经营中还有这样的方式：仓库所有者将仓库出租给存货人，由存货人自行保管仓储物。这种经营方式所订立的租赁合同就是仓库租赁合同。仓储人只提供基本的仓储条件，进行一般的仓储管理，如环境管理、安全管理等，并不直接对所存放的商品进行管理。严格说来，这类合同并不属于仓储合同，而是财产租赁合同。但是由于仓库出租方具有部分仓储保管的责任，所以也可以把它作为仓储合同的一种特殊方式来看待。

（4）仓储合同的格式

仓储合同可以分为单次仓储合同、长期仓储合同、仓库租赁合同、综合仓储合同等。仓储合同是不要式合同，当事人可以协议采用任何合同格式。

1）合同书。合同书是仓储合同最常用的格式，由合同名称、合同编号、合同条款、当事人签署四部分构成，合同书具有形式完整、内容全面、程序完备的特性，便于合同订立、履行、留存及合同争议的处理。

2）确认书。在采取口头（电话）、传真、电子电文等形式商定合同时，为了明确合同条款和表达合同订立，常常采用一方向另一方签发确认书的方式确定合同。确认书就是合同的格式的主要部分，确认书仅有发出确认书的一方签署，与完整合同书不同。确认书有两种形式：一种仅列明合同的主要事项，合同的其他条款在其他文件中表达；另一种是将完整合同事项列在确认书上，相当于合同书的形式。

3）计划表。在订立长期仓储合同关系中，对具体仓储的安排较多地采用计划表的形式，由存货人定期制订仓储计划并交保管人执行。计划表就是长期仓储合同的补充合同或执行合同。

4)格式合同。对于仓储周转量极大、每单位仓储物量较小,也就是次数多、批量少的公共仓储,如车站仓储等,保管人可以采用格式合同。格式合同是由一方事先拟定,并在工商管理部门备案的单方确定合同,在订立合同时由保管人填写仓储物、存期、费用等变动事项,之后直接签发和存货人签认,不进行条款协商。

2．仓储合同的订立

(1)订立仓储合同的原则

《合同法》规定了当事人法律地位平等原则、订立合同自愿原则、公平原则和诚实信用原则。

1)平等原则。平等原则是地位平等的合同当事人,在权利、义务对等的基础上,经充分协商达成一致,以实现互利互惠的经济利益目的的原则。这一原则包括三方面内容。

① 合同当事人的法律地位一律平等。在法律上,合同当事人是平等主体,没有高低、主从之分,不存在命令者与被命令者、管理者与被管理者。

② 合同中的权利和义务对等。所谓"对等",是指享有权利的同时应承担义务,而且彼此的权利、义务是相应的。这要求当事人所取得的财产、劳务或工作成果与其履行的义务大体相当;要求一方不得无偿占有另一方的财产,侵犯他人权益;要求禁止平调和无偿调拨。

③ 合同当事人必须就合同条款充分协商,取得一致,合同才能成立。合同是双方当事人意思表示一致的结果,是在互利互惠的基础上充分表达各自意见,并就合同条款取得一致后达成的决议。因此,任何一方都不得凌驾于另一方之上,不得把自己的意志强加给另一方,更不得以强迫、命令、胁迫等手段签订合同。

2)自愿原则。自愿原则是《合同法》的重要基本原则,合同当事人通过协商,自愿决定和调整相互之间的权利和义务关系。自愿原则贯彻于合同活动的全过程。

① 订不订立合同自愿,当事人依自己的意愿自主决定是否签订合同。

② 与谁订合同自愿,在签订合同时,有权选择对方当事人。

③ 合同内容由当事人在不违法的情况下自愿约定。

④ 在合同履行过程中,当事人可以协议补充、变更有关内容。

⑤ 双方也可以协议解除合同。

⑥ 可以约定违约责任,在发生争议时,当事人可以自愿选择解决争议的方式。

总之,只要不违背法律、行政法规强制性的规定,合同当事人有权自愿决定。

3)公平原则。公平原则要求合同双方当事人之间的权利和义务要公平合理,要大体上平衡,强调一方给付与对方给付之间的等值性、合同上的负担和风险的合理分配。具体包括以下三方面。

① 在订立合同时,要根据公平原则确定双方的权利和义务,不得滥用权利,不得欺诈,不得假借订立合同恶意进行磋商。

② 根据公平原则确定风险的合理分配。

③ 根据公平原则确定违约责任。

将公平原则作为合同当事人的行为准则,可以防止当事人滥用权利,有利于保护当事人的合法权益,维护和平衡当事人之间的利益。

4)诚实信用原则。诚实信用原则要求当事人在订立、履行合同,以及合同终止后的全过程中，都要诚实、讲信用、相互协作。诚实信用原则具体包括以下几项。

① 在订立合同时，不得有欺诈或其他违背诚实信用的行为。

② 在履行合同义务时，当事人应当遵循诚实信用的原则，根据合同的性质、目的和交易习惯履行及时通知、协助、提供必要的条件、防止损失扩大、保密等义务。

③ 合同终止后，当事人也应当遵循诚实信用的原则，根据交易习惯履行通知、协助、保密等义务，称为后合同义务。

（2）要约与承诺

订立仓储合同要经过要约和承诺的过程。一方向另一方提出要约，另一方予以承诺，合同即告成立。

要约是希望和他人订立合同的意思表示，也称为"发价"、"发盘"。发出要约的人被称为"要约人"，接受要约的人被称为"受要约人"。要约的构成要件主要有：内容具体确定；表明经受要约人承诺，要约人即受该意思表示约束。

承诺是受要约人按照要约指定的方式，对要约的内容表示同意的一种意思表示。承诺在国际贸易中，也称"接受"或"收盘"，任何有效的承诺，都必须具备以下条件。

1）承诺必须由受要约人做出。要约和承诺是一种相对人的行为，因此承诺必须由被要约人做出，被要约人以外的任何第三者即使知道要约的内容并对此做出同意的意思表示，也不能认为是承诺。被要约人，通常指的是受要约人本人，但也包括其授权的代理人。无论是前者还是后者，其承诺具有同等效力。

2）承诺必须在有效时间内做出。所谓有效时间，指要约定有答复期限的，在规定的期限内即为有效时间；要约并无答复期限的，通常认为合理的时间（如信件、电报往来及受要约人考虑问题所需要的时间）即为有效时间。

3）承诺必须与要约的内容完全一致。即承诺必须是无条件地接受要约的所有条件。据此，凡是第三者对要约人所做的"承诺"，凡是超过规定时间的承诺（有的也叫"迟到的承诺"），凡是内容与要约不一致的承诺，都不是有效的承诺，而是一项新的要约或反要约，必须经原要约人承诺后才能成立合同。

3. 仓储合同的条款

仓储合同为不要式合同，没有严格的条款规定，当事人根据需要商定合同事项，且由双方协议合同的形式。仓储合同的条款一般包括以下几项。

（1）仓储物的品名或品类

仓储物的品名或品类指所存仓储物的名称，即全称、标准名称或类别的标准名称。在订立仓储合同时，必须明确规定仓储物的全名或品类，必须清晰、明确，有代号的应标明代号的全名，不符合法律规定的物资不能保管。

（2）仓储物的数量、质量、包装

仓储物的数量指所存仓储物的多少，在确定合同数量时，有国家计划的应首先依据国家计划来确定，没有国家计划的应由双方协商确定，存货人和保管人均要实事求是地确定，尤其是保管人要考虑自己的仓储能力。在合同中应明确规定仓储物的总量、计量单位等，数字要清晰无误。仓储物的质量指所存仓储物的优劣、好坏。在确定仓储物的质量时，要标准化，如果是国际仓储业务，则应尽量使用国际标准。目前，我国实行的标准有国家标准、专业（部颁）标准、企业标准和协商标准。有国家标准的应使用国家标准，没有国家标准而有专业（部颁）标准的应使用专业（部颁）标准，没有国家标准、专业（部颁）标准而有企业标准的，按企业标准执行；前三种都没有的，当事人可以协商标准。在确定质量时，要写明质量标准的全名。在使用协商标准时，当事人对质量的要求要清楚、明确、详细、具体地写入合同中。

仓储物的包装指对仓储物表面的包装，包装的目的是保护仓储物不受损害。仓储物的包装有国家标准或专业标准的，应按国家标准或专业标准确定，没有国家标准或专业标准的，当事人在保证储存安全的前提下，可以协商议定。

（3）仓储物验收的内容、标准、方法、时间、资料

存货人交付仓储物给保管人储存时，保管人负责验收。存货人交付仓储物时包括仓储物和验收资料。保管人验收时对仓储物的品名、规格、数量、质量和包装状况等按包装上的标记或外观直辨进行验收；无标记的以存货人提供的验收资料为准。散装仓储物按国家有关规定或合同约定验收。验收方法：在合同中确定具体采用全验还是按比例抽验。验收期限：从仓储物和验收资料全部送达保管人之日起，至验收报告送出之日止。

（4）储存条件和保管要求

仓储物在仓库储存期间，由于仓储物的自然性质不同，对仓库的外界条件和温度、湿度等都有特定的要求。例如，肉类食品要求在冷藏条件下储存；纸张、木材、水泥要求在干燥条件下储存；精密仪器要求在恒温、防潮、防尘条件下储存。因此，合同双方当事人应根据仓储物的性质选择不同的储存条件，在合同中明确约定。保管人如因仓库条件所限，达不到存货人的要求，则不能勉强接受。对某些较特殊的仓储物，如易燃、易爆、易渗漏、有毒等危险仓储物，在储存时，需要有专门的仓库、设备及专门的技术要求，这些都应在合同中一一注明。必要时，存货人应向保管人提供仓储物储存、保管、运输等方面的技术资料，以防止发生仓储物毁损、仓库毁损或人身伤亡。如挥发性易燃液体在入库、出库时，保管人如果不了解该液体的特性，采用一般仓储物的装卸方法，可能造成大量液体挥发外溢，酿成火灾。特殊仓储物需特殊储存条件、储存要求的，应事先交代明白。

（5）仓储物进出库手续、时间、地点、运输方式

由存货人或运输部门、供货单位送货到库的仓储物，或由保管人负责到供货单位、车站、港口等处提运的仓储物，必须按照正常验收项目进行验收，或者按国家规定当面交接清楚，分清责任。如在交接中发现问题，供货人在同一城镇的，保管人可以拒收；外埠或本埠港、站、机场、邮局到货的，保管人应予接货，妥善暂存，并在有效验收期内通知存货人和供货人处理。对于仓储物的出库，也应明确存货人自提或保管人送货上门或保管人代办运输的责任。

（6）仓储物的损耗标准和损耗处理

仓储物在运输和储存过程中会发生数量、质量的减少，对这些损耗，合同应明确规定一个标准以作为正常与非正常损耗的界限。正常损耗不认为是损耗，视为符合合同要求；非正常损耗由运输或保管中的责任人负责。

（7）计费项目、标准和结算方式、银行账号、时间

计费项目、标准指保管人收取费用的项目和标准，有国家规定的计费项目和标准的，按国家规定的标准和项目执行，没有国家规定的，当事人可以协商议定。结算的方式指存货人和保管人以何种方式结算。银行账号指各自的银行、账号的名称。时间指双方结算的时间界限，即何时结算、何时结算完毕。以上条款均须在合同中明确、详细规定，以免产生争议。

（8）责任划分和违约处理

责任划分指划分存货人和保管人在仓储物入库、仓储物验收、仓储物保管、仓储物包装、仓储物出库等方面的责任，这在合同中应明确规定，划清各自的责任。违约处理指对保管人和存货人的违约行为如何处理。违约处理的方式有协商、调解、仲裁、诉讼等，违约责任的

形式有违约金、赔偿金等，这些在合同中也应明确规定。

（9）储存期限，即合同的有效期限

合同一般应规定储存期限，但有的合同也可不规定储存期限，只要存货人按时支付仓储费，合同就继续有效。

（10）变更和解除合同的期限

在确定变更或解除合同期限时，有国家规定的，应按国家规定执行，没有国家规定的，当事人应在仓储合同中明确规定变更或解除的期限。此期限的确定应该合理，要考虑国家利益及当事人利益。

（11）其他事项

与仓储合同有关的仓储物检验、包装、保险、运输等事项，也必须在合同中明确规定或另订合同。仓储合同不仅涉及仓储关系，有时还涉及其他关系，如与其有关的运输、保险等。这些关系必须在合同中明确规定或另订合同。

4. 仓储合同的生效和无效

（1）仓储合同的生效

合同的生效指已经成立的合同在当事人之间产生了一定的法律约束力。仓储合同属于诺成性合同，依《合同法》第三百八十二条规定，仓储合同自成立时生效。具体表现为：双方签署合同书；合同确认书送达对方；受要约方的承诺送达对方，公共保管人签发格式合同或仓单；存货人将仓储物交付保管人，保管人接受。仓储合同自成立时生效，这并不意味着仓储合同的成立与生效是一回事。若当事人约定合同的生效须满足一定条件，则仓储合同的生效时间应在合同成立后且其条件成熟时。

（2）仓储合同的无效

无效仓储合同指仓储合同虽然已经订立，但是因为违反了法律、行政法规或公共利益，而被确认为无效。无效仓储合同具有违法性、不得履行性、自始无效性、当然无效性等特征。

按照仓储合同无效的范围可以将无效仓储合同分为全部无效的仓储合同与部分无效的仓储合同。

1）全部无效的仓储合同指仓储合同的主要内容和构成要件不合法或违法。主要表现为：仓储合同的保管人未经有关行政管理机关核准登记而非法从事仓储营业；签订合同的当事人或其代理人恶意串通，损害国家、集体或第三人的利益；以合法的形式掩盖非法目的，规避法律；以欺诈、胁迫的手段订立仓储合同而损害国家和公共利益；其他一些违反法律、法规的强制性规定的储存保管行为，如为他人保管走私物及毒品等。

2）部分无效的仓储合同指仓储合同中的某些条款不合法或违法。如仓储合同中，对危险物资、易燃、易爆物资的保管方式约定，违反了相关法律法规的要求，而使公共安全受到危害。根据《民法通则》和《合同法》的有关规定，合同部分无效而不影响其他部分效力的，其他部分仍然有效。因此，仓储合同仅是部分条款无效且无效部分不影响其他部分效力的，其他部分应当作为有效合同内容来看待，当事人双方要继续严格履行合同义务。

常见的无效仓储合同主要有以下几种形式。

1）一方以欺诈、胁迫手段订立合同，损害国家利益的仓储合同。

2）恶意串通，损害国家、集体或第三人利益的仓储合同。

3）以合法形式掩盖非法目的的仓储合同。

4）损害社会公共利益的仓储合同。

5. 仓储合同的变更与解除

（1）仓储合同的变更

仓储合同的变更指对已经合法成立的仓储合同的内容在原来合同的基础上进行修改或补充。仓储合同的变更并不改变原合同关系，是原合同关系基础上的有关内容的修订。仓储合同的变更应具备下列条件。

1）原仓储合同关系客观存在，仓储合同的变更并不发生新的合同关系，变更的基础在于原仓储合同的存在及其实质内容的保留。

2）存货人与保管人必须就合同变更的内容达成一致。

3）仓储合同的变更协议必须符合民事法律行为的生效要件。

仓储合同的变更程序类似于合同订立程序，即先由一方发出要约，提出变更请求，另一方做出承诺，双方意思表示一致，变更成立。但是，受变更要约的一方必须在规定的期限内答复，这是与普通要约的不同之处。仓储合同变更后，被变更的内容即失去效力，存货人与保管人应按变更后的合同履行义务，变更对于已按原合同所做的履行无溯及力，效力只及于未履行的部分。任何一方当事人不得因仓储合同的变更而要求另一方返还在此之前所做的履行。仓储合同变更后，因变更而造成对方损失的，责任方应当承担损害赔偿责任。

（2）仓储合同的解除

仓储合同的解除指仓储合同订立后，在合同尚未履行或尚未全部履行时，一方当事人提前终止合同，从而使原合同设定的双方当事人的权利和义务归于消灭。它是仓储合同终止的一种情形。

1）仓储合同解除的方式。存货人与保管人协议解除合同指双方通过协商或通过行使约定的解除权而导致仓储合同的解除。因此，仓储合同的协议解除又可以分为事后协议解除和约定解除两种：事后协议解除指存货人与保管人在仓储合同成立后，在尚未履行或尚未完全履行之前，双方通过相互协商而同意解除合同，从而使仓储合同所确立的权利义务关系终止。约定解除指存货人与保管人在订立仓储合同的时候，就在合同中约定一定的合同解除条件，在该条件成立时，享有解除权的一方当事人可以通过行使解除权而使仓储合同关系归于消灭。享有解除权的一方当事人称为解除权人。

仓储合同的法定解除，指仓储合同有效成立后，在尚未履行或尚未完全履行之前，当事人一方行使法律规定的解除权而使合同权利义务关系终止、合同效力消灭。仓储合同一方当事人所享有的这种解除权是由法律明确规定的，只要法律规定的解除条件成熟，依法享有解除权的一方就可以单方面行使解除权，而使仓储合同关系归于消灭。根据《合同法》第九十四条的规定，仓储合同法定解除的条件为以下几项。

① 因不可抗力致使合同的目的不能实现，如地震、台风、洪水、战争等毁坏了仓库或仓储物，使物的储存与保管成为不可能。

② 一方当事人将预期违约，即仓储合同的一方当事人在履行期间，明确表示或以自己的行为表示将不履行主要义务，另一方当事人的合同目的将不能实现，在此情形下，合同目的将不能实现的一方享有解除权。

③ 仓储合同的一方当事人迟延履行主要义务，经催告后在合理期限内仍未履行，另一方当事人享有合同解除权。

④ 仓储合同的一方当事人迟延履行义务或有其他违约行为，致使合同的目的不能实现，在此情形下，另一方当事人可以行使解除权，使仓储合同关系归于消灭。

上述四项条件是法律规定的仓储合同解除条件，只要符合上述条件中的任何一项，仓储合同的一方当事人就可以行使解除权，使仓储合同关系归于消灭。

2）仓储合同解除的程序。仓储合同中享有解除权的一方当事人在主张解除合同时，必须以通知的形式告知对方当事人。只要解除权人将解除合同的意思表示通知对方当事人，就可以发生仓储合同即时解除的效力，无须对方当事人答复，更无须其同意，对方有异议的，可以请求法院或仲裁机构确认解除合同的效力，即确认行使解除权的当事人是否享有合同解除权。原则上，仓储合同的解除权人应以书面形式发出通知，便于举证自己已经尽了通知的义务。仓储合同的解除权人应当在法律规定或与另一方当事人约定的解除权行使期限内行使解除权，否则其解除权将归于消灭。

在仓储合同中，除非有特别约定，仓储物所有权并不发生移转，所以仓储合同的解除是没有溯及力的。

3）仓储合同解除的法律后果。

① 终止履行。仓储合同解除的法律效力就是使仓储合同关系消灭，使一切基于该仓储合同而发生的权利和义务关系终止。因此，当仓储合同解除后，其尚未履行的部分当然要终止履行。

② 采取补救措施。仓储合同是提供储存与保管服务的合同，因此，合同的性质决定了保管人不可能在合同解除时要求存货人恢复原状，而只能要求对方采取折价补偿等方式来补救，如采取偿付额外支出的仓储费、保养费、运杂费等方式。不过，对仓储物来说，由于其一般仅转移所有权，存货人可以要求保管人原物返还。

③ 赔偿损失。仓储合同解除后，存货人或保管人应承担因为合同解除而给对方造成的损失，该项损失不能因为仓储合同的解除而免除。

6. 仓储合同的违约责任和免责

（1）违约责任

仓储合同的违约责任指仓储合同的当事人在存在仓储违约行为时所应依照法律或双方的约定而必须承担的民事责任。通过法定的和合同约定的违约责任的承担，增加违约成本，弥补被违约方的损失，减少违约的发生，有利于市场的稳定和秩序。违约责任往往以弥补对方的损失为原则，违约方需对对方的损失，包括直接造成的损失和合理预见的利益损失给予弥补。违约责任的承担方式有支付违约金、损害赔偿、继续履行、采取补救措施等。

1）支付违约金。违约金是一方违约应向另一方支付的一定数量的货币。从性质上而言，违约金是"损失赔偿额的预定"，具有赔偿性，同时又是对违约行为的惩罚，具有惩罚性。在仓储合同中，赔偿性违约金是存货人与保管人对违反仓储合同可能造成的损失而做出的预定的赔偿金额。当一方当事人违约给对方当事人造成某种程度的损失，而且这种损失数额超过违约金数额时，违约的一方当事人应当依照法律规定实行赔偿，以补足违约金不足部分。惩罚性违约金是仓储合同的一方当事人违约后，无论其是否给对方造成经济损失，都必须支付的违约金。

违约金分为法定违约金和约定违约金两种。法定违约金是法律或法规有明确规定的违约金。约定违约金是仓储合同当事人在签订合同时协商确定的违约金。

法定违约金与约定违约金发生冲突时，约定违约金优先适用，但在充分尊重约定的前提下，依诚实信用及公平原则，国家对约定违约金进行适度干预也是必要的。

2）损害赔偿。损害赔偿指合同的一方当事人在不履行合同义务或履行合同义务不符合约定的情形下，在违约方履行义务或采取其他补救措施后，对方还有其他损失时，违约方承担赔偿损失的责任。作为承担违反合同责任的形式之一，损害赔偿最显著的性质特征是补偿性。在合同约定有违约金的情况下，损害赔偿的赔偿金用来补偿违约金的不足部分，如果违约金已能补偿经济损失，就不再支付赔偿金。但是如果合同没有约定违约金，只要造成了损失，就应向对方支付赔偿金。由此可见，赔偿金是对受害方实际损失的补偿，是以弥补损失为原则的。

受害方的实际损失包括直接经济损失和间接经济损失。直接经济损失又称实际损失，指仓储合同的一方当事人因对方的违法行为所直接造成的财物的减少。如仓储合同中仓储物本身灭失或毁损，以及为处理损害后果的检验费、清理费、保管费、劳务费或采取其他措施防止损害事态继续扩大的直接费用支出等。

间接经济损失是因仓储合同一方当事人的违约行为而使对方失去实际上可以获得的利益。它包括：利润的损失，主要是被损害的财产可以带来的利润；利息的损失、自然孳息的损失等。

3）继续履行。继续履行指一方当事人在不履行合同时，对方有权要求违约方按照合同规定的标的履行义务，或者向法院请求强制违约方按照合同规定的标的履行义务，而不得以支付违约金和赔偿金的办法代替履行。

4）采取补救措施。所谓补救措施，指在违约方给对方造成损失后，为了防止损失的进一步扩大，由违约方依照法律规定承担的违约责任形式，如仓储物的更换、补足数量等。在仓储合同中，这种补救措施表现为当事人可以选择偿付额外支出的保管费、保养费、运杂费等方式，一般不采取实物赔偿方式。

（2）免责

免责，即免除民事责任，指不履行合同或法律规定的义务，致使他人财产受到损害时，由于有不可归责于违约方的事由，法律规定违约方可以不承担民事责任的情况。仓储合同订立后，如果客观上发生了某些情况阻碍了当事人履行仓储合同义务，这些情况如果符合法律规定的条件，违约方的违约责任就可以依法免除。

1）不可抗力。不可抗力指当事人不能预见、不能避免且不能克服的客观情况。它包括自然灾害和某些社会现象，前者如火山爆发、地震、台风、冰雹和洪水侵袭等，后者如战争、罢工等。因不可抗力造成仓储保管合同不能履行或不能完全履行的，违约方不承担民事责任。不可抗力的免责是有条件的，在不可抗力发生以后，作为义务方必须采取以下积极的措施才可以免除其违约责任。

① 发生不可抗力事件后，应当积极采取有效措施，尽最大努力避免和减少损失。
② 发生不可抗力事件后，应当及时向对方通报不能履行或延期履行合同的理由。
③ 发生不可抗力事件后，应当取得有关证明。

2）仓储物自然特性。根据《合同法》及有关规定，由于储存物资本身的自然性质和合理损耗，造成物资损失的，当事人不承担责任。

3）存货人的过失。由于存货人的原因造成仓储物的损害，如包装不符合约定、未提供准确的验收资料、隐瞒和夹带、存货人的错误指示和说明等，保管人不承担赔偿责任。

4）合同约定的免责。基于当事人的利益，双方在合同中约定免责事项，对负责事项造成的损失，不承担互相赔偿责任。如约定物资入库时不验收重量，则保管人不承担重量短少的赔偿责任；约定不检验物资内容质量的，保管人不承担非作业保管不当的内容变质损坏责任。

7. 仓储合同当事人的权利和义务

（1）存货方的主要权利

1）查验、取样权。在仓储保管期间，存货人有对仓储物进行查验、取样的权利，能提取合理数量的样品进行查验。

2）保管物的领取权。当事人对保管期间没有约定或约定不明确的，保管人可以随时要求寄存人领取保管物；约定不明确的，保管人无特别事由，不得要求寄存人提前领取保管物，但存货人可以随时领取保管物。

3）获取仓储物孳息的权利。《合同法》第三百七十七条规定："保管期间届满或寄存人提前领取保管物的，保管人应当将原物及其孳息归还寄存人。"可见，如果仓储物在保管期间产生了孳息，存货人有权获取该孳息。

（2）存货方的主要义务

1）告知义务。存货人的告知义务包括两个方面：对仓储物的完整明确的告知和瑕疵告知。所谓完整告知，是指在订立合同时存货人要完整、细致地告知保管人仓储物的准确名称、数量、包装方式、性质、作业保管要求等涉及验收、作业、仓储保管、交付的资料，特别是危险货物，存货人还要提供详细的说明资料。存货人寄存货币、有价证券或其他贵重物资的，应当向保管人声明，由保管人验收或封存，存货人未声明的，该物资毁损、灭失后，保管人可以按照一般物资予以赔偿。存货人未明确告知的仓储物属于夹带品，保管人可以拒绝接受。

所谓瑕疵，包括仓储物及其包装的不良状态、潜在缺陷、不稳定状态等已存在的缺陷或将会发生损害的缺陷。保管人了解仓储物所具有的瑕疵后可以采取有针对性的操作和管理，以避免发生损害和危害。因存货人未告知仓储物的性质、状态造成的保管人验收错误、作业损害、保管损坏，由存货人承担赔偿责任。在订立合同时，必须预先告知保管人。

2）妥善处理和交存物资。存货人应对仓储物进行妥善处理，根据性质进行分类、分储，根据合同约定妥善包装，使仓储物适合仓储作业和保管。存货人应在合同约定的时间向保管人交存仓储物，并提供验收单证。交存仓储物不是仓储合同生效的条件，而是存货人履行合同的义务。存货人未按照约定交存仓储物，构成违约。

3）支付仓储费和偿付必要费用。存货人应根据合同约定按时、按量地支付仓储费，否则构成违约。如果存货人提前提取仓储物，保管人不减收仓储费。如果存货人逾期提取，应加收仓储费。由于未支付仓储费，保管人有对仓储物行使留置权的权利，即有权拒绝将仓储物交还存货人或应付款人，并可通过拍卖留置的仓储物等方式获得款项。

仓储物在仓储期间发生的应由存货人承担责任的费用支出或垫支费，如保险费、物资自然特性的损害处理费用、有关货损处理、运输搬运费、转仓费等，存货人应及时支付。

4）及时提货。存货人应按照合同的约定，按时将仓储物提离。保管人根据合同的约定安排仓库的使用计划，如果存货人未将仓储物提离，会使保管人已签订的下一个仓储合同无法履行。

（3）保管方的主要权利

1）收取仓储费的权利。仓储费是保管人订立合同的目的，是对仓储物进行保管所获得的报酬，是保管人的合同权利。保管人有权按照合同约定收取仓储费或在存货人提货时收取仓储费。

2）保管人的提存权。储存期间届满，存货人或仓单持有人不提取物资的，保管人可以催告其在合理期限内提取，逾期不提取的，保管人可以提存仓储物。所谓提存，是指债权人无正当理由拒绝接受履行或下落不明，或数人就同一债权主张权利，债权人一时无法确定，致使债务人难以履行债务，经公证机关证明或法院的裁决，债务人可将履行的标的物提交有关部门保存。一经提存即认为债务人已经履行了其义务，债权债务关系即行终止。债权人享有向提存物的保管机关要求提取标的物请求权，但须承担提存期间标的物损毁灭失的风险并支付因提存所需要的保管或拍卖等费用，且提取请求权自提存之日起5年内不行使则消灭。

一般提存程序如下。首先，应由保管人向提存机关呈交提存申请书。在提存书上载明提存的理由，标的物的名称、种类、数量，以及存货人或提单所有人的姓名、住所等内容。其次，仓管人应提交仓单副联、仓储合同副本等文件，以此证明保管人与存货人或提单持有人的债权债务关系。此外，保管人还应当提供证据证明自己催告存货人或仓单持有人提货而对方没有提货，致使该批货物无法交付其所有人。

3）验收物资的权利。验收物资不仅是保管人的义务，也是保管人的一项权利。保管人有权对物资进行验收，在验收中发现物资溢短的，对溢出部分可以拒收，对于短少的有权向存货人主张违约责任。对于物资存在的不良状况，有权要求存货人更换、修理或拒绝接受，否则需如实编制记录，以明确责任。

（4）保管方的主要义务

1）提供合适的仓储条件。仓储人经营仓储保管的先决条件就是具有合适的仓储保管条件，有从事保管物资的保管设施和设备，包括适合的场地、容器、仓库、货架、作业搬运设备、计量设备、保管设备、安全保卫设施等；同时还应配备一定的保管人员、物资养护人员，制定有效的管理制度和操作规程等；保管人所具有的仓储保管条件还要适合所要进行保管的仓储物对仓储保管的要求，如保存粮食的粮仓、保存冷藏物资的冷库等。保管人若不具有仓储保管条件，则构成根本违约。

2）验收物资。保管人应该在接受仓储物时对物资进行理货、计数、查验，在合同约定的期限内检验物资质量，并签发验货单证。验收物资应按照合同约定的标准和方法，或者按照习惯的、合理的方法进行。保管人未验收物资推定为存货人所交存的货物完好，保管人要返还完好无损的物资。

3）签发物资收据。保管人在接受物资后，根据合同的约定或存货人的要求，及时向存货人签发物资收据。

4）合理化仓储。保管人应在合同约定的仓储地点存放仓储物，并充分使用先进的技术、科学的方法、严格的制度，高质量地做好仓储管理。使用适合于仓储物保管的仓储设施和设备，如容器、货架、货仓等，从谨慎操作、妥善处理、科学保管和合理维护等各方面做到合理化仓储。保管人对于仓储物的保管承担严格责任，因其保管不善所造成的仓储物在仓储期间发生损害、灭失，除非保管人能证明损害是由于仓储物性质、包装不当、超期及其他免责原因造成的，否则保管人要承担赔偿责任。

5）返还仓储物及其孳息的义务。保管人应在约定的时间和地点向存货人或仓单持有人交还约定的仓储物。仓储合同没有明确存期和交还地点的，存货人或仓单持有人可以随时要求提取，保管人应在合理的时间内交还存储物。作为一般仓储合同，保管人在交还仓储物时，应将原物及其孳息、残余物一同交还。

6）危险告知义务。当仓储物出现危险时，保管人应及时通知存货人或仓单持有人，并有义务采取紧急措施处置，防止危害扩大，包括在物资验收时发现不良情况、不可抗力损害、仓储物的变质、仓储事故的损坏及其他涉及仓储物所有权的情况，都应该告知存货人或仓单持有人。

二、仓单

仓单是仓储保管人在收到仓储物时向存货人签发的表示已经收到一定数量的仓储物，并以此来代表相应的财产所有权的法律文书。根据我国《合同法》第三百八十五条的规定，存货人交付仓储物的，保管人应当给付仓单。

1．仓单的作用

仓单，作为仓储保管的凭证，其作用是显而易见的，主要表现在以下几个方面。

1）仓单是保管人向存货人出具的物资收据。当存货人交付的仓储物经保管人验收后，保管人就向存货人填发仓单。仓单是保管人已经按照仓单所载状况收到货物的证据。

2）仓单是仓储合同存在的证明。仓单是存货人与保管人双方订立的仓储合同存在的一种证明，只要签发仓单，就证明了合同的存在。

3）仓单是物资所有权的凭证。它代表仓单上所列物资，谁占有了仓单就等于占有了该货物，仓单持有人有权要求保管人返还物资，有权处理仓单上所列的物资。仓单的转移就是仓储物所有权的转移。因此，保管人应该向仓单持有人返还仓储物。也正是由于仓单代表着其项下物资的所有权，所以，仓单作为一种有价证券，也可以按照《担保法》的规定设定权利质押担保。

4）仓单是提取仓储物的凭证。仓单持有人向保管人提取仓储物时，应当出示仓单。保管人一经填发仓单，则持单人对于仓储物的受领，不仅应出示仓单，还应缴回仓单。仓单持有人为第三人，而该第三人不出示仓单的，除了能证明其提货身份外，其他情况下保管人应当拒绝返还仓储物。

此外，仓单还是处理保管人与存货人或提单持有人之间关于仓储合同纠纷的依据。

2．仓单的形式与内容

（1）仓单的形式

仓单由保管人提供。仓储经营人准备好仓单簿，仓单簿一式两联，第一联为仓单，在签发后交给存货人；第二联为存根，由保管人保存，以便核对仓单。

（2）仓单的内容

根据《合同法》第三百八十六条规定，仓单包括下列事项。

1）存货人的名称或姓名和住所。仓单是记名证券，因此应当记载存货人的名称或姓名和住所。

2）仓储物的品种、数量、质量、包装、件数和标记。在仓单中，仓储物的有关事项必须记载，因为这些事项与当事人的权利义务直接相关。有关仓储物的事项包括仓储物的品种、数量、质量、包装、件数和标记等。这些事项应当记载准确、详细，以防发生争议。

3）仓储物的损耗标准。仓储物在储存过程中，由于自然因素和货物本身的自然性质可能发生损耗，如干燥、风化、挥发等，这就不可避免地会造成仓储物数量上的减少。对此，在仓单中应当明确规定仓储物的损耗标准，以免在返还仓储物时发生纠纷。

4）储存场所。储存场所是存放仓储物的地方。仓单上应当明确载明储存场所，以便存货人或仓单持有人能够及时、准确地提取仓储物。同时，也便于确定债务的履行地点。

5）储存期间。储存期间是保管人为存货人储存货物的起止时间。储存时间在仓储合同中十分重要，它不仅是保管人履行保管义务的起止时间，也是存货人或仓单持有人提取仓储物的时间界限。因此，仓单上应当明确储存期间。

6）仓储费。仓储费是保管人为存货人提供仓储保管服务而获得的报酬。仓储合同是有偿合同，仓单上应当载明仓储费的有关事项，如数额、支付方式、支付地点、支付时间等。

7）仓储物已经办理保险的，应记载保险金额、期间及保险人的名称。如果存货人在交付仓储物时，已经就仓储物办理了财产保险，则应当将保险的有关情况告知保管人，由保管人在仓单上记载保险金额、保险期间及保险公司的名称。

8）填发人、填发地点和填发时间。保管人在填发仓单时，应当将自己的名称或姓名及填发仓单的地点和时间记载于仓单上，以便确定当事人的权利和义务。

仓单的形式如图8-1和图8-2所示。

仓单（正面）						
公司名称：						
公司地址：						
电话：			传真：			
账号：			批号：			
存货人：			发单日期：			
银主名称：			起租日期：			
兹收到下列物资依本公司条款（见后页）储仓						
唛头及号码	数量	所报物资	每件收费	每月仓租	进仓费	出仓费
总件数：			经手人：			
总件数（大写）：						
备注：						
核对人：						

图8-1 仓单（正面）

仓单（反面）					
存货记录					
日 期	提单号码	提货单位	数 量	结 余	备 注

储货条款

一、本仓库所载之物资种类、唛头、箱号等，均系按照储货人所称填理，本公司对物资内容、规格等概不负责。

二、物资在入仓交接过程中，若发现与储货方填列内容不符，我公司有权拒收。

三、本仓库不储存危险物资，客户保证入库物资绝非为危险品，如果因储货人的物资品质危及我公司其他物资造成损失时，储货方必须承担因此而产生的一切经济赔偿责任。

四、本仓单有效期一年，过期自动失效。已提货之分仓单和提单档案保留期亦为一年。期满尚未提清者，储货人须向本公司换领新仓单。本仓单须经我公司加印硬印方为有效。

五、客户（储货人）凭背书之仓单或提货单出货。本公司收回仓单和分仓单，证明本公司已将该项物资交付无误，本公司不再承担责任。

图8-2 仓单（反面）

3. 仓单实务

（1）仓单签发

当存货人将仓储物交给仓储保管人时，仓储保管人应对仓储物进行验收，确认仓储物的状态，在全部仓储物入库后，填制签发仓单。仓储保管人在填制仓单时，必须将所有接受的仓储物的实际情况如实记录在仓单上，对仓储物的不良状态更是要准确描述，以便到期时能按仓单的记载交还仓储物。仓单经仓储保管人签署后才能生效。

《合同法》规定，仓储保管人只签发一式两份仓单：一份为正式仓单，交给存货人；另一份为存根，由仓储保管人保管。仓单副本则根据业务需要复制相应份数，但须注明为"副本"。

如果保管人和存货人达成协议，由保管人签发不记名仓单，则所签发的仓单的存货人项就可以为空白。在仓单的存货人项不填写真正的存货人或所有人，而只填写通知人或经手人等非实际仓储物的所有人的仓单也属于不记名仓单。

（2）仓单分割

存货人将一批仓储物交给保管人时，因为转让的需要，要求保管人签发分为几份的仓单，或者仓单持有人要求保管人将原先的一份仓单分拆成多份仓单以便向不同人转让，这就遇到仓单的分割业务。

仓单分割的条件是仓储物必须能够被分劈，且达成对残损、地脚货的分配协议并对分割后的仓单持有人有约束力。

保管人对已签发出的仓单进行分割，必须将原仓单收回。

（3）仓单转让

仓单持有人需要转让仓储物时，可以采用背书转让的方式进行。仓单转让生效的条件为：背书完整，且经过保管人签字盖章。作为记名单证，仓单的转让通过背书的方式进行。背书转让的出让人为背书人，受让人为被背书人。

背书格式为：

      兹将本仓单转让给×××（被背书人的完整名称）

    ×××（背书人的完整名称）

      背书经办人（签名）、日期

仓单可以进行多次背书转让。第一次背书的存货人为第一背书人。在第二次转让时，第一次被背书人就成为第二背书人，因而背书过程是衔接的完整过程，任何参与该仓单转让的人都在仓单的背书过程中记载。值得注意的是，如果仓单中明确记载了不得背书的，则仓单持有者即使做了背书，也不能产生转让提取仓储物权利的效力。

（4）提货

1）凭单提货。在仓储期满或经仓储保管人同意的提货时间，仓单持有人向仓储保管人提交仓单并出示身份证明，经保管人核对无误后，仓储保管人给予办理提货手续。

2）仓单灭失提货。原则上提货人不能提交仓单，仓储保管人不能交付货物，无论对方是合同订立人还是其他人。因为仓储保管人签发出仓单就意味着承认只对仓单承担交货的责任，不能向仓单持有人交付存储物就需要给予赔偿。在实际业务操作过程中会出现仓单因故损毁和灭失，无单提货的情况。仓单灭失的提货方法一般有两种。

① 通过人民法院的公示催告使仓单失效。若 60 天公示期满无人争议，法院可以判决仓单无效，申请人可以向仓储保管人要求提取仓储物。

② 提供担保提货。提货人向仓储保管人提供仓储物的担保后提货，由仓储保管人掌握

担保财产,将来另有人出示仓单而不能交货赔偿时,仓储保管人使用担保财产进行赔偿。该担保在可能存在的仓单失效后,方可解除。

> **小资料**
>
> **仓单质押**
>
> 仓单质押是以仓单为标的物而成立的一种质权。仓单质押作为一种新型的服务项目,为仓储企业拓展服务项目、开展多种经营提供了广阔的舞台,特别是在传统仓储企业向现代物流企业转型的过程中,仓单质押作为一种新型的业务应该得到广泛应用。
>
> 由于仓单质押业务涉及仓储企业、货主和银行三方的利益,因此要有一套严谨、完善的操作程序。
>
> 首先货主(借款人)与银行签订《银企合作协议》、《账户监管协议》;仓储企业、货主和银行签订《仓储协议》;同时仓储企业与银行签订《不可撤销的协助行使质押权保证书》。
>
> 货主按照约定数量送货到指定的仓库,仓储企业接到通知后,经验货确认后开立专用仓单;货主当场对专用仓单做质押背书,由仓库签章后,货主交付银行提出仓单质押贷款申请。
>
> 银行审核后,签署贷款合同和仓单质押合同,按照仓单价值的一定比例放款至货主在银行开立的监管账户。
>
> 贷款期内实现正常销售时,货款全额划入监管账户,银行按约定根据到账金额开具分提单给货主,仓库按约定要求核实后发货;贷款到期归还后,余款可由货主(借款人)自行支配。

案例分析

仓储保管合同(范本)

存货方:　　　　　　　　合同编号:

签订地点:

保管方:　　　　　　　　签订时间:　　年　月　日

根据《中华人民共和国经济合同法》和《仓储保管合同实施细则》的有关规定,存货方和保管方根据委托储存计划和仓储容量,经双方协商一致,签订本合同。

第一条 储存物资的品名、品种、规格、数量、质量、包装

1. 物资品名:
2. 品种规格:
3. 数量:
4. 质量:
5. 物资包装:

第二条 物资验收的内容、标准、方法、时间、资料

第三条 物资保管条件和保管要求

第四条 物资入库、出库手续、时间、地点、运输方式

第五条 物资的损耗标准和损耗处理

第六条 计费项目、标准和结算方式
第七条 违约责任
1. 保管方的责任
（1）在物资保管期间，未按合同规定的储存条件和保管要求保管物资，造成物资灭失、短少、变质、污染、损坏的，应承担赔偿责任。
（2）对于危险物资和易腐物资等未按国家和合同规定的要求操作、储存，造成毁损的，应承担赔偿责任。
（3）由于保管方的责任，造成退仓不能入库时，应按合同规定赔偿存货方运费和支付违约金____元。
（4）由保管方负责发运的物资，不能按期发货，应赔偿存货方逾期交货的损失；错发到货地点，除按合同规定无偿运到规定的到货地点外，还应赔偿存货方因此而遭受的实际损失。
（5）其他约定责任。
2. 存货方的责任
（1）由于存货方的责任造成退仓不能入库时，存货方应偿付相当于相应保管费____%（或____%）的违约金。超议定储存量储存的，存货方除交纳保管费外，还应向保管方偿付违约金____元，或按双方协议办。
（2）易燃、易爆、易渗漏、有毒等危险物资及易腐、超限等特殊物资，必须在合同中注明，并向保管方提供必要的保管运输技术资料，否则，造成的物资毁损、仓库毁损或人身伤亡由存货方承担赔偿责任，直至刑事责任。
（3）物资临近失效期或有异状，在保管方通知后不及时处理的，造成的损失由存货方承担。
（4）未按国家或合同规定的标准和要求对储存货物进行必要的包装，造成物资损坏、变质的，由存货方负责。
（5）存货方已通知出库或合同期已到，由于存货方（含用户）的原因致使物资不能如期出库，存货方除按合同的规定交付保管费外，还应偿付违约金_____元。由出库凭证或调拨凭证的差错所造成的损失，由存货方负责。
（6）按合同规定由保管方代运的物资，存货方未按合同规定及时提供包装材料或未按规定期限变更物资的运输方式、到站、接货人，应承担延期的责任和增加的有关费用。
（7）其他约定责任。
第八条 保管期限
从____年____月至____年____月____日止。
第九条 变更和解除合同的期限
由于不可抗力事故，直接影响合同的履行或不能按约定的条件履行时，遇有不可抗力事故的一方应立即将事故情况电报通知对方，并应在____天内，提供事故详情及合同不能履行、或部分不能履行、或需要延期履行的理由的有效证明文件，此项证明文件应由事故发生地区的____机构出具。按照事故对履行合同影响的程度，由双方协商解决是否解除合同，或者部分免除履行合同的责任，或者延期履行合同。
第十条 解决合同纠纷的方式
执行本合同发生争议，由当事人双方协商解决。协商不成的，双方同意由_____仲裁委员会仲裁（当事人双方不在本合同中约定仲裁机构，事后又没有达成书面仲裁协议的，可向人民法院起诉）。
第十一条 物资商检、验收、包装、保险、运输等其他约定事项

第十二条 本合同未尽事宜，一律按《中华人民共和国经济合同法》和《仓储保管合同实施细则》执行。

存货方（章）：　　　　　　　　　保管方（章）：
地址：　　　　　　　　　　　　　地址：
法定代表人：　　　　　　　　　　法定代表人：
委托代理人：　　　　　　　　　　委托代理人：
电话：　　　　　　　　　　　　　电话：
电挂：　　　　　　　　　　　　　电挂：
开户银行：　　　　　　　　　　　开户银行：
账号：　　　　　　　　　　　　　账号：
邮政编码：　　　　　　　　　　　邮政编码：
鉴（公）证意见：
经办人：　鉴（公）证机关（章）
　　　　年　月　日
（注：除国家另有规定外，鉴（公）证实行自愿原则）
有效期限：　年　月　日　至　年　月　日
监制部门：　　　　　　　印制单位：
资料来源：http://www.law-lib.com/htfb/htfb_view.asp?id=13021

仓储保管合同的启示：

在制订仓储保管合同时要注意以下几个方面。
1. 明确储存物资的品名、品种、规格、数量、质量、包装。
2. 确定物资验收、保管、出入库的具体细则。
3. 损耗标准和损耗处理方法。
4. 计费及结算。
5. 保管方和存货方的责任。
6. 合同的变更解除及解决纠纷的方式。

重要概念

保管仓储　　混藏仓储　　消费仓储　　仓库租赁　　仓储多种经营　　仓储合同　　仓单

本章小结

☑ 现代仓储经营方法主要包括保管仓储、混藏仓储、消费仓储、仓库租赁经营、流通加工经营等。仓储多种经营指仓储企业为了实现经营目标，采用多种经营方式。

☑ 仓储企业充分利用其联系面广、仓储手段先进等有利条件，向多功能的物流服务中心方向发展，开展加工、配送、包装、贴标签等多项增值服务，增加仓储利润。

☑ 仓储合同是保管人储存存货人交付的仓储物，存货人支付仓储费的合同。订立仓储合同要经过要约和承诺的过程。仓储合同为不要式合同，没有严格的条款规定，当事人根据需要商定合同事项，且由双方协议合同的形式。仓单是仓储保管人在收到仓储物时向存货人签发的表示已经收到一定数量的仓储物,并以此来代表相应的财产所有权的法律文书。

复习思考题

一、填空题

1. 现代仓储经营方法主要包括（   ）、（   ）、（   ）、（   ）、流通加工经营等。
2. 仓储保管合同主要分为以下四种：（   ）、（   ）、（   ）、（   ）。
3. 仓储合同格式有（   ）、（   ）、（   ）、（   ）等几种类型。
4. 订立仓储合同的原则有（   ）、（   ）、（   ）、（   ）等。
5. 无效仓储合同具有（   ）、（   ）、（   ）、（   ）等特征。
6. 违约责任的承担方式有（   ）、（   ）、（   ）、（   ）等。
7. 在（   ）、（   ）、（   ）、（   ）等情况下,违约方的违约责任可以依法免除。

二、选择题

1. 保管对象是特定物而非种类物的仓储方式是（   ）。
    A．保管仓储　　　B．混藏式仓储　　　C．消费仓储　　　D．租赁仓储
2. 将仓储物交付仓储的一方是（   ）。
    A．保管人　　　B．存货人　　　C．托运人　　　D．承运人
3. 能作为仓储物的是（   ）。
    A．货币　　　B．知识产权　　　C．唱片　　　D．唱片的著作权
4. 在签订仓储合同时,有权选择对方当事人,这体现了（   ）。
    A．平等原则　　　B．自愿原则　　　C．公平原则　　　D．诚实信用原则
5. 不属于不可抗力的是（   ）。
    A．罢工　　　B．台风　　　C．洪水　　　D．保管人过错
6. 属于存货方的主要权利的是（   ）。
    A．获取仓储物孳息的权利　　　B．收取仓储费的权利
    C．保管人的提存权　　　D．验收物资的权利
7. 不属于保管方的主要义务的是（   ）。
    A．提供合适的仓储条件　　　B．验收物资
    C．支付仓储费和偿付必要费用　　　D．签发仓单
8. 以下说法不正确的是（   ）。
    A．仓单是存货人向保管人出具的物资收据
    B．仓单是仓储合同存在的证明
    C．仓单是物资所有权的凭证
    D．仓单是提取仓储物的凭证

三、判断题

1. 在保管仓储中,仓储保管费取决于仓储物的数量、仓储时间。（   ）
2. 不动产也可作为仓储物。（   ）
3. 在保管仓储中,保管人只需以相同种类、相同品质、相同数量的替代物返还给存储人。（   ）

4. 在消费仓储中，仓储费收入是次要收入，有时甚至采取无收费仓储。（　　）
5. 仓储租赁经营可以是整体性的出租。（　　）
6. 仓储合同的标的是仓储物。（　　）
7. 仓储合同的格式可以是计划表。（　　）
8. 发出要约的人被称为"受要约人"，接受要约的人被称为"要约人"。（　　）

四、简答题

1. 简述保管仓储的特点。
2. 简述混藏仓储的特点。
3. 简述仓储多种经营的优点。
4. 仓储合同的当事人包括哪些？
5. 简述仓储合同的种类。

五、案例分析

案例 1

是否属于不可抗力

2016 年 11 月，某地百货公司购进一批棉布，由于公司仓库已满，便委托当地物资站代为储存保管。双方于 2016 年 12 月签订了合同，规定储存棉布 1000 匹，并约定了保管中的防潮、防火等具体事项及保管费的数额。物资站将棉布放于 2 号库储存。2017 年除夕之夜，正当万家喜庆、鞭炮齐鸣之时，该物资站的仓库突然起火。经过奋力抢救，大火终于被扑灭。但是，该站内所储存的百货公司的棉布被烧毁了 500 多匹，价值 1.5 万元。经调查火灾原因，发现该物资站 2 号库的窗户有一块长 60 厘米、宽 40 厘米的玻璃破碎，除夕前几天，保管员通知总务科及时安装，因当时总务科安装员未在便一直没有安装玻璃。

大年三十夜里，一枚闪光带响的"钻天猴"从破碎的窗子飞穿而过，正好落在存放在仓库里的棉布上，从而引发了火灾。火灾发生后，该百货公司要求物资站全额赔偿被烧毁的棉布，物资站以并非保管不善，而是群众燃放焰火所致，属于不可抗力为由，拒绝给予赔偿。百货公司只好诉至法院。

资料来源：http://wenku.baidu.com/view/219d0c1cc5da50e2524d7fc8.html

案例 1 思考题：

1. 本案纠纷责任在哪一方？
2. 物资站以火灾属于不可抗力为由拒绝承担赔偿责任，是否成立？

案例 2

是否应承担违约金

2016 年 6 月 3 日，某市盛达粮油进出口有限责任公司（下称盛达公司）与该市东方储运公司签订一份仓储保管合同。合同主要约定：由东方储运公司为盛达公司储存保管小麦 60 万公斤，保管期限自 2016 年 7 月 10 日至同年 11 月 10 日，储存费用为 50 000 元，任何一方违约，均按储存费用的 20%支付违约金。合同签订后，东方储运公司即开始清理其仓库，并拒绝其他有关客户在这三个仓库存货的要求。

同年 7 月 8 日，盛达公司书面通知东方储运公司：因收购的小麦尚不足 10 万公斤，故不需存放贵公司仓库，双方于 6 月 3 日所签订的仓储合同终止履行，请谅解。东方储运公司接到盛达公司书面通知后,遂电告盛达公司:同意仓储合同终止履行,但贵公司应当按合同约定支付违约金 10 000 元。盛达公司拒绝支付违约金,双方因此而形成纠纷,东方储运公司于 2016 年 11 月 21 日向人民法院提起诉讼,请求判令盛达公司支付违约金 10 000 元。

资料来源:http://wenku.baidu.com/view/219d0c1cc5da50e2524d7fc8.html

案例 2 思考题:

1. 在盛达公司尚未向东方储运公司交付仓储物的情况下,是否应承担违约金 10 000 元?
2. 结合案例谈谈仓储保管合同中存货方有哪些义务。

第九章 现代信息技术在仓储管理中的应用

学习目标

① 理解条形码的概念、种类，技术系统的要求、特点，GPS、RFID、PDT 的概念、构成、特点，WMS 的概念。

② 掌握条形码技术的编码原则、商品条形码的组成、一维条形码和二维条形码的区别，条形码在仓库管理中的应用，GPS、RFID、PDT 在仓库管理中的应用，WMS 系统的构成。

③ 运用 WMS 软件对仓库进行管理。

引导案例

现代仓储管理中条形码技术的运用

随着莱钢公司的快速发展，自动化部一站式物资供应中心应运而生。但是，传统的记账方式、入出库管理、盘点等严重影响了自动化部的发展。在条形码技术日益成熟的条件下，使用条形码对仓库进行管理，可以提高仓储管理的效率。对仓库的到货检验、入库、出库、调拨、移库移位、库存盘点、出库消耗等各个作业环节的数据使用数据采集器进行自动化的数据采集，保证仓库管理各个作业环节数据输入的效率和准确性，确保企业及时、准确地掌握库存的真实数据，合理保持和控制企业库存。通过科学的编码，还可方便地对物资的批次、使用状况等进行管理。

对库存品进行科学编码，并通过条码打印机打印库存品条码标签，根据不同的管理目标(如追踪单品或(实现保质期/批次管理)对库存品进行科学编码，在科学编码的基础上，入库前用条码打印机打印出物资条码标签，粘贴在物资上，以便以后数据的自动化采集。

使用手持数据终端可以办理物资验收、入库、盘库、物资消耗等，同步将采集的数据上传到物资管理系统中，自动更新系统中的数据，也可以将系统中更新后的数据下载到手持终端中，以便在现场进行查询和调用。

资料来源：http://www.lvscan.cn/Xw_1-243.html

思考题

1. 莱钢公司通过什么方式提高仓储管理的效率?
2. 条形码技术的运用给莱钢公司带来了什么益处?

知识点一　条形码技术

条形码技术是随着计算机与信息技术的发展和应用而诞生的，它是集编码、印刷、识别、数据采集和处理于一身的新型技术。条形码指将宽度不等的多个黑条和空白按照一定的编码规则排列，用以表达一组信息的图形标识符。常见的条形码是由反射率相差很大的黑条（简称条）和白条（简称空）排成的平行线图案，如图 9-1 所示。

图 9-1　条形码

条形码可以标出物资的生产国、制造厂家、名称、生产日期等许多信息，因而在物流管理领域得到了广泛的应用。

一、条形码的种类

组成条形码的条和空可以有不同的组合方法，从而构成不同的图形符号，即各种符号体系，也称码制，适用于不同的场合。条形码码制的区别如表 9-1 所示。

表 9-1　条形码码制的区别

种　类	长　度	排　列	校　验	字符符号码元结构	标准字符集	其　他
EAN-13 EAN-8	13 位 8 位	连续	校验码	7 个模块，2 条、2 空	0~9	EAN-13 为标准版 EAN-8 为缩短版
UPC-A UPC-E	12 位 8 位	连续	校验码	7 个模块，2 条、2 空	0~9	UPC-A 为标准版 UPC-E 为消零压缩版
39 码	可变长	非连续	自校验 校验码	12 个模块，5 条、4 空：其中 3 个宽单元、6 个窄单元	0~9，A~Z，-、$、/、+、%、*、.、空格	"*"用做起始符和终止符，密度可变，有串联性，也可增设校验码
93 码	可变长	连续	校验码	9 个模块，3 条、3 空	0~9，A~Z，-、$、/、+、%、*、.、空格	有串联性，可设双校验码，加前置码后可表示 128 个全 ASCII 码
基本 25 码	可变长	非连续	自校验	14 个模块，5 条，其中 2 个宽单元、3 个窄单元	0~9	空不表示信息，密度小
交叉 25 码	定长或可变长	连续	自校验 校验码	18 个模块表示 2 个字符，5 个条表示奇数位，5 个空表示偶数位	0~9	表示偶数位个信息编码，密度大，EAN、UPC 的物流码采用该码制
矩阵 25 码	定长或可变长	非连续	自校验 校验码	9 个模块，3 条 2 空，其中 2 个宽单元、3 个窄单元	0~9	密度较大，在我国被广泛用于邮政管理
矩阵 25 码	定长或可变长	非连续	自校验 校验码	9 个模块，3 条 2 空，其中 2 个宽单元、3 个窄单元	0~9	密度较大，在我国被广泛用于邮政管理

续表

种 类	长 度	排 列	校 验	字符符号码元结构	标准字符集	其 他
库德巴码	可变长	非连续	自校验	7个单元4条3空	0~9, A~D, $, +, -, /	有18种密度
128码	可变长	连续	校验码	11个模块, 3条、3空	三个字符集覆盖了128个全ASCII码	有功能码、对数字码的密度最大
49码	可变长多行	连续	校验码	每行70个模块, 18个条, 17个空	128个全ASCII码	多行任意起始扫描, 行号由每行词的奇偶性决定
11码	可变长	非连续	自校验	3条2空	0~9, -、	有双自校验功能

二、条形码技术的系统要求

条形码应用系统由条形码、识读设备、电子计算机及通信系统组成。应用范围不同，条形码应用系统的配置也不同。一般来讲，条形码应用系统的应用效果主要取决于系统的设计。系统设计主要考虑下面几个因素。

1. 条形码设计

条形码设计包括确定条形码信息元、选择码制和符号版面设计。

2. 符号印制

在条形码应用系统中，条形码印制质量对系统能否顺利运行至关重要。如果条形码本身质量高，即使性能一般的识读器也可以顺利地读取。虽然操作水平、识读器质量等是影响识读质量不可忽视的因素，但条形码本身的质量始终是系统能否正常运行的关键。印制条形码的设备如图9-2所示。

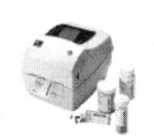

(a) 工业型条形码打印机　　(b) 桌面型条形码打印机　　(c) 移动式条形码打印机

图9-2　印制条形码的设备

3. 识读设备选择

条形码识读设备种类很多，如手持式条形码扫描器、固定式扫描器等，各有优缺点。在设计条形码应用系统时，必须考虑识读设备的使用环境和操作状态，并做出正确的选择。手持式条形码扫描器、固定式条形码扫描器如图9-3和图9-4所示。

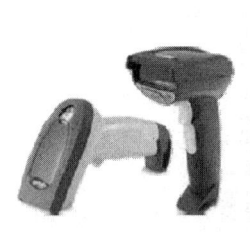

图9-3　手持式条形码扫描器 　　　　　图9-4　固定式条形码扫描器

三、条形码技术的特点

条形码技术有以下一些特点。

1. 输入速度快

与键盘输入相比，条形码输入的速度是键盘输入速度的 5 倍，并且能实现"即时数据输入"。

2. 可靠性高

键盘输入数据的出错率为三百分之一，利用光学字符识别技术的出错率为万分之一，而采用条形码技术的误码率低于百万分之一。

3. 采集信息量大

利用传统的一维条形码一次可采集几十位字符的信息，二维条形码可以携带数千个字符的信息，并有一定的自动纠错能力。

4. 灵活实用

条形码既可以作为一种识别手段单独使用，也可以和有关识别设备组成一个系统，实现自动化识别，还可以和其他控制设备连接起来，实现自动化管理。

另外，条形码标签易于制作，对设备和材料没有特殊要求，识别设备操作容易，不需要特殊培训，且设备价格也相对便宜。

四、条形码的编码规则

1. 要求

条形码的编码要求主要有以下三条。

（1）唯一性

同种规格的同种产品对应同一个产品代码，同种产品的不同的规格应对不同的产品代码。根据产品的不同性质，如重量、包装、规格、气味、颜色、形状等，赋予不同的商品代码。

（2）永久性

产品代码一经分配就不再更改，并且是终身的。当此种产品不再生产时，其对应的产品代码只能搁置起来，不得重复使用，再分配给其他的商品。

（3）无含义

为了保证代码有足够的容量以适应产品频繁更新换代的需要，最好采用无含义的顺序码。

2. 条形码校验码公式

首先，把条形码从右到左依次编序号为"1，2，3，4，…"，从序号"2"开始把所有奇数序号位上的数求和，用求出的和乘以 3。

其次，把所有偶数序号上的数相加求和，用求出的和加上奇数序号上的数的和与 3 的积，然后得出和。

最后，大于或等于这个和的最小的 10 的倍数减去这个和，得出校验码。

例 9-1 已知条形码为：977167121601X（X 为校验码），求校验码 X。

解：依题意，① 1+6+2+7+1+7=24
② 24×3=72
③ 0+1+1+6+7+9=24
④ 72+24=96
⑤ 100-96=4。

所以最后校验码 X 为 4，即此条形码为 9771671216014。

五、一维条形码

一维条形码只在一个方向（一般是水平方向）表达信息，在另一方向则不表达任何信息，其一定的高度通常是为了便于阅读器对准。这里重点介绍一维条形码中的商品条形码。

商品条形码指由一组规则排列的条、空及其对应字符组成的标识，用以表示一定的商品信息的符号。其中条为深色、空为浅色，用于条形码识读设备的扫描识读。其对应字符由一组阿拉伯数字组成，供人们直接识读或通过键盘向计算机输入数据时使用，这一组条空和相应的字符所表示的信息是相同的。商品条形码是仓储管理中使用最为普遍一种条形码。

商品条形码的编码遵循唯一性原则，以保证商品条形码在全世界范围内不重复，即一个商品项目只能有一个代码，或者说一个代码只能标识一种商品项目。不同规格、不同包装、不同品种、不同价格、不同颜色的商品只能使用不同的商品代码。

1．标准商品条形码

标准商品条形码一般由前缀码、厂商代码、产品代码和校验码组成，用 13 个数字来表示。前缀码是用来标识国家或地区的代码，赋码权在国际物资编码协会，一般由 2～3 个数字表示；厂商代码的赋权在各个国家或地区的物资编码组织，我国由国家物资编码中心赋予厂商代码，一般用 4～5 个数字表示；产品代码是用来标识商品的代码，赋码权由商品生产企业自己行使，生产企业按照规定条件自己决定在自己的何种商品上使用哪些阿拉伯数字作为商品条形码，一般用 5 个数字表示；校验码是商品条形码最后 1 位数字，来校验商品条形码中左起第 1～12 数字代码的正确性。

1) 国家或地区的代码由 3 位数字表示的标准商品条形码，如图 9-5 所示。

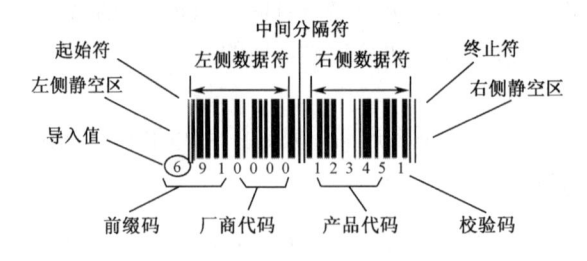

图 9-5　前 3 位数字表示国家的标准商品条形码

国家或地区的代码由第 1～3 位数字表示，厂家代码由第 4～7 位数字表示，商品代码由第 8～12 位数字表示，最后一位数字为校验码。

> **小资料**
>
> 标准条形码中前缀部分表示各国的数字如表 9-2 所示。
>
> **表 9-2　标准条形码中前缀部分表示各国的数字**
>
> | 国家 | 数字 | 国家 | 数字 |
> | --- | --- | --- | --- |
> | 美国 | 00~09 | 斯洛文尼亚 | 383 |
> | 加拿大 | 00~09 | 荷兰 | 87 |
> | 以色列 | 729 | 捷克 | 859 |
> | 丹麦 | 57 | 德国 | 400~440 |
> | 委内瑞拉 | 759 | 澳大利亚 | 93 |
> | 挪威 | 70 | 韩国 | 880 |
> | 日本 | 45~49 | 保加利亚 | 380 |
> | 乌拉圭 | 773 | 新加坡 | 888 |
> | 瑞士 | 76 | 拉脱维亚 | 475 |
> | 比利时/卢森堡 | 54 | 克罗地亚 | 385 |
> | 玻利维亚 | 773 | 马来西亚 | 893 |
> | 西班牙 | 84 | 法国 | 30~37 |
> | 芬兰 | 64 | 摩洛哥 | 611 |
> | 智利 | 780 | 印度 | 890 |
> | 奥地利 | 90~91 | 英国 | 50 |
> | 瑞典 | 73 | 土耳其 | 619、869 |
> | 厄瓜多尔 | 786 | 印度尼西亚 | 899 |
> | 新西兰 | 9 | 中国大陆 | 690~695 |
> | 意大利 | 80~83 | 中国香港 | 489 |
> | 古巴 | 850 | 中国台湾地区 | 471 |

2）国家或地区的代码由两位数字表示的标准商品条形码，如图 9-6 所示。

如果国家的代码由两位数字表示，如美国、英国等，在这种情况下，标准条形码的数字编排要进行相应的调整。

国家或地区的代码由第 1~2 位数字表示，厂商代码由第 3~7 位数表示，商品代码由第 8~12 位数字表示，最后一位数字为校验码。

2．缩短商品条形码

缩短商品条形码一般由前缀部分、产品代码和校验码三部分组成，用 8 位数字来表示。只有当标准码尺寸超过总印刷面积的 25%时，才允许申报使用缩短码。缩短商品条形码如图 9-7 所示。

图 9-6　前两位数字表示国家的标准商品条形码

图 9-7　缩短商品条形码

（1）国家或地区的代码由3位数字表示的缩短商品条形码

国家或地区的代码由第1~3位数字表示，商品代码由第4~7位数字表示，最后一位数字为校验码。

（2）国家或地区的代码由两位数字表示的缩短商品条形码

国家或地区的代码由第1~2位数字表示，商品代码由第3~7位数字表示，最后一位数字为校验码。

3．标准商品条形码与缩短商品条形码的区别

标准商品条形码与缩短商品条形码的区别主要表现在以下三个方面。

1）标准商品条形码由13位数字组成，而缩短商品条形码由8位数字组成。

2）缩短商品条形码没有厂家代码部分。

3）由前3位数字表示国家标准商品条形码的产品代码由5位数字组成，由前3位数字表示国家的缩短商品条形码的产品代码只由4位数字组成。

4．商品条形码的尺寸

商品条形码的标准尺寸是37.29mm×26.26mm，放大倍率是0.8~2.0。当印刷面积允许时，应选择1.0倍率以上的条形码，以满足识读要求。放大倍数越小的条形码，印刷精度要求越高，当印刷精度不能满足要求时，易造成条形码识读困难。

商品条形码的诞生极大地方便了商品流通，现代社会已离不开商品条形码。据统计，目前中国已有50万种产品使用了国际通用的商品条形码。中国加入世贸组织后，企业在国际舞台上必将赢得更多的空间。要与国际惯例接轨，适应国际经贸的需要，企业更要重视商品条形码。

六、二维条形码

二维条形码是用某种特定的几何图形按一定规律在平面（二维方向上）分布的黑白相间的图形记录数据符号信息的；在代码编制上巧妙地利用构成计算机内部逻辑基础的"0"、"1"比特流的概念，使用若干与二进制数相对应的几何形体来表示文字数值信息，通过图像输入设备或光电扫描设备自动识读，以实现信息自动处理，它具有条形码技术的一些共性：每种码制有其特定的字符集；每个字符占有一定的宽度；具有一定的校验功能；还具有对不同行的信息自动识别功能，以及处理图形旋转变化等。

1．二维条形码的类型

二维条形码分为堆叠式二维条形码和矩阵式二维条形码。在目前几十种二维条形码中，常用的码制有：PDF417二维条形码、Datamatrix二维条形码、Maxicode二维条形码、QR Code、Code 49、Code 16K、Code One等，除了这些常见的二维条形码之外，还有Vericode条形码、CP条形码、Codablock F条形码、田字码、Ultracode条形码、Aztec条形码。汉信码是我国具有独立知识产品的二维条形码。

（1）堆叠式二维条形码

堆叠式二维条形码又称层排式二维条形码，其建立在一维条码基础之上，按需要堆积成两行或多行。它在编码设计、校验原理、识读方式等方面继承了一维条形码的一些特点，识读设备、条形码印刷技术与一维条形码兼容。但由于行数增加，需要对行进行判定，其译码

算法与软件也不完全同于一维条形码。有代表性的堆叠式二维码有 Code 16K、Code 49、PDF 417 等，如图 9-8 所示。

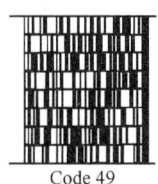

图 9-8　堆叠式二维条形码

（2）矩阵式二维条形码

矩阵式二维条形码又称棋盘式二维条形码，它在一个矩形空间通过黑、白像素在矩阵中的不同分布进行编码。在矩阵相应元素位置上，用点（方点、圆点或其他形状）的出现表示二进制"1"，点的不出现表示二进制的"0"，点的排列组合确定了矩阵式二维条形码所代表的意义。矩阵式二维条形码是建立在计算机图像处理技术、组合编码原理等基础上的一种新型图形符号自动识读处理码制。具有代表性的矩阵式二维条形码有 Code One、Maxi Code、QR Code、Data Matrix 等，如图 9-9 所示。

图 9-9　矩阵式二维条形码

2. 二维条形码的特点

1）高密度编码，信息容量大。二维条形码可容纳多达 1850 个大写字母，或 2710 个数字，或 1108 个字节，或 500 多个汉字，比普通条形码信息容量约大几十倍。

2）编码范围广。二维条形码可以把图片、声音、文字、签字、指纹等可以数字化的信息进行编码，用条形码表示出来；可以表示多种语言文字；可表示图像数据。

3）容错能力强，具有纠错功能。二维条形码因穿孔、污损等引起局部损坏时，照样可以得到正确识读，损毁面积达 50%时仍可恢复信息。

4）译码可靠性高。二维条形码比普通条形码译码错误率（百万分之二）要低得多，误码率不超过千万分之一。

5）可引入加密措施。二维条形码保密性、防伪性好。

6）成本低，易制作，持久耐用。

7）条码符号形状、尺寸可变。

8）可以使用激光或 CCD 阅读器识读。

3. 一维条形码与二维条形码的区别

一维条形码与二维条形码的区别主要表现在可直接显示的内容、储存量、保密性、损污后可读性四个方面，如图 9-10 和表 9-3 所示。

图 9-10　一维条形码与二维条形码对照

表 9-3　一维条形码和二维条形码的区别

区别项	一维条形码	二维条形码
可直接显示的内容	英文、数字、简单符号	英文、中文、数字、符号、图形
储存量	储存数据不多，主要依靠计算机中的关联矩阵	储存数据量大，可存放 1KB 字符，可用扫描仪直接读取内容，无须另接数据库
保密性	保密性不高	保密性高（可加密）
损污后可读性	损污后可读性差	损污 50%时仍可读取完整信息

> **小资料**
>
> **二维条形码的应用**
>
> 新一代身份证使用了二维条形码（PDF417）。在国际上二维条码（PDF417）被广泛应用于身份证、驾驶证、军人证、选民证、社会福利卡、护照、签证等各类证卡系统中。
>
> 到目前为止，美国已经发行了 14 000 000 张军人证和士兵证，该种证件是采用特斯林（Teslin）材料打印并塑封（里面包含文字、照片、PDF417 等信息）的，成本为 29 美分/张，如采用 IC 卡，则成本上涨为 3 美元/张。

七、条形码技术在仓储管理过程中的运用

条形码技术在仓储管理过程中的运用主要体现在入库验收、仓库盘点、出库过程三个环节。

1．入库验收

在物资入库前，首先应根据订货合同（或订货单）将相应的物资数据输入到条形码扫描手持终端，物资到达后，卸下物资，收货部员工利用条形码无线数据采集终端扫描物资，手持终端的显示屏上将自动显示此次入库物资的名称、数量、货号等资料，通过扫描物资的条形码确定货号，再输入此次物资的实际数量，无线手持终端便可马上显示此次物资是否符合订单要求，经核对无误后直接确认。物资入库后按照它的分类和属性，将其放到相应货位上，用条形码手持终端扫描要放置物资的条形码后再扫描一下货架上的位置条形码，所有基础数据采集完毕后，将条形码扫描终端放到与计算机系统相连的通信座上，就能将物资的到货和库存位置数据传送给计算机，此次入库数据采集作业完成。

2．仓库盘点

以前的盘点，必须进行手工清点，盘点周期长、效率低，而且影响正常入库和出库。基于条码管理的仓储管理信息系统的库存管理功能为库存管理和操作人员提供了很方便的工具，仓库管理员通过条形码无线数据终端得到主机上的指令：到几号货架，清理什么物资。仓库管理员只需手持无线数据终端，扫描指定物资条形码，确认物资后对其清点，然后将资料通过无线手持终端传输到主机，主机再进行数据分析，做出各种损益报告和分析报告。条

形码技术的应用，使仓库管理员利用手持终端避免了用货对单或用单对货的麻烦，减少了手工处理的漏盘和重复盘货的现象。

3. 出库过程

首先要根据出货单或配送单查验取货，选择相应的物资出库，操作员取货时，需要查对货号和数量。为出库备货方便，可根据物资的特征进行组合查询，可打印查询结果或可用于移动终端的数据文件，系统可以在取货的同时，更新后台库存数据，也可以先使其进入出货暂存区，扫描物资上的条形码，对出库物资的信息进行确认，同时更新后台库存数据，物资出库时打印出装箱单和出库运输标签。

知识点二 无线通信技术

仓储管理中的无线通信技术种类比较多，但在仓储管理中使用最频繁的三种技术为全球卫星定位系统、射频识别技术、便携式数据终端。

一、全球卫星定位系统

全球卫星定位系统（Global Positioning System，GPS）是美国从 20 世纪 70 年代开始研制的，历时 20 年耗资 200 亿美元，于 1994 年 3 月完成其整体部署，实现其全天候、高精度和全球的覆盖能力。现在 GPS 与现代通信技术相结合，使得测定地球表面三维坐标的方法从静态发展到动态，从数据后处理发展到实时的定位与导航，极大地扩展了它的应用广度和深度。

GPS 是一种以空中卫星为基础的高精度无线电导航、定位系统，具有全球性、全天候、连续性、定时性等特点，是具有海、陆、空全方位实时三维导航和定位能力的新一代卫星导航与定位系统。GPS 结构如图 9-11 所示。

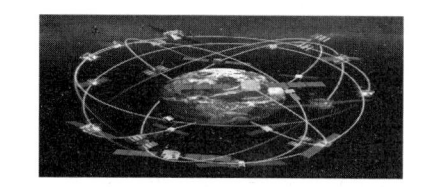

图 9-11 GPS 结构

1. GPS 的构成

GPS 系统包括三大部分：空间部分——GPS 卫星星座；地面控制部分——地面监控系统；用户设备部分——GPS 信号接收机。

（1）空间部分

GPS 的空间部分是由 21 颗工作卫星组成的，它位于距地表 20 200 公里的上空，均匀分布在 6 个轨道面上，轨道倾角为 55°，此外，还有 3 颗有源备份卫星在轨运行。卫星的分布使得在全球任何地方、任何时间都可观测到 4 颗以上的卫星，并能在卫星中预存导航信息。卫星因为大气摩擦等问题，随着时间的推移，导航精度会逐渐降低。

（2）地面控制部分

地面控制部分由监测站、主控制站、地面天线组成，主控制站位于美国科罗拉多州春田市。地面控制站负责收集由卫星传回的信息，并计算卫星星历、相对距离、大气校正等数据。

（3）用户设备部分

用户设备部分即 GPS 信号接收机，主要功能是捕获按一定卫星截止角所选择的待测卫星，并跟踪这些卫星的运行。当接收机捕获到所跟踪的卫星信号后，就可测量出接收天线至卫星的距离和距离的变化率，解调出卫星轨道参数等数据。根据这些数据，接收机中的计算机就可按定位解算方法进行定位计算，计算出用户所在地理位置的经纬度、高度、速度、时间等信息。接收机硬件和机内软件及 GPS 数据的后处理软件包构成完整的 GPS 用户设备。GPS 接收机的结构分为天线单元和接收单元两部分。接收机一般采用机内和机外两种直流电源。设置机内电源的目的在于更换外电源时不中断连续观测。在用机外电源时机内电池自动充电。关机后，机内电池为 RAM 存储器供电，以防止数据丢失。目前接收机体积越来越小，重量越来越轻，便于野外观测使用。

2. GPS 的特点

GPS 主要有全球全天候定位、定位精度高、观测时间短、仪器操作简便等特点。

（1）全球全天候定位

GPS 卫星的数目较多，且分布均匀，保证了地球上任何地方任何时间至少可以同时观测到 4 颗 GPS 卫星，确保实现全球全天候连续的导航定位服务（除打雷闪电不宜观测外）。

（2）定位精度高

应用实践已经证明，GPS 相对定位精度在 50 公里以内可达 6~10 米，在 100~500 公里可达 7~10 米，在 1 000 公里可达 9~10 米。在 300~1 500 米工程精密定位中，1 小时以上观测时其平面位置误差小于 1 毫米，与 ME-5000 电磁波测距仪测定的边长比较，其边长校差最大为 0.5 毫米，校差中误差为 0.3 毫米。

（3）观测时间短

随着 GPS 系统的不断完善和软件的不断更新，目前，20 公里以内相对静态定位，仅需 15~20 分钟；快速静态相对定位测量时，当每个流动站与基准站的距离在 15 公里以内时，流动站观测时间只需 1~2 分钟；采取实时动态定位模式时，每站观测仅需几秒钟。

（4）仪器操作简便

随着 GPS 接收机的不断改进，GPS 测量的自动化程度越来越高，有的已趋于"傻瓜化"。在观测中测量员只需安置仪器，连接电缆线，量取天线高，监视仪器的工作状态，而其他观测工作，如卫星的捕获、跟踪观测和记录等均由仪器自动完成。结束测量时，仅需关闭电源，收好接收机，便完成了野外数据采集任务。

3. GPS 在仓储管理中的运用

在仓储管理过程中，对物资仓储、装卸、配送等各个环节所涉及的问题，如合理装卸策略、运输车辆的调度和配送路线的选择，都可以运用 GPS 的导航、车辆跟踪、信息查询等功能进行有效的管理，结合决策分析，有助于仓储企业有效地利用现有资源，降低消耗，提高效率。

小资料

北斗卫星导航系统

北斗卫星导航系统（BeiDou Navigation Satellite System，BDS）是中国正在实施的自主研发、独立运行的全球卫星导航系统。与美国 GPS、俄罗斯格洛纳斯（GLONASS）、欧盟伽利略（GALILEO）系统并称全球四大卫星导航系统。

北斗卫星导航系统由空间端、地面端和用户端三部分组成。空间端包括 5 颗静止轨道卫星和 30 颗非静止轨道卫星。地面端包括主控站、注入站和监测站等若干地面站。用户端由北斗用户终端及与美国 GPS、俄罗斯格洛纳斯、欧洲伽利略等其他卫星导航系统兼容的终端组成。

截止到 2016 年 3 月，在轨卫星 22 颗，已经初步具备区域导航、定位和授时能力。北斗卫星导航系统将在 2020 年形成全球覆盖。目前其定位精度优于 20 米,授时精度优于 100 纳秒。

该系统可在全球范围内全天候、全天时为各类用户提供高精度、高可靠性的定位、导航、授时服务,并兼具短报文通信能力。中国以后生产定位服务设备的厂商,都将提供对 GPS 和北斗系统的支持,会提高定位的精确度。

2011 年 12 月 27 日起,开始向中国及周边地区提供连续的导航定位和授时服务。

二、地理信息技术

地理信息系统(Geographic Information System,GIS)指以地理空间数据库为基础,在计算机软/硬件的支持下,运用系统工程和信息科学的理论,科学管理和综合分析具有空间内涵的地理数据,以提供管理、决策等所需信息的技术系统,它是一个空间信息的决策系统,功能强大。GIS 应用示例如图 9-12 所示。

图 9-12 GIS 应用示例

GIS 经过了 40 年的发展,到今天已经逐渐成为一门相当成熟的技术,并且得到了极广泛的应用。尤其是近些年,GIS 更以其强大的地理信息空间分析功能,在 GPS 及路径优化中发挥着越来越重要的作用。

1. GIS 的功能

(1)数据采集与编辑功能

GIS 的核心是地理数据库,所以建立 GIS 的第一步是将地面的实体图形数据和描述它的属性数据输入到系统中,即数据采集,为了消除数据采集的错误,需要对图形及文本数据进行编辑和修改。

(2)属性数据编辑与分析

属性数据比较规范,适应于表格表示,所以许多 GIS 都采用关系数据库管理系统管理。通常的关系数据库管理系统都为用户提供一套功能很强的数据编辑和数据库查询语言系统,设计人员可据此建立友好的用户界面,以方便用户对属性数据的输入、编辑与查询。除文件管理功能外,属性数据库管理模块的主要功能之一是用户定义各类地物的属性数据结构。由于 GIS 中各类地物的属性不同,描述它们的属性项及值域亦不同,所以系统应提供用户自定义数据结构的功能,系统还应提供修改结构的功能,以及提供复制结构、删除结构、合并结构等功能。

(3)制图功能

建立 GIS 首先要将地面上的实体图形数据和描述它的属性数据输入到数据库中并能编制

用户所需的各种图件,因为大多数用户目前最关心的是制图功能。一个功能强大的制图软件包应具有地图综合、分色排版的功能。根据 GIS 的数据结构及绘图仪的类型,用户可获得矢量地图或栅格地图。GIS 不仅可以为用户输出全要素地图,还可以根据用户需要分层输出各种专题地图,如行政区划图、土壤利用图、道路交通图、等高线图等。还可以通过空间分析得到一些特殊的地学分析用图、如坡度图、坡向图、剖面图等。

(4)空间数据库管理功能

地理对象通过数据采集与编辑后,形成庞大的地理数据集。对此需要利用数据库管理系统来进行管理。GIS 一般都装配有地理数据库,其功效类似对图书馆的图书进行编目,分类存放,以便管理人员或读者快速查找所需的图书。

2. GIS 在仓储管理中的应用

GIS 在仓储管理中主要应用在仓库位置的选择、仓库容量的设置、合理装卸策略、运输路线的选择、运输车辆调度等方面。

三、射频识别技术

射频识别技术(Radio Frequency Identification,RFID)是一种非接触式的自动识别技术,通过射频信号自动识别目标对象并获取相关数据,识别工作无须人工干预,可工作于各种恶劣环境。

1. 射频识别系统的组成

射频识别系统主要由电子标签、天线和阅读器三部分组成,如图 9-13 所示。

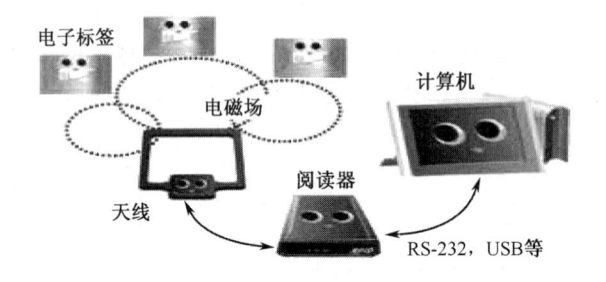

图 9-13 射频识别系统

(1)电子标签

电子标签由耦合元件及芯片组成,每个标签具有唯一的电子编码,无法修改,无法仿造,提高了安全性。电子标签附着在物体上标识目标对象,电子标签一般保存有约定格式的电子数据,在实际应用中,电子标签附着在待识别物体的表面。

(2)天线

天线在标签和阅读器间传递射频信号,即标签的数据信息。

(3)阅读器

阅读器是读取(有时还可以写入)标签信息的设备,可设计为手持式或固定式。阅读器可无接触地读取并识别电子标签中所保存的电子数据,从而达到自动识别物体的目的。通常阅读器与计算机相连,所读取的标签信息被传送到计算机上,以进行下一步处理。

2. RFID 的工作原理

电子标签进入电磁场后,接收阅读器发出的射频信号,凭借感应电流所获得的能量发送出存储在芯片中的产品信息(无源标签或被动标签),或者主动发送某一频率的信号(有源标签或主动标签);阅读器读取信息并解码后,送至中央信息系统进行有关数据处理。

3. RFID 的特点

(1)数据可写

只要通过 RFID,可不需要接触,直接读取信息至数据库内,且可一次处理多个标签,并可将物流处理的状态写入标签,供下一阶段物流处理过程读取判断之用。与条形码等各种纸媒体的自动识别方法相比,RFID 可不限制次数地新增、修改、删除卷标(一个磁盘的唯一标识)内储存的数据。

(2)形状的小型化和多样化

现在市场上微型 RFID 芯片的厚度仅有 0.1mm,面积为 0.4mm×0.4mm,薄到可以嵌入纸币中,因此可以隐藏在各种物资里面。

(3)适用环境范围广

RFID 对水、油和药品等物资有强力的抗污性,同时,在黑暗或脏污的环境中 RFID 也可以读取数据。

(4)可重复使用

由于 RFID 为电子数据,可以被反复覆写,因此,如果回收电子标签的话,就可以重复使用。

(5)穿透性

RFID 即使被纸张、木材和塑料等非金属或非透明的材料包覆,也可以进行穿透性通信。不过,如果被铁质材料包覆,则无法进行通信。

(6)数据的储存量大

数据容量会随着存储规格的发展而扩大,尤其是目前物资所需携带的数据量越来越大,对卷标所能扩充容量的需求也有所增加。RFID 不像条形码那样受到限制。一维条形码的容量是 50 字节;二维条形码最多可储存 3000 字节的数据;RFID 的最大容量可达数兆字节。

4. 射频识别技术在仓储管理中的应用

射频识别库存跟踪系统中,将射频识别标签贴在托盘、包装箱或元器件上,进行元器件规格、序列号等信息的自动存储和传递。RFID 标签能将信息传递给 10 英尺范围内的射频读卡机,使仓库管理中不再需要使用手持条形码阅读器对元器件等进行逐个扫描,这在一定程度上减少了遗漏的发生,并大幅提高了工作效率。

(1)收货环节

调查显示,在传统的作业环境下(即完全手工盘点或根据物资的条形码盘点),收货流程将耗费大量的人力和时间,而且非常容易出错。当发现差错时,相关的工作人员需要重新对货物进行盘点。如果物资种类繁多、多种物资同时交收,问题将变得更加复杂。但使用 RFID 标签后,以上所有盘点动作将会免去,所有的物资(种类和数量)均被自动检查。IBM 公司最新的一项报告指出,RFID 标签可将物资盘点时间减少 60%~93%。

（2）拣货环节

拣货环节是仓储管理中一个极其消耗人力的过程，而且必然会发生人为错误。调查表明，传统手工环境下，拣货占用50%的工作人员，同时还需要下游工作人员的再次确认，人力成本增加的同时，并不能保证效率和准确性的提高。但采用RFID技术后，企业可建立起实时的仓储管理系统，并使用RFID技术快速、准确地采集物流数据，拣货流程的劳动力一般可以减少36%左右。采用RFID技术后，对许多仓储企业来说，拣货的过程就是依据拣货单到达某个拣货地点，扫描产品的统一编码或位置编码，并把相关的产品与主托盘（集装箱或货车等）关联起来，整个流程的自动化水平明显提高。

（3）运货环节

运货环节一般包括出货验证和出货通知两个子流程，这个环节对许多消费产品类配送中心来说都是一件非常头疼的事情。因为绝大多数消费类产品的配送中心都需要对出货订单进行百分百的验证。因为收货时可能产生的错误、跟单拣货的错误均会给企业带来较高的产品召回率，进而影响企业的声誉。通常情况下，检验员需要在出货口花费大量的时间检查托盘上即将运出的货物，甚至可能花费更多的时间以找出错误的源头，尽管这种耗时的验证过程非常必要，因为它会大幅度提高客户服务水平，但是维持这种服务水平却是以牺牲物流速度和成本为前提的。不过，如果采用了RFID标签技术，多数问题可以迎刃而解，检验成本通常会减少90%。同时，当产品从出货门通过时，阅读器自动收集所有的产品数据，便可自动生成出货通知，为客户提供实时、准确的信息，有效地提高运货环节的效率。

四、便携式数据终端

便携式数据终端（Portable Data Terminal，PDT）也称便携式数据采集器或手持终端，又因其用于自动识别条形码，故称便携式条形码扫描终端。便携式数据终端是集激光扫描、汉字显示、数据采集、数据处理、数据通信等功能于一体的高科技产品，它相当于一台小型计算机，将计算机技术与条形码技术结合，利用物资上的条形码作为信息快速采集手段，兼具掌上电脑、条码阅读器的功能。PDT如图9-14所示。

图9-14　PDT

1. PDT的组成

PDT由硬件和软件两部分组成。

1）硬件。PDT的硬件具有计算机设备的基本配置：中央处理器（CPU）、内存、电池、各种外设接口。

2）软件。软件上具有计算机运行的基本要求：操作系统、可以编程的开发平台及独立的应用程序，可以将计算机网络的部分程序和数据传至手持终端，并可以脱离计算机网络系统独立进行某项工作。

2．PDT 的工作原理

PDT 的基本工作原理是：首先按照用户的要求，将应用程序在计算机编制后下载到 PDT 中，PDT 中的基本数据信息必须通过个人计算机的数据库获得，而存储的信息也必须及时导入数据库中。

PDT 满足了仓储管理中设备与备品配件管理信息采集、处理的要求。

3．PDT 在仓储管理中的应用

在仓库中使用 PDT 时，先扫描位置标签、货架号码、产品数量等信息，将它们都输入到 PDT，再通过无线数据采集技术把这些数据传送到计算机管理系统，可以得到客户产品清单、发票、发运标签、该地所存产品代码和数量等。

知识点三　仓储管理信息系统

仓储管理信息系统（Warehouse Management System，WMS）是用来管理库存内部的人员、库存、工作时间、订单和设备的软件实施工具。随着信息化大潮席卷全球，仓储行业为了更好地为企业和客户服务、占领更大的市场，开始为客户提供库存物资上网的信息服务，在这种情况下，仓储管理信息系统发展起来了。

一、WMS 的构成

WMS 主要由入库管理子系统、出库管理子系统、数据管理子系统、系统管理子系统四部分组成，如表 9-4 所示。

表 9-4　WMS 的构成

WMS	入库管理子系统	1. 入库单处理（录入或转化）； 2. 条形码管理； 3. 物资托盘化和标准化（录入）； 4. 货位分配及入库指令发出； 5. 货位调整； 6. 入库确认； 7. 入库单据打印
	出库管理子系统	1. 出库单管理（录入）； 2. 拣货单生成及出库指令发出； 3. 容错处理； 4. 出库确认； 5. 出库单据打印；

续表

WMS	数据管理子系统	1. 库存管理	（1）货位管理、查询货位使用情况； （2）物资编码查询； （3）入库时间查询； （4）盘点管理
		2. 数据管理	（1）物资编码管理； （2）安全库存量管理； （3）供应商数据管理； （4）使用部门数据管理； （5）未被确认操作的查询和处理； （6）数据库与实际不符记录的查询和处理
	系统管理子系统		1. 系统管理设置； 2. 数据库备份； 3. 系统通信管理； 4. 系统使用管理

1. 入库管理子系统

（1）入库单处理（录入）

入库单可包含多份入库分单，每份入库分单可包含多份托盘数据。入库单的基本结构是每个托盘上放一种货物，因为这样会使仓储的效率更高、流程更清晰。

（2）条形码管理

条形码管理的目的仅是避免条形码的重复，以使仓库内的每个托盘上货物的条形码都是唯一的。

（3）物资托盘化和标准化（录入）

入库单的库存管理系统可支持大批量的一次性到货。该管理系统的运作过程是：批量到货后，首先要分别装盘，然后进行托盘数据的登录注记。所谓托盘数据是指对每个托盘货物分别给予一个条形码标识，登录注记时将每个托盘上装载的货物种类、数量、入库单号、供应商、使用部门等信息与该唯一的条形码标识联系起来。注记完成后，条形码标识即成为一个在库管理的关键，可以通过扫描该条形码得到该盘货物的相关库存信息及动作状态信息。

（4）货位分配及入库指令发出

托盘资料注记完成后，该托盘即进入待入库状态，系统将自动根据存储规则（如货架使用区域的区分）为每个托盘分配一个适当的空货位，手持终端发出入库操作的要求。

（5）货位调整

当所分配的货位实际已有货时，系统会指出新的可用货位，通过手持终端指挥操作的完成。

（6）入库确认

从注记完成至手持终端返回入库成功的确认信息前，该托盘的货物始终处于入库状态。直到收到确认信息，系统才会把该托盘货物的状态改为正常库存，并相应地更改数据库的相关记录。

（7）入库单据打印

以上各项作业完成后，打印实际收货入库单。

入库管理子系统的作业流程如图 9-15 所示。

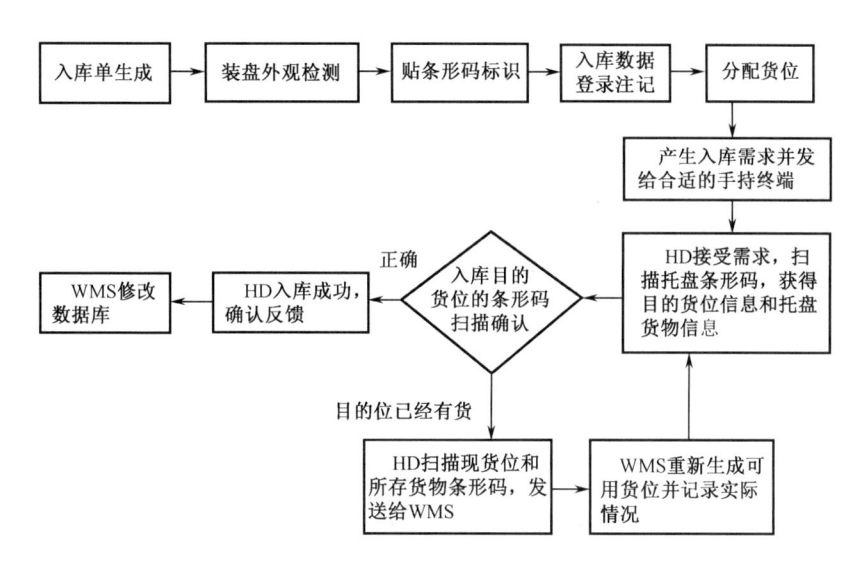

图 9-15　WMS入库管理子系统的作业流程

2. 出库管理子系统

（1）出库单管理

出库单管理指制作出库单的操作。每份出库单可包括多种、多数量货物，出库单分为出库单和出库分单，均由手工输入生成。

（2）拣货单生成及出库指令发出

系统可根据出库内容按一定规律（如先进先出、就近等），具体到托盘及货位，生成拣货单，并发出出库指令。

（3）容错处理

当操作者通过取货位置扫描图确认物资时，如果发现物资错误或实际无货，只要将信息反馈给系统，系统就会自动生成下一个取货位置，指挥完成操作。

（4）出库确认

手持终端确认货物无误后，发出确认信息，该托盘物资即进入出库运行中的状态。在出库区终端确认出库成功后，即可读取数据库中的托盘条形码，并修改相应数据库的记录。

（5）出库单据打印

以上各项作业完成后，打印与托盘相对应的出库单据。

出库管理子系统的作业流程如图9-16所示。

3. 数据管理子系统

（1）存库管理

1）货位管理、查询货位使用情况（空、占用、故障等）。

2）物资编码查询：查询某种物资的库存情况。

3）入库时间查询：查询以日为单位的在库情况。

4）盘点管理：进入盘点状况，实现全库盘点。

（2）数据管理

1）物资编码管理：提供与货物编码相关的信息的输入界面，包括：编码、名称、所属部门、单位等的输入界面。

2）安全库存量管理：提供具体到某种物资的最大库存、最小库存的参数设置，从而实现库存量的监控预警。

3）供应商数据管理：录入供应商编号、名称、联系方法，供入库单使用。

4）使用部门数据管理：录入使用部门、编号、名称等，供出库单、入库单使用。

5）未被确认操作的查询和处理：提供未被确认操作的查询，逐条核对处理功能。

6）数据库与实际不符记录的查询和处理：逐条提供选择，决定是否更改为实际记录或手工输入记录。

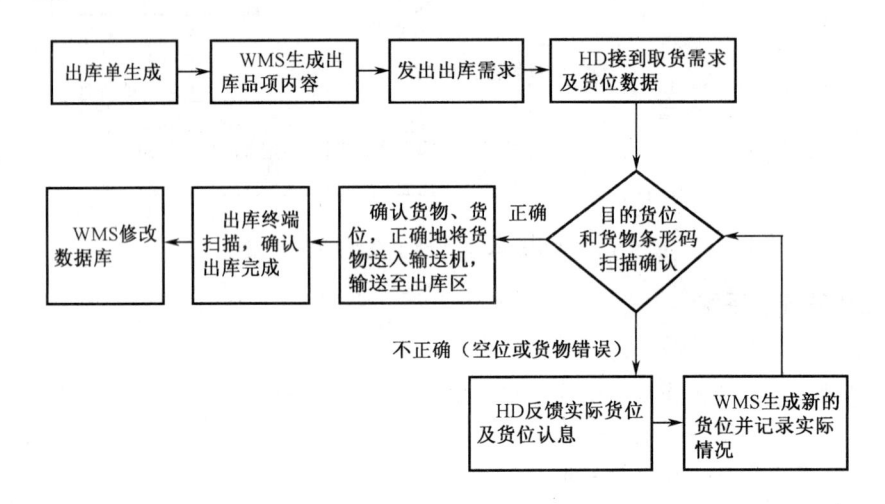

图9-16 WMS出库管理子系统的作业流程

4．系统管理子系统

（1）系统管理设置

使用者名称、代码、密码、可使用程序模块的选择。

（2）数据库备份

提供存储过程，每日定时备份数据库或日志。

（3）系统通信管理

若系统有无线通信部分，应提供对通信的开始和关闭操作功能。

（4）系统使用管理

提供系统登入和退出界面的相关信息。

二、WMS的效果及在我国的应用情况

1．WMS的效果

1）为仓库作业全过程提供自动化和全面记录的途径。

2）实现仓库随机储存，最大限度地利用库容。

3）提高发货的质量和正确性，减少断挡和退货，提高顾客满意度。

4）为仓库的所有活动、资源和仓库水平提供即时的正确信息。

2. WMS 在我国的应用情况

仓储管理系统在我国的应用还处于起步阶段。目前在我国市场上呈现出二元结构：以跨国公司或国内少数先进企业为代表的高端市场，其应用 WMS 的比例较高，系统也集中在基本成熟的国外主流品牌；以国内企业为代表的中低端市场，主要应用国内开发的 WMS 产品。下面主要结合物流信息化优秀案例，从应用角度对国内企业的 WMS 概况做一具体分析。

第一类是基于典型的配送中心业务的应用系统，在销售物流中如连锁超市的配送中心，在供应物流中如生产企业的零配件配送中心，都能见到这样的案例。北京医药股份有限公司的现代物流中心就是这样的一个典型。该系统的目标：一是落实国家有关医药物流的管理和控制标准《药品经营质量管理规范》等，二是优化流程，提高效率。系统包括进货管理、库存管理、订单管理、拣选、复核、配送、无线射频终端管理、物资与货位基本信息管理等功能模块；通过网络化和数字化方式，提高库内作业控制水平和任务编排。该系统把配送时间缩短了 50%，订单处理能力提高了一倍以上，还取得了显著的社会效益，成为医药物流领域的一个样板。此类系统多用于制造业或分销业的供应链管理中，也是 WMS 中最常见的一类。

第二类是以仓储作业技术的整合为主要目标的系统，解决各种自动化设备的信息系统之间的整合与优化问题。武钢第二热轧厂的生产物流信息系统即属于此类，该系统主要解决原材料库（钢坯）、半成品库（粗轧中厚板）与成品库（精轧薄板）之间的协调运行问题，否则将不能保持连续作业，不仅放空生产力，还会浪费能源。该系统的难点在于物流系统与轧钢流水线的各自动化设备系统要无缝连接，使库存成为流水线的一个环节，也使流水线成为库存操作的一个组成部分。各种专用设备均有自己的信息系统，WMS 不仅要整合设备系统，还要整合工艺流程系统，要融入更大范围的企业整体信息化系统中去。此类系统涉及的流程相对规范、专业，多出现在大型 ERP 系统中。

第三类是以仓储业的经营决策为重点的应用系统，其鲜明的特点是具有非常灵活的计费系统、准确及时的核算系统和功能完善的客户管理系统，为仓储业经营提供决策支持信息。华润物流有限公司的润发仓库管理系统就是这样一个案例。此类系统多用在一些提供公仓仓储服务的企业中，其流程管理、仓储作业的技术共性多、特性少，所以要求不高，适合对多数客户提供通用的服务。该公司采用了一套适合自身特点的 WMS 以后，降低了人工成本，提高了仓库利用率，明显增加了经济效益。

WMS 的核心理念是高效的任务执行和流程规划策略，是建立在成熟的物流理念基础之上的，高性能的 WMS、高效的管理流程、先进的设备共同铸造成功的仓储管理。WMS 通过不同的功能模块支持企业仓储配送的执行并适应不断变化的商务策略、电子商务、客户需求、现代化设备、订单的大小和结构环境，提高作业效率与资源利用率，以降低物流成本和提高客户服务水平，实现对一个大型仓库或配送中心的所有执行过程的有效管理，从而使仓储管理策略长期处于领先地位，帮助企业打造物流管理的核心竞争力。

案例分析

用 WMS 软件对上海联华便利配送中心进行管理

1. 联华便利配送中心概述

将现有的建筑物改建成物流中心，采用 WMS 实现整个配送中心的全计算机控制和管理；具体操作中实现半自动化，以货架形式来保管，以自动化流水线来输送，以数字拣选系统来拣选。

联华便利配送中心总面积8000平方米，建筑物有四层楼，多层结构，各层平台间的搬运采用托盘垂直升降机和笼车垂直升降机。配送中心被分成17个分拣区域，在各个区域的起始位置处装有商品号码显示器。整个中心采用托盘货架与流动式货架为主的布局设计，托盘货架保管整箱的货物，流动式货架保管非整箱货物。

2. 联华便利配送中心设备概要

联华便利配送中心设备概要如表9-5所示。

表9-5 设备概要

设　备	概　况
进货口	3个
电动叉车	8辆
手动托盘搬运车	20辆
垂直升降机	2台
辊道输送机	5条
笼车	1 000辆
货架	3层结构
塑料托盘	5 000个
塑料周转箱	4 000个
无线手持终端	12台
数字拣选设备	2 400套
配送车辆	23辆

3. 作业流程

（1）进货入库

1）进货后，立即由信息系统进行登记处理，生成入库指示单，同时发出是否能入库的指示，如图9-17所示。

2）接到系统发出的入库指示后，工作人员将物资堆放在空托盘上，并用无线手持终端对该托盘的号码及进货品种、数量、保质期等数据进行进货登记，如图9-18所示。

图9-17　发出入库指示　　　　　　图9-18　进货量登记

3）在入库登记后，工作人员用手动叉车将物资搬运至入库品运载装置处，如图9-19所示。

4）按下入库开始按钮，入库运载装置开始上升，将物资送上入库输送带，如图9-20所示。在物资传输过程中系统将对物资进行称重和检测。

5）根据输送带侧面安装的条码阅读器，对托盘条形码确认，如图9-21所示。计算机将对托盘物资的保管和搬送目的地发出指示。

图 9-19 用手动叉车搬运　　图 9-20 入库运载装置开始上升　　图 9-21 对托盘条形码确认

6）物资在下平台前，根据入库输送带侧面设置的条形码阅读器，将托盘号码输入计算机，并根据该托盘情况，对照货位情况，发出入库指示，然后由叉车从输送带上取下托盘，如图 9-22 所示。

7）叉车作业者根据手持终端指示的货位号将托盘入库，如图 9-23 所示，经确认后，在库货位数将进行更新。

图 9-22 取下托盘　　图 9-23 托盘入库

（2）物资拣选

1）根据订单进行配货时，信息系统发出出库指示，各层平台上设置的激光打印机根据指示打印出库单。系统中的商店号码显示器显示出需要配送的商店号码，如图 9-24 所示。

2）根据货位上数码显示器显示拣选的数量，依次进行拣选。数码显示器配备的指示灯可以显示三种不同的颜色，如图 9-25 所示。

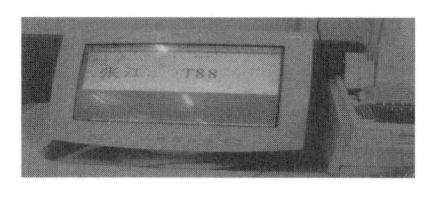

图 9-24 显示商店号码　　图 9-25 货位上的数码显示器

3）当拣选作业结束后，按"完了"按钮，如图 9-26 所示。

4）各平台仓库分成 17 个拣选区域，如图 9-27 所示。

图 9-26 按"完了"按钮　　图 9-27 拣选区域

5）当全部区域拣选结束后，装有物资的笼车由笼车升降机送至一层所在的发货区，如图 9-28 所示。

6）工作人员将不同商店分散在多台笼车上的物资归总分类，如图 9-29 所示。

图 9-28　送至一层发货区　　　　　　　图 9-29　归总分类

7）附上交货单，依照送货平台上显示器显示的商店号码将笼车送到相对应的运输车辆上，如图 9-30 所示。

8）托盘回收。工作人员将空托盘堆放在各层的空托盘平台返回输送带上，然后由垂直升降机将空托盘传送至第一层，并由第一层进货区域内的空托盘自动收集机收集起来，随后送到进货区域的平台上堆放整齐，如图 9-31 所示。

图 9-30　送至运输车辆　　　　　　　图 9-31　托盘回收

4. 联华配送中心的实际运作效果

新物流中心库存商品可达 10 万箱，每天拆零商品可达 3 万箱，商品周转期从原来的 14 天缩短到 3.5 天，库存积压资金大大减少；采用 DPS 方式取代人工拣选，使差错率减少到了万分之一，配送时间从 4 分钟/店压缩到 1.5 分钟/店，每天可配送 400 多家门店，配送准确率、配送服务水平、门店满意度等都有了大幅度提升，同时降低了物流成本在总销售额中所占的比例，从而为联华便利店的良好、稳定发展奠定了坚实的基础。

联华便利配送中心引进了目前国内最先进、规模最大、科技含量最高、代表了国际物流先进理念的设备，受到了各方的关注，并因此提升了联华便利店自身的形象。

5. 联华便利配送中心系统功能

联华便利配送中心系统功能如表 9-6 所示。

表 9-6　联华便利配送中心系统功能

存放物资的种类	食品、杂货品共 2200 种
存放物资的数量	最多 10 万箱，承重量 500 千克/托盘或 25 箱/托盘，重量平均 10 千克/箱
配送门店数	800 家
工作时间	一年 365 天，每天 24 小时运行
出货去向	上海地区的便利超市，最多每天配送 450 家门店
出货量（以笼车为单位）	最大：1800 笼车/日；平均：16～17 箱/笼车；共计：30000 箱/日
进货量（以箱为单位）	最大：30000 箱/日 或 1200 托盘/日；即平均 25 箱/托盘
物资的拣选方式	采用先进的 DPS 拣选方式，每层分 17 个区域进行拣选，共有 2400 个拣选点。每个拣选点配有一个数码显示器，每个显示器有三个以上拣选功能

资料来源：http://www.doc88.com/p-909291113740.html

上海联华便利配送中心使用 WMS 软件的启示：
1. 使用 WMS 软件的条件是仓库的工作人员有良好的素质，仓库有较先进的机械设备。
2. 选择和仓库作业相适应的 WMS 软件。
3. 确定 WMS 软件的功能模块。
4. 对 WMS 软件的使用效果进行评估。

重要概念

条形码　　一维条形码　　二维条形码　　全球卫星定位系统　　地理信息系统
射频技术　　便携式数据终端　　仓储管理信息系统

本章小结

☑ 条形码的概念、种类、系统要求、特点、编码规则，一维条形码、二维条形码的概念及其在仓储管理过程中的应用。
☑ 全球卫星定位系统、地理信息系统、数据采集技术、便携式数据终端的概念、组成、工作原理及其在仓储管理中的应用。
☑ 仓储管理信息系统的概念、构成、运用效果及在我国的应用。

复习思考题

一、填空题

1. 条形码应用系统由（　）、（　）、（　）及（　）组成。
2. 二维条形码分为（　）和（　）两种。
3. GPS 包括三大部分，即（　）、（　）、（　）。
4. 中国正在大力发展自己的全球卫星导航系统，即（　）。
5. 射频识别技术主要由（　）、（　）、（　）三部分组成。
6. 便携式数据终端是集（　）、（　）、（　）、（　）、（　）等功能于一体的高科技产品。
7. 仓储管理信息系统主要由（　）、（　）、（　）、（　）四部分组成。
8. 系统管理子系统包括（　）、（　）、（　）、（　）四方面的内容。

二、选择题

1. 已知条形码为 866284121603X（X 为校验码），则 X 为（　）。
　　A. 6　　　　　　B. 7　　　　　　C. 8　　　　　　D. 9
2. 国家或地区的代码由两位数字表示的标准商品条形码中，生产厂家由（　）位数字表示。
　　A. 3　　　　　　B. 4　　　　　　C. 5　　　　　　D. 6
3. 标准商品条形码由（　）位数字组成。
　　A. 8　　　　　　B. 10　　　　　　C. 13　　　　　　D. 14

4. 缩短型商品条形码由（　　）位数字组成。
   A. 8　　　　　　　　B. 10　　　　　　　　C. 13　　　　　　　　D. 14
5. 以下属于堆叠式二维条形码的是（　　）。
   A. Code One　　　　B. PDF417　　　　　C. QR Code　　　　　D. Maxi Code
6. 全球卫星定位系统用（　　）表示。
   A. GIS　　　　　　　B. RFID　　　　　　C. GPS　　　　　　　D. PDT
7. WMS 中的条形码管理属于（　　）子系统。
   A. 入库管理　　　　　B. 出库管理　　　　　C. 数据管理　　　　　D. 系统管理
8. WMS 中的数据库备份属于（　　）子系统。
   A. 入库管理　　　　　B. 出库管理　　　　　C. 数据管理　　　　　D. 系统管理

三、判断题

1. 标准商品条形码中的国家代码都是用 3 位数字表示的。（　　）
2. 缩短型商品条形码的产品代码用 4 位数字表示。（　　）
3. GPS 是一种以空中卫星为基础的路线选择系统。（　　）
4. 射频识别中的电子标签主要用来传递射频信号。（　　）
5. 便携式数据终端简称 PDT。（　　）
6. 便携式数据终端可以得到客户产品清单、发票、发运标签、该地所存产品代码和数量等。（　　）
7. WMS 的数据管理子系统包括库存管理和数据管理两部分。（　　）
8. 我国仓储管理系统的应用已经比较成熟。（　　）

四、简答题

1. 条形码有哪些特点？
2. 一维条形码和二维条形码有哪些区别？
3. GPS 有哪些特点？
4. 射频识别系统由哪些部分组成？
5. 简述 WMS 软件的构成。
6. 实施 WMS 软件能给仓库带来哪些效益？

五、案例分析

案例 1

条形码技术在长春烟草物流中心的应用

2006 年 10 月，为了解决卷烟分拣作业中存在的问题、更好地服务于广大卷烟零售商户，长春烟草物流中心决定对现有分拣作业流程进行调整。引进了叠层自动套膜封口热收缩包装机和高速标签打印机，分别用于自动分拣后的卷烟包装与外包装加贴标签，新的分拣、配送作业流程如下。经 A 型架自动分拣、打标后的香烟经过点数机（按客户需求隔离）后，进入叠层自动套膜封口热收缩包装机进行包装。包装好的香烟由分拣员与计算机显示的分拣信息核对，准确无误后粘贴同步打印、输出的外包装标签（包含零售商户信息及其所需香烟信息），并装入周转箱。在此次流程优化过程中，基于现场应用特点，长春烟草物流中心对标签打印机的选择标准主要为：设备的质量与耐用性、设备的打印操作便捷性、设备的品牌与知名度、设备的性价比及可升级性、设备的环境要求。最终，长春烟草物流中心选择了在市场上有良好口碑的斑马 Z4Mplus 工业及商用条形码打印机。该打印机的处理速度为 254 毫米每秒，输出标签快速、高效，可以在变量信息应用等高要求的工作任务中增加产出，减少等待时间。采用新的工作流程后，各方反映良好。首先，物流作业效率大幅提高，配送差错率大幅降低。系统分拣能力由原来的每条分拣线每小时分拣 3000 条卷烟提高到现在的每小时分拣 5000 条卷烟，工人每班的工作时间减少了 1.5～2 小时，加班现象被杜绝了。其次，卷烟配送流程管理更加规范高效。由于贴标规范，信息反馈及时，系统实时更新，方便物流中心在配送的各个环节实施监控。更重要的是，客户满意度直线上升。同时，由于热收缩薄膜包装技术含量较高，非法烟贩不易模仿，对于卷烟商户辨别假冒卷烟能够起到积极作用。此外，外包装膜上标注的客户名称、编号、地址等信息清楚、明确，送货员送错客户的现象明显减少了，提高了零售商户的日常经营效率。

资料来源：http://www.e-gov.org.cn/chenggonganli/qiyexinxihua/200704/57066.html

案例 1 思考题：
1. 长春烟草物流中心采取了哪些措施对现有分拣作业流程进行调整？
2. 调整之后长春烟草物流中心取得了哪些效益？

案例 2

WMS 在服装企业仓储管理中的应用

1. 入库流程

（1）ERP 提供入库通知单，通过 ERP&WMS 接口导入 WMS，生成计划入库单。

（2）收货时，通过扫描商品条形码对商品进行复核，并打印每箱的箱唛。

（3）扫描完成后，确认收货，回馈收货信息至 ERP，打印一式多联的入库单凭证。

（4）确认收货后，WMS 按照各种上架策略（优先填满、相邻堆放等），为所有商品提供上架货位，对于退货商品，由于其款式数量多而杂，为了能够提高退货上架处理的效率，将一段时间内的退货商品信息进行合并，再上架处理。

（5）操作人员按照系统提示的货位将商品上架到指定位置，根据实际情况，也可以将商品上架到人为指定的货位。

（6）确认上架信息，商品入库操作流程结束。

2. 库内管理

（1）WMS 的所有商品的库存信息通过 ERP&WMS 接口传输至 ERP 系统，以保证两个系统之间的库存信息及时同步，以保证 ERP/DRP 系统合理地制定出库通知单。

（2）经常优化仓库库存，调整货位占用情况，以提高有限的仓库货位空间的利用率，特别是在换季处理时，需要将旧款从零拣货位移到其他存储位置以腾出空间存放新款商品，实际操作时，通过 RF 终端设备操作实物，保证信息及时、准确地同步到 WMS。

（3）补货操作是仓库内部的日常操作，将整托、整箱货位的商品及时地补货到零拣货位，以提高出库拣货的效率和准确率，实际操作时，通过 RF 终端设备完成补货操作，以保证补货信息及时、准确地同步到 WMS。

（4）操作人员在操作过程中不可避免地会造成系统库存的差异，通过 RF 终端设备对部分商品进行循环盘点操作，以保证实物和 WMS 库存信息始终一致，同时，箱体外贴的箱唛的使用也为盘点操作节省了大量的工作量。

（5）由于特殊原因，某些商品需要特殊处理，如"冻结"库存状态以防止被其他单据占用库存，在需要的时候，也可"解冻"其状态。

（6）库存查询对仓库管理人员而言，能够使其及时、准确地了解当前仓库库存数量及具体的分布情况。

3. 出库流程

（1）ERP 提供出货通知单，通过 ERP&WMS 接口导入 WMS，生成计划出库单。

（2）WMS 按照各种拣货策略（FIFO、先零后整等）为所有商品分配拣货货位。

（3）所有商品拣货指令通过 WMS&DPS 接口传输至 DPS 系统。

（4）在 DPS 的指导下，操作人员可利用拣货车或播种区进行商品拣货、配货，WMS 自动确认已完成配货的拣货信息。

（5）所有商品拣货完成后，在复核台对出库商品进行复核，防止发货串货的情况发生。

（6）所有商品复核完成后，确认出库，将实际的出库信息反馈至 ERP，并打印一式多联的出库单凭证和不同品牌商品吊牌，商品出库操作流程结束。

资料来源：http://www.doc88.com/p-393940031094.html

案例 2 思考题：

1. 简述该服装企业的入库作业流程。
2. 简述该服装企业的出库作业流程。

第十章 仓储绩效分析及仓储管理法规

学习目标

① 理解仓储绩效分析的概念、意义、原则与标准，绩效分析方法的概念、类别及提高仓储绩效的途径，我国仓储管理法规的演进，国外仓储管理法规概况。

② 掌握仓储绩效分析的指标管理，仓储绩效分析的指标分析法、程序分析法、成本分析法。

③ 运用仓储绩效各类指标对仓储作业情况进行考核。

引导案例

某仓储企业的绩效指标体系

某仓储企业在与客户签订合同时，向客户承诺的服务指标如表 10-1 所示。

表 10-1 某仓储企业向客户承诺的服务指标

仓储配送指标	仓储运输指标
仓储提供能力：100%	运输准确率：100%
仓储扩充能力：100%	货损赔付率：100%
满足仓储要求：90%	响应速度：≤2 小时
库存完好率：100%	延期率：≤2%（零担货口）；≤0.3%（整车货品）
出入库保障能力：100%	物资出险率：≤4 次/年
配送及时率：>80%	货损率：≤0.1%
配送准确率：100%	物资卸错率：≤2 次/年
在途信息失控率：≤5 次/年	
信息技术的应用率：90%	
远程信息提供能力：≥90%	
账实相符率：100%	
客户满意度：≥99%	

资料来源：http://doc.mbalib.com/view/2d5d2e61d438c7c9fedf2d4243c4a92a.html

思考题

1. 表 10-1 中哪些指标还有改进的余地？
2. 除了表 10-1 中所列配送指标、运输指标之外，仓储绩效分析的指标还有哪些？

知识点一　仓储绩效分析概述

仓储绩效分析是指在一定的经营期间内仓储企业利用指标对经营效益、经营业绩及服务水平进行考核，以加强仓储管理工作，提高管理的业务水平和技术水平。

无论在企业物流系统中还是在社会物流系统中，仓库都担负着货主企业生产经营所需的各种物资的收发、储存、保管保养、控制、监督，以及保证及时供应货主企业生产和销售经营所需等多种职能。这些活动对于货主企业是否能够按计划完成生产经营目标、控制仓储成本和物流总成本至关重要。因此仓库有必要建立系统、科学的仓库绩效考核的指标体系。

一、仓储绩效分析的意义

仓储绩效分析是仓储管理成果的集中体现，是衡量仓储管理水平的手段。仓储绩效分析的意义在于对内加强管理，降低仓储成本，对外进行市场开发，接受客户评价。

仓储绩效分析的意义主要表现在以下三方面。

1. 对内加强管理，降低仓储成本

可以利用绩效考核指标对内考核仓库各个环节的计划执行情况，纠正运作过程中出现的偏差，具体表现如下。

1）有利于提高仓储管理水平。仓储绩效考核指标体系中的每项指标都反映了某部分工作或全部工作的一个侧面。通过对指标的分析，能发现工作中存在的问题。特别是对几项指标的综合分析，能找到彼此间的联系和关键问题所在，从而为计划的制订、修改，以及仓储作业过程的控制提供依据。

2）有利于落实岗位责任制。指标是衡量每个工作环节作业量、作业质量及作业效率和效益的标准，是掌握各岗位计划执行情况、实行按劳分配和进行各种奖励的依据。

3）有利于仓储设施设备的现代化改造。一定数量和水平的设施和设备是保证仓储生产活动高效运行的必要条件，通过对比作业量系数、设备利用情况等指标，可以及时发现仓储作业流程的薄弱环节，以便有计划、有步骤地进行技术改造和设备更新。

4）有利于提高仓储经济效益。经济效益是衡量仓储工作的重要标志，通过指标考核与分析，可以对仓储的各项活动进行全面的检查、比较、分析，确定合理的仓储作业定额指标，制定优化的仓储作业方案，从而提高仓储利用率，提高客户服务水平，降低仓储成本，以合理的劳动消耗获得理想的经济效益。

2. 进行市场开发，接受客户评价

仓储还可以充分利用生产绩效考核指标对外进行市场开发和客户关系维护，给货主企业提供相对应的质量评价指标和参考数据，具体表现如下。

1）有利于说服客户和扩大市场占有率。货主企业在仓储市场中寻找物流服务供应商的时候，在同等价格的基础上，服务水平通常是最重要的因素。这时如果仓储企业能提供令客户信服的服务指标体系和数据，则将在竞争中获得有利地位。

2）有利于稳定客户关系。在我国目前的物流市场中，以供应链方式确定下来的供需关系并不太多，供需双方的合作通常以一年为期，到期后客户将对物流供应商进行评价，以决定今后是否继续合作，这时如果客户评价指标反映良好，则将使仓储企业继续拥有这一合作伙伴。

3）总结经验教训、提高服务水平。了解仓储企业各项任务的完成情况和取得的成绩，及

时总结经验；发现仓储工作中存在的问题及薄弱环节，以便查明原因并加以解决；弄清仓储设施的利用程度和潜力，进一步提高仓储作业能力；考核仓库作业基本原则的执行情况，对作业的质量、效率、安全、经济性等做出全面评价；找出规律，为仓库的发展规划提供依据。

二、仓储绩效分析的原则与标准

为了保证仓储绩效分析真正发挥作用，科学制定指标体系和严格实施及管理非常重要。

1. 仓储绩效分析的原则

（1）科学性

科学性原则要求所设计的指标体系能够客观地反映仓库生产的所有环节和活动要素。

（2）可行性

可行性原则要求所设计的指标便于工作人员掌握和运用，数据容易获得，便于统计计算，便于分析比较。

（3）协调性

协调性原则要求各项指标之间相互联系、相互制约，但是不能相互矛盾和重复。

（4）可比性

在对指标的分析过程中，重要的是对指标进行比较，如实际完成与计划完成相比、现在与过去相比、与同行相比等，所以可比性原则要求指标在期间、内容等方面要一致，使指标具有可比性。

（5）稳定性

稳定性原则要求指标一旦确定，应在一定时期内保持相对稳定，不宜经常变动、频繁修改。在执行一段时间后，经过总结再进行改进和完善。

2. 仓储绩效分析的标准

仓储绩效分析的标准是对评价对象进行分析评价的标尺，是评价工作的准绳和前提。根据不同的用途，评价标准分为以下四类。

（1）计划（预算）标准

计划（预算）标准是仓储绩效分析的基本标准，是指以事先制订的计划、预算和预期目标为评价标准，将仓储绩效实际达到的水平与其进行对比。该标准反映了仓储绩效计划的完成情况，并在一定程度上代表了现代企业经营管理水平。但该标准人为因素较强，主观性较大，要科学、合理地制定才能取得较好的激励效果。

（2）历史标准

历史标准是以历史同期水平或历史最高水平为衡量标准，将仓储绩效实际达到的水平与其自身历史水平进行纵向比较。这种比较能够反映仓储绩效指标的发展动态和方向，为进一步提升仓储绩效提供决策依据。但历史标准的评价结果缺乏横向可比性，具有排他性。

（3）客观标准

客观标准是以国际或国内同行业绩效状况为评价本企业仓储绩效的标准。采用这一评价标准，评价结果较为真实且具有横向可比性，便于了解企业在行业中所处的位置，有助于企业制定仓储发展战略。

（4）客户标准

客户标准就是以客户来衡量企业的仓储绩效，根据客户的满意程度来评价仓储企业运作服务水平的关键因素，是企业改进和提高仓储水平的重要依据。

三、仓储绩效分析的指标管理

在制定出仓储绩效分析的指标之后，为了充分发挥指标在管理中的作用，仓储各级管理者和作业人员应进行指标的归口、分级和考核工作。

1．实行指标的归口管理

指标制定的目标能否完成，与仓储企业每个员工的工作有直接联系，其中管理者对指标的重视程度和管理方法更为关键。将各项指标按仓储职能机构进行归口管理、分工负责，使每项指标从上到下层层有人负责，可以充分发挥各职能机构的积极作用，形成一个完整的指标管理系统。归口管理和分工负责方法如图10-1所示。

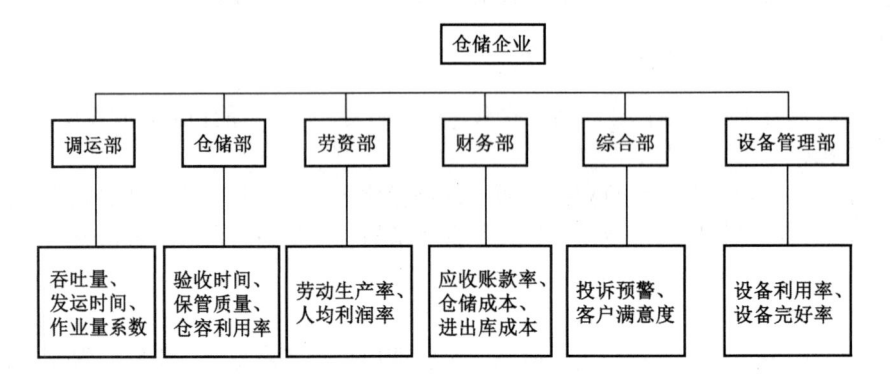

图 10-1　归口管理和分工负责方法

2．分解指标，落实到人

一系列的仓储生产经营绩效指标需要分解、分级落实到仓储各个部门、各个班组，直至每个员工，使每级部门、每个班组、每个员工明确自己的责任和目标。

3．开展指标分析，实施奖惩

定期进行指标执行情况的分析，是改善仓储工作、提高仓储经济效益的重要手段。只有通过指标分析，找出差距，分析原因，才能对仓储的生产经营活动做出全面的评价，从而促进仓储绩效不断提高。

四、仓储绩效分析的指标体系

仓储绩效分析的指标体系是反映仓储生产成果及仓储经营状况的各项指标的总和。指标的种类由于仓储在物流系统中所处的位置或仓储的经营性质不同而有繁有简。一般而言，仓储绩效分析的指标分为四大类：资源利用程度方面的指标、服务水平方面的指标、能力与质量方面的指标、库存效率方面的指标。

1．资源利用程度方面的指标

（1）仓库面积利用率

仓库面积利用率是衡量和考核仓库利用程度的指标。仓库面积利用率越大，表明仓库面

积的有效使用情况越好。其计算公式为:

$$仓库面积利用率 = \frac{仓库可利用面积}{仓库建筑面积} \times 100\%$$

(2) 仓容利用率

仓容利用率是衡量和考核仓库利用程度的另一指标。仓容利用率越大,表明仓库的利用效率越高。其计算公式为:

$$仓容利用率 = \frac{库存物资实际数量或容积}{仓库应存数量或容积} \times 100\%$$

仓库面积利用率和仓容利用率是反映仓库管理工作水平的主要经济指标。这两项指标可以反映物资储存面积与仓库实际面积的对比关系及仓库面积的利用是否合理,也可以为挖潜多储、提高仓库面积的有效利用率提供依据。

(3) 设备完好率

设备完好率是处于良好状态、随时能投入使用的设备占全部设备的百分比。其计算公式为:

$$设备完好率 = \frac{期内设备完好台日数}{同期设备总台日数} \times 100\%$$

期内设备完好台日数是指设备处于良好状态的累计台日数,其中不包括正在修理或待修理设备的台日数。

(4) 设备利用率

设备利用率是考核运输、装卸搬运、加工、分拣等设备利用程度的指标。设备利用率越高,说明设备的利用程度越高。其计算公式为:

$$设备利用率 = \frac{全部设备实际工作时数}{同期设备日历工作时数} \times 100\%$$

仓储设备是企业的重要资源,设备利用率高表明仓储企业进出库业务量大,是经营绩效良好的表现,为了更好地反映设备利用状况,还可用以下指标加以详细计算。

1) 设备工作日利用率。设备工作日利用率是计划期内装卸、运输等设备实际工作天数与计划工作天数之比,反映各类设备在计划期内工作日被利用程度,其计算公式为:

$$设备工作日利用率 = \frac{计划期内设备实际工作天数}{计划期内设备计划工作天数} \times 100\%$$

2) 设备工时利用率。设备工时利用率是装卸、运输等设备实际日工作时间与计划日工作时间之比,反映设备工作日的实际被利用程度,其计算公式为:

$$设备工时利用率 = \frac{设备每日实际工作时间}{设备每日计划工作时间} \times 100\%$$

(5) 设备作业能力利用率

设备作业能力利用率是计划期内设备实际作业能力与技术作业能力的比值,其计算公式为:

$$设备作业能力利用率 = \frac{计划期内设备实际作业能力}{计划期内设备技术作业能力} \times 100\%$$

作业能力单位根据不同的性能特点而定,如起重设备表示为单位时间内的起重量,设备作业能力可根据其标记作业能力并参考设备服役年数核定,该指标反映设备作业能力被利用的程度。

(6)装卸设备起重量利用率

装卸设备起重量利用率反映各种起重机、叉车、堆垛机等的额定起重量被利用的程度，也反映了装卸设备与仓库装卸作业量的适配程度，其计算公式为：

$$装卸设备起重量利用率 = \frac{计划期内设备每次平均起重量}{计划期内设备定额起重量} \times 100\%$$

(7)全员平均劳动生产率

全员平均劳动生产率指仓库全年出入库物资总量与仓库总工作人员数量之比。比值越大，表明仓库人均劳动生产率越高，意味着仓库效益越好。全员平均劳动生产率计算公式为：

$$全员平均劳动生产率 = \frac{全年出入库总量}{仓库总人数} \times 100\%$$

(8)资金利润率

资金利润率指仓储所得利润与全部资金占用之比，它可以用来反映仓储的资金利用效果，其计算公式为：

$$资金利润率 = \frac{利润总额}{固定资产平均占用额 + 流动资金平均占用额} \times 100\%$$

2. 服务水平方面的指标

(1)客户满意程度

客户满意程度是衡量企业竞争力的重要指标，客户满意与否不仅影响企业经营业绩，而且影响企业的形象。考核这项指标不仅可以反映企业服务水平的高低，同时可以衡量企业竞争力的大小，其计算公式为：

$$客户满意度 = \frac{满足客户要求数量}{客户要求数量} \times 100\%$$

(2)缺货率

缺货率是对仓储物资可得性的衡量尺度。将全部物资所发生的缺货次数汇总起来与客户订货次数进行比较，就可以反映一个企业实现其服务承诺的状况，其计算公式为：

$$缺货率 = \frac{缺货次数}{用户要求次数} \times 100\%$$

这项指标可以衡量仓库的库存分析能力和及时组织补货的能力。

(3)准时交货率

准时交货率是满足客户需求的考核指标，其计算公式为：

$$准时交货率 = \frac{准时交货次数}{总交货次数} \times 100\%$$

(4)业务赔偿费率

业务赔偿费率是以仓库在计划期内发生的业务赔罚款总额占同期业务总收入的百分比来计算的，此项指标反映仓库履行仓储合同的质量。计算公式为：

$$业务赔偿费率 = \frac{业务赔罚款总额}{业务总收入} \times 100\%$$

业务赔罚款指在入库、保管、出库阶段，由于管理不严、措施不当而造成库存物损坏或丢失所支付的赔款和罚款，以及为延误时间等所支付的罚款，意外灾害造成的损失不计。

业务总收入指计划期内仓储部门在入库、储存、出库阶段提供服务所收取的费用之和。

3. 能力与质量方面的指标

（1）库容量

库容量指仓库能容纳物资的数量，是仓库内除去必要的通道和间隙后所能堆放物资的最大数量，在规划和设计仓库时首先要明确库容量。

（2）吞吐量

吞吐量指计划期内进出库物资的总量，计量单位一般为吨。计划指标通常以年吞吐量计算。吞吐量计算公式为：

计划期物资吞吐量=计划期物资总入库量+计划期物资总出库量+计划期物资直拨量。

其中，入库量指经仓库验收入库的数量，不包括到货未验收、不具备验收条件、验收发现问题的数量；出库量指按出库手续已经点交给用户或承运单位的数量，不包括备货待发运的数量；直拨量指在车站、码头、机场、供货单位等提货点办理完提货手续后，直接将物资从提货点分拨转运给用户的数量。吞吐量是仓储考核的主要指标，是计算其他指标的依据。

（3）库存量

库存量通常指计划期内的日平均库存量，也是反映仓库平均库存水平和库容利用状况的指标，反映的是一组相对静止的库存状态，其计量单位为吨，计算公式为：

$$月平均库存 = \frac{月初库存量 + 月末库存量}{2}$$

$$年平均库存 = \frac{各月平均库存量之和}{12}$$

库存量指仓库内所有纳入仓库经济技术管理范围的全部本单位和代存单位的物资数量，不包括待处理、待验收的物品数量。

月初库存量等于上月末库存量，月末库存量等于月初库存量加上本月入库量再减去本月出库量。

（4）账实相符率

账实相符率指仓储账册上的物资存储量与实际仓库中保存的物资数量之间的相符程度。一般在对仓储物资盘点时，逐笔与账面数字核对。账实相符率反映仓库的管理水平，是避免企业财产损失的主要考核指标，其计算公式为：

$$账实相符率 = \frac{账实相符笔数}{储存物资总笔数} \times 100\%$$

通过这项指标的考核，可以衡量仓库账面物资的真实程度，反映保管工作的完成质量和管理水平，是避免物资损失的重要手段。

（5）收发差错率（收发正确率）

收发差错率是以收发货所发生差错的累计笔数占收发货总笔数的百分比来计算的，此指标反映仓库收、发货的准备程度。其计算公式为：

$$收发差错率 = \frac{收发差错累计笔数}{收发物资总笔数} \times 100\%$$

$$收发正确率 = 1 - 收发差错率$$

收发差错包括因验收不严、责任心不强而造成的错收、错发，不包括丢失、被盗等因素造成的差错，这是仓库管理的重要质量指标。通常情况下，收发货差错率应控制在0.5%以内，而对于一些单价价值高的物资或具有特殊意义的物资，客户将要求仓库的收发正确率是100%，否则将根据合同索要赔偿。

（6）物资缺损率

物资缺损主要由两种原因造成：一是保管损失，即因保管养护不善造成的损失；二是自然损耗，即因物资易挥发、失重或破碎所造成的损耗。物资缺损率反映物资保管与养护的实际状况，考核这项指标是为了促进物资保管与养护水平的提高，从而使物资缺损率降到最低，其计算公式为：

$$物资缺损率 = \frac{期内物资缺损量}{期内库存物资总量} \times 100\%$$

（7）平均储存费用

平均储存费用指保管每吨物资每月平均所需的费用。物资保管过程中消耗的一定数量的活劳动和物化劳动的货币形式即为各项仓储费用。这些费用包括在物资出入库、验收、存储和搬运过程中消耗的材料、燃料、人工工资和福利费、固定资产折旧、修理费、照明费、租赁费及应分摊的管理费等，这些费用的总和构成仓库总的费用。

平均储存费用是仓库经济核算的主要经济指标之一，它可以综合地反映仓库的经济成果、劳动生产率、技术设备利用率、材料和燃料节约情况及管理水平等，其计算公式为：

$$平均库存费用 = \frac{每月储存费用}{月平均储存量} \times 100\%$$

（8）作业量系数

作业量系数反映仓库实际发生作业与任务之间的关系，计算公式为：

$$作业量系数 = \frac{装卸作业量}{进出库物资数量} \times 100\%$$

作业量系数为1时是最理想的，表明仓库装卸作业组织最为合理。

（9）装卸作业机械化程度

装卸作业机械化程度指仓库某段时间内装卸机械所装卸物资的作业量与这段时间内的总装卸作业量之比，计算公式为：

$$装卸作业机械化程度 = \frac{装卸机械装卸物资的作业量}{总装卸作业量} \times 100\%$$

比值越接近1，表明仓库机械化作业程度越高。

（10）平均验收时间

平均验收时间即每批物资的平均验收时间，计算公式为：

$$平均验收时间 = \frac{各批验收天数之和}{验收总批数}（天/批）$$

每批物资验收天数指从物资具备验收条件的第二天起至验收完毕、单据返回财务部门止的累计天数，当日验收完毕并退单的按半天计算。入库验收批数以一份入库单为一批计算。

（11）发运天数

仓库发运的形式主要分为整车发运、集装箱整箱发运和零担发运，所以发运天数的计算公式不同，计算公式为：

$$整车（箱）平均发运天数 = \frac{各车（箱）发运天数之和}{发运车（箱）总数}（天/车）$$

整车（箱）发运天数是从出库调单到库第二日起到向承运单位点交完毕止的累计天数，对于在库内专用线发运的物资，是从调单到库第二日起至车皮挂走止的累计天数。

$$零担平均发运天数 = \frac{各批零担发运天数之和}{零担发运总批数}（天/批）$$

发运天数指标不仅可以反映仓库在组织出库作业时的管理水平，而且可以反映当期的交通运输状况。

4．库存效率方面的指标

库存效率方面的指标主要是以库存周转率来反映的，影响库存效率的其他指标最终都是通过库存周转率反映出来的。

库存周转率是计算库存物资的周转速度，反映仓储工作水平的重要效率指标。它是在一定时期内销售成本与平均库存的比例，用时间表示库存周转率就是库存周转天数。

在物资总需求量一定的情况下，如果能减少仓库的物资储备量，其周转速度就会加快。从减少流动资金占用和提高仓储利用效率的要求出发，应当减少仓库的物资储备量。但若一味地减少库存，就有可能影响到物资供应。因此，仓库的物资储备量应在一个合理的水平上，做到在保证供应需求的前提下尽量减少库存量，从而加快物资的周转速度，提高资金和仓储效率。

1）用周转天数表示的库存周转率：

$$物资的周转天数 = \frac{360}{物资年周转次数}（天/次）$$

库存年周转次数指年库存总数量（总金额）与该时间段库存平均数量（或对比）的比，表示在一定期间（一年）库存周转的速度。

$$库存周转次数 = \frac{年库存总量}{平均库存量}（次）$$

物资周转次数越少，则周转天数越多，表明物资的周转速度越慢，周转的效率就越低，反之则效率就越高。从财务角度分析，库存周转次数越高越好，但结合实际的生产、采购状况来看，库存周转次数应有一个均衡点。

计算周转率的方法，根据需要可以有周单位、旬单位、月单位、半年单位、年单位等，一般企业采取的是月单位或年单位，大多数以年单位计算，只有零售业常使用月单位、周单位。

企业也可以根据自己的实际情况选择使用库存数量或库存金额表示库存周转率。

对于库存周转率，没有绝对的评价标准，通常在同行业中相互比较，或者与企业内部的其他期间相比较。

2）物资周转率。物资周转率是用一定期间的平均库存额去除该期间的销售额而得的，表示物资的周转情形。该指标能提供适宜而正确的库存管理所需的基本资料。

由于使用周转率的目的不同，物资周转率的计算公式也有差异。

3）周转期间与周转率的关系：

$$周转期间（月数表示）= \frac{12}{年周转率} \times 100\%$$

周转率的判断标准如下。

① 周转率高，经济效益好。

② 库存周转率虽高，经济效益却不佳。

③ 周转率虽低，但经济效益好。

④ 周转率低，经济效益也低。

知识点二　仓储绩效分析方法

仓储的各项绩效分析指标从不同角度反映某一方面的情况，仅某项指标很难反映事物的总体情况，也不容易发现问题，更难找到产生问题的原因。因此，要全面、准确、深刻地认识仓储工作的现状和规律，把握其发展趋势，必须对各个指标进行系统而周密的分析，以便发现问题，并透过现象认识内在的规律，采取相应的措施，使仓储各项工作水平得到提高，从而提高仓储的经济效益。

仓储绩效分析可以从指标分析法、程序分析法、成本分析法入手。

一、指标分析法

指标分析法指利用绩效考核指标体系的统计数据对指标因素的变动趋势、原因等进行分析，是一种比较传统的分析方法。仓库在使用这类方法时，必须注意以下问题。

1）指标本身必须是正确的，即统计数据必须准确、可靠，指标计算法正确。

2）在进行指标比较时，必须注意指标的可比性。

3）对指标应进行全面的分析，不能以偏概全。

4）在分析差距、查找原因的过程中，将影响指标变动的因素分类，并在生产技术因素、生产组织因素和经营管理因素中找出主要因素。

5）正确运用每项指标的计算公式。

指标分析法主要包含对比分析法、因素分析法、平衡分析法、帕累托图法四种。

1. 对比分析法

对比分析法将两个或两个以上有内在联系的、可比的指标（或数量）进行对比，从对比中寻差距、找原因。对比分析法是指标分析法中使用最普遍、最简单和最有效的方法。

根据分析问题的需要，主要有以下几种对比方法。

1）计划完成情况的对比分析。将同类指标的实际完成数或预计完成数与计划完成数进行对比分析，从而反映计划完成的绝对数的程度，然后通过帕累托图法、工序图法等进一步分析计划完成或未完成的具体原因。

2）纵向动态对比分析。将同类有关指标在不同时间上对比，如本期与基期或上期比、与历史平均水平比、与历史最高水平比等。这种对比反映了事物发展的方向和速度，表明是增长或降低，然后进一步分析产生该结果的原因，提出改进措施。

3）横向对比分析。将有关指标在同一时期相同类型的不同空间条件下进行对比分析。类比单位的选择一般是同类企业中的先进企业，通过横向对比找出差距，采取措施赶超先进，也称"标杆法"。

4）结构对比分析。将总体分为不同性质的各个部分，然后以部分数值与总体数值之比来反映事物内部构成的情况，一般用百分数来表示。如可以计算分析保管过程中质量正常的物资数量占总仓储量的百分比。

例 10-1　某仓库 2017 年成本和费用的对比分析如表 10-2 所示。

表 10-2　某仓库 2017 年成本和费用的对比分析

指　　标	本　　期		上年实际	同行先进	差距（增+）（减-）		
^	实　际	计　划	^	^	比计划	比上年	比先进
仓储总成本							
单位仓储成本							
进出库总成本							
进出库单位成本							
运输总成本							
运输单位成本							
盘点成本							
……							

应用对比分析法进行对比分析时，需要注意以下几点。

1）要注意所对比的指标或现象之间的可比性。在进行纵向对比时，主要考虑指标所包括的范围、内容、计算方法、计量单位、所属时间等相互适应、彼此协调；在进行横向对比时，要考虑对比的单位之间必须在经济职能或经济活动性质、经营规模上基本相同，否则缺乏可比性。

2）要结合使用各种对比分析方法。每个对比指标只能从一个侧面来反映情况，只做单项指标的对比会出现片面的结果，甚至会得出误导性的分析结果。把有联系的对比指标结合运用，有利于全面、深入地研究、分析问题。

3）需要正确选择对比的基数。对比基数的选择，应根据不同的分析和目的进行，一般应选择具有代表性的作为基数。例如，在进行指标的纵向动态对比分析时，应选择企业发展比较稳定的年份作为基数，这种对比分析才更具有现实意义，与基数过高或基数过低的年份所做的比较，都达不到预期的目的和效果。

2．因素分析法

因素分析法用来分析影响指标变化的各个因素及它们对指标的影响程度。因素分析法的基本做法是：假定影响指标变化的诸因素之中，在分析某一因素变动对总指标变动的影响时，假定只有这一个因素在变动，而其余因素都必须是同度量因素（固定因素），然后逐个进行替代，使某项因素单独变化，从而得到每项因素对该指标的影响程度。

在采用因素分析法时，应注意各因素按合理的顺序排列，并注意前后因素按合乎逻辑的衔接原则处理。如果顺序改变，各因素变动影响程度之积（或之和）虽仍等于总指标的变动量，但各因素的影响值会发生变化，从而得出不同的答案。

在进行两因素分析时，一般是数量因素在前、质量因素在后，在分析数量指标时，另一质量指标的同度量因素固定在基期（或计划）指标；在分析质量指标时，另一数量指标的同度量因素固定在报告期（或实际）指标。在进行多因素分析时，同度量因素的选择要按顺序依次进行，即当分析第一个因素时，其他因素均以基期（或计划）指标作为同度量因素，而在分析第二个因素时，则在第一个因素已经改变的基础上进行，即第一个因素以报告期（或实际）指标作为同度量因素，其他类推。

例 10-2　某仓库 2017 年 2 月燃油消耗如表 10-3 所示，试计算各因素的变动使仓库燃油消耗额发生了怎样的变化。

表 10-3 某仓库 2017 年 2 月燃料消耗

指标	单位	计划	实际	差数
装卸作业量	吨	300	350	+50
单位燃油消耗量	升/吨	0.9	0.85	−0.05
燃油单价	元/升	2.8	3.3	+0.5
燃油消耗额	元	756	981.75	+225.75

解：计算过程如下。

装卸作业量变化使燃油消耗额变化：（+50）×0.9×2.8＝+126（元）。

单位消耗量变化使燃油消耗额变化：（−0.05）×350×2.8＝−49（元）。

燃油单价变化使燃油消耗额变化：（+0.5）×350×0.85＝+148.75（元）。

合计：+225.75（元）。

3．平衡分析法

平衡分析法是利用各项具有平衡关系的经济指标之间的依存情况来测定各项指标对经济指标变动的影响程度的一种分析方法，如表 10-4 所示。

表 10-4 某企业仓储部 2010 年进、出、存情况分析   单位：吨

指标	计划	实际	差额（±）
年初库存			
全年进库			
全年出库			
年末库存			

在此平衡分析表的基础上，进一步分析各项差额产生的原因和在该年度内产生的影响（正反两方面都有）。

4．帕累托图法

帕累托图法是由意大利经济学家帕累托首创的。该分析方法的核心思想是在决定一个事物的众多因素中分清主次，识别出少数的但对事物起决定作用的关键因素和多数的但对事物影响较小的次要因素，即 A 类因素，发生率为 70%～80%，是主要影响因素；B 类因素，发生率为 10%～20%，是次要影响因素；C 类因素，发生率为 0～10%，是一般影响因素。后来，帕累托法被不断应用于管理的各个方面。这种方法有利于人们找出主次矛盾，有针对性地采取对策。

以下是一家生产企业通过帕累托图法找到产品缺陷的主要原因的案例，仓库也可以通过这种方法寻找影响仓库服务质量或作业效率等方面的主要原因。

卡斯特姆酒杯制造公司从某日生产中出现的 100 个缺陷产品中采集有关数据，数据表明 100 个缺陷中划痕 80 个、小孔 10 个、缺口 6 个、玷污 2 个、杂质 2 个，帕累托图（见图 10-2）明确显示 80%的缺陷是由划痕这一原因造成的。一旦主要原因被找到并加以校正，大部分的缺陷就可以消除。

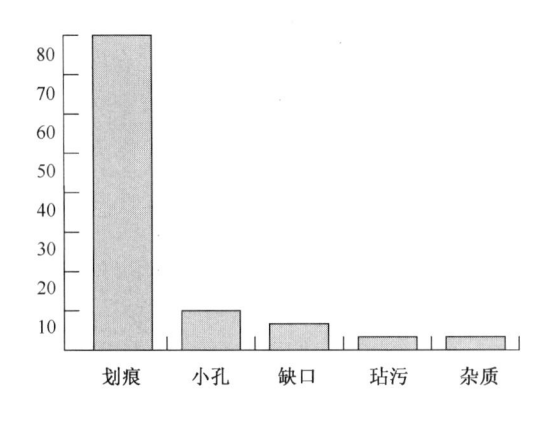

图 10-2　酒杯缺陷分析

二、程序分析法

程序分析使人们懂得流程如何开展工作以便找出改进的方法，程序分析的目的有两个。

1）准确掌握工艺过程的整体状态：工艺流程的顺序、明确工序的总体关系、各工序的作业时间确认、发现总体工序不平衡的状态。

2）发现工序问题点：发现并改进产生浪费的工序，发现工时消耗较多的工序并重排简化此工序，减少停滞及闲余工序，合并一些过于细分或重复的工作。

仓储绩效分析非常适合使用这种方法，程序分析主要包含工序图法、因果分析图法两种。

1. 工序图法

工序图法是一种通过一件产品或服务的形成过程来帮助理解工序的分析方法，用工序流程图标示出各步骤及各步骤之间的关系。

仓库可以在指标对比分析的基础上，运用这种方法进行整个仓储流程或某个作业环节的分析，将其中的主要问题分离出来，并进行进一步分析。例如，经过对比分析发现物资验收时间出现增加的情况，那么就可以运用工序图法，对验收流程，即"验收准备—核对凭证—实物检验—入库—堆码上架—登账"进行分析，以确定导致验收时间增加的主要问题出现在哪个环节上，然后采取相应的措施。工序图分析可以应用标准的图示符号来进行，美国机械工程师学会对物资操作制定了一套标准符号，如表 10-5 所示。

表 10-5　美国机械工程师学会物资操作标准符号

符号	名称	说明
○	操作	表示工艺过程中的主要步骤，操作中要对物资做物理或化学变革
□	检查	表示对物资品质或数量的检查
→	运输	表示物资由一处移向另一处
D	停留	表示在事件顺序中的等待，如工序间的在制品积压
▽	储存	表示受控制的储存，如保持生产连续性的库存

2. 因果分析图法

因果分析图法也称鱼刺图，每根"鱼刺"代表一个可能的差错原因，一张鱼刺图可以反映企业或仓储部质量管理中的所有问题。因果分析图可以从物料（Material）、机器设备（Machine）、人员（Man）和方法（Method）四方面进行，即 4M。4M 为分析提供了一个好的框架，当系统地将此深入进行下去时，很容易找出可能的质量问题并设立相应的检验点进行重点管理。例如，一些客户对仓库服务的满意度下降，仓库管理部门可以在以上四方面分析原因，以便改进服务体系，如图10-3所示。

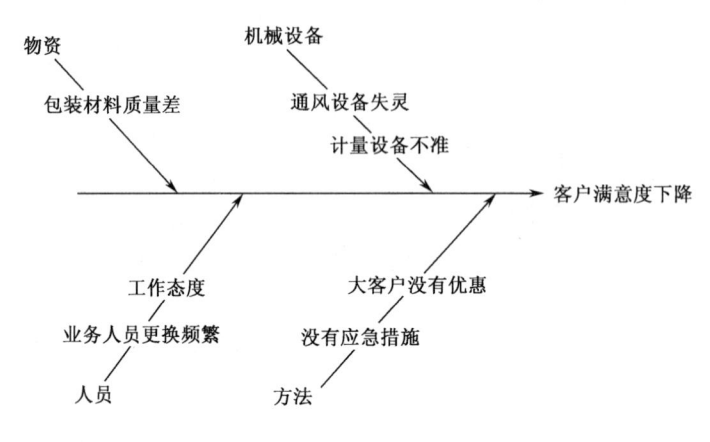

图 10-3 因果分析图

三、成本分析法

成本分析法主要有传统的成本分析法和以活动为基准的成本分析法两种。

1. 传统的成本分析法

传统的成本分析法将产品所需劳动量作为核算产品成本的基础，然后把其他开销作为直接劳动（或相关劳动）的加权系数追加到产品中去，在多流程生产中，产品成本是所有单元生产的总和，每个单元的生产都对劳动小时数和材料的需求量进行估算和调整。

传统的成本分析法的表达式：

$$成本 = 材料费 + 劳动成本费 \times (1 + 其他开销) + 工具费$$

式中　劳动成本费=劳动时间×工资；

其他开销=间接成本+耗能+损耗+…；

工具费=工具成本+设备成本。

当劳动成本在整个成本中起主要作用时，利用传统的成本分析法可得到很好的结果。在制造业越来越复杂和自动化后，劳动成本在总成本中所占的百分比越来越小（据报道现在直接劳动力成本可能只占产品成本的10%），而各种开销所占的百分比越来越大，传统的成本分析法已不能揭示生产过程中的诸元素对成本的影响。它对产品容量、工具成本和其他重要制造参数的不敏感性，常常会误导管理决策层。

运用传统的成本分析法对仓储成本进行分析，经常采用的方法是把成本总金额分摊到客户或渠道的重量数上，但实际上客户或渠道上库存的物资通常并不按金额或重量数的比例消耗仓储资源。因而，运用传统的成本分析法统计仓储成本常常会扭曲真实的成本。

2. 以活动为基准的成本分析法

以活动为基准的成本分析法（Activity-Based Costing）是一种相对较新的方法。这种方法将正常成本之外的成本直接分摊在产品或服务上，资源被分摊到活动中，活动又被分摊到成本对象上。这种分摊分两步进行：第一步是确定仓库等组织内的成本活动，第二步是将活动成本追溯到对服务所做的工作上，这种方法能够增强对间接费用的管理和控制。基于仓库生产活动的成本分摊如图 10-4 所示。

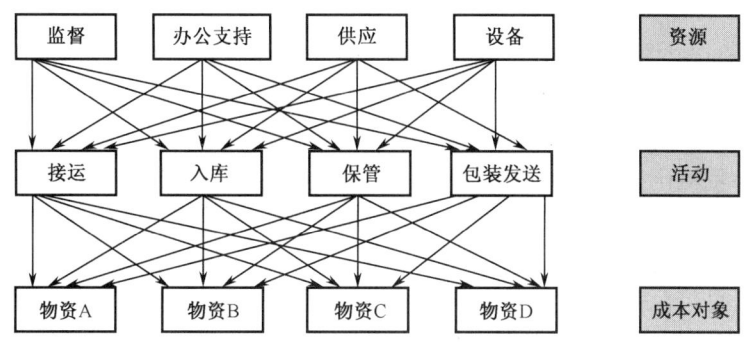

图 10-4 基于仓库生产活动的成本分摊

但是，成本分摊中依然存在许多问题，因为客户需求和市场竞争会使物料资源的供求矛盾不断发生变化，所以使用成本分析法时要注意成本分摊中的潜在问题。

四、提高仓储绩效的途径

1. 加速库存周转，提高资金使用效率

在现代化仓储管理中，首先应核定先进、合理的设备定额和储备资金定额，加强进货管理，做好物资进货验收和清仓查库，积极处理超储积压物资，加速物资周转，从而提高仓储的经济效益。

2. 降低成本开支，节约仓储费用

仓储成本费用支出项目众多，影响费用支出的客观因素十分复杂。在现代化仓储管理中，应不断提高仓储设施的利用率，提高劳动效率，节约各种开支，努力减少库存消耗，最大限度地降低开支，节约费用。

3. 加强基础工作，提高经营管理水平

仓储管理基础工作是仓储管理工作的基石，为适应仓储管理功能的变化，应相应地加强各项基础工作，如足额管理工作、标准化工作、计量工作和经济核算制等，要以提高仓储经济效益为目标，从不断完善经济责任制入手，建立全面、系统的仓储管理基础工作，为提高仓储经营管理水平创造良好的条件。

4. 扩大仓储经营范围和内容，增加仓储增值服务项目

随着全球电子商务的不断扩张，物流业也得到了快速发展。仓储企业应充分利用其联系面广、仓储手段先进等有利条件，向多功能的物流服务中心方向发展，开展加工、配送、包装、贴标签等多项增值业务，从而增强仓库在市场经济中的竞争力，增加仓储的利润来源，提高自身的经济效益。

知识点三　仓储管理法规

我国目前没有制定专门的仓储法，美国、日本很早就制定了专门的《仓库法》，其内容和实施的过程值得我国借鉴。

一、我国仓储管理法规的演进

新中国成立以来,曾经颁布过三部比较有影响的仓储管理法规。

全国供销合作总社于 1980 年 7 月 1 日颁布了《全国供销合作总社供销合作社仓库管理若干规定》,规定共六章三十六条,第一章至第六章标题分别为:总则;安全工作;仓库管理;商品养护;仓库机械化;附则。规定强调仓储工作要贯彻"发展经济,保障供给"和艰苦奋斗、勤俭办企业的方针,要按经济规律办事,加强经营管理,实行经济核算和定额管理,讲求经济效果,要认真贯彻"预防为主,防消结合"的方针,做好物资的收、管、发工作。

商业部于 1983 年 3 月 8 日颁布了《商业仓库管理暂行条例》,条例共八章四十条,第一章至第八章标题分别为:总则;商品进库、出库;商品储存;商品养护;仓库核算和定额管理;仓库安全;奖惩;附则。与《全国供销合作总社供销合作社仓库管理若干规定》相比,该条例内容更详细,对仓库作业流程划分得更细致,而且强调了仓库核算与定额管理,有利于提高仓库管理水平,降低仓库成本。特别是强调了对仓库工作人员的奖惩条例,有助于增强仓库工作人员的责任心、提高积极性。

商业部于 1988 年 10 月 12 日,在《商业仓库管理暂行条例》实施五年多的基础上,总结经验,听取各方意见,修改制定并颁布了《商业仓库管理办法》,办法共十章五十条,第一章至第十章标题分别为:总则;营业仓库;设施管理;商品进库、出库;商品储存;商品养护;仓库核算和定额管理;仓库安全;奖惩;附则。在暂行条例的基础上增加了营业仓库与设施管理,符合当时国家经济发展的需要。随着当时现代企业制度的逐步建立和企业抓"大"放"小"的政策,企业需要社会上有专门的营业仓库为它们提供相应的物流服务,从而使企业把更多的时间和资金放在核心业务的发展上,而把一些非核心的业务如物资的仓储等外包给营业仓库管理。随着技术的发展,仓储设施的种类越来越多,价值也越来越高,同时自动化程度也越来越高,因此,必须在仓库中设置专门的机构对设备进行管理。

随着宏观经济环境的不断变化,以及经济全球一体化的发展,物流在经济中的作用凸显出来,而作为物流系统中重要一环的仓储管理在降低物流成本、保证生产和消费的需要、为客户提供增值服务方面起着不可忽视的作用。为了保证我国的仓储管理有序地运行,我国应尽快制定专门的仓储法规。

二、国外仓储管理法规概况

就立法体例而言,各国的仓储立法大致分为三种。第一种,采取民商分立的体例,将仓储合同立法规定在独立的商法典中,如日本、德国、意大利等,但德国已于 1931 年另外制定了《指示仓单规则》,日本也于 1956 年制定了专门的仓库业法。第二种,采取民商合一的立法体例,将仓储合同列于民法典中,其代表国家是瑞士,瑞士的仓储立法被纳入《瑞士债务法》。第三种采取制定单行法规的立法体例,将仓储合同以单行法的形式独立立法,其代表国家主要是英美法系的国家,大陆法系的比利时、奥地利、法国等也采取这种立法体例。我国将仓储合同作为一类独立的有名合同专章规定在《合同法》第二十章中,因此,尽管我国尚未制定民法典,但通常认为我国采用的是民商合一的立法体例。

1. 美国的仓储立法

美国的《仓库法》颁布于 1916 年 8 月,已有一百多年的历史。其主要内容如下。

第一章：短标题——这个法案应该被称为"美国仓库法"。第二章：本法案中专有名词的定义。第三章：本法案对农业部长职权的规定。第四章：农业部长颁发执照。第五章：执照的期限。第六章：仓库的经营者申报合约来保证诚实地履行义务。第七章：由于没有履行义务，受损害的一方可以根据合约向法庭诉讼。第八章：保税仓库。第九章：如果执照颁发给非仓库经营者。第十章：农业部长有权要求合理的费用。第十一章：货主应遵守仓库的相关规定。第十二章：如果个人滥用权力，可以暂时中止执照。第十三章：存放物资的收据。第十四章：个人存放受到本法案的管辖。第十五章：对谷物、亚麻的检查和评级。第十六章：分开存放物资以便辨认。第十七章：仓库经营者需要对所存放的物资开收货单。第十八章：收货单上的内容。第十九章：农业部长颁布新的标准。第二十章：若最初的收货单未完结，不开新的单据。第二十一章：运输。第二十二章：仓库经营者应该终止被退回的收据。第二十三章：仓库经营者必须保留记录和汇报。第二十四章：由农业部长监管的商业。第二十五章：在暂停和听证会后吊销执照。第二十六章：公布调查结果。第二十七章：检查账簿、记录等。第二十八章：在需要的情况下颁布规定。第二十九章：这个法案不是用来抵触、削弱和限制州法。第三十章：对不法行为的惩罚。第三十一章：拨款。第三十二章：部分法案被认为无效。第三十三章：保留对此法案增加、改变、撤销的权利。

2. 日本的仓储立法

在日本，仓储立法称为仓库寄托，列在《商法》的第九章（第597条—第628条），内容极其详细。此后，日本又先后制定了专门的《仓库业法》（1956年法12号）、《农业仓库法》等更为细致的仓储立法。仓库寄托契约是仓库营业人在仓库内为他人保管物资的契约。该契约不以物的交付为要件，是诺成契约。仓库营业人必须以身份管理者的身份保管所寄托的物资，如果仓库营业人不能证明自己或自己的雇佣人对寄托物的保管履行了必要的注意义务，就必须对寄托物的灭失或毁损承担损害赔偿责任。仓库营业人因寄托人的请求而交付寄托物寄存证券和质入证券，即仓单。日本的仓单立法采取并用主义，所以仓单可以是单券，也可以是复券，寄存证券持有者在未为质入期间，不得将寄存证券及质入证券分别让与。仓单可以背书转让，但仓单灭失时，原持有人可以提供相应的担保，从而请求重新交付证券。寄托人或寄存证券持有人拒绝受领或不能受领寄托物时，受寄人可以将寄托物提存或拍卖。仓库契约均为有偿契约，仓库营业人可在返还寄托物时请求给付保管费用，也可以定期收取保管费，也可以在寄托人不履行给付保管费的义务时留置寄托物。

3. 德国的仓储立法

德国的仓储例法也采取民商分立的体例，《德国商法典》第四篇第五章以专章将商事仓储单列予以规定。此外，德国还于1931年12月制定颁布了《指示仓单规则》。如果具体的仓储商事行为中所涉及的问题没有在上述两部法律中规定，仅这两部法律规定还不足以实现其法律调整目的的，则还可以适用诸如不来梅和汉堡的《仓库条例》、《德国大型货物运输中转一般仓库条例》等特别的约定或仓库规则。在德国法律中，仓库经营商是法定商人，是以从事货物的储存和保管为职业的人。仓储行为分为一般仓储行为、混藏仓储行为和消费仓储行为三种。仓库经营商应该妥善储存和保管仓储物。仓储既可以在仓库经营商自己的仓库进行，也可以在他人的仓库进行，如果在他人的仓库中存放仓储物，仓库经营商应当将存放地点书面通知存放人，若填发仓单，则要在仓单上载明。如果仓储物发生变化以致有贬值的危险时，仓库经营商必须立即通知存货人，若通知迟延，则要承担损害赔偿责任。仓库经营商必须允许仓储物存放人在营业时间内对仓储物进行检查，提取样货，以及为保护仓储物而采取必要的措施。仓库经营商有权要求获得约定的或符合当地习惯的仓储费用，如果仓储物的一部分被提取，除非留置在仓库中的其他仓储物不足以向仓库经营商提供担保，否则其仅可要求得到所提取部分的储存费用。仓单是应存货放人请求而填发的文据证书，仓单必须依照法律规定的形式制作，仓单可以背书转让。

4. 法国的仓储立法

法国的仓储立法采取的是单行法规的立法体例，于1858年5月制定颁布了《关于仓库营业寄托物资交易之法律》，共14条。此外，还有1932年的关于煤油进口业者储藏煤油出质仓单的法律等，它们共同构成了法国仓储立法的基本构架。

5. 瑞士的仓储立法

瑞士的仓储立法采取民商合一的立法体例，其在《瑞士债务法》中以寄托契约统领仓储营业，将仓库营业视为寄托的一种，规定在第482—486条。瑞士仓储立法的特殊之处在于其完全以立法形式肯定了寄托的诺成性，并明确规定仓单是无记名式的。

三、我国仓储市场呼唤仓储法

计划经济时期，我国仓储业实行的是部门管理、为系统内服务的格局，实行的是"不赔不赚"的经营方针，是纯粹的服务型企业。随着我国社会主义市场经济体制的建立和完善，仓储业在经历了转轨变型、仓储设施向社会开放的实践之后，基本摆脱了过去部门管理的约束，步入社会仓储大市场。但是，仓储业发展的同时也反映出了一些问题，最突出的是现有仓储法规已经不适应仓储业发展的需要，现行仓储市场比较混乱。因此，尽快制定一部规范仓储市场行为的法规——仓储法，已势在必行。

1. 制定仓储法，是仓储业发展的客观需要

现代市场经济实质上是法制经济。市场的主体、市场的行为、市场的秩序都需要由法律来规范，《中共中央关于建立社会主义市场经济体制若干问题的决定》明确指出："社会主义市场经济体制的建立和完善，必须有完备的法制来规范和保障。"然而，仓储业进入市场后，现行仓储法规和多部门管理（各部门都出台各自的仓库管理法规）格局已经明显不能适应仓储业发展的需要，客观上要求制定一部统一的仓储法规。

1)《商业仓库管理办法》带有计划经济的色彩，不适应发展社会主义市场经济的要求。计划经济时期，我国仓储企业分属各部门管理，各部门都有自己的仓库，也有适合本部门的仓库管理法规。就商业、供销系统而言，《商业仓库管理办法》是目前仍然有效的规范商业、供销系统仓储行为的重要法规。《商业仓库管理办法》是1988年由原商业部发布实施的，这就必然使之带有计划经济的痕迹。例如，《商业仓库管理办法》规定"仓库要按照发展社会主义有计划的商品生产和商品流通的客观要求组织经营"，"营业仓库不得随意停业或转业，如必须停业、转业，要提前半年报主管商业局、供销社备案，"等等，都是计划经济的产物，并且有行政干预的成本，与现代市场经济条件下企业自主经营和市场调节的要求不相适应。至于其他部门（如物资部门、外贸部门等）发布的仓库管理法规，都有着与商业部门极为相似的情形，这里不再赘述。

2)《商业仓库管理办法》的有些内容已经不适应现代仓储业发展的要求。《商业仓库管理办法》是规范商业系统仓储行为的一部重要法规，对商业仓库的经营、管理都做了明确的规定，对促进仓储业的发展起到了很好的作用。但是，随着仓储业近几十年的发展、变化，

《商业仓库管理办法》中的有些内容已经明显跟不上社会的发展,不能适应仓储业发展的要求。如计划经济时期实行定额管理(六项经济指标),为的是提高仓容利用率;但现在仓库租赁基本实行包定面积的方式,《商业仓库管理办法》中作为定额管理的重要内容的"单位面积储存量",对现在的仓储企业来说,似乎已经没有考核的必要了。

3)仓库由部门管理的格局不适应社会大市场的要求。计划经济体制下的仓库是由部门管理的,其显著特点是各部门发布各自的仓库管理法规,来约束其所属部门的仓库。今天,虽然仓储业进入了社会大市场,但仓库由各部门管理的格局并没有从根本上改变。因为这些部门发布的仓储法规都还是有效法规,必须遵循,这就必然形成同一地域的仓库受不同法规约束的现象,这是与社会大市场按地域形成的现状不相适应的,是不利于统一仓储市场的形成、管理和发展的。因此,必须由国家制定一部统一的仓储法,以便各部门仓库共同遵循,使仓储企业彻底摆脱部门管理,按市场机制运作,这也是现代市场经济的客观要求。

2. 制定仓储法,是规范仓储市场行为的需要

市场经济是一种权利经济,既要求法律确认权利、保障权利,又要求法律规定权利主体的资格和权利客体的范围。由于我国现行仓储法规不能适应仓储业发展的需要,目前仓储市场在市场主体资格的确认、市场行为及市场秩序等方面还缺乏明确的法律规定,出现了较为混乱的局面,所以,必须尽快制定仓储法,规范仓储市场行为,维护经营者的正当权益,保障仓储业的健康发展。

(1)制定仓储法,是规范仓储市场主体资格的需要

《商业仓库管理办法》第十一条中对营业仓库必须具备的条件做了明确规定。应该说,从事仓储经营的企业要经过经营资格审查。计划经济时期,仓储经营资格审查工作相对来说做得较好。仓储经营向社会开放后,由于社会上各种经济主体涉足仓储业,《商业仓库管理办法》第十一条的规定就显得无能为力了。这主要是部门法规的局限,不可能约束社会其他经济主体(如工厂、农民等从事仓储业务),使得仓储经营资格审查制度形同虚设,无法操作。目前,社会上不少人对从事仓储经营的条件、范围、责任和风险还缺乏正确的认识。在他们看来,打开屋门,就是仓库;只要有现成的房屋,从事仓储业务既不需要投资,又不担风险。于是,农民把私房、工厂把厂房都变成仓库,形成"全民办仓储"的混乱局面。归根到底,资格审查制度的不健全是仓储市场混乱的重要原因之一。因此,必须制定仓储法,明确规定从事仓储经营必须具备的条件,建立健全仓储市场主体资格审查制度。同时,借鉴国外先进经验,成立各级行业协会,并赋予行业协会一定的管理职能,这对规范仓储市场行为是十分有利的。

(2)制定仓储法,是规范仓储市场行为的需要

市场经济是法制经济。仓储企业作为市场主体,其行为必须由法律来规范。仓储企业的行为必须遵循自愿、平等、公平、等价有偿和诚实信用的原则,要有明确的经营范围、行为规范及经营责任等。制定仓储法,就是要规范仓储市场行为,使仓储市场有法可依。

(3)制定仓储法,是规范仓储市场秩序的需要

目前,由于社会仓储的参与,相应的法规又不配套,市场竞争缺乏规则,仓储市场秩序比较混乱,特别是一些不计成本核算的农民仓库、工厂仓库的低价位招揽客户,对专业仓储企业的影响非常大,使相当多地区的仓租价格畸低,直至危及一部分专业仓储企业的生存。因此,必须制定仓储法,规范仓储市场秩序,使市场主体按市场竞争机制公平竞争。只有这样,才能保障仓储业的健康发展。

据悉,国家已开始着手制定仓储法,让我们期待着仓储法的早日出台。

案例分析

某公司施行的仓库管理办法

1. 总则。

（1）为保障公司正常生产的连续性和秩序，使仓库作业合理化，减少库存资金占用，特制定本办法。

（2）本办法适用于公司生产、销售、办公所需各种原辅材料、在制品、半成品、成品、包装物、备品备件、工具、办公用品、卫生用品等物资的库存管理规定。

2. 管理原则和体制。

（1）公司实行仓库分散管理体制。各类物资分别由其使用部门设立仓库保存。其中，原辅材料仓库由采购部主管，在制品、半成品、包装物仓库由生产制造部门主管，成品、备品备件、工具仓库由营销部门主管，办公用品、卫生用品仓库由行政总务部门主管。

（2）仓库管理应保证满足公司生产经营的物资需要，不缺货断档，并使库存物资、采购成本总额最小化。

（3）公司各仓库根据仓库的工作量和重要性，设专职或兼职仓库管理员。

（4）仓库对各类物资进行分类统计，分为A类、B类、C类，分别以重点、次要和一般性级别管理。

（5）根据公司生产经营的时间特点，制定仓库入、出库工作时间。

3. 存货计划与控制。

（1）仓库以适质、适量、适时、适地的原则，供应所需物资，避免资金呆滞和供货不足。

（2）仓库会同有关部门，根据销售记录与销售计划、生产计划等制定最优订购点、安全库存、订购提前时间等标准。

（3）仓库对订有标准的物资品种进行控制，实际库存量降到订购点时，即可提出补充采购计划申请。

4. 入库。

（1）所有物资，无论是新购入的、退货、领后收回的，均应由仓管部门检验后方准物资入库。

（2）办理入库手续时，对照物资与订购单、提货单、验收单、发票上所列的品名、型号、规格是否相符。发现品名、型号、规格或包装破损的，应通知采购主管处理。

（3）仓管员于物资入库时发现问题，未及时于次一个工作日内报告处理的，该物资视为合格。

（4）仓库管理员对所有入库物品及时入账，对在存仓库物资造册登记。

5. 出库。

（1）凡持经各级主管签批的领用单、领料单并经确认后，方可领料出库。仓库管理员对所有库存物资及时入账。

（2）仓管部门对领用严格要求，于规定的时间内发货或调拨。如果缺货或不足，则应回复预定或供货的日期。

（3）供领双方在确认出库物资的品种、规格、数量和质量后，均应在一式多联领料单据上签字，各联分送（留）仓管、领用、财务等有关部门。

（4）领料人于物资出库时发现问题，未及时当场处理的，该物资视为合格。

（5）物资出库提运过程中，禁止领料人随意进入仓库内部场所，对不听规劝的可拒绝出货并报主管。

（6）坚持原则，不徇私情，严格按批准数量、质量领取、发放物资。仓库管理员态度和蔼，热情主动服务。

（7）对非常设仓管员的仓库可规定在特定时间领用物资。紧急事项发生时可即时领用。

6. 物资保管。仓管对各类物资的储存要项如下。

（1）按品种、规格、体积、重量等特征决定堆码方式及区位。

（2）仓库物资堆放整齐、平稳，分类清楚。

（3）储物空间分区及编号、标示醒目、朝外，便于盘存和领取。

（4）对危险物品隔离管制。

（5）地面负荷不得过大、超限。

（6）通道不得乱堆放物资。

（7）保持适当的温度、湿度、通风、照明等条件。

7. 仓储物资入、出库按先进先出原则堆放和提取。

8. 仓管员加强仓库的日常防火、防盗、防潮、防漏、防虫工作，注意清洁卫生，定期实施安全检查。

9. 维护仓库装卸、计量、传送、消防、监测和其他设备、器械，保持良好使用状态，须更换、维修的应及时上报。

10. 仓库严禁吸烟，非仓库人员未经同意不准入内。

11. 仓库建立库存物资台账、总账、明细账、库存卡系统。应做到账实相符、账账相符。及时做好日常账簿登记、整理、保管工作。

12. 定期结仓库盘存。

（1）盘点，每月底一次。主要查核是否账实相符及呆滞物料增减情况。

（2）中盘点，每半年一次。查核是否账实相符，并矫正成本。

（3）大盘点，每年一次。公司资产全面盘存。每年年终，仓管部门会同账务、营销部门总盘存。填写库存物资统计表，各方在清册上签名。对盘点出的过期、变质不能使用物品及时处理。对盘盈、盘亏情况，报主管批准后调整账目；涉及仓管员责任短缺的，由其赔偿。

13. 仓管员岗位调动的，由交接双方及监交人员办理清册移交及必要的清点工作。

14. 仓管员每日做出物料入、出库的统计报表，以及每月和年度的入出库和库存统计。各种统计报表一式多联，分送有关财务、生产、营销部门。

15. 仓管员会同财务人员分解库存费用，努力减少库存消耗，降低库存成本，提出建议，改进仓库管理。关于物资运输的规定如下。

（1）新购物资从车、船、机货场到公司仓库的运输问题由采购部门与供货厂商协商解决。

（2）本仓管单位协助有关单位做好出入库物资的运输工作，包括运输人员、运输车辆、车辆调配、包装托寄、保险索赔等事务。

（3）物资装运前，仓管员应妥善处理装箱、包装、搬运等工作，确保运输安全，交运时将运输物资详细明示于运单上，并开具出门检查证件。

16. 附则。

（1）为提高仓库管理效率，公司鼓励引进计算机进销存管理软件系统。

（2）本办法由仓管部门解释、补充，由公司总经理颁发生效。

资料来源：http://www.1dnet.com/qiyezhushou/sale1.htm

仓库管理办法的启示：

1. 仓库管理办法的制定必须与公司仓库管理的作业流程相结合。
2. 仓库管理办法的内容应涵盖入库、保管、保养、盘点、出库、安全各环节，并包括对仓库管理人员、设备的管理。
3. 仓库管理办法应与时俱进，随着新情况的出现做出相应的调整。

重要概念

仓储绩效分析　　仓储绩效分析的指标体系　　指标分析法　　程序分析法
以活动为基准的成本计算法

本章小结

☑ 仓储绩效分析的意义、原则、标准、指标管理及指标体系。
☑ 仓储绩效分析的方法包括指标分析法、程序分析法、成本分析法三种。指标分析法又包括对比分析法、因素分析法、平衡分析法、帕累托图法；程序分析法可分为工序图法、因果分析法；成本分析法包括传统的成本分析法、以活动为基准的成本分析法。
☑ 我国有三个部委颁布了比较有影响的仓储法规，但没有专门的仓储法，美国、日本等国的《仓库法》值得我国学习和借鉴，我国的仓储市场呼唤专门的仓储法。

复习思考题

一、填空题

1. 仓储绩效分析应遵循（　　）、（　　）、（　　）、（　　）、（　　）五条原则。
2. 仓储绩效分析的标准可分为（　　）、（　　）、（　　）、（　　）四类。
3. 仓储绩效分析可以从（　　）、（　　）、（　　）三种方法入手。
4. 对比分析法主要有（　　）、（　　）、（　　）、（　　）四种。
5.《商业仓库管理办法》是由（　　）在（　　）年颁布的。
6. 美国的《仓库法》颁布于（　　）年。

二、选择题

1. 在反映仓库生产成果数量的指标中，（　　）更能体现仓库空间的利用程度和流动资金的周转速度。
　　　A．存货周转率　　　B．吞吐量　　　C．库存量　　　D．库存品种
2.（　　）反映了仓库实际发生作业与任务之间的关系，其理想数值为1。
　　　A．仓容利用率　　　B．作业量系数　　　C．账实相符率　　　D．收发正确率

3. 绩效管理指标分析法中使用最普遍、最简单、最有效的方法是（　　）。
   A. 因素分析法　　　B. 平衡分析法　　　C. 对比分析法　　　D. 帕累托图法
4. 主要反映仓库保管和维护质量和水平的指标是（　　）。
   A. 收发正确率　　　B. 业务赔偿费率　　C. 物资损耗率　　　D. 账实相符率
5. 主要反映仓库仓储生产的经济效益的指标是（　　）。
   A. 业务赔偿费率　　　　　　　　　　　　B. 全员劳动生产率
   C. 人均利税率　　　　　　　　　　　　　D. 仓容利用率
6. "标杆法"指的是（　　）。
   A. 计划完成情况的对比分析　　　　　　　B. 纵向动态对比分析
   C. 结构对比分析　　　　　　　　　　　　D. 横向类比分析
7. 某制造公司从某日生产中出现的100个缺陷产品中采集有关数据，数据表明100个缺陷中划痕75个、小孔20个、含杂质3个、缺口2个，那么造成缺陷产品的B类因素是（　　）。
   A. 划痕　　　　　B. 小孔　　　　　C. 含杂质　　　　　D. 缺口
8. ASME物资操作标准符号中，表示受控制的储存，如保持生产连续性的库存用（　　）表示。
   A. ○　　　　　　B. □　　　　　　C. D　　　　　　　D. ▽

三、判断题

1. 仓储绩效分析的指标应实行归口管理。（　　）
2. 作业量系数为1时是最理想的，表明仓库装卸作业组织最合理。（　　）
3. 周转期间就是周转率。（　　）
4. 在进行多因素分析时，同度量因素的选择要按顺序依次进行，即当分析第一个因素时，其他因素均以报告期（或实际）指标作为同度量因素，而在分析第二个因素时，则在第一个因素已经改变的基础上进行，即第一个因素以基期（或计划）指标作为同度量因素，其他类推。（　　）
5. 运用传统的成本分析方法统计仓储成本常常会扭曲真实的成本。（　　）
6. 我国已制定了专门的仓储法。（　　）

四、简答题

1. 简述仓储绩效分析的意义。
2. 简述仓储绩效分析的指标体系。
3. 应用对比分析法进行对比分析时，需要注意哪些内容？
4. 提高仓储绩效的途径主要有哪些？
5. 简述美国《仓库法》的主要内容。
6. 为什么说我国制定仓储法已势在必行？

五、案例分析

案例1

改进仓容利用率

某仓储企业拥有常温、单层封闭仓库，面积约8 000平方米，储存物资为一般日用百货。其原有仓库布局采用直放式，纵向主要通道长为9米，其他通道长为2米，比较狭窄且未使用货架，物资直接在地面堆码。仓库面积虽可充分利用，但仓库空间利用率差，仓容利用率低，如图10-5所示。

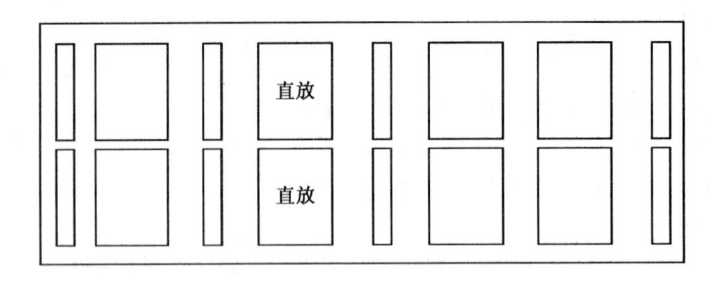

图 10-5　简单的直放式堆码

为提高仓容利用率，仓储工作人员想出了两种改进方法。

1. 变更通道与保管的布局设计。各通道的宽度扩大到 2.5 米，确保选品叉车能够通过。使用托盘货架并指定高低频率商品的货位。

2. 改变物资存放方式，使用托盘货架，实行货物上下两段存放。通过改进，能够提高出库作业的搬运效率，减少存放货物的取出等作业动作，降低 10% 的出库作业工时，提高 20% 的保管能力。

资料来源：http://www.doc88.com/p-031414861014.html

案例 1 思考题：

1. 简述仓容利用率的计算公式和作用。
2. 画出两种改进仓容利用率方案的仓库平面图。

▶ **案例 2**

因果分析使关键因素"浮出水面"

某物流公司与某客户签订了仓储和配送合同，合同中规定仓库有责任为客户的市场推广策略提供支持。某日，仓库向外埠配送，将货主计划近期只在 B 地区销售的品种发送至异地，从而打乱了货主的整个营销策略，使货主不得已临时改变营销计划，导致预期利润目标不能实现，根据合同中的有关条款，该物流公司将赔付高达 10 万元的罚款，后经与货主进行交涉，货主做出较大让步。该物流公司仓储部由此使用因果分析图法对曾经发生过的类似出库错误和产生的影响进行分析，结果显示人员素质低和进出库复核制度不健全是导致发生差错的主要原因，需要加强岗位培训、健全复核制度。

资料来源：http://www.93576.com/read/8ddc0c36d57f71b0a77d7ff8.html

案例 2 思考题：

1. 什么是因果分析图法？
2. 因果分析图法的作用是什么？

附录 A

表 A-1 标准正态分布表

标准正态偏差	客户服务水平	标准正态偏差	客户服务水平	标准正态偏差	客户服务水平
0	0.5000	0.4	0.6554	0.8	0.7881
0.01	0.5040	0.41	0.6591	0.81	0.7910
0.02	0.5080	0.42	0.6628	0.82	0.7939
0.03	0.5120	0.43	0.6664	0.83	0.7967
0.04	0.5160	0.44	0.6700	0.84	0.7995
0.05	0.5199	0.45	0.6736	0.85	0.8023
0.06	0.5239	0.46	0.6772	0.86	0.8051
0.07	0.5279	0.47	0.6808	0.87	0.8078
0.08	0.5319	0.48	0.6844	0.88	0.8106
0.09	0.5359	0.49	0.6879	0.89	0.8133
0.1	0.5398	0.5	0.6915	0.9	0.8159
0.11	0.5438	0.51	0.6950	0.91	0.8186
0.12	0.5478	0.52	0.6985	0.92	0.8212
0.13	0.5517	0.53	0.7019	0.93	0.8238
0.14	0.5557	0.54	0.7054	0.94	0.8264
0.15	0.5596	0.55	0.7088	0.95	0.8289
0.16	0.5636	0.56	0.7123	0.96	0.8355
0.17	0.5675	0.57	0.7157	0.97	0.8340
0.18	0.5714	0.58	0.7190	0.98	0.8365
0.19	0.5753	0.59	0.7224	0.99	0.8389
0.2	0.5793	0.6	0.7257	1	0.8413
0.21	0.5832	0.61	0.7291	1.01	0.8438
0.22	0.5871	0.62	0.7324	1.02	0.8461
0.23	0.5910	0.63	0.7357	1.03	0.8485
0.24	0.5948	0.64	0.7389	1.04	0.8508
0.25	0.5987	0.65	0.7422	1.05	0.8531
0.26	0.6026	0.66	0.7454	1.06	0.8554
0.27	0.6064	0.67	0.7586	1.07	0.8577

续表

标准正态偏差	客户服务水平	标准正态偏差	客户服务水平	标准正态偏差	客户服务水平
0.28	0.6103	0.68	0.7517	1.08	0.8599
0.29	0.6141	0.69	0.7549	1.09	0.8621
0.3	0.6179	0.7	0.7580	1.1	0.8643
0.31	0.6217	0.71	0.7611	1.11	0.8665
0.32	0.6255	0.72	0.7642	1.12	0.8686
0.33	0.6293	0.73	0.7673	1.13	0.8708
0.34	0.6331	0.74	0.7703	1.14	0.8729
0.35	0.6368	0.75	0.7734	1.15	0.8749
0.36	0.6404	0.76	0.7764	1.16	0.8770
0.37	0.6443	0.77	0.7794	1.17	0.8790
0.38	0.6480	0.78	0.7823	1.18	0.8810
0.39	0.6517	0.79	0.7852	1.19	0.8330
1.2	0.8849	1.6	0.9452	2	0.9772
1.21	0.8869	1.61	0.9463	2.01	0.9778
1.22	0.8888	1.62	0.9474	2.02	0.9783
1.23	0.8907	1.63	0.9484	2.03	0.9788
1.24	0.8925	1.64	0.9495	2.04	0.9793
1.25	0.8944	1.65	0.9505	2.05	0.9798
1.26	0.8962	1.66	0.9515	2.06	0.9803
1.27	0.8980	1.67	0.9525	2.07	0.9808
1.28	0.8997	1.68	0.9535	2.08	0.9812
1.29	0.9015	1.69	0.9545	2.09	0.9817
1.3	0.9032	1.7	0.9554	2.1	0.9821
1.31	0.9049	1.71	0.9564	2.11	0.9826
1.32	0.9066	1.72	0.9573	2.12	0.9830
1.33	0.9082	1.73	0.9582	2.13	0.9834
1.34	0.9099	1.74	0.9591	2.14	0.9838
1.35	0.9115	1.75	0.9599	2.15	0.9842
1.36	0.9131	1.76	0.9608	2.16	0.9846
1.37	0.9147	1.77	0.9616	2.17	0.9850
1.38	0.9162	1.78	0.9625	2.18	0.9854
1.39	0.9177	1.79	0.9633	2.19	0.9857
1.4	0.9192	1.8	0.9641	2.2	0.9861
1.41	0.9207	1.81	0.9648	2.21	0.9864
1.42	0.9222	1.82	0.9656	2.22	0.9868
1.43	0.9236	1.83	0.9664	2.23	0.9871
1.44	0.9251	1.84	0.9672	2.24	0.9874
1.45	0.9265	1.85	0.9678	2.25	0.9878
1.46	0.9279	1.86	0.9686	2.26	0.9881
1.47	0.9292	1.87	0.9693	2.27	0.9884

续表

标准正态偏差	客户服务水平	标准正态偏差	客户服务水平	标准正态偏差	客户服务水平
1.48	0.9306	1.88	0.9700	2.28	0.9887
1.49	0.9319	1.89	0.9706	2.29	0.9890
1.5	0.9332	1.9	0.9713	2.3	0.9893
1.51	0.9345	1.91	0.9719	2.31	0.9896
1.52	0.9357	1.92	0.9726	2.32	0.9898
1.53	0.9370	1.93	0.9732	2.33	0.9901
1.54	0.9382	1.94	0.9738	2.34	0.9904
1.55	0.9394	1.95	0.9744	2.35	0.9906
1.56	0.9406	1.96	0.9750	2.36	0.9909
1.57	0.9418	1.97	0.9756	2.37	0.9911
1.58	0.9430	1.98	0.9762	2.38	0.9913
1.59	0.9441	1.99	0.9767	2.39	0.9916
2.4	0.9918	2.64	0.9959	2.88	0.9980
2.41	0.9920	2.65	0.9960	2.89	0.9981
2.42	0.9922	2.66	0.9961	2.9	0.9981
2.43	0.9925	2.67	0.9962	2.91	0.9982
2.44	0.9927	2.68	0.9963	2.92	0.9982
2.45	0.9929	2.69	0.9964	2.93	0.9983
2.46	0.9931	2.7	0.9965	2.94	0.9984
2.47	0.9932	2.71	0.9966	2.95	0.9984
2.48	0.9934	2.72	0.9967	2.96	0.9985
2.49	0.9936	2.73	0.9968	2.97	0.9985
2.5	0.9938	2.74	0.9969	2.98	0.9986
2.51	0.9940	2.75	0.9970	2.99	0.9986
2.52	0.9941	2.76	0.9971	3	0.9987
2.53	0.9943	2.77	0.9972	3.01	0.9990
2.54	0.9945	2.78	0.9973	3.02	0.9993
2.55	0.9946	2.79	0.9974	3.03	0.9995
2.56	0.9948	2.8	0.9974	3.04	0.9997
2.57	0.9949	2.81	0.9975	3.05	0.9998
2.58	0.9951	2.82	0.9976	3.06	0.9998
2.59	0.9952	2.83	0.9977	3.07	0.9999
2.6	0.9953	2.84	0.9977	3.08	0.9999
2.61	0.9955	2.85	0.9978	3.09	1.0000
2.62	0.9956	2.86	0.9979	—	—
2.63	0.9957	2.87	0.9979	—	—

参 考 文 献

[1] 蔡改成，李桂娥. 仓储管理[M]. 大连：大连理工大学出版社，2011.
[2] 孙秋高. 仓储管理实务[M]. 上海：同济大学出版社，2007.
[3] 王文信. 仓储管理[M]. 厦门：厦门大学出版社，2008.
[4] 田源. 仓储管理[M]. 北京：机械工业出版社，2007.
[5] 杨赞，蹇令香. 采购与库存管理[M]. 大连：东北财经大学出版社，2008.
[6] 张洪革. 物流仓储与配送管理[M]. 北京：中国劳动社会保障出版社，2006.
[7] 何明珂. 电子商务与现代物流[M]. 北京：中国财政经济出版社，2010.
[8] 宋华. 电子商务物流与电子供应链管理[M]. 北京：中国人民大学出版社，2004.
[9] 李永生，郑文岭. 仓储与配送管理（第3版）[M]. 北京：机械工业出版社，2012.
[10] 黄中鼎，林慧丹. 仓储管理实务[M]. 武汉：华中科技大学出版社，2009.
[11] 周云霞. 仓储管理实务[M]. 北京：电子工业出版社，2007.
[12] 潘迎宪. 物流仓储管理[M]. 成都：四川大学出版社，2006.
[13] 金汉信，王亮. 仓储与库存管理[M]. 重庆：重庆大学出版社，2008.
[14] 蔡改成. 仓储与库存管理实务[M]. 武汉：武汉理工大学出版社，2007.
[15] 高钧. 仓储管理[M]. 南京：东南大学出版社，2006.
[16] 迟艳玲. 仓储精细化管理[M]. 深圳：海天出版社，2011.
[17] 张向春，贾苏绒.仓储管理实务[M]. 北京：北京理工大学出版社，2012.
[18] 孙秋高. 仓储管理实务（第2版）[M]. 北京：电子工业出版社，2012.
[19] 王素华，邓正华.仓储与实务[M]. 重庆：重庆大学出版社，2012.
[20] 曹斌，王皓. 库存管理方法浅析[J]. 物流工程与管理，2010(7)：36-38.
[21] 刘世峰，汤敏聪. 射频识别技术在仓储管理中的应用研究[J]. 物流技术，2007(6)：99-100.
[22] 孙宏英，刘军胜. 条码技术在仓库管理中的应用[J]. 辽宁省交通高等专科学校学报，2006(11).
[23] 柯常波. 仓储市场呼唤仓库法[J]. 商品储运与养护，1997(6)：28-29.
[24] 姜超峰. 我国仓储业的现状、问题及发展趋势[J]. 中国流通经济，2010(3)：11-13.
[25] 吴会杰，李菁. 我国仓储行业发展的现状、原因及对策分析——以发达国家仓储行业发展为例[J]. 对外经贸实务，2011(8)：81-84.

反侵权盗版声明

电子工业出版社依法对本作品享有专有出版权。任何未经权利人书面许可，复制、销售或通过信息网络传播本作品的行为；歪曲、篡改、剽窃本作品的行为，均违反《中华人民共和国著作权法》，其行为人应承担相应的民事责任和行政责任，构成犯罪的，将被依法追究刑事责任。

为了维护市场秩序，保护权利人的合法权益，我社将依法查处和打击侵权盗版的单位和个人。欢迎社会各界人士积极举报侵权盗版行为，本社将奖励举报有功人员，并保证举报人的信息不被泄露。

举报电话：（010）88254396；（010）88258888
传　　真：（010）88254397
E-mail：　dbqq@phei.com.cn
通信地址：北京市万寿路173信箱
　　　　　电子工业出版社总编办公室
邮　　编：100036